Équipes RH
acteurs de la str@tégie

L'e-RH : mode ou révolution ?

Éditions d'Organisation
1, rue Thénard
75240 Paris Cedex 05
Consultez notre site
www.editions-organisation.com

Martine Fabre
Bernard Merck
Marie-Ange Proust
Françoise Ridet
Martine Romanet

Équipes RH
acteurs de la str@tégie
L'e-RH : mode ou révolution ?

Préface de Michel BON

Éditions
d'Organisation

Collection de l'Institut MANPOWER

Associer la recherche universitaire à l'évolution des besoins et des politiques d'entreprises ; permettre le recul et l'analyse critique en matière d'organisation des entreprises, de management et de gestion sociale ; favoriser une vision prospective et l'ouverture internationale ; stimuler la réflexion sur les nouvelles formes de travail ; analyser les marges de manœuvre et les réponses des entreprises aux niveaux régional, national et international : tels sont les objectifs que se fixe l'Institut Manpower, à travers cette collection.

Cette collection est dirigée par Bertrand DENIS, Agathe ALBERTINI (MANPOWER) et Jean-Pierre RICHARD (PLUS CONSULTANT), avec la collaboration de Jacques PERRIN, directeur de l'Enseignement Supérieur et du Développement des Pôles de Compétences Technologiques CCINGA et Georges TRÉPO, professeur au Groupe HEC, ex-président de l'Association Francophone de GRH (AGRH), « Program Chair de la division Management Consulting, Academy of Management, USA ».

TITRE PARUS

Jean-Paul ANTONA, *La rupture du contrat de travail : Guide juridique et pratique,* 1998.

Victor ERNOULT, *Recruter sans se tromper,* 2000.

Thierry C. PAUCHANT et Coll., *La quête du sens,* 1997.

Guy-Patrice QUÉTANT et Michel PIERCHON, *L'embauche ; Guide juridique et pratique,* 1998.

Stéphanie SAVEL, Jean-Pierre GAUTHIER et Michel BUSSIÈRES, *Déléguer - Voyage au cœur de la délégation,* 2000.

Maurice THÉVENET, *Le plaisir de travailler - Favoriser l'implication des personnes,* 2000.

Georges TREPO, Nathalie ESTRELLAT, Ewan OIRY *L'appréciation du personnel,* 2002.

Jean-Louis VIARGUES, *Le guide du manager d'équipe - Les clés pour gérer vos ressources humaines,* deuxième édition 2001.

Philippe VILLEMUS, *Motiver vos équipes : le guide,* 1997.

Table des matières

Chapitre 1

Le paysage des entreprises en rupture 9

Chapitre 2

Qu'est-ce que l'e-RH et que recouvre-t-il ?

Chapitre 3

L'impact des NTIC sur les acteurs de l'entreprise

Chapitre 4

L'impact des NTIC
sur la fonction RH

Chapitre 5

L'impact des NTIC
sur l'organisation RH

Chapitre 6

L'impact de l'e-RH sur les processus
et le SIRH

Chapitre 7

La conduite globale d'un projet de réorganisation RH 319

Chapitre 8

Annexe 1

Charte d'utilisation
des ressources informatiques

Annexe 2

Annexe 3

Remerciements

Ce livre est né de l'expérience acquise, au sein et autour de France Télécom, par des équipes provenant de structures diverses, toutes animées par un grand projet de refonte de la fonction RH à l'occasion des perspectives nouvelles offertes par les NTIC. Ce chantier, qui s'est poursuivi pendant trois ans, a fait l'objet de multiples questionnements de la communauté des DRH, en France d'abord, puis à l'étranger, d'où de nombreuses conférences, souvent poursuivies par des échanges approfondis avec d'autres entreprises ayant elles-mêmes réfléchi à la valeur ajoutée des RH. Il nous a semblé que cette période de collecte d'informations et de mise en place d'organisations et d'outils innovants devait être mise en perspective et que les résultats de cette analyse méritaient d'être publiés pour servir de base à une refondation de la fonction.

Notre gratitude s'adresse d'abord aux dirigeants de France Télécom pour la confiance qu'ils nous ont témoignée dans la conduite de ce projet et leurs encouragements au cours de la rédaction de cet ouvrage.

Nous voudrions remercier tous ceux dont la richesse et la diversité des expériences vécues a constitué l'essence de nos réflexions ; sans leur contribution, cet ouvrage aurait été incomplet.

Nos remerciements s'adressent également aux équipes de France Télécom Services Ressources Humaines à Toulouse, à Tania Dammert (spécialiste du e-recrutement), André Dupic (directeur régional) et Claude Pouëch (DRH de la direction régionale de Franche-Comté), Pascal Saubion (Expertel Consulting), Évelyne Maysonnave (secrétaire de direction),

Sébastien Sépierre (stagiaire en alternance) et Hélène Pasteur (stagiaire, le temps d'un été).

Mais aussi à Dominique Prud'homme (cabinet IDRH), Marie-Élisabeth Boury (cabinet Alliage), Pascal Nicaud (Cegos), les apprentis de l'IGS, Michel Roszewitch (Sylicom), Rick Emlie (Saratoga Institute), nos amis canadiens (Richard Gagnon, Marie Doye, Marcel Ethier, Michel Thivierge, Ginette Robichaud, René Desharnais…) qui nous ont ouvert les portes de leurs entreprises, et Yoann Malys (élève de HEC) qui a réalisé les fiches témoignant d'expériences de différentes entreprises.

Préface

Qu'est-ce qui fonde l'entreprise ? C'est la vieille histoire du buffet de la cuisine impossible à bouger. Mais, en s'y mettant à plusieurs, entre ceux qui poussent, ceux qui tirent et ceux qui coordonnent la manœuvre, on y arrive. Ce qui légitime l'entreprise n'est pas différent : à plusieurs, on fait plus que la somme de l'action de chacun.

C'est pourquoi, à l'heure où l'on entend surtout parler de bourse ou de mondialisation, il ne faut jamais perdre de vue que le facteur humain est la clé d'une entreprise. Ce sont bien les hommes et les femmes qui composent une entreprise qui en font sa première valeur. Pour rester en tête sur un marché toujours plus concurrentiel, la motivation, la performance et la réactivité des équipes sont primordiales. Qui aurait parié, lorsque la loi ouvrant le secteur des télécommunications à la concurrence a été votée que, cinq ans après, France Télécom aurait conquis en France vingt millions de clients de plus ? Qui n'a pas vu, après la « tempête du siècle », la mobilisation de toute une entreprise pour rétablir le « fil de la vie » ?

C'est bien la démonstration que chaque salarié a en lui une « étincelle » qu'il faut encourager et entretenir. En cela, la qualité du management et sa proximité vis-à-vis des équipes sont essentielles. Le manager est le maillon indispensable de la chaîne d'efficacité qui unit l'entreprise et ses collaborateurs. Lui seul peut créer les conditions pour que chacun donne le meilleur de lui-même, pour assurer d'une façon optimale le service aux clients et contribuer à la réussite de l'entreprise. Les équipes de ressources humaines sont là pour l'aider à remplir ce rôle. Le manager est donc le premier responsable des ressources humaines, les autres l'appuient de leurs compétences.

Dans ce contexte, l'e-RH prend tout son sens, et l'on verra dans ce livre comment une fonction RH repensée en termes d'organisation, de compétences, de mode de fonctionnement et d'outils pourra assister le manager dans ses responsabilités de « 1er RH ». C'est là qu'interviennent les nouvelles techniques de l'information et de la communication, en favorisant à la fois cette « prise de pouvoir RH » par le management et la qualité de l'appui que peuvent lui apporter les spécialistes de RH.

Avec l'e-RH, certains pourront regretter le « bon vieux temps ». De fait, le management est en prise directe avec ses équipes, et la fonction RH doit retrouver ses marques. Certes, cette situation pourra sembler au début inconfortable, mais je suis persuadé que l'e-RH stimule l'efficacité de l'entreprise. Ces outils développent la cohésion, la transparence, la responsabilité et la réactivité : ce sont des attitudes qui répondent à la fois aux besoins de salariés mieux éduqués que jamais dans l'histoire et de clients toujours plus exigeants.

Chez France Télécom, depuis longtemps, nous vivons pleinement ces changements avec l'ouverture à la concurrence totale de nos marchés. Nous avons relevé de nombreux défis grâce à notre capacité d'adaptation. C'est cette capacité qui fait et qui fera la force des entreprises d'aujourd'hui et de demain.

Après avoir mis l'accent sur la responsabilité RH des managers de tous niveaux, et lorsque nous avons eu le sentiment qu'ils jouaient à peu près ce rôle nouveau pour eux, nous avons revu l'organisation et le rôle de notre gestion des ressources humaines, en nous appuyant sur les « e-techniques ».

Tous ceux qui ne se sont pas encore engagés dans ce mouvement mais en discernent la pertinence trouveront ici des idées et des exemples d'entreprises pour les aider à avancer dans ce sens avec plus de confiance.

Les auteurs de cet ouvrage ont souhaité vous faire partager certaines de leurs convictions sur le sujet.

Michel Bon

Avant-propos

« Il faut d'abord savoir ce que l'on veut ;
il faut ensuite avoir le courage de le dire ;
il faut enfin avoir l'énergie de le faire. »
Georges Clemenceau

Lorsque France Télécom a décidé de s'engager dans le re-engineering complet de la fonction RH, elle faisait figure d'entreprise pionnière pour plusieurs raisons. D'abord, peu d'entreprises françaises de cette taille, voire aucune, ne s'étaient engagées dans cette voie. Ensuite, en raison de sa culture héritée de la fonction publique, la gestion de ses ressources humaines répondait à des règles spécifiques, d'où une organisation RH assez différente de celle d'une entreprise privée classique. Enfin, alors que dans ces situations, les entreprises s'engagent souvent dans une démarche partielle de re-engineering, France Télécom a choisi d'emblée de travailler sur l'ensemble de l'organisation RH et des processus afin de repenser le rapport entre la fonction RH et les managers, auprès desquels elle doit se positionner en soutien.

Il a fallu déployer une grande énergie pour faire accepter et concrétiser cette idée sur le terrain. Cependant, l'évolution de l'environnement économique, la mondialisation, l'ouverture du marché à la concurrence, l'internationalisation de France Télécom et l'attachement des salariés à l'entreprise nous ont permis de mieux faire accepter les ruptures qui s'imposaient dans la conduite des ressources humaines.

Aujourd'hui, si le potentiel humain des entreprises est claire-ment reconnu comme essentiel à leur succès, comment faire en sorte que cela devienne une réalité et que ce potentiel soit développé, dynamisé et non pas ignoré, dévalorisé, ou amoindri au quotidien ? Pour répondre à cette question, il nous a fallu repenser la fonction RH, cheville ouvrière de la valorisation du potentiel humain, en lui donnant un pouvoir différent, plus en accord avec les objectifs stratégiques de l'entreprise et un rôle nouveau mais non moins essentiel auprès des managers. Avec l'e-RH, la fonction RH ne peut plus se dissimuler derrière la lourdeur des tâches administratives, dont elle se voit progressivement libérée, au moins en partie. Elle doit développer sa valeur ajoutée qui réside dans le soutien et le conseil au manager en tant qu'agent du changement. C'est la condition de sa valorisation comme fonction essentielle de l'entreprise.

Il nous a fallu sensibiliser les managers sur leur rôle de meneur d'hommes. En effet, même si la compétence technique est essentielle, elle ne doit pas être le principal critère d'appréciation pour faire d'un collaborateur un manager. Par ailleurs, pour devenir un meneur d'hommes, le manager doit pouvoir s'appuyer sur son responsable RH et constituer avec lui un binôme, construit sur la complémentarité de leurs rôles.

Il y a trois ans, la véritable rupture et la transformation d'état d'esprit que sous-tendaient ces objectifs semblaient difficiles à réaliser ! Ce cap a été maintenu depuis 1999, et nous y avons consacré une énergie continue. Ceci nous permet aujourd'hui de récolter les premiers fruits.

Mais pour mener à bien cette transformation, nous avons dû remettre à plat l'ensemble des processus RH, en impliquant un grand nombre d'acteurs, avant de choisir les outils e-RH adaptés. Ces derniers ont été progressivement intégrés dans la plupart des processus d'administration du personnel, en utilisant un portail spécifique, @noo.

La puissance et l'adaptation des outils e-RH ont facilité notre action. En libérant les DRH des tâches administratives, ils ont créé les conditions favorables à la redéfinition du rôle de chacun.

La démarche de reprise et de simplification des processus RH a permis une implication effective de tous les acteurs. Si les outils n'ont pas été le facteur déclenchant, ils ont toutefois constitué un élément « verrouillant » du changement. L'outil en tant que tel n'est rien, si une vision renouvelée des processus de l'organisation n'y est pas associée. Le pouvoir des technologies n'est pas d'améliorer les vieux processus, mais de permettre aux organisations de s'affranchir des anciennes règles et d'imaginer une nouvelle façon de travailler, qui passe d'abord par la transformation des modes opératoires.

Nous avons constaté, au fil du temps, que la difficulté à impulser le changement réside davantage dans l'aptitude des hommes (managers et responsables RH) à penser différemment, à s'inscrire en rupture par rapport à leurs comportements, plutôt que dans le refus d'utiliser de nouveaux outils. J'en veux pour preuve, l'accueil favorable réservé par les salariés aux nouveaux modes opératoires, notamment pour leurs demandes de congés.

Enfin, si le chemin est encore long pour aboutir à un profond changement des comportements, on sait bien que « *le monde progresse grâce aux choses impossibles qui ont été réalisées* » (André Maurois). C'est donc une question de volonté, d'ambition et de ténacité.

Le propos de ce livre ne s'articule pas uniquement autour de l'expérience de France Télécom, mais se nourrit de celles d'autres entreprises pionnières. Il nous a semblé pertinent de partager avec le lecteur notre pratique du changement et de montrer que de plus en plus d'entreprises s'engagent désormais dans le mouvement de l'e-RH.

Ce livre tend à montrer que l'engagement dans le changement est possible, même s'il est difficile. Quel que soit le domaine traité, « *les organisations qui survivront demain sont celles qui encouragent la créativité aujourd'hui* » (M.-I. Zeldman).

Tout au long de cet ouvrage, vous découvrirez l'intérêt, les enjeux de l'e-RH, mais aussi ce qu'il remet concrètement en cause dans le fonctionnement des entreprises, grandes et petites, les interrogations qu'il suscite, les nouvelles pistes qu'il permet d'envisager. Autant d'éléments de réponses à la question de savoir si l'e-RH est un effet de mode ou une révolution de fond.

Bernard Bresson
Directeur des Ressources Humaines
du Groupe France Télécom.

Chapitre 1

Le paysage des entreprises en rupture

« Il n'y a pas de vent favorable
pour celui qui ne sait pas où il veut aller »
Sénèque

Internationalisation, mondialisation, globalisation... créent un univers de compétition pour les entreprises se traduisant par la rapidité de la conduite des changements à opérer comme facteur de succès, l'évolution extrêmement forte des métiers, notamment dans les secteurs de haute technologie, la pénurie de certaines compétences, les différences de comportements individuels... Tout ceci amène un très fort niveau d'exigence sur le management des hommes et leur développement.

Les entreprises doivent s'ouvrir largement sur l'extérieur, à l'écoute des clients, en observation active des concurrents, en veille technologique, à la recherche de partenaires... En fait pour s'ouvrir à l'extérieur il faut d'abord être sécurisé de l'intérieur. Cela suppose donc préalablement de savoir maîtriser ses processus et la gestion de ses informations. Ce point sera abordé au chapitre 5.

Si dans un monde de plus en plus complexe, de moins en moins prévisible, c'est la vitesse d'action, voire de réaction, qui crée la différence entre les gagnants et les perdants du jeu économique, les hommes et les femmes qui la composent sont l'un des atouts des entreprises. Sans leur créativité, leur implication, leur fidélisation, les changements ne peuvent pas être conduits. Pourtant, ils ont perdu une partie de leurs repères dans un univers où la non stabilité « a priori » fait partie intégrante du quotidien. Le problème est alors de les informer, de les motiver avec des contreparties à imaginer, mais différentes de celles d'hier. Ce rôle revient bien sûr à la hiérarchie de proximité, qui est souvent plus à l'aise dans la technique que dans l'animation d'équipe, d'où la nécessité d'une fonction RH en appui rapproché du management, sans s'y substituer.

La fonction Ressources Humaines est directement concernée, par les nouveaux challenges qui animent désormais les entreprises. L'enjeu est important pour elle, car son avenir en dépend. Des réponses, qui impliquent une forte mobilisation des équipes RH dans des domaines qu'elles maîtrisent encore insuffisamment, existent.

Dans le même temps, quelle que soit la taille de l'entreprise, la recherche de gains de productivité, lesquels touchent toutes les fonctions de l'entreprise, principalement les fonctions de support (centre de coûts) et donc aussi la fonction RH, devient essentielle.

Des enquêtes récentes, convergentes, montrent le décalage de la fonction par rapport aux attentes apparemment contradictoires des entreprises. Nous verrons comment mettre à profit les NTIC (nouvelles technologies de l'information et de la communication) pour mettre en place des formes d'organisation plus souples, plus réactives et plus efficaces, pour accroître la valeur ajoutée de la fonction, tout en favorisant les gains de productivité. Même les progiciels RH évoluent pour favoriser le partage des informations avec tous les acteurs de l'entreprise, mais leur mise en œuvre se révèle délicate en l'absence d'une vision globale et d'un pilotage rigoureux. Nous traiterons de ces aspects dans les chapitres 2 à 6.

Les enjeux de la mondialisation

Seules survivront les entreprises qui auront su se constituer des avantages concurrentiels. L'univers hautement concurrentiel des entreprises implique des efforts drastiques en matière de productivité. Quelle que soit leur taille, les entreprises sont confrontées à une concurrence accrue, sur des territoires de plus en plus larges. Effectivement, les consommateurs sont chaque jour mieux informés sur les offres et les prix des entreprises, où qu'elles se trouvent. Cela leur permet de choisir les produits les plus intéressants et de négocier prix et services. Demain, les consommateurs pourront explorer, comparer, choisir, modifier, tester et changer d'avis. Ils transformeront le WWW[1] en un marché mondial de matières premières et de produits où les prix, la disponibilité, la qualité et les services seront les arbitres.

Aujourd'hui, l'élargissement des marchés, jusqu'ici principalement nationaux, attise la concurrence. Trois conséquences en découlent :

- une forte pression sur les prix qui restent stables, voire en légère baisse ;

- un foisonnement d'offres de services associés aux produits pour créer de la valeur par les services ;

- le financement de l'économie dépendant de plus en plus des marchés. Les entreprises s'efforcent *d'extérioriser* une rentabilité suffisante, pour ne pas hypothéquer leurs capacités à lever des capitaux.

Ce dernier point signifie que les contraintes exercées sur les coûts et le désir de ne pas être trop dépendant du marché pour le niveau des prix de vente, incitent les entreprises à se

---

1. Sous ces trois lettres est désigné le réseau mondial Internet « World Wide Web », ou Toile.

rapprocher les unes des autres pour bénéficier d'économies d'échelle et se centrer sur leur « cœur de métier ». (Entre 1974 et 1994, la proportion d'entreprises diversifiées a chuté, aux États-Unis, de 64 % à 30 %).

Ainsi, les entreprises vont continuer à maintenir ferme la barre de la rigueur, rechercher d'autres gains de productivité, adapter leur organisation, réduire les niveaux hiérarchiques, tout en poursuivant la politique actuelle de modération salariale.

Ces évolutions, qui étaient à peu près linéaires jusqu'aux années 1960, se développent désormais à un rythme exponentiel, du fait des progrès de l'informatique et des moyens de transmission[1].

Cette accélération de l'évolution rend l'horizon prévisionnel de plus en plus flou. L'incertitude devient un élément déterminant du management, qui nécessite la prise en compte d'aléas divers et nécessite des capacités de réactivité toujours renouvelées pour pouvoir assurer la croissance et la fidélisation des clients. La solution ne réside plus dans l'application de processus bien rodés par un personnel dévoué et obéissant. Désormais, les solutions organisationnelles doivent constamment être reconsidérées (alliances, partenariats, fusions, externalisation, abandons de lignes de produits…) pour continuellement améliorer la valeur ajoutée et réduire les coûts, et ce à un rythme parfois difficilement supportable pour le personnel, en tout cas pas toujours facile à expliquer (voir chapitre 4). Le schéma suivant peut servir de base d'explication, en mettant en lumière les évolutions des règles du jeu économique depuis l'application stricte d'une règle figée (colonne 1) jusqu'à l'invention de nouvelles règles pour bénéficier de l'avantage du nouvel entrant sur un secteur économique ou sur un simple créneau (colonne 4).

---

1. Deux lois semblent piloter cette accélération : la loi de Gordon Moore, selon laquelle la puissance des ordinateurs double tous les dix-huit mois, et la loi de Metcalfe, selon laquelle les systèmes en réseau accroissent de façon exponentielle leur valeur toutes les fois qu'un nœud supplémentaire est créé.

Ce schéma montre aussi les types de structure et le rythme de leur évolution.

La différenciation des activités

Une évolution de plus en plus rapide ...

Règles du jeu économique	Activités Protégées	Marché concurrentiel	Marché très concurrentiel	Capitalisme mondial Hyper concurrence
	Appliquer la règle	Optimiser l'application de la règle	Faire mieux que les concurrents	Inventer de nouvelles règles
Organisation				
	Taylorienne	Staff & Line	Matricielle	En réseau
Évolutions	Rares Révolution !	Périodiques	Fréquentes Équipes projets	Continuelles *Right Sizing !*
Décision	Au sommet	Comité de direction	Équipes de travail	Réactivité / Terrain

© B. Merck et J. Bouchaud

Malgré les difficultés liées à la réduction de la vision à terme, évoquée plus haut, la nécessité d'une démarche stratégique devient essentielle à l'efficacité et à la cohérence de l'entreprise dans le contexte actuel de marchés globalisés de plus en plus turbulents, d'hyper concurrence, de perte de repères, de changements accélérés.

Pourquoi faut-il absolument s'inscrire dans une telle démarche ?

D'abord, parce qu'elle éclaire l'environnement et permet aux acteurs de se situer. Ensuite, parce qu'elle fixe des objectifs qui vont focaliser l'activité de ces mêmes acteurs, donc éviter une dispersion des énergies, et ainsi créer des avantages concurrentiels. Ces avantages les démarquant de la concurrence pourront être la défense d'une noble cause, la vision d'un idéal ou simplement des produits innovants et de qualité, une production plus flexible, un service supérieur, une écoute attentive du client, et bien sûr des prix de revient meilleurs que ceux des concurrents. Ainsi les entreprises vont-elles se restructurer pour se rapprocher des clients pour mieux les servir, plus vite et mieux les comprendre. Le schéma ci-dessous montre que toutes les directions, quelles soient opérationnelles ou fonctionnelles, doivent inter réagir pour répondre efficacement aux besoins du client.

Plan stratégique de l'entreprise

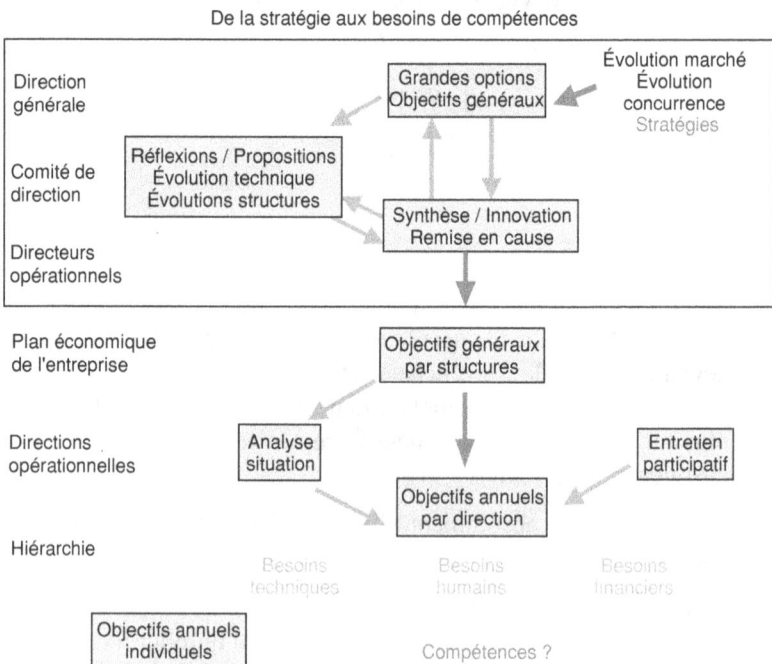

De la stratégie aux besoins de compétences

Direction générale	Grandes options / Objectifs généraux — Évolution marché / Évolution concurrence / Stratégies
Comité de direction	Réflexions / Propositions / Évolution technique / Évolutions structures
Directeurs opérationnels	Synthèse / Innovation / Remise en cause

Plan économique de l'entreprise — Objectifs généraux par structures

Directions opérationnelles — Analyse situation — Entretien participatif

Objectifs annuels par direction

Hiérarchie — Besoins techniques — Besoins humains — Besoins financiers

Objectifs annuels individuels — Compétences ?

© Éditions d'Organisation

Le schéma qui suit est intéressant en ce qu'il situe la DRH en position de fournisseur de prestations aux opérationnels (nous y reviendrons dans le chapitre 4, pour tenter d'apporter des réponses aux questions que l'on voit sur la droite).

Être à l'écoute du client

Satisfaire le client sans délais avec une qualité totale (service et produit)

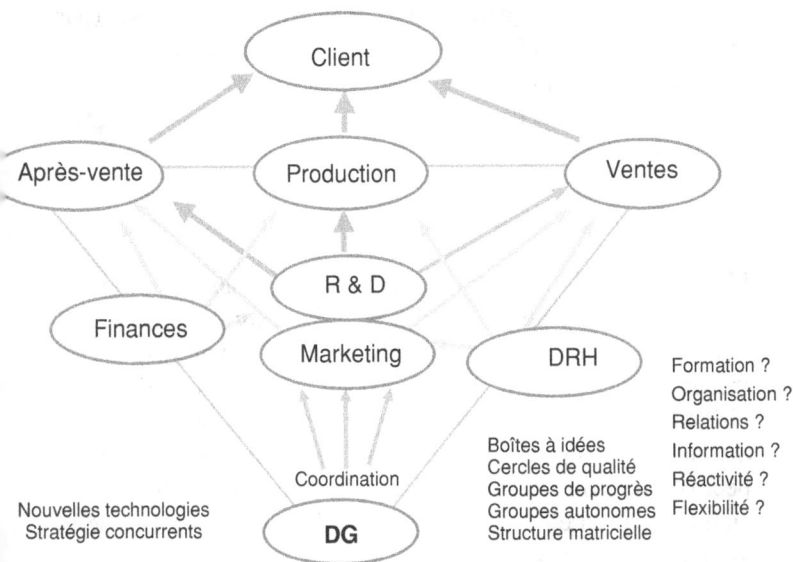

```
                    Client

Après-vente      Production           Ventes

                  R & D
   Finances
                Marketing          DRH         Formation ?
                                               Organisation ?
                                               Relations ?
                                  Boîtes à idées      Information ?
                                  Cercles de qualité
                Coordination      Groupes de progrès  Réactivité ?
Nouvelles technologies            Groupes autonomes   Flexibilité ?
Stratégie concurrents    DG       Structure matricielle
```

Ces mouvements que l'on observe déjà (de nombreuses entreprises délocalisent une partie de leur activité pour renforcer les liens de proximité avec leurs clients) iront en s'amplifiant dans les années à venir, ne serait-ce que pour contrebalancer le mouvement inverse de globalisation.

La recherche de gains de productivité, la capacité à mobiliser la créativité et la réactivité deviennent vitales dans un univers de compétition. Seules les entreprises qui auront su se constituer des avantages concurrentiels pourront affronter le futur avec sérénité. Or, ces avantages sont dépendants du personnel qui les compose.

La recherche de productivité touche toutes les fonctions de l'entreprise, principalement les fonctions support (centre de coûts) et plus particulièrement la fonction RH lorsque sa valeur ajoutée n'est pas fortement marquée.

À ce titre, on verra comment l'introduction des NTIC dans le domaine RH, comme moteur d'économie pour l'entreprise, est une opportunité pour la fonction RH, tant en matière de participation conséquente aux efforts de l'entreprise (par exemple, la diminution sensible des coûts administratifs divisés par des facteurs 5, voire 10 ou 15 !), que de valeur ajoutée « retrouvée ». Mais c'est aussi un risque.

L'entreprise en quête d'éthique

L'activité de l'entreprise se trouve désormais analysée par ses clients, ses prospects et la cité tout entière, sur des critères qui vont bien au-delà de son seul objet social, notamment sur la valeur ajoutée pour l'actionnaire, sur la personnalité de ses dirigeants, sur l'éthique de l'entreprise et sur l'impact de son activité sur l'environnement. C'est dans cette dernière perspective que l'on assiste à la multiplication des fonds de pension à vocation éthique et que le « rating social » prend de la vigueur.

Les fonds d'investissements commençant à prendre en compte les indicateurs sociaux dans leur appréciation de la valeur d'une entreprise, des tentatives de mesure de la Valeur Ajoutée pour l'actionnaire voient « timidement » le jour au niveau du contrôle de gestion RH.

Par contre, la publication d'analyses sur la personnalité des dirigeants et de leur vision personnelle du business est un phénomène plus rapide. Dans le secteur des NTIC et d'Internet, par exemple, la valorisation des « jeunes pousses » par les investisseurs dépend davantage des personnalités qui constituent l'équipe que du projet économique lui-même, traduisant ainsi leur croyance en la capacité de réactivité et de créativité de cette équipe. La place prise par l'innovation dans le processus de création de valeur transforme la ressource humaine en actif stratégique et commence à être valorisée comme tel par les marchés.

Ainsi, l'éthique est une valeur en hausse dans le monde des affaires. Aux États-Unis, l'investissement éthique représente entre 1 500 et 2 000 milliards de dollars, soit environ 10 % des investissements en bourse. En France, il reste marginal avec 1,8 milliard d'euros. Cependant, on assiste à un développement sensible, même si les sommes investies restent comparativement faibles : de 1999 à 2001, le nombre de fonds éthiques est passé de 5 à 40. En février 2001, une enquête de la Sofres faisait état du fait que plus de 50 % des Français jugeaient important de pouvoir investir dans des entreprises qui se comportent de façon responsable.

Les meilleurs sites Internet sur le sujet sont sans doute les sites de terra nova[1] et de self trade[2] qui a ouvert une rubrique sur les fonds éthiques. À citer également le site de Novethic[3].

Toujours aux États-Unis, les fonds de pension syndicaux qui représentent 23 % de la capitalisation boursière commencent à défendre des positions éthiques, en particulier sur les sujets de la pollution et de la qualité sociale.

L'exigence de responsabilité ne se limite pas à l'investissement boursier. Depuis les années 1980, la société exprime la nécessité d'une régulation face au vide éthique dans lequel s'opère la globalisation économique qui conduit des entreprises de l'hémisphère nord à délocaliser leurs activités de production vers l'hémisphère sud. Face au traumatisme médiatisé vécu par des milliers de salariés victimes de plans sociaux, les entreprises ont vu leur image malmenée (boycott, campagnes

---

1. www.terra-nova.fr
2. www.selftrade.com
3. www.novethic.fr

de presse, dénonciation des conditions de travail). Dans le même temps, l'opinion publique a été sensibilisée à la responsabilité de certaines multinationales dans quelques désastres écologiques (marées noires, usine AZF, déforestations…) ou humanitaires (massacres au Nigeria). Sur un autre plan, on se souviendra également comment Nike, Reebok ou Gap ont été rappelées à l'ordre à propos des pratiques de leurs sous-traitants…

Cette pression a incité un certain nombre d'entreprises à afficher un comportement citoyen, par exemple Procter & Gamble qui a lancé le développement en coopération avec l'Unicef d'une boisson pour lutter contre les carences nutritionnelles, à l'origine de maladies infantiles dans les pays en voie de développement.

La plupart du temps, elles affirment des principes éthiques, souvent à travers des chartes sociales ou des codes de bonne conduite, mais dont l'impact réel demeure cependant assez difficile à mesurer. Seule une partie des entreprises s'est engagée dans cette voie, avec des degrés d'engagement variables qui mettent en avant la valorisation interne des ressources humaines, la qualité écologique des produits, l'environnement, les bénéfices pour la communauté (locale, régionale, professionnelle ou catégorielle).

Cependant, ces principes tiennent plus de la déclaration d'intention que de faits prouvés et observables. D'où la prolifération d'organismes, plus ou moins sérieux, qui utilisent des critères d'évaluation et de notation variables et souvent adaptés aux préoccupations culturelles d'un pays donné, ce qui conduit à des notations parfois opposées. Cela encourage par ailleurs les entreprises à rechercher les agences qui ont les critères les plus favorables. Ainsi une même entreprise peut-elle être bien notée à Paris et mal à New York…

Dans les pays industrialisés, les agences de notation se multiplient, cherchant à appréhender la façon dont les entreprises s'acquittent de leurs responsabilités globales. La création en France de l'agence Vigéo (ex Arese) illustre ce mouvement. Les textes issus de la conférence de Seattle ou encore du sommet européen de Lisbonne sont révélateurs des comptes qu'une entreprise peut être amenée à rendre à ses actionnaires, à ses salariés et à l'ensemble de la communauté. La catastrophe de l'*Erika* est ainsi révélatrice à ce sujet.

L'Arese, en 2001, a publié un *rating* portant sur quarante-six grandes entreprises françaises avec un système de notation des risques sociaux qui s'apparente à bien des égards à celui des agences anglo-saxonnes de notation, qui analysent les risques financiers des entreprises. À terme, il s'agit d'intéresser les actionnaires, les salariés, les clients et les relais d'opinion, non pas à la simple performance financière de l'entreprise, mais plutôt à sa performance globale, « seule capable d'assurer une croissance durable de ses activités ».

Ainsi Vigéo, en France, non seulement recueille et analyse différents indicateurs RH, mais va au-delà, en regardant les politiques RH et leur perception en interne par le corps social.

Une agence de notation française : Vigéo

Vigéo est une agence de notation sociale et environnementale : elle note les grandes entreprises françaises et européennes sur des critères de développement durable. Fondée en 1997 avec le soutien des Caisses d'Épargne et de la Caisse des Dépôts et Consignations, elle produit une analyse scientifique des sociétés. Ces études constituent une base de données pour tous les types d'investisseurs. 80 % des gérants de fonds et des sociétés de gestion travaillent avec elle.

Ses objectifs

Le but de Vigéo est de rationaliser les critères sociaux et éthiques des placements et de fournir aux investisseurs une base de données objective, ancrée sur des outils statistiques.

L'agence est prestataire dans l'analyse et la notation de sociétés cotées en bourse. Elle veut aussi encourager des investissements responsables sur les deux aspects sociaux et vis-à-vis de l'environnement, estimant que ceux-ci peuvent être garants d'une bonne performance financière. Elle aide à la constitution de fonds éthiques et produit des tableaux de bord sociétaux sur certaines entreprises européennes. Vigéo est fondateur et partenaire français d'un réseau de notation international, le SIRI Group (Sustainable Investment Research International), afin d'établir des méthodes de travail et un référentiel communs. En France, un centre de recherche sur le développement durable devrait ouvrir à Fontainebleau sous son impulsion.

Son fonctionnement

Les principaux critères de notation de Vigéo sont les ressources humaines, l'hygiène, la sécurité, l'environnement, les relations avec les clients, les fournisseurs, et le gouvernement d'entreprise (les relations avec les actionnaires et la prise en compte de la société civile). Il n'y a pas de critères d'exclusion, mais on trouve une information sur les sociétés nucléaires ou d'armement, sur celles qui fabriquent du tabac ou de l'alcool, ou encore sur celles qui font travailler les enfants ou qui bafouent les droits de l'homme. Les enquêtes réalisées par l'agence s'alimentent des bilans sociaux des entreprises, d'enquêtes et d'interviews menés auprès des partenaires sociaux dans les sociétés en question, avec le concours des ONG pour les études qui concernent les entreprises internationales. Vigéo propose, pour chaque société, un indice alternatif aux classements boursiers classiques, révisé au moins une fois par an.

Comment interpréter cette évolution ?

Longtemps, l'entreprise est resté un univers clos dans lequel « s'affrontaient » employeur et salariés. Dans cette approche, le « social » était interne. C'est de ce postulat qu'est né le bilan social, qui était une réponse aux problèmes posés pendant les Trente glorieuses. L'entreprise se voit désormais investie de nouvelles responsabilités, au-delà de son objet social, vis-à-vis de son environnement, responsabilités auxquelles actionnaires et clients sont de plus en plus sensibilisés.

Aussi le « *rating* social », par la publication d'un bilan sociétal, peut donner aux entreprises l'occasion de développer une conception plus globale de leur compétitivité en anticipant par un dialogue positif sur un environnement avec lequel il leur faudra de plus en plus compter.

Ces nouvelles tendances sont lourdes et de plus en plus de dirigeants d'entreprises les intègrent dans leur réflexion stratégique et cherchent à développer des logiques dites « de développement durable ». Ces logiques ont pour ambition d'articuler de façon positive leur quête du profit avec le respect de l'environnement et une éthique sociale, garantissant ainsi les actionnaires et les clients contre des risques de crise sociale ou médiatique.

Selon les entreprises, ces principes sont portés par la qualité, le marketing ou les RH, cette dernière tendance semblant majoritaire. Des postes nouveaux voient le jour comme « directeur de la mission qualité et développement durable » ou « directeur de la sécurité et de l'environnement » ou « chargé de la déontologie Groupe ».

Pour les entreprises cotées en bourse, ces responsables sont chargés des relations avec les cabinets de notation. À ce titre, ils ont la difficile mission d'établir un pont entre les RH, la communication externe et la finance.

La réactivité, condition d'une réussite durable

Désormais, dans un univers de moins en moins prévisible, c'est la vitesse de réaction qui crée la différence. Assurer la réussite de l'entreprise, c'est gagner la guerre du temps. C'est l'aptitude à agir rapidement face à des situations de plus en plus complexes qui fait sa réussite durable.

Ce facteur explique pour une bonne part le succès des NTIC. Depuis les années 1970, la plupart des salariés de l'entreprise ont accès au réseau téléphonique interne. Intranet permet de faire transiter des données informatiques (du texte d'abord, puis du multimédia) sur ce même réseau.

L'avantage des NTIC est immense, car si le téléphone abolit les distances, il nécessite la présence simultanée des deux correspondants. Bien sûr, certains rétorqueront que les boîtes vocales permettent de laisser des messages. Mais elles ne laissent pas forcément de trace, et surtout ne permettent de transmettre que la parole. On voit déjà qu'il en est différemment avec les téléphones portables qui rendent possible la transmission de mini-messages. Les NTIC permettent des transmissions asynchrones de textes, de graphiques, d'images et de sons, sous des délais quasiment indépendants de la distance, avec la possibilité de garder une trace numérisée de tous les échanges. À ce titre, les NTIC accélèrent les transmissions d'information, les possibilités de synthèses automatiques pour faciliter la prise de décision.

Désormais, beaucoup de salariés disposent d'une adresse électronique professionnelle, parfois d'une seconde adresse personnelle et d'un numéro de téléphone portable parfois à la norme Wap, demain à celle de l'UMTS.

Les NTIC, *via* l'Extranet, renforcent également les relations avec des partenaires externes, en les intégrant dans une chaîne de valeur qui vise la satisfaction rapide et, à moindre coût, des clients. De nombreuses entreprises fonctionnent selon ce modèle d'entreprise étendue, qui permet d'augmenter la réactivité, de réduire les stocks, de produire en juste-à-temps et d'optimiser la trésorerie.

Ainsi, Alstom Marine, en répondant à un cahier des charges d'un client, peut s'engager ferme sur des dates de livraison, car il connaît les stocks de ses fournisseurs et leurs plans de charge.

Les NTIC permettent d'intégrer tous les paramètres de la chaîne logistique et éventuellement de trouver d'autres fournisseurs, si l'un est surchargé ou défaillant.

Enfin, grâce aux NTIC, la transmission de papier est en voie de réduction significative. Selon une enquête de l'ANACT, un salarié passe un quart de son temps à créer de l'information. Il manipulerait cinquante pages par jour, soit deux heures 30 minutes à réceptionner, lire, distribuer, dupliquer, transmettre, classer, rechercher, archiver et détruire. Plus le volume croît, plus la productivité décroît. Qui plus est, les circuits suivis par les documents papier sont souvent peu normés et multiples.

A contrario, la messagerie permet de réduire les flux papier internes et d'en raccourcir les temps d'acheminement. C'est une première contribution à l'efficacité. Mais il est possible techniquement d'analyser les flux, de leur donner une norme, d'en limiter les effets pervers (excès de messages) et d'agir sur certains dysfonctionnements. Les chartes d'utilisation des ressources informatiques répondent à cet objectif. Cela est une seconde contribution à l'efficacité.

Enfin, une gestion de la connaissance (qui commence souvent par un plan de classement commun, par un référentiel de mots clés) et des outils de recherche multicritères permettent de limiter les volumes d'information sauvegardés et surtout de réduire les temps et les coûts de recherche.

À titre d'exemple, l'un de nos collaborateurs a visité, il y a quelques mois, une entreprise américaine pour analyser l'utilisation qu'elle faisait de son Intranet. Tout d'abord, la quasi-disparition des supports papier l'a frappé. Même le courrier entrant est numérisé puis transmis sous forme électronique. Mais le plus surprenant a été de constater que ses différents visiteurs pouvaient avoir connaissance de tous les contacts que l'entreprise avait eu avec la sienne (interlocuteurs, dates, sujets abordés). L'après-midi, ses correspondants pouvaient savoir, par un simple clic, qui était la personne rencontrée le matin et quels étaient ses sujets d'intérêt. Ils avaient aussi en lecture sur leur écran des fiches récapitulatives et des articles de presse récents sur son entreprise : *« Nous avons un service de veille économique, et toutes ces informations sont accessibles de tous nos postes de travail [...] quand un de nos concurrents s'est trouvé en difficulté après avoir perdu un gros client, nous l'avons immédiatement su et avons fait une offre de rachat dans les quatre heures »*.

Cet exemple illustre la réactivité que peuvent apporter les NTIC à une organisation, si elle veut s'en donner les moyens et se structurer dans cet objectif.

L'entreprise en réseau

On parle beaucoup d'organisation en réseau, comme s'il s'agissait d'une nouveauté, en fait, ces types d'organisation ont toujours existé. Il semble que la structure réseau soit la forme ultime d'organisations qui ont longtemps oscillé entre centralisation et décentralisation.

Avec l'apparition des NTIC, la nouveauté est que ses conséquences sur l'organisation n'ont pas forcément été analysées et pensées.

L'entreprise en réseau

Pierre Boulanger distingue quatre grandes familles de réseau :

Les réseaux intégrés sont des ensembles d'unités dispersés sur un territoire plus ou moins grand (région, pays ou monde) répondant à une stratégie de présence et de proximité et qui appartiennent financièrement ou juridiquement à un même organisme ou à une même société. Le pouvoir institutionnel émane du sommet, siège de la propriété financière. Les agences sont organisées de façon centrale (réseaux bancaires, réseaux des stations-service, réseau des agences commerciales d'EDF ou de France Télécom, etc.).

Les réseaux fédérés sont des groupements de personnes morales ou physiques qui connaissent des besoins similaires et veulent se donner des moyens communs pour les satisfaire. On peut citer dans cette famille les coopératives, les mutuelles et les associations.

Les réseaux contractuels sont des réseaux de franchisés ou de concessionnaires, généralement réunis sous une bannière unique. Ils se caractérisent par le partage des risques, une même stratégie d'implantation géographique et l'addition de compétences professionnelles entre franchiseur et franchisés.

Les réseaux maillés existent depuis longtemps dans le social, le religieux et le politique. Leur objectif est la pénétration d'un secteur et la conquête d'adhérents, de fidèles ou de clients. Cette organisation se caractérise par une grande flexibilité, des coûts faibles et une certaine efficacité économique (comme dans la vente à domicile).

Boulanger, Pierre, *Organiser l'entreprise en réseau*, éd. Nathan.

Des ressources humaines vecteur des paris engagés par l'entreprise

Pour les entreprises, savoir mobiliser et motiver leurs ressources humaines est une nécessité, mais ces mêmes ressources sont fragilisées. Les salariés sont désorientés par la vitesse des changements d'organisation, par une instabilité qui fait désormais partie intégrante du quotidien (le marché impose désormais le rythme des changements), alors qu'ils représentent une richesse à mettre en valeur. Beaucoup d'entreprises s'accordent sur la nécessité de conserver ce capital humain et de le faire « grandir » sur la durée pour se créer un élément clé de différenciation (au-delà même des problématiques d'employabilité) sur le long terme.

Il semblerait que l'économie du XXIe siècle soit désormais basée sur le savoir. Après le travail de groupe, s'ouvre l'ère de la gestion des compétences et de la connaissance. Mobiliser l'intelligence pour être compétitif, gérer les compétences des acteurs et créer de la valeur sont le credo émergent dans de nombreuses entreprises. Identifier, gérer et mesurer le capital immatériel pour mieux valoriser les connaissances des experts devient une préoccupation centrale du monde entrepreneurial. Ainsi, la fonction RH apparaît de plus en plus comme l'une des fonctions majeures pour le développement durable de la performance des organisations.

Mais, comme nous l'avons dit précédemment, le risque de démotivation et de non-engagement au sein de l'entreprise est considérable, pour les raisons suivantes :

- l'évolution rapide du monde des entreprises est insuffisamment commentée, expliquée, et la perte des repères est largement répandue, même chez les cadres supérieurs ;

- les structures et les processus sont encore trop bureaucratiques ;

- les systèmes de décision restent centralisés et leur lourdeur rend la participation effective difficile ;

- l'intégration des nouvelles technologies dans les processus de travail et les comportements reste difficile ; souvent, elle n'est ni pilotée, ni accompagnée ;

- la plupart des changements structurels et les réorganisations sont conduits *top down*, avec un manque d'implication des collaborateurs et des cadres ;

- les comportements du management restent inadaptés en matière de communication, de motivation des collaborateurs ou simplement en terme d'exemplarité ;

- la considération pour les personnes est absente et il y a peu de manifestations de reconnaissance des efforts accomplis ;
- la primauté des facteurs financiers à court terme décourage les meilleures volontés.

À cette liste s'ajoutent l'évolution de la société et l'émergence de valeurs nouvelles (loisirs, liberté, individualisme…). Ces dernières peuvent apparaître comme autant de substituts miracles à celles qui manquent en entreprise.

Des services pour le personnels sur le lieu de travail

Pour favoriser l'efficacité des salariés qui dépend aussi de l'équilibre entre vie professionnelle et vie privée, mais aussi pour se démarquer et conserver les éléments de valeur, les entreprises commencent à offrir à leurs employés une palette de services sur le Net. Dans le registre classique, on mentionnera les réductions accordées au personnel sur les produits vendus par l'entreprise. Encore faut-il que l'activité de l'entreprise s'y prête. D'autres se sont engagées dans des voies plus nouvelles, KPN Orange (Belgique) propose sur le lieu de travail les permanences d'un kinésithérapeute, d'un coiffeur, d'un conseiller juridique, fiscal ou financier. Masseur, cordonnier, médecin, agents de voyage sont familiers des lieux. D'autres proposent des installations sportives plus ou moins bien équipées.

Le pressing, les courses au supermarché, le lavage et l'entretien des voitures personnelles, des aides administratives sont déjà offerts par les grands cabinets de consultants, mais aussi par des entreprises qui se sont délocalisées à quelque distance d'une grande ville, comme British Airways à côté d'Heathrow.

Des crèches, des haltes-garderies, voire des assistantes maternelles, peuvent compléter la panoplie, mais aussi des services de dépannage (plomberie, électricité…).

Au plan financier, les entreprises font profiter leurs salariés de conditions négociées avec ses propres fournisseurs : achats d'ordinateur, mobilier de bureau, location de voitures, chambres d'hôtels, billets d'avion. Plus originales, certaines apportent leur aide aux salariés qui ont des projets personnels comme monter une association, effectuer un voyage ou financer un projet.

Pour fidéliser leurs salariés et simplifier leur vie privée (un collaborateur dont l'esprit est obnubilé par une contrainte perd toute créativité !), un nombre croissant de sociétés comme Unilever, CSC, SAP, British Airways, offrent une panoplie de services de vie pratique, accessibles 24h / 24 depuis le domicile ou le bureau. Des offres packagées ou des bouquets de service standards sont même offerts en France (Affiniteam, par exemple). Elles comprennent des avantages pré-négociés avec l'entreprise qui peuvent être personnalisés. Les financements sont généralement partagés entre l'entreprise et le salarié.

Aux dires du personnel, de tels bouquets de services « facilitent » la vie et réduisent le stress. Par contre, cela suppose une forte flexibilité dans les horaires de travail, un management très participatif et quelques règles de vie acceptées et respectées. La responsabilisation accrue des collaborateurs à qui l'on donne les moyens de leur autonomie peut seule rétablir la motivation, l'implication et garantir l'atteinte des résultats. Tout le monde est conscient que la responsabilisation des acteurs passant par une délégation et une autonomie d'action est le pilier de la motivation des hommes et des femmes de l'entreprise. De fait, ils seront encouragés à se dépasser, donc à répondre pleinement aux besoins et aux attentes du client. Cette idée tourne autour de la notion d'*empowerment*. Sous ce vocable anglo-saxon, on comprend l'ensemble des actes managériaux qui consistent à faire monter en puissance les collaborateurs, de façon à situer la responsabilité et le pouvoir de décision au bon niveau, là où les décisions doivent et peuvent être prises, pour répondre vite et bien aux attentes des clients. L'*empowerment* est une démarche collective, avec des indicateurs de résultats, qui nécessite une adaptation de l'organisation du travail et une révision des processus. Cette démarche doit être conduite par le management, en étroite liaison avec les équipes.

Le rôle du management de plus en plus essentiel

Ce qui vient d'être dit pose le problème de la performance du personnel. La tendance est d'aller vers une plus grande transparence des performances, car les organisations veulent que les choses soient mieux faites, plus vite et à moindre coût, d'autant plus que ces ambitions sont externes, donc perceptibles par tous. Ensuite, les processus internes vont être simplifiés, fondés sur une culture homogène, facilitant la globalisation et l'adhésion du personnel. Le travail s'effectuera en petites entités décentralisées, à taille humaine, où chacun pourra connaître son interlocuteur, et au sein desquelles la valeur ajoutée de chacun sera naturellement reconnue. Ces petites unités auront à travailler de façon coordonnée entre elles et avec différents partenaires externes. Les technologies de l'information permettent, à la fois cette coordination par la fourniture d'outils cohérents et globaux, mais aussi la mesure automatique et en temps réel des performances, ce qui les rend transparentes, incontestables (contrairement aux systèmes antérieurs) et surtout lisibles par les collaborateurs.

Dans les entreprises les plus performantes (en amélioration continue), les dirigeants, le personnel ainsi que les principaux fournisseurs peuvent connaître immédiatement les effets opérationnels et / ou financiers de leurs décisions et actions et agir au plus tôt pour en infléchir les effets. Bien introduite dans l'entreprise, la mesure de la performance accroît la motivation et le plaisir. Inversement, ces systèmes poussent vers la porte tous ceux qui ne souhaitent pas s'impliquer ou que le flou antérieur arrangeait.

Les managers doivent être conscients de ce phénomène et savoir le piloter pour limiter cette « évaporation » de personnel, donc cette perte de compétences potentielles. L'implication du personnel est un processus collectif qui s'auto-alimente, que ce soit positivement ou négativement. Certes, ce phénomène est difficile à enclencher positivement, mais ses retombées sont considérables, bien supérieures à l'investissement initial (temps et conviction) et tangibles économiquement. Les recettes en sont connues, mais vite oubliées, et finalement peu appliquées.

Les challenges que devront affronter les managers demain seront encore plus difficiles que ceux d'aujourd'hui. Le défi actuel des organisations – et par voie de conséquence des managers – est d'informer, de mobiliser, de coordonner le personnel, dans des organisations plus floues, avec des responsables hiérarchiques moins nombreux, moins disponibles, plus angoissés par les urgences et les complexités de leur mission. Ils sont parfois même tentés de freiner le changement, car porteur de risques…

Si une situation est perçue comme menaçante, les acteurs adoptent un mode de raisonnement qui leur interdit d'agir efficacement et qui limite sans doute leur capacité à apporter les réponses adaptées au problème posé. Ainsi la mise en valeur des RH de l'entreprise passe-t-elle, à tous les niveaux de la hiérarchie, par la lutte contre l'inertie et les résistances au changement, le développement de capacités d'analyse des problèmes et la recherche collective de solutions.

Effectivement, si l'on invite les acteurs concernés par une situation nouvelle à confronter leurs raisonnements, les incompréhensions et les appréhensions s'atténuent, l'aptitude à agir se développe et le groupe se renforce. Ce rôle d'apprentissage collectif, piloté par les managers, est encore insuffisamment développé dans nos organisations, ce qui les empêche d'engager des actions, même dans des situations floues présentant un certain risque pour les acteurs. Or, nous savons que désormais l'incertitude est omniprésente et que la réactivité est vitale.

Ainsi, des démarches et des modes de management différents (démarches apprenantes, constructivisme, capacité à surmonter de façon durable les obstacles au changement, aptitude à questionner, voire remettre en cause les grandes orientations stratégiques…) font partie des avantages concurrentiels déterminants. Ils permettent surtout d'en créer d'autres par osmose dans tous les secteurs de l'entreprise, conséquence directe de la plus grande implication du personnel et de sa capacité d'innovation enfin mobilisée.

Les rôles clés du management

Ordonnateur des objectifs individuels

Ordonnateur des objectifs individuels dans le processus de travail collectif. Le manager concrétise les objectifs de l'équipe en un processus de travail cohérent, c'est-à-dire en un ensemble de tâches précises, documentées et mesurables, où chaque membre de l'équipe agit en complémentarité avec les autres, pour fournir les résultats répondants aux souhaits du client.

Analyste critique des processus de travail

Le manager incite l'équipe à une simplification systématique des processus, en éliminant les phases sans valeur ajoutée (redondantes, inutiles, non prioritaires ou de routine). La recherche constante de simplification est la contribution majeure de l'encadrement à l'amélioration des processus de travail.

Un coach attentif

Coach attentif des performances individuelles pour faciliter et soutenir les performances individuelles de ses collaborateurs. Le manager veille à ce que chacun d'eux dispose des outils, des équipements, des technologies et des informations nécessaires pour accomplir ses tâches de manière optimale, mais aussi à ce que chacun connaisse ses marges de manœuvre. Ensuite, il encourage et renforce l'implication des membres de l'équipe par la reconnaissance de leurs mérites. Cette reconnaissance s'effectue, d'une part, de façon collective et, d'autre part, de façon individuelle, de manière à accroître la visibilité de chacun sur ses capacités. Reconnaître, c'est aussi être ouvert aux problèmes personnels qui peuvent occasionnellement interférer sur l'activité professionnelle. C'est donc savoir écouter et établir un lien, en gardant une attitude humaine et positive.

Architecte de l'équipe, gardien de son efficacité collective

Une équipe efficace est plus que la somme des compétences des membres qui la constitue. La mise en place d'une équipe performante passe par la diversité de ses membres (assemblage unique de talents et d'expériences). Ces qualités individuelles doivent être mêlées harmonieusement et mises en évidence, pour générer de la synergie. Le manager est le gardien de l'efficacité collective, en y faisant régner la confiance et le respect. La confiance, élément essentiel de l'efficacité d'une équipe, facilite le travail dans la mesure où elle établit les bases d'une ouverture plus grande entre les individus, d'une meilleure communication et d'une plus forte interdépendance entre les membres de l'équipe. Le manager se doit d'encourager la coopération et la solidarité au sein de son équipe. Le partage des informations, notamment celles concernant les performances de son équipe, est l'une de ses responsabilités majeures. N'oublions pas que l'information confère le pouvoir : pratiquer l'*empowerment* c'est partager l'information utile. Les NTIC constituent une opportunité en ce sens.

Liaison entre l'équipe et son environnement

Le manager doit s'assurer que son équipe est correctement positionnée dans l'entreprise et que sa contribution est bien celle attendue. Dans des relations de clients / fournisseurs internes (RCFI), son rôle est de rechercher activement ces informations auprès des maillons amont (fournisseurs) et aval (clients), et de fournir les informations en retour. Ce rôle suppose aussi d'être le défenseur de son équipe en intervenant en sa faveur à chaque fois que ce sera justifié. Cela commence par une négociation efficace de sa part dans le cadre des fixations d'objectifs.

Développeur des compétences

Au-delà de son rôle de coach déjà décrit, le manager se doit d'encourager ses collaborateurs à développer leurs compétences, dans le cadre des besoins de l'entreprise, de façon à ce qu'ils puissent élargir leurs responsabilités. Il est évident que le manager doit commencer par s'appliquer à lui-même ce principe, s'il veut en faire bénéficier son équipe. En particulier, il doit développer sa capacité à identifier, à comprendre et à répondre aux besoins des autres. Cela se traduit également par son aptitude à communiquer ses propres besoins et faire en sorte qu'ils soient satisfaits.

Quelques exemples

1. Un directeur demande à ses collaborateurs de préparer, en petits groupes, une communication sur les différentes réalisations de la direction. Celles-ci sont ensuite présentées en

10 à 15 minutes lors des réunions d'échange hebdomadaire, avec remise d'un dossier. Sa constitution nécessitait une étude comparative sortant du seul cadre de l'entreprise.

L'objectif est de prendre du recul, de capitaliser puis d'enrichir la réflexion.

Conséquences : la direction devient innovante et est rapidement perçue comme telle par les autres directions (les propositions faites par la direction étaient illustrées d'expériences externes concrètes qu'il était loisible d'aller voir). Les membres de la direction se sont naturellement plus impliqués dans les projets des autres directions à titre d'expert ou de *facilitateur*.

2. Un agent automobile (concession de marque) a formé ses magasiniers (niveau bac +) à « écouter » et à reformuler les problèmes des clients (professionnels ou particuliers). Tous les quinze jours, par équipe, avec leur hiérarchie, ils proposent des solutions pour améliorer le service aux clients.

Résultat : en un an, la fidélisation des particuliers a doublé, la reprise des pièces a diminué de 45 % (donc les avoirs). Une économie substantielle s'en est dégagée et un intéressement collectif a été mis en place.

3. Une entreprise industrielle, en cas de dysfonctionnement sur un matériel sortant de révision, envoie chez le client l'ouvrier qui a révisé le matériel, en prévenant le client. À son retour à l'atelier, l'ouvrier est chargé d'expliquer à son équipe l'erreur qui a été commise et la façon de l'éviter. À 90 %, les dysfonctionnements proviennent d'un manque de contrôle ou du non respect des consignes de réparation. Les explications données par un membre du personnel se révèlent plus pédagogiques et mieux mémorisées que celles données par la hiérarchie ou les formateurs, avec pour conséquence une diminution du nombre des dysfonctionnements et un meilleur autocontrôle de la part des ouvriers.

Une véritable culture de la qualité propre à l'atelier s'est construite autour des anecdotes entourant les erreurs : « ne pas recréer le problème de Bordeaux » ou « ne pas faire l'erreur de Pierre », etc.

4. Une entreprise, après avoir fait intervenir un consultant qui a réorganisé une fonction commerciale et généré des économies importantes, a mené une réflexion interne pour connaître les raisons qui ne lui ont pas permis de modifier son fonctionnement, sans une aide externe. Effectivement, il était apparu que le consultant avait préconisé la mise en œuvre de solutions émanant toutes du personnel, mais non appliquées naturellement.

En conséquence, cette réflexion a permis de revoir le fonctionnement de plusieurs groupes de travail dont le comité de direction. À chaque fois, l'expression critique – mais non agressive – a été encouragée.

5. Une entreprise commerciale fait intervenir un cabinet réputé pour réorganiser son service clients. Après quatre mois d'étude, ce cabinet suggère une organisation différente, une diminution de soixante-six personnes et propose des modifications du système informatique pour 600 000 euros. Le DRH, en deux semaines, en mobilisant les personnels concernés (dont les soixante-six personnes) propose une autre organisation limitant la diminution des effectifs et des investissements informatiques (152 000 euros), et s'engage à reclasser les sureffectifs.

En conséquence, dans la solution alternative, l'implication des personnels a permis de doubler les gains attendus et d'entrer dans un processus de recherche permanent d'amélioration. Comme tout licenciement a été évité, un changement d'attitude a également été constaté de la part des partenaires sociaux sur les évolutions de l'organisation.

Une fonction RH en décalage

C'est dans le cadre de ce double changement de posture (*empowerment* des salariés, responsabilisation accrue des managers) confirmé par plusieurs *benchmarks* et enquêtes que les RH sont désormais attendus. Par contre, il est sûr que le management éprouve une certaine difficulté à investir pleinement les six rôles présentés (voir encadré p. 31). Les dirigeants et les managers souhaitent des RH agents de changement, alors qu'ils se cantonnent en majorité dans des tâches administratives.

La mutation de la fonction RH qui s'amorce est comparable à celles qu'ont vécues les fonctions financières et achats, il y a quelques années. Les enquêtes publiées en France (ANDCP, les Échos, Markess, Cegos) montrent un décalage de la fonction par rapport aux attentes des directions. Par ailleurs, même si le même effet est observé aux États-Unis (David Keany), il a été observé deux ans plus tôt, et les organisation RH se sont remises en cause et ont trouvé des réponses originales, diminuant de moitié le ratio RH / sureffectifs gérés.

Nous nous pencherons successivement sur les attentes des dirigeants et des managers en France afin d'étudier la manière dont la fonction RH commence à y répondre. Puis nous analyserons si les attentes nationales sont très différentes de celles que l'on peut observer en Europe ou aux États-Unis.

En France comme en Europe, différentes méthodes permettent d'évaluer la qualité de la prestation RH perçue par l'entreprise. Les unes sont assez globales et permettent un bon dialogue avec les dirigeants. Les autres sont analytiques et plus compréhensibles par les collaborateurs RH.

Nous reviendrons sur ces méthodes dans le chapitre 6. D'une façon générale, ces méthodes conduisent à un même constat : la fonction RH est encore trop tournée vers l'administration du personnel, pas assez à l'écoute des managers, peu orientée « prestation de service », insuffisamment créatrice de valeur et trop coûteuse.

L'approche par grands domaines RH

La grille qui synthétise les activités de la fonction RH dans cinq grands domaines d'activité est souvent utilisée pour vérifier le degré d'adéquation de la fonction aux attentes de ses clients. Tout d'abord, lorsqu'on parle de « clients », tous les acteurs ne sont pas forcément d'accord sur leur identité. Pour les uns, les clients de la fonction RH sont essentiellement le personnel de l'entreprise (les salariés). Pour d'autres, c'est la direction générale uniquement. Pour d'autres enfin, c'est un dosage entre toutes ces orientations, la tendance étant cependant, pour les raisons que nous avons exposées plus haut, de privilégier direction générale et hiérarchie.

Nous faisons figurer ci-après les résultats obtenus par quatre sociétés que nous désignerons par S_1, S_2, S_3 et S_4 ayant chacune utilisée la grille des grands domaines RH (il s'agit d'exemples réels). Pour chaque société, nous avons fait apparaître en pourcentage les attentes (1re ligne) et en dessous les répartitions soit en temps, soit en effectif de la fonction RH.

Synthèses de quatre enquêtes comparant les attentes vis-à-vis de la fonction RH et la ventilation des effectifs RH

Sur quatre entreprises réelles désignées par S_1, S_2, S_3 et S_4.

Thèmes	Gestion collective	Gestion individuelle	Conduite du changement	Relations sociales	Paie et administration
S1 : attentes du personnel.	5 %	61 %	1 %	15 %	18 %
S1 : effectifs de la fonction RH.	11 %	9 %	0 %	19 %	61 %
S2 : attentes des dirigeants.	42 %	24 %	25 %	5 %	4 %
S2 : temps de la fonction RH.	21 %	7 %	2 %	11 %	59 %
S3 : attentes de la hiérarchie.	38 %	29 %	19 %	9 %	5 %
S3 : effectifs de la fonction RH.	23 %	4 %	0 %	10 %	63 %
S4 : attentes de la hiérarchie.	36 %	35 %	12 %	11 %	6 %
S4 : effectifs de la fonction RH.	30 %	7 %	0 %	6 %	57 %

Les attentes sont recueillies par interviews, sous forme de questions ouvertes, généralement menées par un consultant externe, chaque réponse étant ensuite affectée à un domaine.

Les quatre exemples du tableau ci-après montrent le décalage existant entre les attentes et les domaines où l'activité est déployée, quelle que soit la façon dont on la mesure.

Que montrent ces enquêtes ? Trop d'effectifs en administration, pas assez en collectif, individuel et conduite du changement. Même la DRH de la société S_1, pourtant à l'écoute du personnel, ne répond que partiellement aux attentes de ce dernier. Le contenu détaillé des cinq grands processus est représenté schématiquement ci-dessous, le contrôle de gestion RH étant un processus transverse n'a pas été analysé en tant que tel.

Les cinq domaines RH

Gestion de l'emploi Développement Compétences (collectif)	Développement individuel des collaborateurs (individuel)	Conduite du changement	Relations sociales	Gestion administrative
• Gestion prévision-nelle et stratégique de l'emploi (schéma directeur / compétences). politique de mise en œuvre (traduc-tion budgétaire) • Gestion des bassins d'emploi et des redéploiements • Plan de formation et plan d'adaptation / reconversions • Plans de montée en compétences dans les métiers • Formation : ingénierie, achat, gestion, suivi…	•Développement individuel des collaborateurs : évaluation du potentiel et des performances, actions de développement •Conseil individuel de carrière et orientation •Gestion des cadres •Recrutement/ mobilité •Gestion des rémunérations	•Analyse et régulation sociale •Conduite du changement •Développement et évolution des organisations •Communication sociale/motivation du personnel •Développement du management, culture managériale	• Vielle sociale • Relations sociales/OS • Instances représentatives du personnel • Hygiène et sécurité • Conditions de travail • Action sociale	•Saisie des événe-ments individuels dans le système d'information •Traitement (paie…) •Information et conseil aux salariés/aspects administratifs •Maîtrise des processus et contrôle interne •Juridique et contrôle •Développement/ adaptation du système d'information RH

Contrôle de gestion RH

Gestion des Ressources Humaines (GRH)

L'approche par le détail
des processus RH élémentaires

On peut citer un autre exemple d'analyse qui a été utilisé en Espagne par la société Lince et dont la grille après traduction a été reprise par une entreprise de l'ouest parisien. La démar-che ne fait pas la distinction entre ce qui est administratif et ce qui est stratégique, partant du postulat que tout est lié. La démarche consiste à faire la liste de tous les processus élé-mentaires RH, sur une grille Excel, regroupés selon sept grands domaines : gestion individuelle (GI), contrôle de gestion et charges sociales (CG), gestion globale des Ressources (GC), acquisition et développement des compétences (AD), relations sociales, environnement du travail et médecine (RS), recrutement et intégration (RE), organisation (OR). Dans un premier temps on demande à toute la fonction RH d'estimer le temps passé annuellement à chaque processus. La synthèse peut être faite en groupe. On vérifiera les temps moyens de travail par acteur de la fonction. À noter que, généralement, ces temps sont assez supérieurs aux horaires affichés... Cela résulte soit d'une volonté des acteurs de se présenter comme de « gros travailleurs », soit d'une réelle difficulté à estimer les temps passés par activité. Cela mérite d'être souligné, sans plus, car cela n'a pas d'impact réel sur la méthode utilisée.

Lince

Comparaison des horaires RH avant et après re-engineering des processus (tableau 1).

Thèmes	GI	CG	GC	AD	RS	RE	OR
Horaires actuels	569	244	224	153	202	701	103
En %	25,9 %	11,1 %	10,2 %	7 %	9,2 %	31,9 %	4,7 %
Horaires cibles	226	146	289	121	164	344	160
En %	15,6 %	10,1 %	19,9 %	8,3 %	11,3 %	23,7 %	11,0 %

On mesure ensuite par interview l'intérêt de l'encadrement pour chaque processus élémentaire (voir tableau 2). Cette analyse a mis en lumière une quarantaine de points de réflexion pour les RH. Ainsi, sur les processus de gestion individuelle 32 et 33 des écarts importants subsistaient entre les points de vue RH et management.

Lince

Exemple de deux processus étudiés (tableau 2).

Descriptif	Code	Attentes des managers	Importance attendue / RH	Temps RH	Actions décidées par les RH lors du séminaire
Gestion des situations liées à la mutuelle	GI32	? ? ?	XXXXX	31	Reporting > hiérarchie Repenser le marketing
Gestion du plan de pension	GI33	XXXXX	? ? ?	19	Automatiser et faire un séminaire

Dans le premier exemple, la gestion des situations liées à la mutuelle prenait trente et une heure par mois et n'intéressait pas le management. Or, il s'agissait le plus souvent d'absences pour lesquelles le management aurait dû être sensibilisé. Les RH traitaient administrativement des situations individuelles, sans échanger avec la hiérarchie. Ce qui est curieux, c'est que les RH croyaient cette dernière informée directement par les salariés et sensibilisée aux coûts correspondants.

Sur les plans de pensions, la fonction RH passait dix-neuf heures par mois à vérifier l'exactitude des imputations faites sur les comptes individuels. La hiérarchie a manifesté un grand intérêt pour ce domaine, explicable par leur âge moyen de quarante-neuf ans. Aucun cadre ne savait comment serait calculée sa retraite lors de son départ. La fonction RH avait également du mal à l'expliquer... Voici deux exemples parmi d'autres où la fonction peut se repositionner en service à valeur ajoutée pour ses clients.

Cette démarche d'enquête est menée directement par les membres de la DRH qui se répartissent en petits groupes de trois ou quatre personnes. La restitution est faite en réunion plénière. La totalité de la démarche peut être conduite en deux jours, ce qui est assez rapide. Cette méthode met l'accent sur les attentes de l'encadrement et de la direction générale. Seules les réponses avec écarts importants donneront lieu à l'intervention directe du DRH. Le principal intérêt de cette seconde grille est qu'il permet à la fonction RH de prendre conscience du fait qu'elle répond imparfaitement aux attentes de ses clients et ainsi d'amorcer un processus de changement.

Avec l'exemple de Lince, 17 % des processus ont été supprimés (les raisons les justifiant ayant disparus, sans que la DRH ait réagi). D'autres ont été automatisés et / ou simplifiés. En matière de recrutement, l'attente a été clairement mise sur le délai à pourvoir les postes, ce qui a obligé à reconsidérer l'ensemble du processus administratif. Onze nouvelles missions ont été définies.

Suite à l'analyse de cette grille, l'effectif de la fonction RH est passé de 12 à 8,5 personnes avec une amélioration du service rendu, de façon transparente vis-à-vis des personnels travaillant dans les services RH. Cela s'est traduit par cinq mutations vers d'autres structures, deux mutations vers la DRH et une demande de travail à mi-temps.

Quelle que soit la méthode utilisée, les attentes de directions générales pour la fonction RH se situent aujourd'hui dans quatre domaines :

- des gains de productivité ;

- une participation accrue à la stratégie (au service des finalités de l'entreprise) ;

- une gestion des compétences ;

- un appui accru à la hiérarchie, sans prendre sa place.

En septembre 2001, un petit groupe d'échange animé par l'ANDCP a discuté de ce sujet (voir encadré ci-après).

Les attentes des directions vis-à-vis de la fonction RH

(ANDCP, septembre 2001)

Contribuer aux finalités de l'entreprise

Avoir un état d'esprit business (être dedans et impliqué !).

Fédérer par rapport aux objectifs, donner le sens.

Aider à anticiper, voire interpeller (apporter une vision prospective et transversale).

Être un agent de changement (faire évoluer les compréhensions) :

- comment faire pour que le personnel adhère à la vision du futur ?
- comment assurer la fluidité en fonction des savoir-faire et des talents ?

Être une ressource plutôt qu'un frein (offrir des alternatives crédibles).

Être au service des managers

Sans se substituer, ni déjuger.

Aider les managers à prendre leurs responsabilités (les éclairer).

Apporter le soutien technique (le juste nécessaire).

Être dans l'action, en apportant le recul nécessaire

Mesurer la contribution de la fonction sur des données économiques.

Gérer les compétences

Être un coach de la compétence.

Amener les salariés à se dépasser.

Libérer les énergies.

Développer la compétence collective.

Apporter des repères, dresser des balises dans ce domaine.

Réduire le coût de la fonction RH

Attaquer chaque processus, en rupture par rapport au passé.

Être offensif : la fonction RH, ce n'est pas de la logistique ! Le but est le chemin.

Se demander comment gérer plus efficacement l'activité RH.

Adopter une démarche pragmatique (améliorations successives).

Le résultat a fait apparaître une forte convergence des attentes dans des entreprises très différentes, tant par leurs secteurs d'activité que par leur taille. L'explication de cette convergence réside peut-être tout simplement dans le fait que ces DRH avaient ressenti le besoin de débattre de l'évolution de leur fonction.

Généralement, les directions générales ajoutent quelques qualités supplémentaires qu'ils attendent de leur DRH : être disponible, à l'écoute (savoir se remettre en cause), être exemplaire et faire preuve de courage (oser interpeller, alerter, offrir des solutions alternatives).

Les enquêtes que nous avons analysées montrent une certaine inquiétude des dirigeants sur la conservation des compétences critiques et leur transmission en interne. Si 96 % des entreprises de plus de deux cents salariés ont informatisé leur paie, seulement 20 % tiennent un fichier des compétences contre 60 % aux États-Unis. Quant à gérer la compétence, la simple définition du terme pose déjà problème. Cela témoigne du gap qu'il reste à franchir pour la fonction RH en France.

Sur une trentaine d'études (France, Allemagne, Belgique, Italie et Espagne), on voit que 50 à 60 % des attentes concernent la « participation stratégique » et 30 à 45 % le « développement de programmes RH », laissant ainsi peu de place (entre 5 et 10 %) à l'administration du personnel.

Or, le pourcentage des effectifs et du temps de la fonction RH consacrés à l'administration du personnel va de 47 à 72 % selon les auteurs et les critères retenus.

Bien que nous n'ayons pas d'étude comparative précise, il semble que la Grande-Bretagne et les pays scandinaves soient plutôt en avance sur le reste de l'Europe quant au repositionnement de leurs fonctions RH. Sans doute cela est-il dû aux relations privilégiées qu'ils entretiennent avec les États-Unis.

Le cas des États-Unis

Si la fonction RH souffre d'un manque d'image en France ou en Europe continentale, ce n'est pas le cas aux États-Unis. Les dirigeants ont des attentes assez semblables à celles relevées en France, mais plus directement opérationnelles (enquêtes Saratoga[1]). Ils attendent de leur DRH une contribution à la stratégie en les impliquant fortement dans toutes les opérations d'alliances, de fusions ou d'acquisitions très en amont de la décision. Ils demandent à leur DRH de contribuer à l'amélioration du service client, de gérer la compétence (*Knowledge Management*) au plan international, ainsi que les populations sensibles. Ces attentes sont formalisées par des objectifs qui font l'objet d'évaluations périodiques. À titre d'exemple, un collègue américain a dû présenter au *board* une évaluation fine du potentiel d'une société que son organisation s'apprêtait à acheter et des risques de non intégration, suivi d'un plan d'action. Pour finir, l'opération qui semblait intéressante sur le plan commercial n'a pas été retenue pour des motifs humains (manque de compétences originales et culture difficilement intégrable).

Les managers américains ont des attentes également très opérationnelles sur les politiques de rétribution (*rewards & benefits*, compensations), sur l'aide à la culture du changement et le développement de leur propre leadership. En majorité, les fonctions RH aux États-Unis font, comme en Europe, de l'administratif *(tasks & transactions oriented)* et offrent un bon service.

Mais la fonction RH a pris conscience, il y plusieurs années, que les attentes étaient ailleurs. Depuis 1996, la fonction RH se redéploie en essayant de répondre à trois exigences.

---

1. Saratoga est un cabinet de *benchmarking* spécialisé en RH.

La contribution de la fonction RH à la stratégie globale de l'entreprise

Le mouvement d'internationalisation a entraîné une évolution des effectifs gérés, une plus grande diversité culturelle et une hétérogénéité des règles du jeu social. Aussi, le board attend-il de la DRH la garantie de l'adéquation de processus RH globaux comme la mobilité de certains cadres, l'évaluation des performances et des cadres de rémunération stimulants, fidélisant les meilleurs éléments. De nouvelles organisations voient le jour, imposant des segmentations nouvelles pour gérer dynamiquement des populations hétérogènes.

La contribution directe de la fonction RH à l'efficacité du business

L'entreprise orientée client constitue un axiome à partir duquel l'organisation RH doit être revisitée, avec le souci de contribuer de façon directe à l'amélioration globale des performances. Il en résulte pour la fonction RH la nécessité de bien connaître le business, et ensuite de mesurer son efficacité à l'aune de sa contribution aux opérationnels. Si nous avons assisté aux États-Unis à un accroissement des responsabilités des managers, on constate que les RH se sont engagés dans une démarche symétrique, en développant une capacité de prise en compte des exigences des métiers et des enjeux des affaires.

La maîtrise des coûts de la fonction RH

La fonction RH doit contribuer à la réduction de ses coûts. Les facultés offertes par les NTIC peuvent largement y répondre, ce que les pays nord-américains ont compris. Sur ce point, on constate, aux États-Unis comme en Europe, des difficultés pour les DRH à mettre en place ces nouveaux outils car cela nécessite la révision des processus. Ainsi, l'Europe aurait entre un an et deux ans de retard sur les États-Unis.

Les études Markess[1] et Cedar[2] montrent une convergence des tendances entre les États-Unis et l'Europe mais avec un décalage de l'ordre d'un à deux ans pour l'Europe. Les États-Unis ont commencé à avoir des réalisations dès 1996. La culture américaine contribue par ailleurs à la normalisation des processus. L'Europe n'a pris conscience de son décalage que fin 1999.

Les objectifs de la fonction RH dans une entreprise américaine

HR Goals

Empower the work force (to communicate).
Shape the culture.
Perform administrative tasks at lower cost (align systems).
Create a learning environment.
Develop leadership (to sustain).
Change management is a continuous processus.

Organization	*self organizing*
Employment	*continuous learning*
Focus	*customer centric*
Strengthen	*change*
Reward	*performance*
Cy's performance	*global incentive*
Implementation	*empowerment*
Information	*open access*

---

1. Markess International est une structure qui organise des réunions thématiques (dont les RH).
2. Cedar est un cabinet de conseil en organisation et intégrateur de SIRH.

Enfin, Saratoga milite en Europe pour la création de centres de services RH depuis 2000 (les seules réalisations sont celles des groupes internationaux).

L'une des différences marquantes entre les fonctions RH, en France et aux États-Unis, est le recours systématique outre-Atlantique au *benchmarking*, à la fixation d'indicateurs RH et à leurs conséquences mesurables. Par exemple, Saratoga a noté que, pour les États-Unis, un pic d'absentéisme est toujours suivi, six mois plus tard, d'un pic de *turnover*.

« On ne peut pas piloter ce qu'on ne sait pas mesurer », selon la formule de Peter Drucker.

Les indicateurs RH doivent être parfaitement définis, même si leur précision laisse à désirer. Par exemple, une entreprise a mesuré que le remplacement d'un salarié démissionnaire lui coûte en moyenne 50 % du salaire annuel du partant. À partir de cette information peu précise, elle a cependant su monter un plan d'action précis pour réduire cette charge, mobilisant la ligne hiérarchique, accompagné d'un *business plan* à destination de la direction générale.

Ainsi, nos collègues américains sont mobilisés pour recruter dans des délais records des compétences pointues, pour améliorer le service client et la satisfaction (et fidélisation) de ce dernier, pour retenir les talents tout en restant compétitifs par rapport au marché ; mais également pour former le personnel afin d'accroître leur productivité, ou les managers pour augmenter les résultats. Toutes ces actions sont liées à un objectif économique précis, partagé avec les acteurs, souvent sous forme de rétribution.

Cette démarche est systématique dans les entreprises dynamiques aux États-Unis. Chaque salarié a des objectifs pour donner à l'entreprise un avantage compétitif.

Un argumentaire à destination des managers

Reprise d'un argumentaire à destination des managers pour les inciter à diriger le personnel avec des données précises. La conclusion est pertinente !

On doit manager avec des éléments quantifiés ! Pour :

- préciser les performances attendues ;
- comprendre l'environnement et pouvoir réagir ;
- se comparer à des standards et benchmarks ;
- identifier les domaines de sous-performance ;
- appuyer les arbitrages d'allocations de ressources ;
- reconnaître et récompenser les performances.

« Sans objectifs précis, les gens ont des opinions. Avec des objectifs quantifiés, ils disposent d'un avantage compétitif ! »

Si le *benchmarking* a l'avantage de soulever les bonnes questions, il apporte rarement la solution, car les politiques RH sont complexes et les recettes qui marchent dans telle société ne fonctionneront pas dans une autre. Par contre, la démarche peut être enrichissante. Il en va ainsi du *benchmarking* comme de la tradition : *« la tradition dans les grandes choses, n'est pas de refaire ce que les autres ont fait, mais de retrouver l'esprit qui a fait ces grandes choses et en ferait de toutes autres en d'autres temps »*.

La fonction RH, aux États-Unis, se mobilise essentiellement sur sa participation à la stratégie globale et à des plans d'action précis. Pour le reste, la responsabilité des RH consiste à donner aux managers des outils leur permettant de prendre les bonnes décisions, en ce qui concerne le management du capital humain, et de diffuser l'information concernant les politiques et les règles RH au personnel. On assiste donc, aux États-Unis, à l'émergence d'une nouvelle génération de DRH, plus orientée business que la précédente, maîtrisant les nouvelles technologies et adoptant une attitude très volontaire dans tous les domaines. Il semblerait que les Américains se soient posé depuis longtemps la question du devenir de la fonction RH ou qu'ils ont résolument pris le problème en main. À titre d'exemple sur le décalage entre les États-Unis et la France, nous avons synthétisé quelques-uns des résultats de l'enquête Cedar[1].

Dans cette étude, le ratio RH sur les effectifs gérés est de 0,72 % aux États-Unis, alors qu'il est compris entre 1,7 et 4,5 en France ! On retrouve d'ailleurs, dans l'enquête Saratoga, des chiffres semblables entre 0,45 et 1,4 % aux États-Unis. Même si les cultures et les législations sont très différentes, cela n'explique pas tout !

Enquête Cedar aux États-Unis (1/5)
Stratégie

Actions envisagées	1999	2000
Devenir stratégique pour l'entreprise.	30 %	60 %
Réduire les coûts administratifs.	52 %	61 %
Éliminer les étapes d'approbation et le papier.	57 %	68 %
Améliorer les services aux employés et aux managers.	74 %	89 %

Les applications projetées, nécessitant une certaine simplification des processus, permettent aux salariés, managers et professionnels RH de se focaliser sur des tâches à plus grande valeur ajoutée.

Comment ?	Aujourd'hui	Prévu
Bornes interactives.	30 %	53 %
Self-service sur le Net.	46 %	82 %
Centres d'appel.	69 %	76 %
Boîtes vocales interactives.	70 %	73 %
Numéros gratuits.	78 %	82 %
Professionnels RH en contact.	79 %	61 %

Le self-service sera fortement développé. Des bornes en libre accès permettront à ceux n'ayant pas accès à l'Intranet de se connecter.

---

1. Présentation dans les encadrés ci-après de quelques résultats de la troisième enquête annuelle du cabinet Cedar, publiée fin 2000 (342 réponses ; 6 millions de salariés représentés ; tailles moyennes : 20 000 salariés ; 68 % des activités sont internationales).

Enquête Cedar aux États-Unis (2/5)
Les applications RH

Les applications en self-service et en *workflow* sont globalement appréciées, et leur impact est net auprès des salariés. Les attentes des managers sont plus complexes et leur satisfaction est en décalage par rapport à celle du personnel, mais elles sont apparues plus tard !

Applications en self-service et WFA	Très satisfaits	Satisfaits	Peu satisfaits
À destination des salariés : appréciation 1999.	35 %	52 %	13 %
À destination des salariés : appréciation 2000.	49 %	42 %	9 %
À destination des managers : appréciation 2000.	31 %	50 %	19 %

L'amélioration du service rendu aux salariés et aux managers reste l'objectif prioritaire des entreprises sondées, afin de permettre à la fonction RH de se consacrer à la stratégie.

Enquête Cedar aux États-Unis (3/5)
Les applications ayant un impact sur la productivité des salariés

L'objectif est clairement de se différencier de la concurrence, d'attirer, de développer et de gérer les talents. C'est aussi de faire des gains de productivité (le service aux retraités est un service coûteux, la mise à jour des systèmes d'assurance individuels est complexe et également consommateur de ressources RH.) Quant à la gestion des avantages sociaux, la tendance est à l'externalisation.

Comment ?	Aujourd'hui	Prévu
Service aux retraités.	9 %	32 %
Congés et absences.	15 %	42 %
Fiches de paie électroniques.	15 %	51 %
Systèmes de pointage.	35 %	35 %
Inscriptions formations.	30 %	45 %
Gestion des avantages sociaux.	53 %	33 %
Statut familial.	16 %	73 %
MAJ assurance (USA).	33 %	57 %
Information sur les avantages sociaux.	29 %	61 %
Communication avec les salariés.	63 %	29 %
Mise à jour des données personnelles.	19 %	73 %

Enquête Cedar aux États-Unis (4/5)

Les applications ayant un impact sur la productivité des managers

Attentes ?	Aujourd'hui	Prévu
Analyse budgétaire.	16 %	30 %
Gestion et approbation des commandes.	26 %	27 %
Gestion des absences.	6 %	53 %
Gestion des voyages et des frais.	26 %	34 %
Approbation des feuilles de pointage.	31 %	39 %
Gestion des postes et des affectations.	10 %	66 %
Rapports et tableaux de bord automatiques.	19 %	58 %

La plupart des entreprises se concentrent sur le reporting automatique, la saisie des affectations budgétaires et des absences, la gestion des voyages et des frais, et les analyses budgétaires.

La nécessité de mettre en œuvre une hiérarchie organisationnelle et des *workflows*, sur lesquels s'appuient ces applications fonctionnant avec des processus d'approbation, est toujours un obstacle à la propagation des applications tournées vers le manager.

Enquête Cedar aux États-Unis (5/5)

Les applications Intranet jugées stratégiques vues par les DG

Les applications Intranet stratégiques	Aujourd'hui	Prévu
Attribution de Stock Options (manager).	2 %	21 %
Stock Options (salarié).	15 %	22 %
Prévisions d'effectifs (manager).	4 %	40 %
Plan de succession (manager).	4 %	40 %
Attribution de bonus (manager).	11 %	42 %
Gestion des compétences (manager)	3 %	51 %
Gestion des compétences (salarié).	7 %	52 %
Gestion de carrière (manager).	7 %	52 %
Attribution d'augmentations (manager).	14 %	57 %
Candidatures (salariés).	36 %	45 %
Postes à pourvoir (manager).	20 %	61 %
Revue des postes à pourvoir.	67 %	27 %

Les applications majeures utilisées aujourd'hui permettent la publication en ligne des postes à pourvoir, que ce soit en interne ou en externe. Les entreprises peuvent recruter des talents et atteindre ainsi leurs objectifs stratégiques. Les applications en projet concernent la gestion des parcours professionnels, des compétences et l'attribution des bonus.

L'étude des enquêtes Cedar permet de tirer cinq conclusions

1. Les attentes des dirigeants américains sur la fonction RH sont les mêmes qu'en Europe, en particulier en Grande-Bretagne ou en France : une contribution à la stratégie pour un coût raisonnable.

2. Dans tous ces pays, la fonction RH est en décalage avec l'attente des managers. Le directeur d'un cabinet de conseil américain, qui a voulu garder l'anonymat, déclarait en décembre 2001 : « seulement 30 % des DRH actuels ont une bonne connaissance du business de leur entreprise et une parfaite maîtrise des NTIC. ». En France, il semble bien que la situation soit pire !

3. Les États-Unis ont amorcé le repositionnement de leur fonction RH, il y a quatre ans, de façon marginale d'abord, puis de façon plus prononcée depuis deux ans. Les enquêtes américaines (Saratoga et Cedar) montrent que les retours sur investissement sont chaque année plus rapides, passant de dix-huit mois, en 1999, à douze mois, en 2000.

4. La France commence à prendre conscience de son retard. Les exemples étrangers, souvent portés dans l'Hexagone par des groupes multinationaux, vont permettre de rattraper une partie du temps perdu. Il reste cependant que notre retard en matière RH sur les entreprises de pointe américaines peut être estimé entre dix-huit et vingt-quatre mois.

5. Les États-Unis procèdent de façon pratique : qu'est-ce qui peut améliorer l'efficacité ? Comment le personnel le perçoit-il ? L'enquête Cedar montre bien les inflexions de cette approche, entre 2000 et 2001. Dans le même temps, la France s'interroge sur les risques des NTIC et la meilleure façon d'aborder le problème.

Les NTIC offrent de nouvelles possibilités d'organisation

La convivialité croissante des applications

Internet est partout, nous vivons dans un monde où tout est connecté. Tout devient digital : musique, vidéo, texte... et les utilisateurs veulent, en se connectant, communiquer, créer, découvrir, faire, accomplir, personnaliser, mais aussi se divertir. La demande pour les hauts débits croît. Nous sommes dans une période de transition entre deux phases numériques.

La conséquence en est que les applications deviennent de plus en plus standards. La généralisation des Intranets rend le protocole IP[1] universel, que ce soit en matière de messagerie, de portail, de groupware ou d'applicatifs (voir chapitre 2).

Les tendances lourdes

Les innovations abondent aujourd'hui, mais ce qui est important, c'est l'utilisation qui en sera faite par les consommateurs. La majorité des innovations ne sortira pas des laboratoires, car ces dernières ne répondent pas à des besoins ; celles qui se

---

1. IP : *Internet Protocol*. Protocole de télécommunication utilisé à l'origine pour le transport de données sur un réseau nodal ayant, de par son succès, constitué une norme de transmission, étendue au transport de la voix et de l'image.

développeront seront porteuses d'applications facilitant la vie des clients, amélioreront les services rendus. Ces derniers devront être intuitifs, transparents, mais aussi personnalisables.

En trente ans, la technologie a fait des bonds considérables : on est passé des *main frames*, aux mini-ordinateurs, puis aux micro-ordinateurs, aux systèmes ouverts clients / serveurs puis à l'informatique à la carte. On assiste à une connexion croissante entre applications, parfois même à une intégration totale (*supply chain*). Ceci signifie plus d'intelligence au service de l'utilisateur, mais nécessite une conception plus large et un travail en équipe pluridisciplinaire.

En trente ans, le mode de travail lié à l'informatique a aussi beaucoup évolué : on sera passé du partage du travail (taylorisme) au travail distribué, à l'informatique personnelle, à l'informatique partagée en réseau et enfin aux services ASP[1] en ligne, et aux *Web Service*.

On observe ainsi, grâce aux nouvelles possibilités induites par la technologie, le souhait croissant de pouvoir rester connecté informatiquement à sa convenance quel que soit le lieu (au bureau, à la maison, en voyage, en vacances), voire pendant des déplacements. Les services accessibles hors du bureau représentent 16 % du trafic, en majorité depuis le domicile. Ils pourraient atteindre 33 % en 2006, mais ce seront des services à valeur ajoutée alors que, aujourd'hui, c'est essentiellement de la messagerie.

Les NTIC vont favoriser la disparition des frontières traditionnelles entre vie professionnelle et vie privée. On est en train de définir des écosystèmes qui vont au-delà de l'aspect business et commencent à pénétrer le domaine familial.

---

1. ASP : *Application Service Provider*. Système permettant un accès en location à des applications informatiques avec une facturation à l'usage. Ce système, d'une grande souplesse, dispense l'utilisateur d'avoir à acheter toute licence d'exploitation.

L'impact des NTIC sur les modes d'organisation

L'organisation des entreprises est en constante évolution, du fait de la concurrence et de l'évolution du marché. Ces derniè-res ont besoin d'organisations souples et réactives et de repen-ser des modes renouvelés de travail. Les NTIC peuvent leur en fournir les moyens, elles transforment la plupart des entrepri-ses en réseaux qui présentent des caractéristiques issues des quatre grandes familles de réseaux vus plus haut :

- intégrés, par l'aspect structurant à la fois du réseau techni-que Intranet, mais aussi par les normes des logiciels de communication (messagerie) ;

- fédérés (création spontanée de communautés d'intérêt pro-fessionnels ou non) ;

- contractuels avec les notions d'Extranet et de place de marché[1] ;

- maillés par sa souplesse, son orientation client.

Ainsi, les NTIC (et les réseaux Intranet et Internet) tout à la fois abolissent les distances physiques entre des personnes éloignées et créent des distances virtuelles entre des personnes voisines. Les NTIC relient de façon transverse, en mode asyn-chrone, les salariés d'une entreprise et gomment les barrières entre les directions et les divisions, créant ainsi un maillage qui vient se superposer à l'organisation officielle. Ce maillage tend aussi à englober des acteurs externes : clients, fournis-seurs et partenaires. Il semble ainsi que le réseau soit la forme ultime d'une lente évolution des formes d'organisation, pas-sant progressivement par des stades de centralisation (et de bureaucratie), de décentralisation (et de découpage en divi-sions), de structure matricielle complexe, enfin de structure réseau (dynamisée par la globalisation et les NTIC).

---

1. La place de marché est un espace Internet où des sociétés émettent des besoins de prestations et d'autres vont y répondre.

Le maillage

Le maillage favorise les relations transversales et contribue à renforcer les hommes et les organisations par des échanges plus intenses et plus enrichissants, par une plus grande *cross fertilization* permettant le développement d'une compétence collective. Dans un tel système, la difficulté est de savoir doser les interdépendances internes pour avoir un foisonnement d'idées à l'intérieur, mais pas trop pour éviter l'anarchie, d'où la nécessité d'un pilotage, intégrant la capacité d'évolution des acteurs dans la stratégie de l'entreprise.

La simplification d'utilisation des équipements technologiques, la baisse de leurs coûts (loi de Gordon Moore) vont dynamiser les ventes. Baisse du prix des ordinateurs, PC portables, téléphones mobiles, coût des télécommunications, à laquelle s'ajoutent la diminution de la taille et du poids des équipements, le développement de l'utilisation de l'Intranet dans les entreprises et les conditions plus faciles pour s'y connecter en dehors de leurs murs : tout se conjugue pour développer de nouvelles méthodes de travail. Toutes les formes de travail à distance (bureau satellite, travail alterné, travail nomade) sont de nouvelles façons de s'organiser dont il faut tenir compte. On a souvent coutume de dire que la recette pour un télétravail réussi, c'est un tiers d'organisation du travail, un tiers de management et un tiers d'outils, ce qui signifie un renouvellement de la gestion des RH.

Le télétravail	
Nombre de travailleurs en %	
France.	3 %
Allemagne.	6 %
Grande-Bretagne.	7,6 %
Finlande.	jusqu'à 17 %

Beaucoup d'entreprises ont du mal à développer un management basé sur la confiance. Si, en septembre 2002, 21 millions de personnes travaillent à distance en Europe[1], soit 13 % de la population, on prévoit que près de 20 % de la population active travaillera à distance dans les dix ans à venir. Aux vues de ce score encore faible en France, quelques entreprises se détachent : France Télécom est bien placée, puisque plus de 12 % (chiffre 2001) de ses collaborateurs (15 000 personnes) le pratiquent officiellement sous forme de travail nomade, de travail alterné bureau / domicile ou de travail coopératif avec des équipes géographiquement dispersées.

Le télétravail

Le rapport Breton définit le télétravail comme une modalité d'organisation et / ou d'exécution d'un travail exercé à titre habituel, par une personne physique dans les conditions cumulatives suivantes :

• le travail s'effectue à distance, c'est-à-dire hors des abords immédiats de l'endroit où le résultat de ce travail est attendu et en dehors de toute possibilité physique pour le donneur d'ordre de surveiller l'exécution de la prestation par le télé-travailleur ;

• ce travail s'effectue au moyen de l'outil informatique et / ou des outils de télécommunication. Il implique nécessairement la transmission à distance des données utiles à la réalisation du travail demandé et / ou du travail réalisé ou en cours de réalisation, au moyen d'une ou de plusieurs techniques de télécommunication.

Le télétravail se distingue du télé-service, dans la mesure où il concerne un emploi salarié avec contrat de travail alors que le télé-service est une prestation produite à distance dans le cadre d'une relation client / fournisseur sans lien de subordination entre le donneur d'ordre et l'exécutant. Le télé-service est davantage une nouvelle activité au sens métier du terme qu'une nouvelle forme de travail au sein de l'entreprise.

Le télétravail revêt deux grandes formes : la première sédentaire, la seconde nomade.

Dans le premier cas, le travail s'exécute dans différents endroits : à domicile de façon permanente ou alternée, dans un bureau satellite (micro établissement délocalisé d'une entreprise réservé à ses salariés), un télé-centre (télé-local partagé par des salariés d'entreprises différentes). Les métiers de la comptabilité, de l'administration ou du secrétariat peuvent être exercés dans des conditions de télétravail.

Dans le second cas, le travail s'exécute soit dans un bureau de passage partagé par les salariés nomades dans les locaux de l'entreprise, soit dans un bureau mobile à l'usage des salariés toujours en déplacement qui exercent leurs activités à partir des différents

---

1.Source SIBIS

lieux où ils se trouvent. Les commerciaux, les consultants, les agents de maîtrise... font partie des populations concernées par ce type de travail.

Ces deux grandes méthodes de télétravail sont complétées par des modes de travail transverses qui peuvent être réalisés soit sous forme sédentaire, soit sous forme nomade. Il s'agit du télé-déploiement et du travail coopératif.

Le télé-déploiement permet aux entreprises de répartir géographiquement certaines activités au mieux de leurs intérêts : économiques, commerciaux et sociaux. France Télécom, par exemple, mais aussi EDF GDF, ont largement mis en œuvre cette forme de télétravail, notamment pour leurs services de renseignements ou de dépannage.

Un exemple d'entreprise nomade : Bookmark

Alexis Bayart, directeur associé de Bookmark (société de conseil en édition électronique et de gestion des connaissances, créée en 1996), a entraîné son entreprise dans l'aventure du nomadisme... Cette société, spécialiste de l'Intranet grands comptes, a aujourd'hui dix-huit collaborateurs dans des métiers très diversifiés : designers, consultants, développeurs, rédacteurs, chefs de projet.

« On a voulu s'appliquer à nous-mêmes ce que nous proposons à nos clients en allant plus loin, en étant plus radical. Dès l'origine, nous avons opté pour le nomadisme, c'est-à-dire le choix de travailler là où on est le plus efficace, au moment le plus efficace. Chacun partage son temps entre son domicile, qui est un lieu de réflexion et de production, nos locaux de Paris 1er arrondissement pour les réunions, la travail en équipe et le plaisir social, et les bureaux de nos clients qui sont souvent des acteurs au sein des équipes de projets.

Cette organisation présente des avantages immédiats. Une meilleure utilisation du temps, des changements de rythme et de contexte vivifiants, et une grande autonomie de chacun. Sans compter qu'avec une croissance annuelle de plus de 50 %, le problème des locaux est insoluble pour une jeune entreprise traditionnelle.

Ce pari, c'est aussi celui d'une organisation donnant plus de responsabilité et plus exigeante, centrée sur les projets où chacun tour à tour tient le guidon. Une organisation qui réussit mieux aux candidats expérimentés qu'aux jeunes diplômés.

Au centre du dispositif, nous avons privilégié les nouvelles technologies. Le portable avec une connexion sans fil a depuis longtemps éliminé l'ordinateur de bureau. Chaque collaborateur dispose d'une ligne ADSL, une technologie qui a été une vraie révolution. Notre Intranet est le cœur du dispositif : agenda, suivi de temps, gestion, reporting et news. Chaque projet dispose de son espace d'échange de document normalisé. Plusieurs collaborateurs habitent la province, même l'expert comptable qui gère tout depuis Macon.

Désormais, cet Intranet évolue pour donner naissance à ce qui fait le cœur de notre métier : la capitalisation des savoirs. L'ensemble de nos connaissances, les savoir-faire techniques, méthodologiques ou conceptuels, les informations opérationnelles sur les projets et le management vont être unifiés au sein d'une encyclopédie contributive, une innovation qui devient également le cœur de notre développement.

Avec le nomadisme, on passe de la culture temps de travail à la culture du résultat, mais aussi le sentiment d'être privilégié. Je ne me vois pas annoncer à mes collaborateurs un retour arrière. »

Quelques exemples de réalisation de Bookmark : charte Intranet et portail pour Alstom, Le Parisien, France Télécom, Dassault Aviation, ministère de l'Équipement, ministère de l'intérieur, La Poste, etc.

Les évolutions des progiciels RH

Toutes les entreprises ont accès aux mêmes progiciels standards. Alors que leur mise en place est de plus en plus complexe, tout se joue sur la rapidité de l'installation de ces produits, pour éviter d'avoir à gérer deux systèmes en parallèle trop longtemps, ce qui est coûteux.

Les progiciels RH sont de plus en plus orientés événements

Les progiciels RH proposent aux utilisateurs des écrans regroupés par type d'opération : embauche, révision de salaire, qu'un non spécialiste du domaine pourra initier, tout en respectant une législation et des règles dont le détail lui sera inconnu. Ce type de produit permet de déporter la mise en œuvre d'opération RH vers des non spécialistes du domaine RH, la hiérarchie par exemple.

Le développement des progiciels intégrés

Autre tendance lourde : le développement des progiciels intégrés (ERP[1]) : paie et gestion administrative, gestion des compétences, gestion des emplois, mais aussi comptabilité et achats. Certains produits permettent des fonctionnements en place de marché. Comme on le voit, l'intégration peut être limitée à la fonction RH ou ouverte à l'ensemble des fonctions de l'entreprise. Quel que soit le cas, la mise en place d'un ERP nécessite de revisiter complètement le domaine à informatiser. Mais le fait de travailler à l'échelle de l'entreprise peut s'avérer colossal. Tout est de savoir quelle est la culture de l'entreprise : les normes et les standards existent-ils, les processus ont-ils été révisés récemment ou non ?

Les progiciels intègrent les normes Internet

Dernière évolution notoire, ces progiciels sont de plus en plus aux normes Internet, ce qui leur permet d'adresser en direct de l'information aux managers, aux salariés dans, voire hors, de l'entreprise. Ainsi, les nouveaux ERP ne sont plus orientés RH mais *employee oriented*, c'est-à-dire tournés vers les salariés. Cela permettra d'ouvrir certains modules vers le personnel qui pourra en libre-service modifier son adresse, déposer ses demandes de congés, qui iront en automatique dans la boîte aux lettres de son manager pour être validées. Des gains de productivité considérables peuvent en être attendus, mais il faut que la fonction RH se repositionne sur un rôle moins administratif, plus stratégique et explicite clairement ce qu'elle attend (elle et ses clients internes) du progiciel. Or, ce travail est rarement fait complètement, ce qui peut multiplier par quatre le temps et le coût de la mise en place d'un ERP. Nous essayerons de formuler quelques recommandations dans

---

1. ERP : *Entreprise Ressource Planning*. C'est le type de logiciel intégré le plus avancé.

les chapitres suivants. À ce titre, il faudra, par exemple, être attentif à la capacité des équipes informatiques à intégrer l'ERP au milieu des applications existantes. Il en sera de même pour les équipes du réseau : comment accueillir de nouveaux services sans dégrader les temps de réponse ?

L'intégration d'un ERP en pratique

Les progiciels actuels comportent une panoplie de fonctionnalités s'appuyant sur des tables communes, très puissantes mais complètement structurantes. La plupart de ces fonctionnalités peuvent être adaptées au contexte de l'entreprise par la définition de ces tables. Cependant, la souplesse n'est pas totale. Au-delà du paramétrage standard, le spécifique existe, mais son résultat est aléatoire, souvent limité à la seule fonction modifiée, toujours limité à la seule version livrée. À titre d'exemple, une grande entreprise a fait développer en standard un module spécifique de formation qui fonctionne correctement. Mais les formations ainsi gérées ne peuvent pas être liées au module de gestion des compétences standard. Deux personnes à temps plein re-saisissent manuellement. Lors du passage à la nouvelle version de l'ERP, le module devra être réécrit. Conclusion : ces produits très riches doivent encourager à avoir des processus très proches de ceux contenus en interne dans le progiciel. Mais, dans certains cas, cela signifie régresser, et nous sommes bien souvent très attaché à nos façons de faire.

Les nouveaux progiciels intégrés nécessitent des référentiels communs, assurant un partage optimal des bases de données sur lesquelles pourront s'appuyer les traitements (qui eux sont structurants). Cela nécessite en amont une refonte des processus et des organisations touchant l'ensemble des flux de données permettant de transférer une grande partie de la responsabilité des actions et décisions vers la ligne managériale, avec un appui fort de la fonction RH.

Encore une fois, le choix d'un progiciel intégré couvrant plusieurs secteurs de l'entreprise nécessitera de se mettre d'accord entre structures sur les processus et les référentiels. Il a fallu vingt-six mois à un collègue pour que la direction financière, le commercial et sa DRH tombent d'accord sur un processus unique concernant les notes de frais et les rubriques de paie et comptes comptables correspondants... Tout n'est donc pas si facile que cela à faire.

Un autre facteur à souligner tient compte justement du caractère nouveau de ces progiciels, dont certaines fonctionnalités RH n'existent encore que sur le papier. Ceci oblige à patienter, parfois aussi à « essuyer les plâtres ». La jeunesse des produits se manifeste également par un manque de compétences chez les intégrateurs et parfois aussi chez les éditeurs de progiciels. Ce point pourra être discriminant dans le choix d'un ERP.

Des moyens conséquents

Ces produits mobilisent des moyens importants qu'il ne faut pas minimiser, tant en externe (intégrateur) qu'en interne (informatique mais aussi RH, structures test…). Vouloir faire à l'économie, c'est courir à l'échec et, dans tous les cas, les délais (et les coûts) de mise en place s'allongent. Or, ce sont des facteurs auxquels les direction générales sont plutôt sensibles… Il faut donc longuement analyser, standardiser, unifier, simplifier, puis mettre en place très vite.

La construction d'un cahier des charges

Un progiciel intégré est un ensemble de fonctionnalités complémentaires, liées ensemble par des tables. La difficulté est souvent d'avoir une vision globale et cohérente de toutes les fonctionnalités désirées. L'acquisition d'un « petit produit » spécifique « kleenex » pendant un an ou deux permettra sans doute de faire la lumière sur les spécifications réellement nécessaires dans un domaine, avant paramétrage dans l'intégré. Une façon de construire son cahier des charges en marchant (voir chapitre 6).

Il semble bien que les maîtres mots soient désormais : vitesse, productivité, réactivité, flexibilité, anticipation, détection et gestion des compétences, *empowerment*, rôle clé de la hiérarchie, NTIC, nouvelles formes de travail et d'organisation.

© Éditions d'Organisation

Chapitre 2

Qu'est-ce que l'e-RH et que recouvre-t-il ?

« C'est grande folie de défier
sans besoin l'intelligence d'autrui »
Boccace

E-commerce, e-production, e-business, e-marketing, e-RH... tous ces vocables en e-... fleurissent un peu partout dans les média spécialisés ou grands publics. Mais qu'y a-t-il vraiment derrière ce concept appliqué aux RH ? S'agit-il simplement d'un label qui permet aux entreprises de se donner une image de firme moderne en recourant aux NTIC ? Suffit-il d'utiliser Internet ou Intranet comme support pour estampiller de fait une application ressources humaines comme « e-RH » ?

Dans ce chapitre, notre expérience pratique sur ce sujet au sein de France Télécom, nous conduira à proposer au lecteur la représentation que nous nous faisons de ce concept, qui dépasse largement les définitions actuelles. Nous déroulerons ensuite les différents grands processus RH impactés par l'e-RH, en les illustrant avec des applications RH mises en œuvre par des DRH de diverses entreprises. Nous n'avons pas l'ambition d'être exhaustifs dans les exemples apportés. Ils sont nombreux et souvent riches. À ce titre, nous risquons de frustrer certains de nos collègues RH face aux projets innovants qu'ils ont mis en œuvre et que nous ne pouvons citer, faute de place. Nous ne les oublierons pas lors de notre prochain livre !

Avant de débuter ce chapitre, nous insistons sur le fait que l'imagination dont font preuve les DRH doit être au service d'une logique de réelle valeur ajoutée de la fonction RH sur les contributions attendues. L'innovation pour l'innovation est inutile et surtout coûteuse. Par contre, le levier qui doit nous faire penser et nous faire agir autrement est le client final. Dans ce cadre, c'est à la fonction RH de ne pas sous-estimer les difficultés (inhérentes à elle-même ou extérieures) qui vont surgir tout au long d'une démarche de mise en place d'un e-RH.

Sur ces réflexions, nous engageons les équipes RH à méditer ces quelques lignes : « *si les entreprises se posent la question de mettre à leur service la créativité, de susciter l'innovation, ce n'est pas parce qu'elles ont pour la nouveauté un goût inné, c'est simplement qu'elles en espèrent un avantage concurrentiel durable et défendable. C'est donc la conquête du client qui sous-tend cette démarche. Les entreprises qui ne cherchent pas à conquérir des clients ou à garder les leurs, par exemple parce que leurs clients sont captifs, ne se posent pas de façon pratique des problèmes de créativité et d'innovation. Elles ont tendance à rester bureaucratiques parce que c'est tout simplement l'intérêt des personnes qui travaillent dans ce type d'organisations... La créativité dérange la bureaucratie* »[1].

Une définition qui dépasse largement l'outil

L'e-RH, un concept aux multiples facettes

Malgré une presse abondante, il n'est pas simple de trouver une définition de l'e-RH, compte tenu de la jeunesse de ce concept. Il est, par ailleurs, difficile d'extrapoler sur le

---

1. Gavriloff Ivan et Jarrosson, Bruno, *Une fourmi de 18 mètres... ça n'existe pas*, p. 131, éd. Dunod, 2000. Prix Manpower de l'ouvrage 2001.

domaine RH les quelques commentaires faits autour du préfixe « e », au-delà du symbole de la mise en réseau.

Le préfixe « e »

« Le e- accompagne beaucoup de noms pour caractériser le déploiement d'un système d'information permettant d'automatiser les procédures, d'accélérer les délais et, enfin, de faciliter la diffusion de l'information. Tout cela constitue une amélioration importante des prestations proposées par rapport à la situation antérieure. »

« *Pour évoquer les nouvelles activités créées grâce au Net, on utilisera le préfixe e-suivi d'un point… : il en est ainsi du e.business, du e.commerce* » (Mongrand, Jean-Pierre, Le manager dans la nouvelle économie, Éditions d'Organisation, 2001).

« Tout ce qui commence par « e- » renvoie à une conception distante et un peu déshumanisée des relations interpersonnelles. Après tout, pour certains, le e-learning, c'est apprendre sans professeur, le e-marketing, c'est vendre sans vendeur et le e-banking, c'est la disparition du banquier, personne physique ». C'est sans doute dans ce même esprit que Jacques Igalens s'amuse à parler d' « *une e-RH qui fait de la GRH sans DRH* ».

Quand un auteur apporte une définition du e-RH, elle est souvent réductrice. Le seul recours aux NTIC dans la gestion de processus RH n'est pas suffisant. Certes, la tentation de se focaliser sur l'outil est forte. Nous lisons par exemple dans l'éditorial d'un cahier spécial[1] d'*Entreprise & Carrières* récent, consacré au sujet : « *la e-GRH prend pied dans l'entreprise. Internet devient un outil de plus en plus familier* ». Puis un inventaire est fait, exemples à l'appui, avec le recrutement, la formation, la gestion des carrières et l'organisation (au sens gestion des temps, communication interne, et relations sociales).

L'angle de l'outil et ses performances semble effectivement très présent dans les quelques définitions parcourues :

- « Le champ de ce que l'on appelle la GRH électronique, ou e-RH, qui se définit comme les politiques de GRH utilisant

---

1. « e-GRH Internet séduit les DRH », *in Entreprise & Carrières,* supplément du n° 590, 2001.

les NTIC, à savoir essentiellement les Intranets internes public, pour mettre en œuvre des pratiques dynamiques[1]. »

- « Le e-RH est le recours aux technologies de l'information et de la communication pour optimiser les processus RH sur les étapes qui caractérisent la vie d'un salarié : recrutement, gestion sociale (congés, dépenses sociales...), paie, gestion des compétences (carrière, formation), départ du salarié, retraite. »

- « Le e-DRH correspond au fonctionnement d'une DRH articulée autour de la collecte, du traitement, du stockage et de la diffusion des informations dont la plupart sont articulées en flux. La fonction se construit ainsi autour de processus de plus en plus transversaux[2]. »

Le terme « e-RH » semble beaucoup plus riche. Certes, il y a un recours aux NTIC, ce qui renvoie aux notions suivantes :

- la mise en réseau donne la possibilité de faire circuler l'information de façon quasiment instantanée entre différents acteurs (individus ou groupes d'individus) ;

- le multimédia fournit la capacité à traiter différents types d'information (son, images, vidéo, texte, calculs et instructions informatiques). En d'autres termes, il y a complémentarité ;

- la convergence des technologies (téléphone, son, images et vidéo) favorise leur digitalisation et leur traitement informatique ;

- avec le nomadisme, il est désormais possible de s'affranchir des infrastructures fixes (essentiellement le bureau) pour se connecter de n'importe où, même en déplacement,

---

1. Barthe, Stéphane, « L'impact des technologies du Web sur la Gestion des Ressources Humaines : émergence de l'e-RH », *in Les notes du LIRHE*, note n° 343, 2001 (Laboratoire Interdisciplinaire de Recherche sur les Ressources Humaines et l'Emploi).
2. Silva, François, *e-DRH,* éd. Liaisons, année 2001.

ce qui ouvre largement les domaines d'utilisation, facilite l'appropriation des outils et développe l'interactivité ;

- l'aspect normatif de l'informatique permet d'adopter un format commun, indépendant des supports et des applications, ce qui favorise la communication entre machines et applications, donc l'accès.

Trois conditions à remplir pour parler d'e-RH

Le recours aux NTIC dans un projet global RH

L'e-RH, c'est le recours aux NTIC dans un projet global RH. Nous entendons par global, le fait qu'une grande part des domaines RH est remaniée, adaptée ou transformée. Ainsi, ce recours aura un impact sur la gestion de processus RH et sur la relation de la fonction RH avec son environnement.

La gestion d'un nombre significatif de processus RH est faite sur le mode informatif (accès aux règles RH) ou interactif (possibilité de modifications, d'interrogations et de simulations). L'e-RH couvre donc un certain nombre de processus RH qui sont administrés sur un mode unique et qui sont donc communs à l'entreprise. Ceci pourra poser problème à certaines entreprises ayant des pratiques très diversifiées (les grandes entreprises et les groupes). À ce titre, la simplification des processus et son aspect normatif ne devront pas être sous-estimés (voir chapitre 6).

La relation de la fonction RH avec son environnement. Ainsi l'utilisation d'un outil d'ERM dans un centre d'appels RH est une bonne illustration du concept de l'e-RH. Nous détaillerons cet exemple et ses conséquences dans les chapitres suivants. Nous pouvons cependant expliquer, que la mise en place de l'ERM va complètement modifier les interactions de la fonction RH avec le personnel et les managers. Des usages et des comportements nouveaux seront à prendre en compte pour optimiser sa relation de service.

L'e-RH fait intervenir d'autres acteurs que la seule fonction RH

L'information RH devient non seulement accessible à tous (sous réserve du respect de quelques règles de confidentialité, tout le monde n'a pas accès à tout), mais elle est également traitée directement par tous. Le salarié se voit responsabilisé sur ses propres actes de gestion courante. Le manager intervient directement dans les processus RH, sans intermédiaire.

Avec l'e-RH, le système d'information RH est donc partagé, alimenté ou modifié par les acteurs à la source de l'information, avec ou sans validation managériale. Tout se fait avec un minimum d'intervention des équipes RH.

L'aspect innovant et interactif des outils mis en place, permet de gérer différemment les processus RH, de les reconsidérer avec un œil neuf, de balayer les champs du possible (du probable, voire de l'impossible) pour améliorer la relation de service et la valeur ajoutée de la fonction RH. C'est aussi étendre la démarche à de nouveaux champs, entre autres, l'évaluation en ligne, ou le e-learning. À l'intérieur de ces champs, le salarié devient un acteur de plus en plus informé et acteur de son propre développement.

L'e-RH, c'est le recours à des nouveaux modes d'organisation pour gérer les processus RH

Nous ne faisons pas allusion ici à l'évolution de la structure RH devenant un partenaire plus actif des affaires (concept de *business partner*, voir chapitre 4). En fait, c'est l'évolution des modes de fonctionnement permis par l'e-RH qui rend nécessaire de nouvelles organisations RH (voir chapitre 5). L'e-RH donne donc la possibilité de travailler différemment.

Ce sont les composantes « amplitude des champs couverts par les outils » et « mode de fonctionnement et d'organisation » qui semblent manquer dans les différentes définitions énoncées aujourd'hui et dont quelques exemples ont été cités plus haut.

Sans doute celles-ci sont-elles évidentes pour nos auteurs, en revanche, elles semblent absentes chez beaucoup de nos collègues RH. Le seul développement et la mise en ligne de quelques outils RH, indépendants les uns des autres, ne correspondent pas à la définition proposée. Ainsi, la mise en place d'un support Intranet sur l'évaluation à 360° ne fait pas rentrer dans le monde du e-RH, à moins que cette application soit en interface avec d'autres, comme la gestion des compétences, la gestion des postes (avec une alimentation de la base d'information de l'entreprise), et que ces dernières soient « à la main » des managers et des salariés.

L'e-RH : une proposition de définition

L'e-RH, soutenu par une stratégie d'entreprise et un recours aux NTIC, est un mode de fonctionnement global d'une entreprise autour de la gestion d'un nombre significatif de processus RH, qui s'appuie sur :

- le partage de l'information RH et son traitement par un accès direct des salariés, du management et de la fonction RH ;

- la mise en place d'organisations RH nouvelles pour optimiser la relation de service.

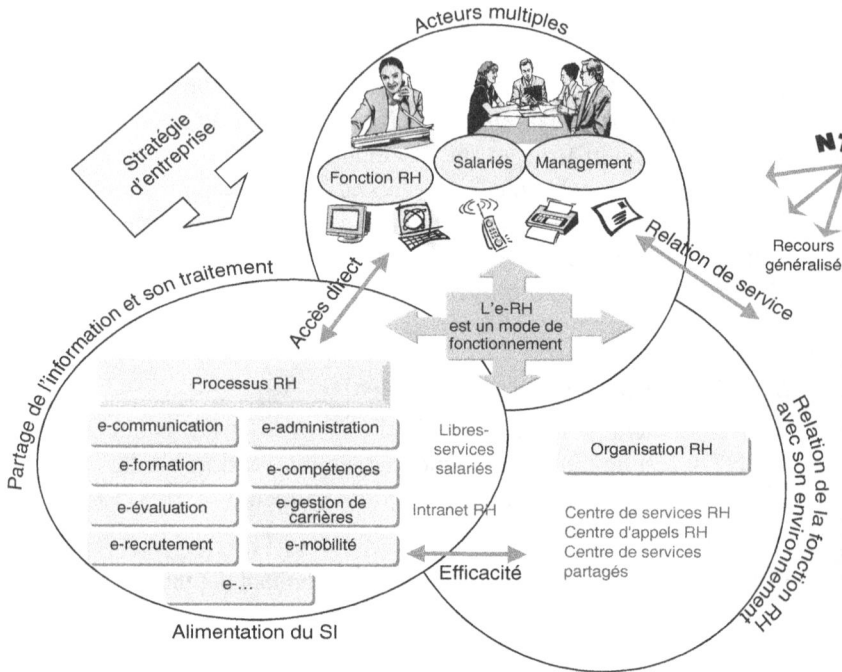

Ainsi, pour mettre en place un e-RH, il sera nécessaire de travailler sur la révision des processus en vue de leur simplification, l'Organisation, la Professionnalisation des acteurs et le Système d'Information. Cette démarche POPSI (appellation interne) que nous avons mis en œuvre dans notre entreprise est détaillée dans le chapitre 7.

L'e-RH, un projet de toute l'entreprise, à la main des DRH

La mise en place d'un Intranet et d'outils RH associés n'est donc pas une condition suffisante pour conclure que l'entreprise est dans une démarche d'e-RH. Le lecteur comprendra sans doute mieux ce que recouvrent les quelques mots de François de Gueuze[1] sur le sujet : « le pourquoi de l'e-RH réside dans un changement de la gestion des ressources humaines, qui s'étend à de nouveaux champs, une interaction plus forte étant nécessaire entre les salariés et les managers ».

Sans dévoiler ici tous les sujets développés dans les différents chapitres, nous insisterons pour conclure sur les éléments suivants :

- ce type de projet est une opportunité pour le DRH de transformer le cadre d'action de ses équipes. Il est donc « à sa main », encore faut-il qu'il en mesure les impacts ; à ce titre, le DRH doit garder la maîtrise d'ouvrage sur l'ensemble du projet et notamment sur l'aspect système d'information.

Or, force est de constater que dès qu'il s'agit de SIRH, le directeur de l'informatique sort souvent de son rôle de maîtrise d'œuvre sur les aspects techniques ; son souhait d'avoir un système d'information cohérent, notamment en terme d'administration, peut le placer en maîtrise d'ouvrage en lieu et place de la DRH.

- un tel projet aura d'autant plus de chance d'aboutir qu'il sera porté par la direction générale de l'entreprise. Sa mise en œuvre se trouvera facilitée, si celui-ci correspond effectivement à une vraie volonté de l'entreprise de changer ses pratiques, même si le gap à franchir est important. C'est un projet global, dont l'aspect « culture de l'entreprise » ne doit pas être négligé. La responsabilisation des salariés sur les actes de gestion les concernant, ou tout simplement l'accès en ligne des salariés aux informations et applicatifs RH en est une illustration ;

---

1. Professeur associé en charge du DESS MRH (management des ressources humaines) de l'Université de Lille. Propos tenus dans le JDNet Solutions le 7/11/2001.

- pour toutes ces raisons, il implique à titre divers l'ensemble des acteurs de l'entreprise, tant en ce qui concerne la phase de conception que celle de mise en œuvre.

Aux DRH de dépasser le seul angle technique et de repérer l'enjeu véritable d'un tel projet ; de ne pas investir dans de coûteuses applications RH sans avoir réfléchi aux impacts, en terme de changement d'organisation préalable, de révision systématique des processus …, ni avoir défini une stratégie globale de mise en place.

Les freins seront nombreux et plaquer des outils sur un contexte existant, aussi sophistiqués soient-ils, ne permet pas de faire évoluer les pratiques de l'entreprise. Nous aurons largement l'occasion d'aborder ces différents sujets.

La DRH gère le marketing…

Lors de la Table Ronde du 25/10/2001 intitulée « De la gestion des salariés à l'ERM », Pascal Saubion (Senior Manager d'Expertel Consulting) nous donne sa vision de la mise en œuvre d'un projet e-RH. Le rôle qu'il attribue à chacun des acteurs est tout à fait intéressant et peut être une des clefs de réussite.

« Il faut passer d'une logique de gestion à une logique de marché, d'un centre de coût à une activité qui est rentable pour l'entreprise… Les entreprises, au travers des nouvelles technologies, traitent leurs salariés comme des clients. La DRH gère le marketing. Le manager est un commercial chargé de vendre auprès des clients les services et produits créés par la DRH. Il existe une relation particulière entre une entreprise et son client : le salarié… Lorsqu'un salarié est intégré dans l'entreprise, vous cherchez à le fidéliser. Pour cela, vous lui proposez des services qui vont l'intéresser. Il s'agit, par exemple, de la gestion de carrière qui va lui permettre d'évoluer au sein de l'entreprise. »

Des solutions e-RH internes à l'entreprise ou externalisées

C'est à partir de sa propre stratégie que chaque organisation pourra introduire l'e-RH pour servir sa politique et optimiser sa performance.

Dans ce cadre, les solutions e-RH peuvent être internes à l'entreprise ou externalisées pour partie. Dans le premier cas, c'est ce que l'on observe pour les grandes entreprises ou pour celles qui sont sur des technologies de pointe, et qui les utilisent comme vecteur d'image ou argument commercial. C'est ce qui se passe chez Cisco, IBM, Bull... qui utilisent en interne leurs propres solutions proposées sur le marché. Ces organisations ont déjà un Système d'Information RH propre (« système propriétaire ») sur lequel viennent se greffer les autres outils.

Dans le cas de l'externalisation, des solutions e-RH peuvent être mise en place avec l'achat de solutions ASP par exemple. Ce type de montage peut constituer une opportunité pour les entreprises qui aujourd'hui externalisent leur paie pour des raisons de stratégie d'entreprise (cœur de métier) ou pour des PME, qui n'ont pas toujours en interne les ressources qualifiées pour mettre en place et gérer ce type de démarche. L'ASP permet de confier l'exploitation et la maintenance des applications informatiques à des spécialistes du domaines et de libérer l'entreprise de tâches qui nécessitent des compétences particulières.

Le panel des offres en ASP s'élargit aujourd'hui. Désormais, il n'est plus concentré sur la paie et la gestion à proprement parler. Certains acteurs spécialisés dans l'offre de logiciel ou de produits RH proposent ainsi des solutions comme le 360° sur l'Intranet (HR Valley), de la documentation juridique en ligne (Cassiopay), des plates-formes de formation, la gestion des CV (Kioskemploi).

Ainsi, toutes les entreprises qui externalisent aujourd'hui la gestion administrative peuvent être intéressées par des solutions sur mesure en ASP, surtout si elles se révèlent plus réactives et moins coûteuses. L'externalisation peut également être le moyen pour ces entreprises de s'enrichir des compétences d'un réseau d'experts externes, notamment dans le cadre de centre d'appels. Nous pensons ici au cas, détaillé plus loin, de Teletech qui à l'occasion de la mise en place de ce type de structure pour l'un de ses clients a construit avec lui une base de connaissances sur son réglementaire alors non formalisé.

Un tour d'horizon
des fonctionnalités de l'e-RH

Dans ce chapitre, nous proposons au lecteur d'effectuer un tour d'horizon des différents domaines RH impactés par l'e-RH et des outils qui leur sont associés. Les nouvelles formes d'organisations RH, partie intégrante du concept d'e-RH comme notre définition le montre, seront détaillées dans le chapitre 5.

Mais, auparavant, nous allons voir les différentes typologies des Intranets utilisées dans le cadre de l'e-RH.

Des Intranets RH aux fonctionnalités plurielles

L'Intranet est présent dans toutes les grandes entreprises. A minima, ce sont des outils orientés vers l'information et la communication, mais ils peuvent être beaucoup plus élaborés. Selon les auteurs, le coût d'installation d'un Intranet varie en moyenne de 45 à 120 euros par salarié (hors matériel) en fonction de sa sophistication.

Les différents Intranets

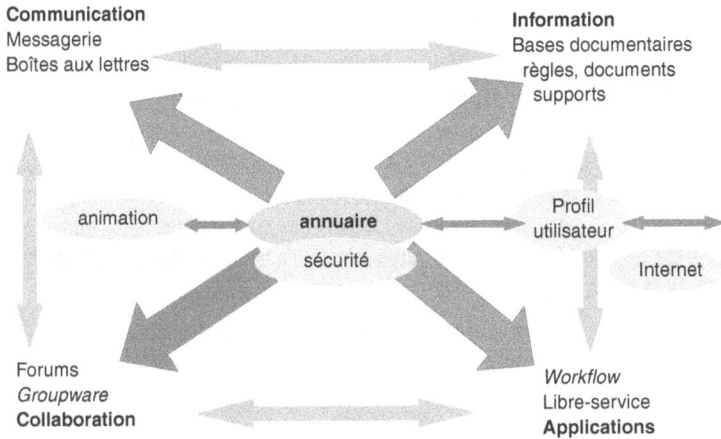

Communication
Messagerie
Boîtes aux lettres

Information
Bases documentaires
règles, documents
supports

animation

annuaire

sécurité

Profil
utilisateur

Internet

Forums
Groupware
Collaboration

Workflow
Libre-service
Applications

Comme le montre le schéma, il existe quatre types d'Intranet du plus simple (information) au plus élaboré (applications), s'appuyant de plus en plus sur un annuaire générique. Cette façon de procéder, idéale, évite de multiplier la maintenance de plusieurs espaces de noms (coûts d'administration) et permet d'avoir un annuaire fiable (une seule mise à jour).

Appliqués aux RH, que recouvrent ces quatre types d'Intranet et quelles utilisations en sont faites ?

L'initiation des salariés aux NTIC

L'Intranet de communication représente la première étape de l'initiation des salariés aux NTIC, tout en facilitant les échanges : tout salarié a, par exemple, la possibilité de poser des questions à la DRH. Cette fonctionnalité est souvent utilisée lors de moments forts de la vie de l'entreprise : entre autres, un changement de localisation géographique, une nouvelle convention collective applicable, une mise en bourse, une fusion.

Une communication réussie : le cas de Sanofi-Synthélabo

En décembre 1998 est créé le groupe Sanofi-Synthélabo, issu de la fusion d'une filiale d'Elf-Aquitaine et de l'Oréal. Frédéric Cluzel, DRH à cette époque de Sanofi, nous explique que « pour l'ensemble du personnel, qui dit *« fusion »* dit *« synergie, économies, licenciements, plans sociaux »*. Bref, une inquiétude générale assez forte. Nous avons donc essayé de trouver des moyens pour dédramatiser tout cela. Sur l'Intranet, nous avons créé un *« espace fusion »*, dans lequel chaque salarié des deux entreprises pouvait poser directement une question et obtenir une réponse dans les deux ou trois jours. Nous avons eu, en l'espace de quelques mois, 600 à 700 questions ».

Ce mode de communication nécessite, bien entendu, une réactivité forte de la DRH quant aux réponses apportées.

L'Intranet d'information

Pour les entreprises, c'est avant tout un vecteur de communication important de leurs politiques et de leur stratégie, un moyen de fédérer les salariés autour d'une culture commune (élément important pour les groupes internationaux).

Selon le DRH de Pasteur Mérieux MSD, c'est une *« nécessité de faire partager par la totalité des salariés les mêmes informations, les mêmes connaissances sur l'entreprise et les hommes qui la font vivre »*[1]. Cet Intranet permet l'accès à l'information sans intermédiaire, par la création de bases documentaires mises à la disposition des salariés de l'entreprise. On y trouve par exemple les politiques et les règles RH, les accords d'entreprise, des informations sur la vie de l'entreprise ou les postes à pourvoir. Toutes les informations doivent

---

1. Revue RH en Rhône-Alpes, n° 4, juin 1997.

être retrouvées facilement (classement organisé, recherche par mots clés).

Quelques informations, ou sites Intranets « privés », peuvent cohabiter. L'information devient accessible à des catégories de personnes bien précises. Des profils utilisateurs et des droits d'accès associés sont nécessaires. La fonction RH et /ou les managers accèdent ainsi à des informations complémentaires qui leur sont réservées : marges de manœuvre associées à une règle RH, point sur des négociations en cours, documents remis lors d'une séance du comité d'entreprise, etc.

Les DRH restent cependant assez circonspects quant au contenu de ces informations. La sécurité d'accès n'est pas forcément optimum et un mot de passe est si vite donné à quelqu'un d'autre, malgré toutes les consignes de départ.

L'Intranet de collaboration

L'Intranet de collaboration ouvre des fonctionnalités plus large que la précédente, à travers des applications *collaboratives* de type forum et groupware[1].

La création d'un forum dans le domaine RH est surtout utilisée autour de réseaux ciblés : RH ou managers principalement. Il permet d'échanger des points de vue (en temps réel ou différé) ou des informations. Quand cette faculté est offerte à l'ensemble des salariés, une animation-régulation est mise en place. Il s'agit d'éviter tout débordement. Une grande partie des entreprises sont sur ce sujet très prudentes. D'autres jouent le jeu de la transparence complète, comme Schneider Electric qui a ouvert en 1999 un Intranet RH mondial, baptisé He@rt, dans lequel *« aucun filtrage a priori des forum n'entrave la communication entre les 40 000 utilisateurs*

---

1. Permet à un ou plusieurs groupes de travailler en commun, même s'ils sont éloignés physiquement, en leur apportant la logistique pour communiquer (messagerie, forum...), coopérer (élaboration collective de documents, espaces virtuels...), se coordonner (agendas électroniques, planning...) et collaborer (base d'information commune...).

potentiels, un réseau qui connecte cadres, employés et ouvriers »[1]. Le chef de projet explique que c'est, de fait, une façon de « *développer une certaine proximité, une transparence, pour en finir avec l'image opaque de la fonction RH* ».

Les groupwares ont pour cibles principales des groupes projets transversaux, des réseaux d'experts, des communautés d'intérêt. Ils permettent de travailler à plusieurs et à distance sur un même sujet, voire un même document. Les conditions de réussite pour le fonctionnement d'un groupware sont avant tout l'existence d'un animateur désigné. Les participants sont formellement inscrits avec accès sécurisé. Des services sont généralement associés (forum, messagerie, agenda partagé…). La forme la plus simple, au niveau technique, consiste à trouver sur le même site tous les travaux d'un groupe projet et de pouvoir soi-même l'alimenter. Des formes plus sophistiquées existent également pour faciliter un travail à distance interactif : un animateur peut, par exemple, mettre à jour au fur et à mesure d'une réunion téléphonique un document ; les modifications sont affichées en temps réel et vues par l'ensemble des personnes présentes sur leur micro, qui peuvent, de fait, réagir immédiatement.

Ce type d'Intranet est encore trop timidement utilisé par la filière RH elle-même, alors qu'il est assez simple à mettre en œuvre. Les entreprises ont, sans doute, un effort particulier à faire sur le plan de l'information des facilités techniques offertes grâce au NTIC. Cette remarque ne vise pas que la fonction RH. Peut-être faut-il dédier, dans le cadre de l'animation de la filière RH, des séances d'information et de témoignages sur ce sujet. En effet, la fonction RH n'est pas a priori une « férue-branchée » de la technique…

Le passage d'un Intranet de communication vers un Intranet de collaboration nécessite surtout une maturité de l'entreprise. Deux exemples viennent étayer ce propos, avec l'expérience

---

1. *JDNet Solutions* du 15 novembre 2001, Schneider ouvre son Intranet RH à 40 000 salariés dans le monde.

du groupe Lagardère et celle de Schneider Electric. Dans les deux cas, le projet de mise en place d'un Intranet RH de collaboration s'est déroulé sur une période de quatre ans (durée qui peut faire « bondir » une direction générale...). Les objectifs communs dans ces deux expériences ont été :

- la création d'une culture groupe avec pour Schneider une diversité de langues, de pratiques et de cultures, et pour Lagardère une diversité de métiers et de cultures ;

- la volonté d'un partage de connaissance, de compétences et d'expériences (affichage des *best practices*) ;

- la mise en place d'un mode de travail coopératif avec une volonté et une implication forte de la direction générale.

L'Intranet d'applications

Ce type d'Intranet interactif offre la possibilité d'accéder à des applications de types libre-service (ou self-service) et *workflow*[1]. L'enjeu principal n'est pas uniquement l'automatisation des processus RH, il s'agit surtout de les rendre largement accessibles et modifiables. Il permet de dépasser les fonctionnalités de l'Intranet d'information (catalogue de formations, liste des postes à pourvoir...) et de l'Intranet de collaboration, en agissant, dans sa forme la plus élaborée, sur le système d'information RH central. Nous ferons, dans la troisième partie de ce chapitre, un tour d'horizon des applications mises en place par les entreprises.

Les formes les plus couramment mises en place dans les entreprises ont rapidement visé la formation (inscription en ligne) et le recrutement interne (dépôt de candidature). Dans le domaine du recrutement, par exemple, il devient possible de mettre en relation des salariés avec des acteurs RH ou managers sur des

---

1. Voir e-glossaire p. 433. Système d'automatisation des processus et des procédures, de la circulation des informations et des différentes étapes de validation qui leur sont appliquées. Il concerne un nombre déterminé de personnes qui doivent atteindre un objectif commun par une succession de tâches prédéfinies en un temps limité (remboursements de frais, demandes d'absences...).

postes à pourvoir. D'autres applications ont vu le jour d'une façon opportuniste, comme tout ce qui est fait dans le domaine de l'évaluation, ou par nécessité, comme la gestion du temps de travail avec la mise en place des 35 heures.

Enfin, quelques grandes entreprises traitent également une partie de leur gestion administrative avec la mise en place d'un libre-service dédié. Si ce modèle n'est pas encore généralisé en France, il est largement utilisé sur le continent nord-américain. Nous y reviendrons plus loin.

Ces libres-services permettent aux salariés d'une entreprise, après authentification, de consulter certaines informations administratives les concernant, voire de les modifier. Des exemples nous sont donnés avec le choix de placement pour la participation et l'intéressement, la mise à jour de données personnelles (changement de situation familiale, d'adresse, de coordonnées bancaires...), la visualisation de sa fiche de paie, des historiques des formations suivies, etc.

Le libre-service utilise très souvent le *workflow* (voir schéma), littéralement « flux de travail », celui-ci consiste à gérer électroniquement les processus (automatisation) mettant en jeu plusieurs acteurs, documents et activités.

Le *workflow* permet la validation d'une tierce personne qui peut être le manager (cas le plus fréquent) ou un expert RH habilité (par exemple, pour valider un dossier complexe, ou nécessitant une pièce justificative, avant prise en compte dans le système d'information). Son champ d'application vise essentiellement la gestion administrative : gestion des congés annuels, des frais de déplacement, des inscriptions sur des sessions de formation...

Les avantages de ce type de fonctionnalités sont multiples tant sur le plan de l'efficacité de l'entreprise que sur le plan économique. Par contre, une problématique d'emploi se posera pour une partie de la fonction RH. Ainsi, Cisco fait remarquer qu'aux États-Unis deux personnes suffisent pour traiter les notes de frais de 20 000 salariés. Dans ce contexte, quel est l'avenir d'une « dame de la paie » chargée de saisir les demandes de congés dans le système d'information ? Le *workflow* ne peut-il pas être une opportunité pour elle de passer d'un rôle de saisie pure à un rôle à plus forte valeur ajoutée, comme celui du contrôle par exemple : « *l'assistante RH pourra évoluer d'un rôle de saisie vers celui de contrôle, ne serait-ce que pour vérifier les informations importantes, les mettre à jour...* »[1]. Cette question sera traitée de toute manière. Ce serait faire preuve de langue de bois que de dire qu'il n'y a pas de conséquence en terme d'emploi sur le personnel RH.

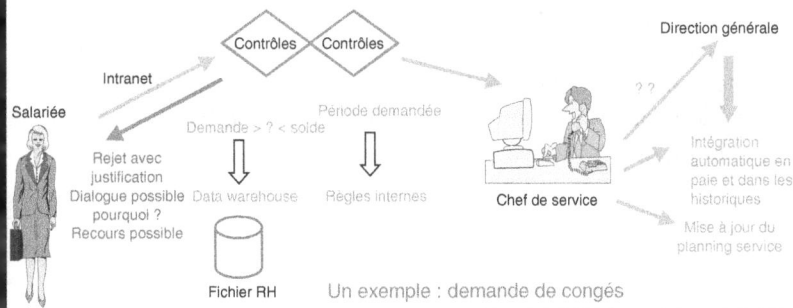

Workflow

Il s'agit d'un process électronique entre différents acteurs, qui fixe dans un domaine donné :
- le rôle de chacun
  - qui est émetteur ?
  - qui est destinataire ?
  - qui valide ?
- l'ordre des opérations
- les contrôles effectués
  - quelles règles doivent être respectées ?
  - quel process si ce n'est pas le cas ?

Pour aboutir à un objectif précis.

Un exemple : demande de congés

---

1. site Vnunet : dossier « l'e-RH allège l'administratif », 2001.

Classer les Intranets
en fonction de trois grandes familles d'outils

Si nous considérons toutes les possibilités d'Intranet en matière RH, une autre approche permet de classer les Intranets RH en fonction de trois grandes familles d'outils que l'on peut trouver dans une entreprise.

1. Les outils d'information RH sont le ou les site(s) Intranet RH accessible(s) à l'ensemble du personnel ou à une communauté (RH, managers). On peut les trouver à l'intérieur d'un site Intranet d'un service, d'une direction ou d'une division. Il s'agit d'éléments d'information pure sur le domaine RH.

2. Les outils de gestion RH et d'action regroupent le libre-service (avec ou sans *workflow*) à destination de l'ensemble du personnel et des outils à destination des managers (outils de simulation, de gestion des temps de travail, etc.). Pour la partie « action », nous visons tous les outils de GRH proprement dite, comme les Intranets de formation, de mobilité, mais aussi les outils adressés directement aux salariés comme la « boutique » proposant des produits ou des services (micro-ordinateur, voyage, location de voiture, etc.) à des prix intéressants.

3. Les outils métiers RH sont des sites Intranet moins visibles des salariés et des managers, car privatifs. Ils sont en effet réservés aux acteurs RH, voire à une partie d'entre eux. On y trouve les outils de CRM[1], toute la documentation technique accessible à la communauté RH. C'est autour des outils métiers, que sont le plus souvent utilisés les outils coopératifs (forum, groupware)… par nécessité !

---

1. *Customer Relationship Management* : système informatique permettant de suivre et de gérer les relations avec les clients.

Quelques points de vigilance communs aux quatre types d'Intranet

L'accès à la messagerie

Si la messagerie est très répandue aujourd'hui dans les entreprises, force est de constater qu'une certaine partie des salariés n'a pas de boîtes aux lettres, pour des raisons diverses. Attention aux exclus du système ! Ce constat concerne essentiellement les trois premiers types d'Intranet. Cette problématique doit être résolue lorsque l'entreprise met en œuvre un libre-service Intranet.

L'animation nécessaire

Ce point est essentiel, tant en ce qui concerne la « fraîcheur » des informations que l'animation proprement dite, lors de la mise en place de forum (Intranet de collaboration) ou de questions posées à la DRH *via* la messagerie (Intranet de communication). La nécessité de ressources RH dédiées sur ce sujet est primordiale et ne doit pas être sous-estimée. Attention à ne pas décevoir !

La sécurisation et l'accès aux informations

Comment identifier, reconnaître, formaliser et mettre à jour les niveaux de validation dans une organisation qui évolue en permanence ? Cette question devra être rapidement traitée.

Le « portail » : rationalisation et personnalisation

En peu d'années, les entreprises ont vu une multitude de sites foisonner sur leur Intranet, en particulier sur des informations et des applications RH. On voit même des sites RH se « concurrencer » entre le niveau national et le local, par exemple. Le parti pris de la plupart des dirigeants d'entreprise a été de créer l'usage, en laissant se construire ces sites, sans pour autant intervenir. Ainsi, victime de son succès, ce mode de communication ne permet plus aux salariés de se repérer facilement : quel site RH peut répondre à ma préoccupation immédiate ? parmi plusieurs sources d'information, laquelle est la bonne ou la plus à jour, voire la plus utile ? grâce à mes responsabilités ou à ma fonction, quelles informations ou quels outils suis-je censé connaître ou utiliser ?... Le personnel va à la pêche aux informations, avec parfois en plus des problèmes de compréhension.

Aussi, une fois la phase d'appropriation passée, les DRH ont vu la nécessité de rationaliser, de simplifier et de personnaliser l'accès à l'information, dans une logique de portail : avec une adresse Intranet unique, toute personne ne s'identifie qu'une fois pour toute et accède automatiquement à une page d'accueil offrant un ensemble de services et d'informations. Il lui est également possible d'aménager cet espace, en fonction de ses préoccupations : accès à une communauté de métiers ou un niveau de responsabilité, faculté de recevoir en ligne des informations sur un sujet en particulier, de choisir ses sites privilégiés...

Un profil unique pour une palette de services

Ces portails mixent à la fois des logiques personnelles et professionnelles (logique de club avec accès verrouillé). Ainsi, Bull a mis en œuvre, dès 2000, un portail personnalisé en fonction du métier (soixante-quatre sous-familles identifiées[1]), de la division et de la localisation géographique dans une cinquantaine de pays. Chaque collaborateur a son profil enregistré dans le système d'information RH, lui ouvrant de fait une palette de services.

Sur ce point, un certain nombre d'entreprises considère que l'Intranet est un mode de relation à la fois personnel et professionnel pour le salarié. Elles partent de la logique de *portal-employee*, où nous trouvons trois espaces sur toute position de travail. Ainsi moi, Madame XYZ, j'ai :

• un espace personnel, qui me donne la mise à jour de ma situation individuelle ; je peux consulter ma fiche de paie ;

---

1. « Des portails pour personnaliser l'accès aux informations », *in Entreprise & Carrières*, 24 octobre 2000.

je peux voir si l'on a bien pris en compte le fait que l'un de mes enfants a plus de 18 ans, etc. »

- un espace « manager » : grâce à mes responsabilités professionnelles, je peux trouver l'ensemble des données relatives à mes équipes ; je peux également réaliser mes suivis (tableaux de bord), valider les congés payés de mes collaborateurs, qualifier les propositions de part variable et les augmentations de rémunération… J'ai, en fait, à ma main, mes habilitations en matière d'accès au système d'information.

- un troisième espace, un peu à cheval entre les deux premiers, qui est mon espace personnel professionnel, où j'ai des liens avec par exemple les fournisseurs de billets d'avion ou des liens avec des fournisseurs de formation pour moi ou mes collaborateurs (*via* Extranet, si besoin est), où j'ai accès à des informations sécurisées liées à mon domaine d'activité.

Un portail unique pour faciliter l'accès à l'information

Dans les grandes entreprises, la tendance est au regroupement, à l'intérieur d'un même portail, de l'ensemble des accès qui permettent à un salarié, au travers des nouvelles technologies, d'être un employé à titre personnel, à titre professionnel et aussi ouvert sur l'extérieur. C'est une grosse tendance et une bonne pratique dans les groupes, à l'heure actuelle.

Mais, au-delà de la logique de portail, comment faire pour être sûr que l'information soit la bonne information, notamment dans le domaine RH ?

Pour fiabiliser l'information, on trouve tant au niveau français qu'international une première réponse : la logique de propriétaire de processus. Il s'agit des personnes, que ce soit du domaine commercial, financier, technique ou RH, qui sont habilitées pour mettre à jour des informations sur des sites de référence. Ces *process owners* sont fondamentaux, notamment dans le domaine RH, où n'importe quelle structure RH ne peut pas mettre à jour des éléments qui peuvent toucher le statut du personnel. Il est beaucoup plus logique qu'une information RH, notamment une politique groupe sur la rémunération, soit mise à jour par les seuls responsables de cette politique. Mais ce n'est pas toujours le cas dans les grands groupes, où des Intranets locaux ont des rubriques RH qui « vivent leur vie » parallèlement au site « officiel » de la DRH du groupe. C'est comme si, dans le domaine commercial, chaque service pouvait définir un produit, ses caractéristiques techniques, fixer son prix, etc.

Le portail Intranet France Télécom

Extrait d'un document interne (net@too) qui constitue le point d'entrée de l'Intranet pour chaque collaborateur de France Télécom.

Les principes : la personnalisation en fonction de communautés

Il repose sur l'exploitation des fonctionnalités d'individualisation et de personnalisation dans le cadre de communautés d'utilisateurs. En effet :

• chaque collaborateur appartient à n communautés (France Télécom en général, sa direction régionale, son métier, etc.).

• chaque communauté reconnue comme telle bâtit son propre espace (sélection de contenus en fonction des centres d'intérêt de la communauté) ; ces espaces sont proposés à l'utilisateur en fonction des communautés auxquelles il se rattache.

Ceci inverse la logique actuelle :

• hier, un site, au sens habituel, était construit à partir des points de vue de l'émetteur d'information, c'est-à-dire de celui qui a réalisé le site et en fournit les contenus ;

• demain, à l'inverse, le portail mettra à disposition les contenus à partir des centres d'intérêt de l'utilisateur.

Le concret : les espaces ou « onglets »

Chaque centre d'intérêt est pris en charge par un comité éditorial et se concrétise à l'écran par un « onglet ».

Ainsi, le portail France Télécom affiche, pour chaque collaborateur :

• des onglets communs à tout le personnel (actualités France Télécom, outils système d'information et de collaboration, etc.) ;

• un onglet pour chaque communauté à laquelle appartient l'utilisateur qui est reconnu lors de son authentification (direction régionale de rattachement, métier, etc.) ;

• un onglet « Ma Page », disponible pour prendre en compte les centres d'intérêt personnels.

Certains onglets sont totalement ou partiellement paramétrables par l'utilisateur.

Les bénéfices attendus

Un catalyseur d'efficacité : l'affichage est focalisé sur les informations, les outils et les applications qui intéressent directement l'utilisateur. Cependant, celui-ci conserve la possibilité d'exploiter toute la richesse de l'Intranet.

Un facteur de convergence : les très nombreux sites et les milliers de pages sont appelés à converger vers ce « guichet unique ».

Un outil « tout en un » : l'Intranet, la messagerie, la bureautique, les applications SI, les outils collaboratifs, sont accessibles immédiatement (depuis les différents onglets), au lieu d'avoir à naviguer entre différents sites.

La logique de liens, qui se pratique dans la majorité des entreprises, est une deuxième réponse. C'est une réponse efficace (une seule mise à jour) pour passer du foisonnement initial à davantage d'harmonisation, de standardisation, de régulation et d'homogénéisation des différents sites. Elle est par ailleurs très facile à mettre en œuvre techniquement.

Pour résumer, l'idée n'est pas d'interdire les rubriques RH dans les différents sites Intranet, mais d'assurer leur cohérence en permanence. Ainsi, à l'intérieur de chaque site (par exemple, une direction régionale), l'espace RH dispose de liens différenciés vers d'autres sites de référence (avec, à chaque niveau, un propriétaire d'informations) et ce dans les différents domaines (finances, RH…). C'est ce qui se passe dans beaucoup d'entreprises dans le domaine commercial, où des sites de référence indiquent le prix de tel produit ou de tel service ; c'est le cas des sites locaux précisant la politique de distribution, par exemple. Il est urgent de le faire dans le domaine RH, si tel n'est pas le cas.

L'Intranet d'applications, un éventail de possibilités partiellement exploitées

Des ambitions qui restent limitées

Nous proposons au lecteur un tour d'horizon sur ce qui est aujourd'hui mis en œuvre dans les entreprises, dans le cadre des processus RH « portés » sur l'Intranet d'applications (libre-service, avec ou sans *workflow*). Mais, auparavant, quel est l'usage fait par les DRH de l'Intranet comme outil de gestion des RH (existant et projets d'évolution) ? Nous utiliserons quelques données du sondage mené par Ipsos pour France Télécom et *Liaisons Sociales*, en juin 2001[1].

Dans ce sondage, on constate que :

- deux entreprises françaises sur trois ont un espace ressources humaines dédié sur leur Intranet ; bien souvent, les DRH ne sont pas à l'origine des Intranets des entreprises, ils viennent plutôt s'y greffer (d'une façon générale, les directions de la communication ou commerciales l'ont fait plus rapidement) ;

- trois sur quatre des entreprises qui disposent de cet espace RH disent qu'il est incontournable dans leur Intranet, mais les outils sont concentrés sur cinq grands sujets qui sont plus informatifs que transactionnels.

---

1. Sondage effectué par Ipsos sur un échantillon de trois cent-dix responsables RH.

Intranets accessibles aux salariés

Catégorie	Pourcentage
Outils pour les relations sociales	18 %
Outils de gestion du temps de travail	22 %
Données de droit social et droit du travail	29 %
Outils pour la formation	34 %
Annuaire de l'entreprise	46 %

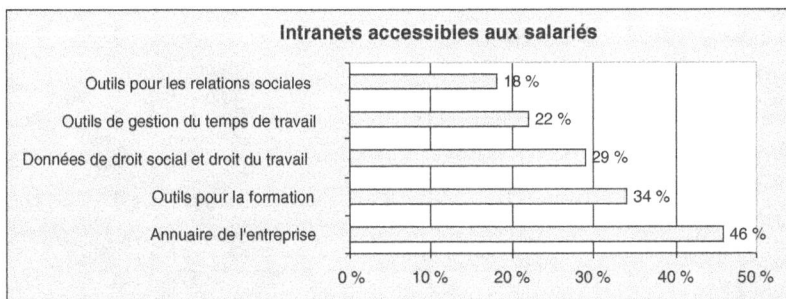

Comme le montre le graphe ci-dessous, peu d'entreprises osent aller plus loin : moins de la moitié donnent la possibilité à leurs salariés d'un accès direct à la DRH, seulement une sur trois propose un accès à des forums.

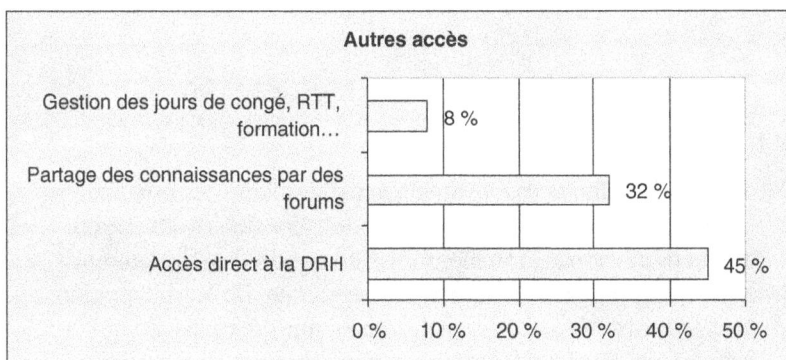

Autres accès

Catégorie	Pourcentage
Gestion des jours de congé, RTT, formation...	8 %
Partage des connaissances par des forums	32 %
Accès direct à la DRH	45 %

Dans le futur, les DRH comptent élargir l'Intranet à des services plus personnalisés, mais seulement 22 % des entreprises interrogées envisagent des solutions de libre-service et de *workflow*. Par contre, il n'est pas question de l'ouvrir aux organisations syndicales ; 60 % des entreprises qui ont un projet y sont opposées.

Projets d'Intranets envisagés

RTT	62 %
Paie et épargne salariale	77 %
Mobilité interne	84 %
Prévoyance	86 %

0 %　20 %　40 %　60 %　80 %　100 %

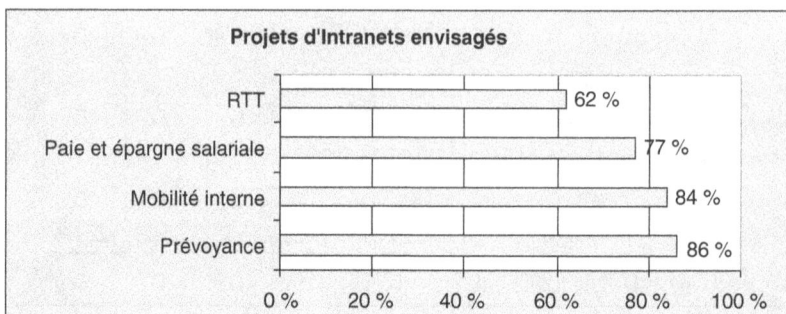

Au-delà de ces éléments synthétiques et surtout « déclaratifs », quel constat faisons-nous aujourd'hui sur les différents Intranets d'applications mis en place par les entreprises dans le domaine RH ?

L'e-administration, une opportunité peu exploitée par les DRH

La gestion administrative du personnel est l'une des principales applications de l'e-RH permettant de créer de la valeur, pourtant, elle n'est pas largement mise en œuvre dans les entreprises. C'est en mettant en place une démarche d'e-administration que les entreprises réalisent les économies les plus importantes. À titre d'exemple, la mise en place du libre-service salariés de France Télécom a permis de supprimer, en un an, 4,8 millions de demandes de congés écrites, ce qui représente 73 tonnes de papier et une économie de plus de 20 millions d'euros. Pour Axa, une enquête mondiale de satisfaction faite sur Intranet, au-delà des économies financières, a permis d'économiser 11 tonnes de papier. Les exemples de ce type sont nombreux.

Les acteurs du processus sont à la fois les salariés, les équipes RH et les managers (séparément ou non). Par conséquent, la DRH gagne en productivité, en étant libérée de la charge administrative liée à la gestion du processus. Nous verrons, dans le chapitre 4, comment la fonction RH pourra de ce fait créer de la valeur et, dans le chapitre 5, les différents choix d'organisation découlant de la mise en place de solutions d'e-administration.

Selon l'étude Markess / Cegos, 85 % des entreprises pionnières dans le domaine de l'e-RH ont effectivement mis en place une solution de e-administration. Quelques exemples de processus les plus fréquemment traités en libre-service :

- congés et absences ;

- remboursement de frais ;

- gestion du temps de travail ;

- participation et intéressement (choix de placement) ;

- changement de situation individuelle (adresse, situation de famille, RIB, téléphone...).

Mais ce chiffre de 85 % est à tempérer : le sondage IPSOS (2001) montre que peu d'entreprises (grandes ou petites) utilisent ce type d'Intranet d'applications. L'e-administration n'est pas suffisamment exploitée par les DRH. Au-delà de l'impact sur la fonction RH, les avantages sont multiples, comme :

- la diminution du flux des échanges (notamment papier et temps) entre le service RH et ses interlocuteurs. Ces derniers ont désormais accès de façon permanente à un ensemble d'informations, sans avoir besoin de passer par des intermédiaires (solde de congés disponible en temps réel, règles administratives légales ou internes, politique RH...).

- le maintien d'une culture groupe par la normalisation des documents et modes de fonctionnement via le libre-service.

Quelques entreprises mettent en place des outils d'aide à la décision à destination des managers et / ou salariés. Par exemple, ces derniers peuvent estimer les impacts financiers d'une demande de temps partiel, d'un départ anticipé en préretraite, d'un changement de formule de prévoyance (contrat à la carte), etc.

L'e-mobilité, une floraison de bourses d'emploi en ligne

La problématique des grandes entreprises a toujours été de faire connaître ses postes à pourvoir, en temps réel à l'ensemble des salariés. Certaines se faisaient même rappeler à l'ordre par les organisations syndicales, sous prétexte qu'elles semblaient privilégier le recrutement externe à l'interne, par défaut d'affichage. Les entreprises, quant à elles, avaient un vrai souci de faire connaître l'ensemble de leurs postes pour faciliter la fluidité du marché interne de l'emploi. Ainsi, nombre d'entre elles avaient des bourses d'emploi sur des supports papier ; quelques-unes utilisaient le Minitel. Le recours à l'Intranet a très vite apporté une solution simple, efficace et rapide à cette problématique. C'est ce qui explique que, dès 1995-1996, les grands groupes ont créé un espace RH sur leur Intranet, où l'information des postes disponibles était alimentée par les équipes RH. C'est aujourd'hui l'application la plus répandue dans les entreprises, parce que très tôt mise en place. Concrètement, cela se traduit par une floraison de bourses d'emploi en ligne.

Mais certaines entreprises vont bien au-delà de la simple information : elles organisent la rencontre de l'offre et de la demande, dans des délais très rapides. Cette notion de délai est d'autant plus importante quand il s'agit de disposer d'une ressource que l'on doit mobiliser en urgence ! Pour prendre un exemple, La Lyonnaise dispose d'un vivier de plus de 5 000 cadres, CV à l'appui alimenté par eux et détaillant leurs domaines de compétences, les langues pratiquées…[1].

L'e-mobilité permet, à travers un Intranet d'applications :

• aux managers et / ou à la fonction RH de faire connaître les postes et de rechercher, *via* l'Intranet, un candidat correspondant aux besoins de l'entreprise ;

---

1. *Management*, p. 61, août 2000.

- aux salariés de faire acte de candidature sur un poste ouvert ou d'envoyer une candidature spontanée ;
- pour tous les acteurs de suivre les candidatures.

Selon les applications et les orientations politiques choisies, l'e-mobilité peut aller de la définition de poste à la sélection finale en passant par les opérations de tri de CV, de tests en ligne, de constitution de viviers. Un CV envoyé est tracé : le salarié concerné sait chez qui son CV a été transmis pour traitement.

On voit bien l'opportunité que peut offrir l'e-mobilité aux entreprises qui ont du mal à organiser leur marché d'emploi interne, de par leur taille (groupes internationaux par exemple), leurs localisations multiples, leur diversité de métiers et de cultures. C'est une réponse partielle à l'opacité de l'offre interne.

Par la technique des liens, il est possible d'apporter une information plus complète et allant au-delà du poste lui-même. Ainsi, dans l'Intranet du groupe Accor, « Accor job », tout collaborateur peut accéder au Guide des métiers pour connaître les conditions d'accès à un poste ; il peut également consulter les formations proposées qui lui permettraient d'acquérir les qualifications nécessaires pour obtenir ce poste, vérifier la situation géographique de son futur lieu de travail, etc. Ce principe de lien a été adopté par un grand nombre d'entreprises.

Les orientations de l'entreprise en matière de politique de mobilité sont structurantes dans la construction du processus cible. Prenons trois exemples qui positionnent différemment la relation salarié / manager à l'occasion de la mise en place de bourses en ligne.

Dans l'entreprise T1, le salarié ne peut faire acte de candidature, *via* le libre-service, que s'il a informé préalablement son manager. Ce dernier est en quelque sorte le déclencheur de l'utilisation du libre-service par le salarié.

Le circuit du *workflow* est le suivant : le salarié postule, l'information arrive automatiquement à son manager qui valide (sans cette validation, la candidature est arrêtée) ; la candidature est transmise au service chargé du recrutement qui l'étudie et répond au candidat tout en tenant son responsable informé (réponse négative ou entretien). Le manager est tenu informé tout au long du processus.

Dans l'entreprise T2, le salarié peut tester le marché interne de l'emploi, sans pour autant, dans un premier temps, informer sa hiérarchie (généralement, c'est de cette façon qu'un salarié procède quand il est en recherche d'emploi). Il peut postuler directement *via* l'outil et être sollicité par le service recruteur pour un premier entretien. Si sa candidature est retenue et qu'il souhaite aller plus loin, il doit avertir son manager. En résumé, l'entreprise T2 souhaite rendre acteur le salarié dans sa recherche d'emploi en fonction des besoins de compétences exprimés par les managers.

Le circuit du *workflow* est le suivant : le salarié postule, l'information arrive automatiquement au service recruteur qui traite la demande (réponse négative ou entretien) ; l'information de la suite donnée arrive au salarié, qui décide de poursuivre ou de ne pas donner suite. Si sa candidature est retenue après entretien(s), le salarié informe sa hiérarchie, dans le cadre de la mise en œuvre effective de sa mobilité. C'est le cas de France Télécom.

Dans l'entreprise T3, le salarié peut aller jusqu'au bout de sa démarche sans en avertir sa hiérarchie au moment de sa finalisation. Le manager dispose alors de la période de préavis pour remplacer le salarié partant. Le manager cédant ne participe pas au processus. L'entreprise T3 considère le salarié comme une ressource groupe et préfère qu'il change d'entité au sein du groupe, plutôt que de le voir partir à la concurrence. C'est le cas du groupe Pinault Printemps Redoute, d'IBM, d'Ericsson…

L'e-mobilité : une modification de la relation manager/salarié

Quelle que soit la philosophie, l'outil ne se substitue pas à la relation manager / salarié. Certains managers ont parfois l'impression de perdre du pouvoir s'ils ne sont pas informés dès le départ. Or, si le manager instaure un dialogue et un suivi avec l'ensemble de ses collaborateurs, il doit être en mesure d'identifier les souhaits de mobilité en amont et ne pas les découvrir au dernier moment (voir chapitre 3).

Très souvent, l'e-mobilité constitue, pour les entreprises, une première étape vers l'e-recrutement. Ceci leur permet de tester le processus et de l'ajuster en fonction des orientations politiques, avant de se lancer sur le marché externe, sur lequel elles ont des enjeux importants, notamment en terme d'image. C'est aussi une façon de roder le processus de mobilité en ligne avant de passer à l'externe, car la réactivité devra être de mise ! Mais nous y reviendrons.

L'e-recrutement tend à se généraliser

Un espace recrutement sur le site Internet des entreprises devient incontournable. En effet, les applications informatiques gérant ce processus, quand elles existaient, ne permettaient pas un dialogue avec l'extérieur de l'entreprise, hormis l'utilisation du Minitel par quelques entreprises. De fait, l'e-recrutement est l'une des applications les plus répandues dans les entreprises, au même titre que l'e-mobilité. Il permet aux responsables et aux chargés de recrutement de se doter d'un outil leur facilitant la gestion complète du processus.

Les outils de recrutement en ligne

Il est possible de privilégier certains outils ou de les combiner.

Les sites emplois ou « job boards »

Ils sont le point d'entrée des candidats sur Internet, dans le cadre de leur recherche d'emploi. On trouve là les grands sites du recrutement en ligne, tels que « APEC », « ANPE » (sites les plus visités), mais aussi « cadremploi », « cadres-online », « jobpilot », « monster ». Il existe également une multitude de petits sites. Ce sont des sites généralistes publiant des offres dans des secteurs variés et multifonctions. Parallèlement à ces sites, des sites spécialisés ont fait leur apparition dans des domaines d'activités spécifiques ou des profils particuliers (abjob pour l'informatique, aeroemploiformation pour les métiers de l'aéronautique, village justice pour les métiers du droit, etc.). Les sites d'emploi régionaux se développent de plus en plus (emploisjeunes.paca.org, bretagne-emploi.org, alsacejob.com…). Autre tendance observée : les propriétaires de ces sites, en s'associant avec des cabinets de recrutement, proposent aux entreprises des partenariats pour traiter la gestion des candidatures, la sélection… en fait, tout le processus de recrutement.

Les PME ont recours à ces sites généralistes. Pour des questions de coûts, de volumes et de compétences internes, elles ne disposent pas forcément d'un site de recrutement. Cependant, les sites d'emploi représentent, pour certaines PME, une solution parfois plus adaptée à leurs besoins.

La rubrique RH sur les sites institutionnels d'entreprise

Elle va de la simple rubrique d'offre d'emplois à l'outil de gestion de candidatures. L'avantage est de pouvoir faire découvrir l'entreprise aux candidats (activités, produits, clients, résultats économiques…), au-delà des postes à pourvoir et des profils recherchés. C'est un espace de communication et de marketing voire de fidélisation auprès de candidats, qui peuvent être aussi des clients de l'entreprise. La relation entre le candidat et l'entreprise est personnalisée et interactive. Un site Internet dédié au recrutement permet aux candidats d'avoir un dossier unique, même s'ils postulent à différents postes sur plusieurs entités d'un même groupe, et aux différentes entités de connaître la démarche du candidat au sein du groupe. Ces sites peuvent être créés par et pour l'entreprise à l'aide de compétences internes ou externes. De plus, il existe des offres de plates-formes de recrutement disponibles et adaptées aux entreprises.

L'e-recrutement fait bien partie de l'e-RH, dans la mesure où il concerne le processus qui conduit à accueillir une nouvelle compétence dans l'entreprise. Dans cet esprit, certains groupes américains vont jusqu'à demander au candidat recruté de faire ses premières démarches administratives (e-administration) *via* Internet, alors qu'il n'est pas encore entré dans l'entreprise. C'est le cas chez Microsoft, où un candidat recruté se voit confier un CD-ROM, qui une fois chargé, lui donne accès à un ensemble de documents (imprimés caisse de retraite, assurance...) sur l'Intranet de l'entreprise, qu'il se doit de compléter pour créer son dossier administratif.

Le recrutement en ligne permet à l'entreprise d'être présente sur le Web et de se faire également connaître des internautes, notamment des jeunes diplômés. C'est une réponse efficace à la recherche de certains profils, sans pour autant passer plusieurs annonces.

Pour certains secteurs d'activité, comme l'informatique, les télécommunications ou la communication, ne pas avoir de site Web pourrait être perçu comme une contre-performance.

L'e-recrutement est également une bonne réponse à l'afflux de candidatures, que les grands groupes ne savaient pas forcément bien traiter, notamment avec l'envoi de CV par e-mail :

- difficulté d'avoir un lieu unique de réception et de traitement afin de ne pas perdre (aux deux sens du mot) des candidats ;
- qualité apportée au traitement de chaque candidature, notamment en matière de réactivité. Décathlon précise, par exemple, qu'il reçoit 240 000 CV par an qui aboutissent en moyenne à 25 000 contrats (CDD, CDI, stages).

Une réactivité appréciée

L'e-recrutement nécessite d'être vigilant sur le traitement du processus vis-à-vis des candidats potentiels. L'étude récente de Robopost[1] montre que les candidats sont très exigeants :

1. Étude menée auprès de sept cents internautes, entre février et mai 2001.

- 44 % des internautes utilisant des sites emploi, les considèrent comme « un moyen comme un autre » pour trouver un poste ;

- une méthode efficace pour un tiers des sondés, mais près de 20 % estiment que « c'est beaucoup de bruit pour rien » ;

- la moitié des sondés reconnaît « quelques réponses ou contacts par mails, mais pas de proposition intéressante et concrète » ;

- le « push » des offres n'est pas au point, « on reçoit tout et n'importe quoi ».

D'après certaines études, 89 % des internautes pensent qu'Internet est un outil d'avenir pour la recherche d'emploi[1]. Attention à ce que les lourdeurs internes à l'entreprise ou le manque de réactivité d'un recruteur isolé ne soient pas un handicap ! Des enquêtes réalisées auprès d'internautes montrent que ce média suscite de nouveaux comportements. Internet étant un outil rapide, les entreprises doivent s'astreindre à une grande réactivité sur le traitement des réponses. Il semble qu'au-delà de 48 heures, une non réponse nuit à leur image. Le délai de réponse devient un critère de choix du candidat : il représente, symboliquement, le degré de réactivité de l'entreprise, notamment au niveau de son management.

Mieux gérer le flux des candidatures

Les entreprises devront se doter d'une organisation pour gérer le flux. Les candidats sont effectivement tentés « d'arroser » un panel d'entreprises sans réellement cibler et personnaliser leur réponse, en laissant le soin à l'entreprise de faire le tri, d'où une hausse de candidatures plus ou moins qualifiées. Il est, en effet, beaucoup plus facile et rapide de déposer son CV sur le Web que de réaliser une lettre manuscrite. À titre

---

1. Observatoire Keljob Interne & Emploi, décembre 2000.

d'exemple, le jour de l'ouverture de son site, France Télécom a enregistré 5 600 visiteurs, une semaine après 48 000, 160 000 un mois après...

Améliorer la qualité des informations en ligne

Si l'intérêt des entreprises est de pouvoir accéder au marché le plus large possible, l'un de leurs enjeux réside dans la qualification des informations recueillies. Cette démarche est nécessaire pour la facilité et l'efficacité de la recherche, tant pour les entreprises que pour les candidats. C'est le souci majeur de l'APEC : à ce titre, la Cvthèque reste modeste (20 000 CV). Par ailleurs, leur philosophie est d'avoir des « CV projet » : au-delà de son profil, le cadre présente son projet professionnel, lequel a, selon l'APEC, plus d'intérêt que le passé professionnel en tant que tel.

Le groupement des Mousquetaires se dote d'un outil ASP sur le recrutement

Avec 112 000 collaborateurs, 8 000 points de vente, douze enseignes et un chiffre d'affaires de 35,06 milliards d'euros en Europe, le groupement des Mousquetaires occupe une place de premier ordre dans le monde de la grande distribution.

Fidèle à sa tradition de novateur, le groupement des Mousquetaires s'est doté d'un job corner accessible depuis le site Web du groupement. À l'origine de cette décision, Jean-Marc Sagouis, directeur de la DFC (direction de la formation des collaborateurs), a déclaré : « *le développement d'Internet dans le recrutement étant devenu omniprésent, notre site RH devait offrir aux candidats un accès à nos offres. De plus, nous avons à traiter un important flux de candidatures, en moyenne cinquante par jour, par conséquent, nos boîtes aux lettres étaient rapidement engorgées. Débutée à l'été 2001, la réflexion sur l'utilisation d'une solution ASP et d'un partenaire externe aboutit à l'automne à la consultation de cinq sociétés spécialisées dans l'e-recrutement. Au terme de cette consultation, le choix se porta sur Kioskemploi et sa solution Job and Co.* »

Selon Jean-Marc Sagouis, trois raisons principales ont justifié ce choix :

• les solutions sont développées par des professionnels des RH, proches des utilisateurs ;

• elles font preuve d'une réelle rapidité de mise en œuvre ;

• elles sont simples d'utilisation.

Le facteur prix a aussi pesé dans la balance, répondant ainsi à quasiment 100 % de nos attentes. »

La DFC, basée au siège du groupement à Bondoufle, peut ainsi centraliser la gestion des candidatures et les offres d'emplois, et disposer d'une base de données. En effet, les consultants internes de la DFC sont au service des filiales et points de vente pour le recrutement de profils dans les métiers de la logistique, des achats, du marketing, de la banque ou de l'assurance. À terme, les filiales et points de vente du Groupement seront en mesure d'utiliser cette solution pour leur recrutement. Par ailleurs, la solution ASP permet l'intégration optimale de la charte graphique sur le « job corner » du site du groupe des Mousquetaires, hébergé sur la plate-forme Job and Co.

« Nos objectifs de recrutement aujourd'hui se portent vers des candidats ayant quatre ans d'expérience. Désormais, nous allons rationaliser notre processus de recrutement en ligne. Fini les boîtes aux lettres engorgées et les CV en pièces jointes que l'on peine à ouvrir puis à classer ; nous allons optimiser le temps de traitement des candidatures et de réponses aux personnes et constituer une CVthèque de candidats ciblés », conclut Jean-Marc Sagouis.

Une mise à jour permanente des sites

Les informations en ligne doivent être sans arrêt mises à jour, tant en ce qui concerne l'offre (les offres d'emploi, chez Decathlon, ne restent à l'affichage que quatre semaines) que la demande (les CV sont en ligne deux mois maximum, à moins d'un changement dans la situation du candidat).

Pour les entreprises, la qualité prime sur la quantité, même si elles ont à gérer les deux. Soucieuses d'attirer les internautes, exigeants sur l'ergonomie et l'image qu'elles véhiculent, les entreprises investissent dans le design de leurs sites pour les rendre plus conviviaux. Certaines vont même très loin : il est par exemple inutile de chercher sur le site de la filiale française d'Unilever (Unilever City) des informations sur les produits, les implantations... (tout ce que l'on trouve classiquement sur un site institutionnel). À côté des offres d'emploi et de stages, vous trouverez des critiques de films, de disques compacts ou du dernier jeu vidéo ! L'art et la manière d'attirer des jeunes en délivrant des messages de complicité et en misant sur une proximité culturelle. Étant donné la multiplicité de sites, les offres d'emploi devront effectivement changer de nature et de langage pour séduire.

Le recrutement en ligne : un enjeu

L'enjeu de l'e-recrutement sera également d'entretenir une relation permanente avec les CV répertoriés dans la CVthèques (considérés comme intéressants), car le risque de perte est grand entre le début d'un processus de recrutement et sa finalisation. La logique doit être la même que celle qui prévaut dans la relation commerciale : dès que l'entreprise est entrée en relation avec un candidat, cela signifie que les équipes RH doivent être en mesure d'entretenir avec lui des relations durables. Il s'agit là de création de valeur, mais qui demande une organisation adéquate.

Pourtant, en France, le recrutement en ligne n'est qu'un complément des outils traditionnels (annonces presse, candidatures spontanées, cabinets de recrutement, relations écoles, stages...). Selon le directeur général de l'ANPE, 25 % des entreprises françaises utilisent Internet comme moyen de recrutement, 2 % seulement des recrutements se font par Internet...

Nous sommes loin de l'usage qui en est fait aux États-Unis. Par exemple, les managers de Cisco System qui utilisent l'Internet et l'Intranet pour mettre en situation réelle des candidats : ainsi, un manager intéressé par un candidat lui fixe un rendez-vous sur un *chat room,* au cours duquel il peut le tester en lui soumettant des mini-cas à résoudre. Il peut ainsi vérifier si le candidat correspond à ses besoins et lui fixer alors un rendez-vous physique.

L'e-formation : très tôt utilisée, mais plus « timide » sur l'aspect e-learning

D'après le sondage Ipsos que nous avons déjà évoqué, les services et les outils de formation sont les plus utilisés au sein des entreprises après la consultation de l'annuaire. Mais, sous l'appellation d'e-formation, que mettons nous ? Notre analyse englobe trois éléments.

Le catalogue de formation en ligne

Avec les applications visant la mobilité (postes à pourvoir), cet aspect a été très vite mis en évidence sur les réseaux Intranet des entreprises. Il s'agit d'apporter une information sélective sur les formations susceptibles d'intéresser les managers et les salariés (généralement, les organismes, ainsi sélectionnés, ont fait l'objet d'une négociation tarifaire et répondent à certains critères qualité). Il n'y a pas d'interactivité, c'est seulement de l'information en ligne.

La dimension administrative du processus de formation

Comme tous les processus RH, l'aspect administratif de la formation est prégnant, d'autant plus que, en France, la loi oblige les entreprises à faire un suivi précis avec les instances représentatives (commission formation et comité d'entreprise) et vers l'administration (déclaration 2 483).

Paradoxalement, seule cette dimension administrative est prise en charge par les équipes RH, alors que la décision est complètement abandonnée aux opérationnels. Par workflow, il est possible de corriger cette donne, voire de rendre le salarié plus acteur. C'est, par exemple, lui donner la possibilité de sélectionner une formation, voire de s'inscrire.

À titre d'illustration, c'est l'orientation prise par Schlumberger : sur le modèle américain, les données personnelles sont gérées par chaque collaborateur, tant en termes de plan de formation (c'est le salarié qui l'établit dans le cadre du Performance Appraisal[1]) que d'inscription. François Silva, qui a étudié la mise en place du SIRH de cette entreprise, précise que « Schlumberger a fait le choix de faire confiance, a priori, à chacun de ses salariés en imaginant qu'ils vont s'inscrire à des formations correspondant à leurs besoins, et que les dérapages ou les erreurs seront marginaux. Le suivi de ces formations se fera au cours de rencontres régulières qu'ils ont avec leur encadrement »[2].

L'opportunité de méthodes d'apprentissage innovantes : l'e-learning

Ce troisième élément marque l'aboutissement du processus de formation pris en charge par le salarié grâce au recours des NTIC. C'est la possibilité donnée au collaborateur d'accéder à un programme de formation, via un navigateur, à travers Internet ou l'Intranet de l'entreprise.

Par moments, la frontière est floue entre ce qui est relatif à de l'information en ligne et ce qui est de la formation proprement dite. À titre d'exemple : la formation en ligne des commerciaux sur les nouvelles gammes de produit et de services proposés

---

1. Il correspond au suivi des performances dans le cadre d'un suivi trimestriel et annuel (voir l'e-évaluation).
2. Opus cité.

aux clients. Les nouvelles technologies permettent une mutation de la formation traditionnelle et la rendent plus flexible, en développant des modes complémentaires de formation, que l'on peut regrouper sous le vocable « e-formation ».

Depuis quelque temps, les spécialistes annoncent le développement massif du e-learning, notamment en France. Des chiffres importants de développement sont affichés pour les pays européens… Le cabinet IDC, par exemple, prévoit un taux de croissance de l'ordre de 40 % au cours des cinq prochaines années (1,6 milliards d'euros en 2004 contre 200 millions de francs en 1998[1]).

Or, ce mode d'apprentissage a du mal à s'imposer à côté des formations traditionnelles. L'explosion des formations en ligne annoncée n'a donc pas eu lieu, malgré une offre abondante sur le marché français. Il suffit de chercher le terme « e-learning » avec n'importe quel moteur de recherche et de voir le résultat.

Pourtant, certaines grandes entreprises y voient des avantages (voir encadré) qui les poussent à multiplier les expériences.

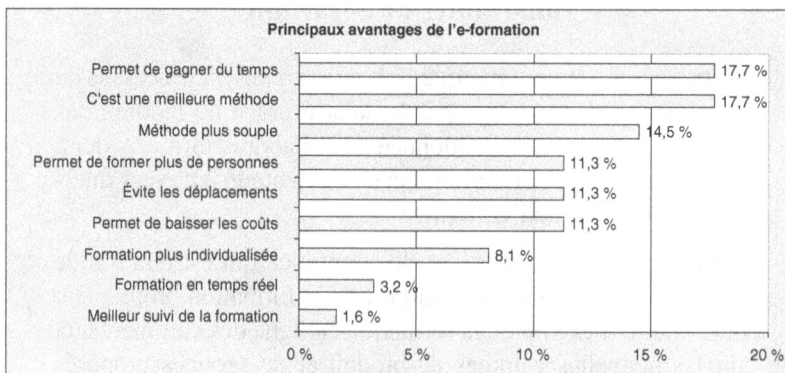

Principaux avantages de l'e-formation

Permet de gagner du temps	17,7 %
C'est une meilleure méthode	17,7 %
Méthode plus souple	14,5 %
Permet de former plus de personnes	11,3 %
Évite les déplacements	11,3 %
Permet de baisser les coûts	11,3 %
Formation plus individualisée	8,1 %
Formation en temps réel	3,2 %
Meilleur suivi de la formation	1,6 %

Source : PriceWaterhouseCoopers.

© Éditions d'Organisation

---

1. Source Jdnet.

Mais la France est loin de l'usage qui en est fait dans les pays outre-Atlantique, en particulier aux États-Unis. Nos cultures éloignées sont sans doute à l'origine de cette différenciation. Michel Kalika[1], spécialiste du domaine, s'en est expliqué récemment lors d'un interview pour Vnunet : « *dans un pays aussi étendu que les États-Unis, la relation à la distance n'est pas la même et l'intérêt de la formation en ligne apparaît donc plus évident. Les différences culturelles sont en outre marquées. Les Anglo-Saxons sont, par exemple, davantage habitués que les Français à s'auto-former. Mais les attentes en terme de qualité ne sont pas les mêmes. Dans la formation au management, par exemple, les Français recherchent des cours en ligne d'une interactivité proche de celle des jeux vidéo et sont déçus par une offre essentiellement anglo-saxonne qui se résume souvent à des pages HTML* ».

Voici quelques chiffres marquant cette différence entre les deux pays :

- aux États-Unis, l'e-learning représente environ 60 % des dépenses de formation et 92 % des grandes entreprises américaines ont mis en œuvre un projet de ce type (source Arthur Andersen Management) ;

- selon ce même cabinet, sur un échantillon de soixante-quatorze grandes entreprises françaises, seules huit d'entre elles ont mis en œuvre des solutions d'e-learning visant principalement l'apprentissage des langues et de la bureautique. De même, une enquête récente de RH Info montre que, si 65 % des entreprises interrogées pensent que l'e-learning deviendra le support de leur politique de formation dans les cinq ans à venir, à peine 20 % disent avoir déjà expérimenté la méthode. Le pourcentage de dépenses de formation en ligne confirme cet engouement limité :

---

1. Directeur du Executive MBA de Paris-Dauphine, coordonnateur de l'étude Les défis de l'e-learning dans la formation continue au management de la Fondation nationale pour l'enseignement de la gestion des entreprise (FNEGE). Source : vnunet.fr 2001.

seulement 1 % ! L'e-learning est sans doute, en France, plus poussé par l'usage de l'Intranet que faisant partie, a priori, d'une pratique recherchée et naturelle.

Au-delà des chiffres, un cas concret illustre ce propos, avec la mise en œuvre d'une formation d'e-learning chez Alstom. Cette entreprise s'était donné pour objectif de former à la gestion du cash et de la trésorerie *via* l'e-learning, près de mille financiers et comptables du groupe, répartis dans une cinquantaine de pays et travaillant au moins dans quatre langues différentes. L'opération enclenchée, le chef de projet a constaté : « *une nette différence entre les Américains et les Français. Les premiers avaient suivi à près de 80 % la formation, sans que nous ayons communiqué particulièrement sur ce sujet... Un accompagnement est indispensable. La direction générale tout comme le management doivent impérativement s'impliquer dans ces projets pour qu'ils réussissent.* »[1].

Comme Alstom (voir encadré), Groupama a opté pour une logique d'expérimentation, avant généralisation de ce mode d'apprentissage : une vingtaine de cours sur le métier de l'assurance, tous testés par un petit groupe de stagiaires, est proposée aux entités du groupe. Mais la responsable des formations en ligne précise : « *la question se pose aujourd'hui de savoir si nous essayons de développer l'e-learning à une échelle plus importante... mais peut-être est-il préférable de poursuivre notre travail de défrichage* »[2].

Ces deux exemples montrent que, si les entreprises s'intéressent à ce mode d'apprentissage, elles le font dans le cadre d'une politique « à petits pas », même si cela vise des populations importantes. La plupart d'entre elles procèdent par projet pilote en adaptant ce nouveau mode de formation à leurs contraintes et à leur contexte. Ainsi, « *formation en ligne rime avec balbutiements, tests et prudence* »[3] ; voire même avec

---

1. Vnunet, février 2002 : Rigaud, Stéphanie, « e-learning : Les entreprises défrichent le terrain ».
2. Opus cité.
3. Opus cité.

tactique : ainsi, pour avoir une mise à jour de Lotus Notes, un collaborateur de Sigma-Aldrich (société de produits chimiques et biochimiques) doit suivre auparavant une formation en ligne ! »

Une expérimentation réussie : Alstom

Alstom est parti d'un besoin complémentaire de formation à l'issue d'une formation outil classique (présentiel) pour mettre en place une solution e-learning. L'entreprise a imaginé trois modules découpés sur le même schéma : le cours magistral, des exemples d'application, un quiz (vérification des connaissances). Ce modèle pédagogique, élaboré par des experts internes et externes, prend en compte un tuteur pour une trentaine d'apprenants, des forums, la messagerie et une hot line technique. L'opération a coûté entre 0,5 et 1 million d'euros.

La direction d'Alstom estime avoir réalisé une économie de 40 %, coût de conception inclus, par rapport à une formation classique en présentiel. Un sondage mené sur 20 % des apprenants, de toutes nationalités, révèle que 93 % d'entre eux s'estiment satisfaits du choix du e-learning, 89 % lui reconnaissent une vertu de grande flexibilité et 79 % constatent un gain de temps véritable comparativement à une formation classique.

D'une façon générale, les entreprises qui ont mis en place des solutions de formation en ligne s'accordent à dire que ce mode de formation est complémentaire à la formation classique : même s'il tend à se développer, il ne peut se substituer au mode traditionnel. Ainsi, pour François-Xavier Perroud du groupe Nestlé : « *l'e-learning ne remplacera pas la formation classique en présentiel. Néanmoins, c'est un complément efficace. La flexibilité du e-learning est appréciable : les gens se connectent quand ils en ont le temps, avec des cours personnalisés, puisqu'ils sont dispensés selon leur niveau.* » Il est vrai que, avec la loi sur les 35 heures, la souplesse de la formation à distance peut être une bonne réponse.

Selon une enquête récente réalisée par la fédération de la formation professionnelle, auprès de 193 entreprises, les domaines de formation privilégiés par l'e-learning concernent les formations métiers (36 %) devant la bureautique (28 %), les langues

(14 %) et les formations générales (10 %), comme l'illustre l'exemple du Crédit Agricole qui a formé 250 salariés de douze caisses régionales aux métiers de la banque par l'e-learning.

D'après cette même étude, les entreprises s'intéressant au e-learning sont en majorité des entreprises multi-sites (92,5 %), voire des multinationales (63,5 %).

Mais la formation en ligne ne doit pas répondre à une mode mettent en garde certains spécialistes : « l'e-learning ne consiste pas simplement à mettre les formations classiques à la sauce des nouvelles technologies. Il s'agit d'appliquer la logique du réseau pour que l'apprentissage en entreprise se fasse en ligne et de façon collaborative »[1]. Les investissements étant relativement élevés, même si l'amortissement se fait plus facilement dans de grands groupes, ce mode de formation doit répondre à un choix stratégique de l'entreprise et être affiché comme tel. Aussi, les salariés qui suivent une formation de type e-learning doivent être reconnus par leurs managers, comme lors d'une formation classique.

Il en sera de même pour la mise en œuvre du *Knowledge Management* (KM). Si la formation permet aux salariés d'acquérir et de développer leurs connaissances, de s'adapter et d'améliorer leur performance, l'organisation doit être en mesure d'optimiser ce capital de connaissance. Pour y parvenir, l'entreprise doit mettre en place des mécanismes capables de créer, d'encourager et d'évaluer les conditions du partage de la connaissance, afin qu'elle se diffuse à l'ensemble des collaborateurs. Qu'il s'agisse d'e-learning ou de KM, le rôle du management est primordial pour que le salarié soit engagé dans ce mode d'acquisition et de développement de compétences. Il doit en être le « sponsor », en impulsant ce mode favorisant les outils partagés permettant d'échanger, de se former, etc. À ce titre, le manager ne devra pas non plus sous-estimer les aspects techniques nécessaires.

---

1. archimag. : Perrin, Charlotte et Remize, Michel, « Vers le co-apprentissage ».

L'e-évaluation : plus des outils d'auto-évaluation que la gestion du processus

Quelques entreprises touchent également le domaine de l'e-évaluation. Il s'agit plus de la mise à disposition d'outils d'évaluation que de la prise en compte du traitement du processus conduisant à évaluer une personne (entretien annuel).

Ces outils d'évaluation des compétences et des connaissances se situent souvent à la frontière de l'e-formation. C'est souvent à partir de l'évaluation que sont déterminés les besoins en compétences et les modes de développement associés. Ces outils d'auto-évaluation en ligne sont généralement connectés (liens visibles) avec des référentiels de compétences. Ainsi, par l'auto-positionnement, un programme de formation personnalisé et adapté aux exigences d'un poste peut être défini. C'est le cas pour déterminer le niveau de maîtrise d'une langue. Ils sont également utilisés comme outils d'aide à la décision dans des processus de recrutement ou de mobilité professionnelle.

Un salarié peut faire à tout moment le point sur ses compétences

Accenture (ex-Arthur Andersen)

Chaque consultant gère son déroulement de carrière grâce à l'Intranet. Il a ainsi accès à son référentiel de compétences, à travers la liste des compétences générales et spécifiques qu'il doit maîtriser. Le résultat de ses évaluations passées, croisés avec les missions qu'il a effectuées, lui permet de voir quel niveau il a atteint. Au consultant, ensuite, de demander une formation ou de se placer sur une mission qui lui permettra de progresser dans un domaine qu'il ne maîtrise pas totalement. C'est une façon intéressante de rendre le salarié acteur de son propre développement.

Buriware, groupe de conseil et de service informatiques

Le salarié met à jour, à la fin de chaque projet, les compétences développées. La question de la reconnaissance des compétences peut être soulevée. Aussi, la fonction RH a-t-elle intérêt à afficher clairement la position de l'entreprise sur ce sujet.

Oracle

Chaque collaborateur, en se connectant sur un self-service via Intranet, peut consulter ses entretiens d'évaluation mis en ligne, alimenter son profil de compétences au fur et à mesure qu'il acquiert de nouveaux savoirs ou connaissances, corriger son CV, procéder à des auto-évaluations, etc.

RATP

Pour ses professionnels RH, la régie a mis en place un Espace professionnalisation RH, au sein de l'Intranet RH. Cet espace permet la capitalisation et l'échange des connaissances et des savoirs du réseau RH. Celui qui s'y inscrit peut faire une auto-évaluation de ses compétences, ce qui lui permet d'obtenir une description des compétences et des savoirs sur lesquels il peut échanger avec ses pairs.

Des outils de type 360° commencent également à voir le jour : entre autres, Schneider Electric[1], le Crédit Agricole, Indosuez, Soliso technologies (PMI nantaise de trente personnes). Cette forme d'e-évaluation reste cependant encore marginale.

L'e-évaluation a également un impact sur la gestion administrative du processus, au-delà de la mise à disposition des documents de référence sur le Net (fiche d'entretien et guides d'accompagnement). C'est le cas chez Schlumberger (voir encadré). Cette entreprise traite le circuit de validation de l'entretien annuel par le N + 1 et le N + 2 *via* un *workflow*, avec un processus initialisé par le salarié (objectifs pour l'année à venir et plan d'accompagnement). La recherche d'une plus grande efficacité dans le traitement du processus a été le moteur principal du recours aux NTIC. C'est ce que cette entreprise a mis en place depuis un moment aux États-Unis et compte l'étendre à d'autres pays, notamment la France. De fait, managers comme RH disposent ainsi d'une consolidation rapide de données importantes dans la gestion de carrière d'un collaborateur, avec peu de risque de perte d'informations.

---

1. Lauréat de l'Intranet d'Or 1999, prix organisé conjointement par la Cegos et *Entreprise & Carrières*.

Un exemple d'e-évaluation : Schlumberger

Une manière de garder la « mémoire » des documents relatifs à l'évaluation de chaque salarié, alors que celle-ci est réactualisée, si besoin est, tous les trimestres… Comment l'appréciation des performances est-elle faite ?

Les objectifs de l'année à venir sont préparés par chaque collaborateur et envoyés à son N + 1 pour validation. Une fois validés, les objectifs sont enregistrés sur l'Intranet. Le salarié y a accès sans pouvoir les modifier.

Chaque trimestre, le manager organise un entretien pour faire le point. Préalablement, le salarié peut apporter des commentaires sur sa fiche quant à la réalisation de ses objectifs. Le manager fait de même ; le document n'est alors plus visible par l'intéressé. Une fois l'opération finie, l'entretien peut se dérouler. Les aménagements sont arrêtés en commun : commentaires, révision des objectifs, plan d'accompagnement, évolution à court terme…

L'ensemble des éléments est transmis au N + 2 pour validation et / ou commentaires. La fiche est de nouveau visible sur l'Intranet par les intéressés. Cette opération est répétée chaque trimestre pour s'intégrer dans un processus annuel.

Conclusion sur l'e-RH

Nous nous sommes attachés à balayer les principaux processus couverts par l'e-RH, ce qui ne veut pas dire que les autres processus ne sont pas concernés. Par contre, chaque fois, il faudra se poser la question : en quoi le recours aux NTIC peut améliorer le processus existant ? France Télécom, par exemple, vise le traitement des révisions salariales par workflow, pour plus d'efficacité dans le traitement du processus : les propositions salariales sont portées sur des tableaux Excel pour être, après validation, saisies en masse par les équipes de la paie. Demain, les personnes habilitées valideront la procédure par un simple clic. L'alimentation du système d'information pour paiement se fera sans aucune ressaisie, d'où une plus grande rapidité. Nous ne parlerons pas non plus des outils d'aide à la décision à destination des managers, qui ont tout à fait leur place dans l'e-RH.

Le champ du possible est vaste, mais il ne peut se transformer que si la confiance accordée par l'entreprise à ses collaborateurs est bien là, et cela ne semble pas si évident ! C'est ce qui explique que, en réalité, l'écart entre les ambitions déclarées par les DRH et les réalisations réelles reste important... Les limites sont donc celles que se fixe l'entreprise !

L'e-RH a par ailleurs des impacts non négligeables sur l'ensemble des acteurs de l'entreprise, au-delà de la fonction RH, qu'il faudra maîtriser. Tel est l'objet des deux prochains chapitres.

Neuf témoignages d'entreprises

Pour conclure ce chapitre, nous avons souhaité développer quelques exemples d'applications mises en œuvre sur l'ensemble des champs couverts par l'e-RH. Les entreprises qui ne sont pas citées nous pardonneront...

Pechiney Emballage Alimentaire
Planetcap, « Internet pour tous »

Les objectifs

Bien que filiale d'un grand groupe industriel, PEA fonctionne plutôt comme « une grosse PME », selon son DRH. Ses deux piliers sont l'innovation produit et l'innovation sociale. C'est dans cette perspective qu'a été lancé Planetecap :

Rendre Internet accessible à toutes les catégories professionnelles de l'entreprise et pas seulement aux salariés disposant sur leur lieu de travail d'un accès au Web. En offrant aux 820 salariés (cadres, ETAM et ouvriers) et à leurs familles un accès gratuit à Internet et à l'Intranet (à partir de leur domicile), PEA favorise l'accès à l'information et vise à élever les compétences des salariés, tout en réduisant la « fracture numérique (6 % des effectifs disposaient alors d'un accès Internet sur leur lieu de travail).

PEA contribue à l'élévation globale des compétences du personnel, améliore le niveau d'information pour répondre aux exigences des clients et favorise la circulation de l'information, désormais à double sens (Top / Down et Bottom / Up).

Le descriptif

L'offre de PEA comprend la fourniture du boîtier d'accès à Internet par la télévision et d'un clavier ultra-fonctionnel à infrarouges (le partenaire est Isiconnect), le forfait de communication mensuel (trois heures la première année, quatre la seconde) et l'assistance à la prise en main (hot line et webmaster). Le salarié devient propriétaire du matériel après les deux premières années.

À la connexion, la page d'accueil est toujours celle du portail Planetecap, qui compte 75 % d'informations généralistes (sites spécifiques, services d'actualité, météo et recherche sur le Web) et 25 % de contenu « PEA » lié à l'Intranet (dont le guichet RH réalisé par la Société Virtualia). Un e-mail est fourni (première lettre du prénom + nom de famille@planetecap.com) afin de favoriser le dialogue et la circulation de l'information entre les salariés.

Les résultats

Près de 90 % des salariés ont adhéré au projet. Suite à la distribution des packs en novembre 2001, les premières statistiques en terme d'utilisation sont encourageantes, même si les efforts pour soutenir l'utilisation de l'outil sont à maintenir. Le portail est régulièrement mis à jour et s'appuie sur une newsletter présentant les nouveautés. En 2001 le projet Planetecap a remporté l'Intranet d'Or mention démarche innovante organisé par la Revue *Entreprise & Carrières* et la CEGOS et en 2002 la Société PEA reçoit le trophée Ressources Humaines organisé par la Revue *Le Monde Informatique.*

Le retour sur investissement

Les dépenses s'élèvent à moins de 300 euros par domicile équipé, soit un total d'environ 245 000 euros. La notion de ROI n'est pas applicable, puisqu'il s'agit à la fois d'une démarche à la fois citoyenne et de formation des salariés.

France Télécom

Responsabilisation des salariés sur leurs actes de gestion :
Parce que c'est @noo[1], c'est à vous d'agir

Les objectifs

L'optimisation de la gestion administrative (GA) est une composante majeure du projet « RH Demain ». Ce projet complet de *reengineering* de la fonction (touchant les processus, l'organisation, la professionnalisation, le système d'information RH) vise, pour ce qui concerne la GA, une baisse des effectifs RH de près de 50 %, soit plus de 2 000 personnes.

Pour réussir ce pari, l'un des trois leviers identifié passe par la mise en place d'un libre-service sur Intranet accessible aux 130 000 salariés et managers, les responsabilisant ainsi sur les actes de gestion RH :

France Télécom disposait déjà d'Intranets d'application interactifs, mis en œuvre par la DRH groupe sur la mobilité (Pl@netemploi avec 720 000 consultations sur les postes à pourvoir, le suivi des CV déposés) et la formation (*Formons-nous,* avec la consultation du catalogue de formation, l'inscription en ligne à des cours et un espace d'e-learning). Au-delà de cela, rien n'existait sur l'administration. Seules des initiatives locales traitaient nombre de sujets (congés, remboursements de frais...), mais sans alimentation automatique du Système d'Information Alliance (SIA), donc sans impact majeur sur les ressources RH dédiées.

Le descriptif

Le libre-service permet à chaque salarié et manager de gérer sa participation-intéressement, ses absences relatives aux congés annuels, jours de temps libre (35 heures) et jours de repos compensateurs, sa situation personnelle (adresse, situation familiale, coordonnées bancaires...) et ses remboursements de frais. S'ajoutent à cela, l'accès à des outils de simulation (régime de prévoyance, départ congé de fin de carrière et temps partiel), aux règles de gestion et formulaires RH. De nouveaux services enrichissent régulièrement @noo.

Par ailleurs, au-delà d'outils en ligne spécifiques à la fonction RH, différents outils d'aide à la décision pour les managers sont également accessibles.

---

1. @noo : portail RH de France Télécom.

Chez France Télécom SA et certaines filiales (Orange par exemple), @noo est accessible depuis n'importe quel poste de travail informatisé 24 heures sur 24, 7 jours sur 7 et également *via* Internet.

Les résultats

@noo a permis de réduire de nombreuses tâches administratives. Interfacé avec le Système d'Information Alliance, il libère les gestionnaires au profit d'activités à plus forte valeur ajoutée. Il contribue au développement de l'autonomie et de la responsabilité des managers et des salariés tout en favorisant l'usage de l'e- Des résultats tout à fait positifs ont été enregistrés dès l'ouverture des premiers services (mars 2000), lesquels suscitent une forte attente en terme d'ouverture rapide sur d'autres fonctionnalités RH.

Résultat en quelques chiffres (début 2002)

- 130 000 salariés ont activé leur espace personnel.
- 20 000 managers déclarés dans @noo (espace « manager »).
- 10 millions de connexions enregistrées entre avril 2000 et juin 2002.

Pour les services ouverts depuis plus d'un an :

- Congés payés et Jours de Temps Libre : 6 millions de connexions.
- Participation et intéressement : 1,4 million de connexions.

Impact sur la culture

La responsabilisation des salariés dans leurs actes administratifs quotidiens a favorisé la culture e-business. Par contre, il a été nécessaire d'être vigilants sur les populations qui pouvaient être exclues. Des réponses ont été apportées pour les salariés itinérants ou n'ayant pas accès à un ordinateur personnel (par exemple, des bornes d'accès en nombre suffisant). Un portail vocal est par ailleurs testé.

Le retour sur investissement

Un « résultat » économique direct sur cet aspect du projet RH Demain, très supérieur aux prévisions, laisse envisager un retour sur investissement plus rapide qu'initialement prévu. L'économie réalisée pour les années à venir est considérable. À titre indicatif, la gestion des congés annuels via intranet dégage une économie annuelle de plus de 20 millions d'euros.

Alstom : le recrutement en ligne

Les objectifs

C'est dans le but de « faire d'une pierre plusieurs coups » que Serge Casasus, directeur des projets RH, se lance en juin 2000 à la recherche d'un outil de partage RH pouvant générer une base de CV multi-sites et publier sur Internet les offres de postes d'Alstom. Il offre ainsi à ses entités, une présence sur le Web, « un vivier » global pour les RH et une technologie avancée avec, en prime, des économies d'échelle et de temps vis-à-vis d'éventuels projets analogues, qui auraient pu voir le jour mais aussi une réduction escomptée des coûts de recrutement.

Le descriptif

Le processus recouvre deux projets distincts convergents. Le premier vise à atteindre les objectifs mentionnés ci-dessus : l'outil Talent Provider réalise le matching offre / demande et gère les correspondances entre l'entreprise et les candidats. Le candidat reconstitue son CV en ligne en remplissant les champs structurés (disponibles dans douze langues) d'une « quick application » qui permet de postuler une fois pour toutes aux offres correspondant à son profil. L'Intranet sert à publier les postes disponibles (ouverts à l'interne uniquement) et à mettre à disposition les supports d'information, notamment les guides sur la mobilité. La mise en place du e-recrutement a été confortée par le choix d'une agence de communication de recrutement pour le contenu ou le positionnement des annonces…, à l'échelle mondiale.

Parallèlement, Alstom a lancé un projet PeopleSoft V8, dans le but de doter l'entreprise d'un outil de GRH qui offre aux managers et aux employés un accès aux données et aux processus RH *via* Intranet. Cet outil supporte ainsi la base de données de référence de tous les employés d'Alstom.

Les résultats

« *Le vrai frein, ce sont d'abord les mentalités qui bougent moins vite que la technologie* », déplore Véronique Barbotin, responsable du e-recrutement. L'idée d'un vivier commun a généré des résistances, notamment outre-Atlantique. Certains « *donnent leur adresse courrier aux étudiants, dans les forums, au lieu de les orienter vers le site Internet* ». Par ailleurs, on sous-traite encore trop facilement les recrutements et leur logistique aux consultants. Il faut inciter les managers RH à « mettre les mains dans le cambouis » et à accepter l'idée que, si le développement des outils est centralisé, l'organisation de l'entreprise (choix et décisions à l'aide de l'outil) demeure bien décentralisée. Mensuellement, Alstom reçoit aujourd'hui par le canal Internet plus de 2 000 candidatures (environ 10 % proviennent de l'interne) d'âges et de niveaux d'études variés, preuve que l'Internet est plus « démocratique » qu'on l'imaginait initialement. Au plan technique, l'intégration et la fusion avec PeopleSoft restent la prochaine étape majeure à franchir.

Le retour sur investissement

Les gains sont d'emblée importants au niveau du recrutement, puisqu'un candidat « coûte » moins de 10 euros pour l'intégration et la gestion de son dossier dans la base, à comparer à l'investissement massif que représentent l'appel à des consultants en recrutement, la publicité et la gestion traditionnelle des CV.

Apogea

Le recrutement par Internet

Le groupe Apogea (quatre filiales) est spécialiste de l'informatique de gestion pour les PME / PMI. À ce titre, il commercialise des logiciels de comptabilité, de finance et de paie. Ayant connu un accroissement de ses embauches en 2001, le groupe a chargé sa filiale Apogea Ile-de-France de gérer les recrutements de ses trois autres entités en France (Apogea Centre, Apogea Sud-Ouest, et Apogea Méditerranée).

Pour répondre à cette demande, Caroline Wajda, assistante du PDG Apogea Île-de-France, a tout d'abord passé des annonces sur des sites gratuits, sans succès. « *Nous recevions des candidatures peu ou pas ciblées, et la plupart dataient de deux ou trois mois. Ce fut une réelle perte de temps* », déclare Caroline Wajda. Apogea décida de faire appel à Kioskemploi et à sa nouvelle offre Job to Net, combinée avec celle de Keljob, troisième moteur de recherche d'offres d'emploi en France. « *En effet, dans un premier temps, nous avions testé avec succès la plateforme Job and Co de Kioskemploi. La solution Job and Co s'avérant surdimensionnée, nous avons décidé d'utiliser Job to Net, plus conforme à nos besoins de recrutement* », explique Caroline Wajda. Celle-ci publie ses offres d'emploi via son « bureau du recruteur » Job to Net. Les offres sont aussitôt référencées sur Keljob. Les candidats consultent les annonces du groupe depuis Keljob, puis ils envoient directement leur candidature sur la rubrique recrutement d'Apogea, hébergée sur la plate-forme Job to Net, à laquelle Caroline Wajda a un accès direct et sécurisé. Elle traite ensuite les CV en zéro papier, ce qui lui permet d'automatiser les réponses aux candidats (convocations, réponses négatives, mises en CVthèque), pour plus d'efficacité sur des tâches peu créatrices de valeur. De plus, la solution choisie est simple et efficace, en particulier pour un utilisateur peu rompu à l'informatique. « *Nous avons pu ainsi obtenir un retour de candidatures satisfaisantes. Le temps de traitement des CV a été divisé par trois, nous pouvons réactiver nos offres pour des recrutements ultérieurs, en les diffusant sur d'autres sites d'offres d'emploi, sans avoir à les saisir à nouveau, ce qui nous fait gagner un temps précieux.* » conclue Caroline Wajda.

Bosch France :
solution d'e-recrutement Job and Co

http://www.jobandco.com

Les objectifs

Partant du constat que l'administration de la rubrique emploi sur le site web de Bosch France ne permettait ni de mettre à jour aisément les informations ni de traiter les candidatures sous un format homogène, la Direction des Ressources Humaines décide de rationaliser sa réflexion en matière de e-recrutement. Du fait d'une utilisation accrue d'Internet dans le recrutement par les entités opérationnelles, la société se devait de professionnaliser la rubrique RH de son site web et la gestion du processus de traitement des « e-candidatures ».

Cette réflexion s'accompagne d'un constat : « *Nous avions connu au cours du premier trimestre 2001 une forte croissance du volume de candidatures reçues par e-mail sur les boîtes aux lettres électroniques de nos recruteurs* » précise Patrick Laslandes, Responsable Marketing RH et Trainee Program, et chef de projet « e-recrutement ».

« *Les recruteurs en région souhaitaient disposer d'outils leur laissant toute autonomie dans leurs recrutements, de la mise en ligne des offres sans intermédiaire jusqu'à à la gestion des candidatures au niveau local, tout en leur permettant de s'appuyer sur l'image forte du site web corporate de Bosch France, dont la communication institutionnelle RH est gérée depuis le siège* » ajoute Patrick Laslandes. C'est ainsi que Bosch France décide de concrétiser sa réflexion en avril 2001, à la demande générale, en lançant un projet de mise en œuvre d'une solution de gestion des e-recrutements.

Tenue à des contraintes de délais, la société Bosch France décide d'externaliser cette tâche et de la confier à un spécialiste du déploiement de plate-formes de e-recrutement. Le choix se porte sur Kioskemploi et leur solution ASP* Job and Co, du fait de leurs références auprès de grandes entreprises, de leur rapidité d'intervention et de leur relation de partenariat avec Keljob, 3e site emploi en France, avec lequel Bosch France travaille pour optimiser les flux de candidatures.

Le descriptif

La solution Job and Co permet à Bosch France de bénéficier :

• d'une rubrique Emploi sur son site web corporate, administrée depuis la DRH du siège à Saint-Ouen ;

- de « bureaux du recruteur » accessibles en région permettant aux recruteurs la mise en ligne leurs offres d'emploi et le traitement de leurs CV électroniques, le tout en zéro papier ;
- d'un archivage qualitatif des CV les plus intéressants.

La rubrique Emploi du site corporate est accessible par les candidats depuis la home page du site www.bosch.fr, via un bouton « Offres d'emploi ». L'accès aux bureaux des recruteurs par les utilisateurs en région de Bosch France est assuré par une interface sécurisée. Toutes les offres d'emploi publiées sur le site de Bosch France sont reprises et diffusées automatiquement sur le moteur de recherche du site Keljob.

Les résultats

Grâce à l'efficacité de déploiement et à la simplicité de paramétrage la solution ASP Job and Co, la solution a été déployée en seulement deux semaines, puis mise en ligne en juillet 2001.

Premier bilan, six mois après : Pendant la période juillet 2001 à janvier 2002, Bosch France a reçu et traité plus de 4 000 CV via sa nouvelle rubrique emploi web.

Kioskemploi faisant évoluer régulièrement sa solution de e-recrutement Job and Co, les recruteurs ont bénéficié d'adaptations et de nouvelles fonctionnalités, sans surcoût. La politique d'évolution logicielle de Kioskemploi a favorisé la fidélisation de Bosch France : l'abonnement semestriel a été renouvelé et un projet d'extension de la solution pour les recrutements internes est en cours de réflexion...

Le retour sur investissement

Données non communiquées.

Crédit Agricole : recrutement par Internet

Les objectifs

« Après avoir connu, en 1999, une augmentation de 8,3 % de nos effectifs, nous avons décidé de créer une rubrique emploi sur notre site pour fluidifier nos recrutements », déclare Laurence Gourdin, en charge de la communication en RH de Crédit Agricole SA. *« De plus, précise-t-elle, nous avons la nécessité de communiquer régulièrement vers les jeunes diplômés, particulièrement habitués à l'utilisation de l'outil Internet ; nous souhaitions leur présenter une image de modernité qui cadre avec nos campagnes de communication nationale. »*

Avec son organisation décentralisée, la DRH devait relever un défi : assurer une bonne gestion du site institutionnel depuis une seule entité, Crédit Agricole SA, en charge de redistribuer les candidatures nationales vers les caisses régionales. Face à une forte croissance des candidatures par e-mail, Crédit Agricole SA décide de réagir, en avril 2000. *« Du fait de délais de réalisation serrés, nous avons décidé d'externaliser la mise en œuvre de notre solution d'e-recrutement et de confier cette tâche à un partenaire, en nous abonnant à sa plate-forme ASP, avec un impératif : les fonctionnalités devaient s'adapter à notre problématique et non l'inverse »*, précise Jean Pala, responsable Emploi / Carrières à Crédit Agricole SA.

Le descriptif

La solution se compose d'une partie *front office* publique, la rubrique Recrutement et d'une partie *back office* privée, les bureaux du recruteur électronique. La rubrique Recrutement et les offres d'emploi sont accessibles depuis la page d'accueil du site institutionnel, *via* le bouton « Recrutement ». La gestion du back office est assurée par les recruteurs de Crédit Agricole *via* une interface Web sécurisée. Ces derniers peuvent directement mettre en ligne des offres sur le site, pré-trier les CV reçus, répondre aux candidats, transférer les CV intéressants aux managers internes, stocker les meilleurs profils dans une CVthèque dédiée, consulter des statistiques de suivi des recrutement, le tout en zéro papier. L'ensemble est hébergé sur la plate-forme du partenaire choisi et relié au site Crédit Agricole via un lien spécifique.

Les résultats

Grâce à l'efficacité de déploiement et à la simplicité de paramétrage, la solution ASP choisie a été mise en place en trois semaines, dès avril 2000. Premier bilan, un an après : *« nous avons reçu et traité plus de*

6 000 CV via notre rubrique Emploi Web grâce à la solution mise en place. [...] Nous pouvons mettre en ligne nos offres d'emploi sans passer par le webmaster du site, les boîtes aux lettres électroniques des recruteurs ne sont plus engorgées, les CV sont distribués en juste-à-temps vers les régions, nous disposons de statistiques fiabilisées ; enfin, la gestion institutionnelle du site et des candidatures nationales ne mobilise qu'une seule personne à mi-temps », précise Jean Pala. Le 18 mai 2001, Crédit Agricole SA a lancé la nouvelle version de son site, bénéficiant des fonctionnalités développées par le partenaire.

Le retour sur investissement

Données non communiquées.

Schlumberger : gestion des carrières

Les objectifs

En 2000, Schlumberger lance le Career Center afin de montrer aux cadres (une population de 40 000 personnes sur 500 métiers) toutes les opportunités de carrières et leur donner la possibilité d'émettre des souhaits d'évolution. L'objectif est de donner aux cadres les moyens de la gestion de leur propre carrière, d'anticiper les demandes afin d'exploiter au mieux les potentiels de chacun.

Le descriptif

Le projet a été développé en interne avec l'aide d'une agence Web pour optimiser le design du portail. Les postes et les chemins de carrière possibles sont présentés sur les deux premiers axes de la politique de développement du groupe : la mobilité fonctionnelle et la mobilité par activité. La troisième dimension, la mobilité géographique intervient dans la formulation des préférences du collaborateur.

En effet, après avoir consulté les descriptions de postes et les témoignages des personnes (joignables) qui les occupent, le collaborateur peut entrer trois choix d'évolution accompagnés d'informations sur sa mobilité géographique (destinations possibles, double carrières, système éducatif dans lequel sont ses enfants…).

Par ailleurs, les personnes souhaitant évoluer dans un domaine technique spécifique bénéficient de programmes favorisant la mobilité « technologique ». Les souhaits du salarié sont enregistrés dans son dossier et transmis à son manager et à son responsable RH pour entamer la phase de discussions qui, seule, aura un effet sur l'évolution du salarié.

Les résultats

L'outil, bien accepté, a permis d'améliorer l'adéquation entre les besoins de Schlumberger en termes de mobilité des cadres et leurs souhaits d'évolution professionnelle. En effet, l'outil favorise le dialogue et la circulation de l'information. Un résultat intéressant est la facilité avec laquelle, maintenant un cadre va parler de ses souhaits d'évolution et des contraintes qui pèsent éventuellement sur sa mobilité : un sujet important dans une entreprise ayant souvent recours à la mobilité géographique.

Cette meilleure compréhension a suscité une envie de mobilité chez certains cadres qui ne l'avait pas manifestée auparavant. Même si ces envies ne débouchent pas nécessairement sur une mutation, les cadres se sentent d'avantage « maîtres de leur carrière » et le management hiérarchique dispose désormais d'un plus large vivier.

Cependant, certains ont peur d'être limités par leurs trois choix (alors qu'il ne s'agit que de souhaits), d'autres sont inquiets de paraître peu intéressés en n'émettant aucun souhait (alors que la dimension technologique résout ce problème), enfin, le management craint de perdre ses bons éléments. Mais cette dernière s'estompe, puisqu'un collaborateur en partance sera remplacé par un individu motivé. Grâce à cette approche « proactive », le taux de mobilité se situe autour de 15 %.

Le retour sur investissement

Il faudrait attendre trois à quatre ans avant de mesurer le retour sur investissement. Cependant, Schlumberger élabore la liste des critères à analyser : la fluidité de la mobilité (diminution des coûts de remplacement), le taux d'utilisation par les managers, le taux de démission (donc le pouvoir de rétention) et l'amélioration de la productivité favorisée par une meilleure adéquation poste / compétences / motivations.

Caisse Nationale des Caisses d'Épargne : e-learning

Les objectifs

Malgré les investissements lourds en formation (entre 5,5 et 7 % de la masse salariale) ces cinq dernières années, le niveau de compétences technico-commerciales du front de vente des Caisses d'Épargne ne répond pas aux exigences croissantes des clients et ne correspond pas au niveau attendu pour faire face à la pression croissante de la concurrence. Le projet Compétence Business Client (CBC), lancé il y a plus d'un an, vise la mise en place d'un système de « mix-formation » intégrant largement le e-learning destiné à former 22 000 commerciaux en cohérence avec les priorités de développement commercial, et en contribuant à gérer le problème de la dispersion géographique sur les 4 500 points de vente.

Le descriptif

Le projet CBC combine un ensemble de modes d'apprentissage et d'évaluation, optimisant l'efficacité de la formation désormais personnalisée. Le processus de formation commence par un diagnostic qui aboutit au programme personnalisé de formation. Ce dernier est constitué de modules qui suivent les étapes de la vente sur les différents produits (crédit, bancarisation, épargne…), visant à développer les « compétences utiles » de l'utilisateur. Après l'apprentissage (effectué *via* l'Intranet sur des postes dédiés) viennent des cas pratiques qui se font soit par téléphone, soit dans un lieu physique. Puis le manager (impliqué dans tout le processus, que ce soit au niveau de l'élaboration du cursus ou du suivi) suit le commercial dans des situations de vente réelles, en agence. Un diagnostic de fin est alors réalisé, donnant lieu ou non à des formations complémentaires (approche itérative). Au plan « technique », le développement de la plate-forme (Ingenium) évolue d'après une série de tests, « in vitro » d'abord (dans une entreprise un petit groupe teste la plate-forme et un type de module), *in vivo* ensuite (deux ou trois équipes de commerciaux testent l'ensemble du processus sur un produit).

Les résultats

La démarche et l'outil sont en fin de phase test. Un déploiement est programmé en trois vagues sur l'année 2002. L'ensemble des Caisses (trente et une entreprises) aura accès à la plate-forme en 2003, qui se prépare à accueillir un autre produit de e-learning destiné aux managers (coaching). L'objectif principal de CBC n'est pas de faire de la formation « moins chère et plus rapide », même si les tests ont montré que l'ensemble du processus sur un thème (crédit) prend la moitié d'une formation traditionnelle (8 à

10 heures au lieu de 20 heures). En effet, c'est le contenu de la formation qui prime, et c'est bien le sens de ce projet initié par les RH. À travers ce projet, la fonction RH se rapproche des managers qui se voient directement impliqués dans le processus de formation. Il ne reste plus qu'à atteindre les objectifs quantitatifs et surtout qualitatifs, c'est-à-dire un « niveau standard de compétences » pour les 22 000 personnes ciblées dans un temps de formation réduit, tout en levant les freins notamment exprimés par les partenaires sociaux. En effet, ces derniers évoquèrent, en particulier au début du projet, leur crainte d'une éventuelle « rupture du lien social » en raison de la diminution de la formation « présentielle ».

Le retour sur investissement

Deux années devraient suffire à amortir les investissements, étant donné la large population visée et les opportunités de mutualisation des coûts entre les différentes Caisses du groupe.

France Télécom : les formateurs s'évaluent

Les objectifs

Selon Paul Delès, responsable du département Développement et qualification des acteurs de la formation à France Télécom Formation : *« afin d'instrumentaliser la formation dans le champ des métiers de la formation, des partenariats multi-parties ont été réalisés et sont en cours de réalisation avec de grandes entreprises publiques et privées ou avec des organismes de formation ».* L'objectif de ce projet a été triple :

• aider le formateur / responsable de formation à faire le point, choisir une formation ou se réorienter ;

• professionnaliser, dresser un état exhaustif des compétences des intervenants dans un organisme de formation, favoriser leur perfectionnement ou leur évolution de carrière ;

• faciliter la reconnaissance des acquis professionnels, mettre en place un plan de formation individuel ou collectif.

Le descriptif

« Cible Formateur » et « Cible Responsable de Formation » identifient les compétences à partir de situations professionnelles, auxquelles le formateur et le responsable de formation sont confrontées au quotidien. La multiplicité des usages est liée au fait que ces outils sont structurés sur un référentiel d'activité et non pas sur un référentiel de formation. En effet, à partir d'une analyse de l'emploi, un référentiel d'activité inventorie les grandes fonctions de l'activité dans lesquelles sont réparties les différentes séquences d'intervention. « Cible Formateur » s'articule autour des principales fonctions : la conception des actions de formation, l'ingénierie pédagogique, l'animation de situation d'apprentissage ou la conduite d'entretiens, de réunions et la rédaction des écrits professionnels. De son côté, « Cible Responsable de Formation » s'articule autour des fonctions d'un responsable : conseiller, concevoir, manager, développer et animer.

Les situations professionnelles sont analysées selon trois axes :

• l'expérience : une exploration de l'expérience de l'utilisateur sous forme de questionnaire déclaratif ;

• les méthodes : la résolution de problèmes professionnels à partir de mini séquences vidéos qui sont des études de cas scénarisées ;

• la connaissance : des QCM portant sur les connaissances, un questionnement approfondi sur les différentes facettes de l'utilisateur.

Les résultats se font en temps réel et sous forme de pourcentage ou bien de « toile d'araignée ». « Cible formateur » a été réalisé par France Télécom Formation, en partenariat avec France Télécom R & D, l'EDF, l'AFPA et le CES.

Les résultats

L'expérimentation auprès des formateurs a confirmé l'originalité de cet outil permettant une analyse tridimensionnelle (expérience, connaissance, méthodes) pour chaque situation professionnelle. L'autonomie d'utilisation est fortement appréciée, ainsi que la possibilité de donner différentes réponses aux études de cas. Toutefois, le produit doit encore progresser car les risques d'interprétation erronée des résultats est grand. Il faut un professionnel connaissant très bien le produit.

Construire ce produit n'a pas toujours été simple. En effet, mener un projet avec cinq partenaires a souligné la nécessité d'une planification précise dans le temps ainsi que la nécessité d'avoir des directeurs de projet stables. Toutefois, comme le dit Paul Delès : « *l'expérience montre que nul n'est en mesure de répondre seul à la complexité des situations individuelles et collectives* ». Notons l'arrivée prochaine sur le marché d'un outil identique pour les acteurs de l'insertion professionnelle.

Le retour sur investissement

Le ROI est très rapide car l'investissement est collectif et donc réduit (inférieur à 35 000 euros).

Chapitre 3

L'impact des NTIC sur les acteurs de l'entreprise

« Les chances qui se perdent
sont les plus grandes des malchances »
Pedro Calderón de la Barca, 1662

Alors que le traitement de l'information et l'usage de l'ordinateur se sont progressivement banalisés dans les entreprises, l'introduction des nouvelles technologies entraîne un certain nombre de questions, voire d'inquiétudes.

Des outils pour certains « chronophages » : une étude[1] portant sur mille entreprises françaises, montre qu'un cadre échange en moyenne vingt-sept mails, quarante coups de téléphone et quatorze fax par jour. *« En France, 45 % des salariés se disent submergés par l'afflux croissant (dû aux NTIC) de tâches à réaliser simultanément C'est en effet désormais le lot commun des managers écartelés entre l'urgence et l'efficacité, submergés par leurs tâches et la déferlante des messages électroniques. »*[2] Sans compter le téléphone portable qui « enchaîne » son propriétaire à son entreprise : qui n'a pas été joint alors qu'il se trouvait en vacances, sans pour autant que son interlocuteur le comprenne ! Vie privée, vie professionnelle, où se situent désormais la frontière ? N'est-ce pas, en France, de belles contradictions avec l'application des 35 heures !

---

1. Source : étude de Pitney Bowes sur la gestion des messages.
2. Gaël-Erick Couraud-Ipag.

Dans le cadre de la mise en place de *workflow* ou de libre-service dans le domaine RH, ne voit-on pas des managers mettre en avant le déport d'activités administratives sans valeur ajoutée, alors qu'ils sont de plus en plus sous la pression de leur propre activité ?

Les répercussions des NTIC se retrouvent dans tous les domaines d'activité : production, commercial, finance... et aussi RH. Devant la transformation des processus de travail au profit d'une productivité croissante, nombreux sont ceux qui redoutent un accroissement du stress, une déshumanisation des relations, un surcroît de travail par des tâches déportées... Certains se demandent même si leur fonction n'est pas vouée à disparaître.

À l'inverse, d'autres appréhendent plus sereinement les NTIC, parce qu'ils y voient l'occasion d'introduire un schéma d'organisation plus efficace et plus performant. Ce dernier est basé sur une information permanente à disposition, des processus simplifiés, une responsabilisation plus forte, une connaissance partagée et enrichie, une nouvelle façon de manager. En résumé, une révolution dans la façon de travailler, une économie de temps et d'argent, tout en rendant le meilleur service au client.

Les partenaires sociaux se posent des questions similaires. Au-delà des impacts sur le corps social en termes d'emploi et de conditions de travail, ils s'interrogent sur leur propre fonctionnement.

Alors les NTIC : angélisme ou diabolisation ? Des contradictions apparaissent dans le ressenti des différents acteurs ! Où se situe la part de vérité ?

La sagesse nous fera dire, comme Paul Saffo[1] : « *la raison pour laquelle la technologie fait si peur, c'est qu'elle place un fardeau terrible sur nos épaules lorsqu'il faut décider de*

---

1. Paul Saffo, anthropologue et directeur de l'Institut du Futur de la ville de Palo Alto, dans la Silicon Valley (Observatoire des Technologies de l'Information, en particulier dans les milieux politique et des affaires).

comment l'utiliser avec sagesse. Nous inventons d'abord les technologies puis nous nous en servons pour tenter de nous réinventer nous-mêmes. Mais rien n'est acquis dès le départ, au moment de l'émergence de ces technologies. »

Témoignage de Mme Durand, secrétaire de direction

« On avait dit que le papier allait être réduit avec la mise en place du mail. Or, c'est l'inverse. Jamais on n'a manipulé autant de papiers. Mon patron reçoit tellement de mails, qu'il n'a plus le temps de les lire, alors je les lui imprime et il part en réunion avec !

La messagerie, c'est bien, c'est rapide, mais la rédaction des textes laisse à désirer ! On voit bien que c'est fait dans l'urgence ! Certains sont incompréhensibles. Quant à l'orthographe, c'est la catastrophe. Les infinitifs et les participes passés sont mélangés, et j'en passe. Les abréviations fleurissent : « de BB à BM, rendre dossier X ASAP » ! Il n'y a pas si longtemps, je devais recommencer une lettre quand il y avait une faute de frappe...

Les formules de politesse se font de plus en plus rares, il n'y a plus de respect de la hiérarchie. Enfin, la charte éthique est peu respecté. Hier, j'avais un mail avec trente-huit pièces jointes : une heure d'impression pour un sujet mineur ! Tout cela, c'est de l'argent jeté par les fenêtres. »

L'entreprise.com : danger ou opportunité pour le management ?

Les NTIC mettent la pression sur le management

Quelle entreprise ne s'est pas doté d'un, voire plusieurs, site Intranet pour améliorer sa communication interne dans les domaines RH, financiers ou commerciaux ? C'est presque devenu un effet de mode. Techniquement, il n'est pas très difficile de les mettre en place. Dans les grandes entreprises, on fait même appel à des experts en ergonomie, à des groupes de travail pour se caler sur les attentes des futurs utilisateurs internes, pour que le site soit convivial, facile d'accès, donc utile.

Mais, peu d'entreprises se posent réellement la question a priori de l'impact de l'introduction de ces nouvelles technologies sur le corps social, en particulier sur le management. Le manque de réflexion en amont sur les comportements induits a pour conséquence un manque de préparation des managers. Pourtant, avec l'introduction de NTIC, leur source de légitimité, l'exercice de leur pouvoir, leur mode de travail ou leur valeur ajoutée sont en rupture avec les modes de relations existants dans l'entreprise classique. Leur mise en difficulté, voire leur remise en cause, est un risque réel.

Une nouvelle sociologie du management se fait jour au fur et à mesure de l'introduction et de l'utilisation des NTIC. L'expérience montre qu'il est indispensable de l'anticiper pour préserver la légitimité de la ligne hiérarchique, voire la lui redonner. Nouvelles façons de travailler, de communiquer, nouvelles formes de management d'équipe : « *tout montre que le phénomène Internet est d'une ampleur telle que le manager ne peut se contenter de constater l'existence de plus en plus générale des nouveaux outils de la communication et de l'information dans l'organisation du travail. Il lui faut les connaître, les comprendre et les utiliser à son avantage, avant que ces outils ne paralysent son action, voire peut-être ne l'excluent à terme du terrain de jeu du (e) business en supprimant sa propre fonction dans l'organisation !* »[1].

Nous avons dit risque : attention au manager issu de l'organisation traditionnelle et vivant dans une entreprise *clic and nortar* de la nouvelle économie ! Attention également au modèle d'organisation, dans laquelle l'ancienneté ou la classification est le critère d'accès aux responsabilités. Ainsi, les institutions publiques se posent des questions de fond quant au rôle de leurs responsables dans un système pyramidal et

---

1. Lacrée, Olivier et Magne, Laurent, *e-Management*, éd. Dunod, 2001.

hiérarchique, qui leur échappera inévitablement avec les NTIC. L'effet de mode pourrait être dangereux : il faudra d'autant plus anticiper.

Attention, enfin, à certaines carences managériales que les NTIC mettront indubitablement en avant ! Nous avions déjà souligné ce point[1] avec la réaction de certains managers devant la possibilité laissée aux salariés de postuler aux emplois disponibles *via* Intranet : *« Voilà qui ne peut que bousculer les mentalités. Dans certaines entreprises, ne voit-on pas le management réagir très vivement sur cette faculté donnée aux salariés. Apparemment, on prête à l'outil plus de responsabilité qu'il n'en a. Pourquoi ces réactions hostiles ? C'est sans doute que l'outil sert de révélateur sur l'impossibilité à maîtriser le processus de fuite de compétences et, qui plus est, cette dernière semble être organisée par la DRH. Or, outil ou pas outil, ceci empêchera-t-il un salarié de postuler sur un autre poste sans mettre réellement au courant sa hiérarchie ? La connaissance par le management de ses équipes et de ses souhaits individuels d'évolution, la relation de confiance entre collaborateur et hiérarchie ne sont-elles pas indispensables ? »*[2]

L'impact des NTIC est réel et il est difficile d'être exhaustif. Voici cependant quelques réflexions sur le sujet. Nous traiterons, dans ce chapitre, plutôt les risques pour le management que les opportunités offertes. Nous ne dirons pas pour autant comme le poète Dante aux portes de l'Enfer : *« vous qui entrez, abandonnez toute espérance »*. Mais, si ces impacts sont mal maîtrisés, ils augmentent la pression sur le management, voire le mettent à mal.

---

1. *Tous DRH*, ouvrage collectif sous la direction de Jean-Marie Peretti, Éditions d'Organisation, 2e édition, 2001.
2. Citation des auteurs dans *Tous DRH*.

Le management doit réinventer son rôle de communicant

« *La capacité qu'offre le dispositif en réseau aux individus à échanger librement influe directement sur leur mode de fonctionnement et implique un mode managérial adapté. Il s'agit d'instaurer un mode de fonctionnement où l'information qui circule est devenue une base d'enrichissement pour tous et où, de fait, savoir ne rime plus avec pouvoir puisque chacun sait* »[1].

Les NTIC modifient de fait la chaîne traditionnelle de transmission du savoir. En opposition avec les systèmes traditionnels, elles permettent une diffusion large et plus complète de l'information ainsi qu'un fonctionnement en réseau, lequel peut s'opposer au fonctionnement hiérarchique traditionnel. Les responsables qui fondent leur pouvoir sur leur niveau hiérarchique et l'information qu'ils détiennent se trouvent ainsi dépossédés de leur levier d'action. Ce type de management est encore bien présent dans les entreprises, quoi qu'on en dise !

Quand le management traditionnel s'oppose aux NTIC

M. Dupont, manager dans un grand groupe, décide de « confisquer » l'accès individuel au libre-service RH via Intranet. Pourquoi a-t-il agi de la sorte ? Peut-être parce que l'ensemble de la réglementation RH est sur ce site et qu'il souhaite être le seul à l'expliquer. Par conséquent, il re-crée des procédures papier et fait saisir par son secrétariat dans l'outil de libre-service, par exemple, les demandes d'absence pour congés de l'ensemble de ses équipes. La gestion du planning d'équipe est également manuelle.

Le pouvoir hiérarchique doit-il s'exercer de cette manière ? Comment M. Dupont peut-il être jugé positivement par ses équipes alors qu'il a un fonctionnement atypique par rapport à son environnement ? Peut-il être encore crédible quand il essaie de mobiliser ses collaborateurs vis-à-vis du client ?

Par ailleurs, le développement rapide d'Internet et des Intranets d'entreprise met à mal le cloisonnement entre services.

---

1. Benazet, Patrick, *En quoi les NTIC influent-elles sur le management ?*, 2000.

S'il est évident désormais que les sources de pouvoir basées sur une étanchéité des unités organisationnelles sont contre-productives, cet état de fait subsiste (sans doute moins dans les petites entreprises). Une sorte d'autoprotection de son ter-ritoire, mais qui ne sert pas le client final, donc l'entreprise !

Vers un autre style de management

Des informations accessibles par tous et en même temps, le développement de relations transverses au-delà des relations hiérarchiques... voilà des éléments qui remettent en cause le pouvoir hiérarchique, qui perd de fait le monopole de l'infor-mation. L'ensemble des salariés, quel que soit leur statut, a accès à l'information sur de multiples sites internes et exter-nes. Si le manager ne joue plus le rôle exclusif de diffuseur d'informations, voire de filtre, il doit être en mesure d'appor-ter à ses collaborateurs un éclairage complémentaire, grâce à son rôle de proximité. Cela relève de sa valeur ajoutée. Si c'est ce qui est attendu traditionnellement du management vis-à-vis de ses équipes, l'Intranet met en évidence l'incapa-cité de certains à le faire.

Qu'en est-il du manager qui n'apporte pas de sens à une infor-mation ou qui ne sait pas la mettre en perspective ? Ceci est d'autant plus important lorsqu'il s'agit du manager de proxi-mité. En effet, c'est lui qui apporte des éclairages sur les orientations de l'entreprise ayant pour certaines des consé-quences sur l'équipe. Il devra dépasser la simple information connue par tous (dont il ne maîtrise plus ni le moment, ni le niveau de diffusion) pour la (re)transmettre de la manière la plus compréhensible par tous. L'anticipation est donc essen-tielle. Pour que la plus-value sur le sens soit apportée, l'ensemble de la ligne hiérarchique doit s'impliquer plus qu'elle ne le fait.

De fait, les NTIC remettent en cause le modèle pyramidal traditionnel : la ligne hiérarchique n'est plus le filtre de l'information descendante, en raison de l'existence d'autres sources. Une légitimité durable ne s'exerce pas dans l'accumulation, la rétention (voulue ou non) et le contrôle d'informations.

Les NTIC modifient les missions traditionnelles de la hiérarchie

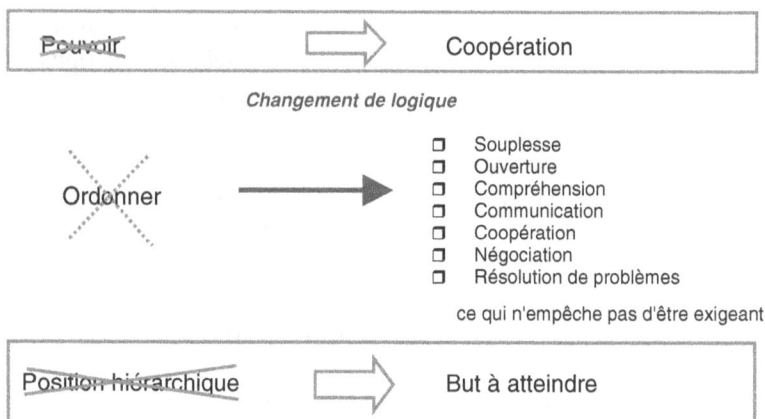

| Pouvoir | ⟹ | Coopération |

Changement de logique

Ordonner ⟶

- ❑ Souplesse
- ❑ Ouverture
- ❑ Compréhension
- ❑ Communication
- ❑ Coopération
- ❑ Négociation
- ❑ Résolution de problèmes

ce qui n'empêche pas d'être exigeant

| Position hiérarchique | ⟹ | But à atteindre |

Autre style de management attendu !

La mise en avant de la position hiérarchique disparaît au profit du but à atteindre : on passe donc d'une logique de pouvoir à une logique de coopération ayant comme objectif premier la satisfaction des clients. La logique de pouvoir est d'autant plus obsolète, que l'on touche la motivation des équipes, passant par le souhait d'implication dans la vie de l'entreprise. Autrement, on crée une entreprise à deux vitesses avec ceux qui savent et ceux qui ne savent pas. Comment gagner, à partir d'un tel modèle élitiste, les paris engagés par les entreprises ?

Paradoxalement, le management doit garder le contrôle de l'information, l'une de ses principales missions, mais dans un cadre réinventé. Les responsables seront appréciés d'après leur capacité à jouer un rôle plus actif par rapport à l'ancien modèle : passer d'une transmission d'information (savoir) à une transmission orientée sur le savoir-faire. Pour y arriver, il leur faut donner du sens à l'information, l'expliquer et surtout ils devront en être les porteurs, c'est-à-dire autre chose qu'un simple savoir transmis. Par conséquent, les managers redeviennent des acteurs incontournables pour l'entreprise par l'animation qu'ils feront de l'information disponible sur les Intranets, la messagerie, etc. Ils seront ainsi reconnus pour leur capacité à jouer un rôle actif, à valeur ajoutée, dans la transmission.

La communication passe aussi par d'autres canaux

Le management direct doit recréer des espaces de rencontres et de dialogue collectifs et individuels, car les Intranets ne peuvent pas être le seul vecteur de l'information et d'apprentissage. Si le recours aux NTIC vise avant tout la productivité, le manager doit être absolument présent, c'est ce que les acteurs de l'entreprise attendent de lui. Les NTIC accentuent, dans certains cas, la carence d'exercice.

**Les NTIC ne doivent pas être la réponse unique
à tous les besoins de communication**

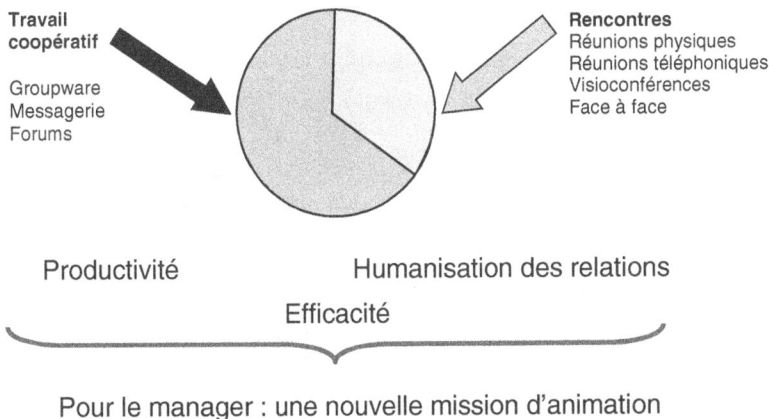

Travail
coopératif

Groupware
Messagerie
Forums

Rencontres
Réunions physiques
Réunions téléphoniques
Visioconférences
Face à face

Productivité   Humanisation des relations
            Efficacité

Pour le manager : une nouvelle mission d'animation

Paradoxalement, en abandonnant le contrôle de l'accès à l'information, le manager joue un vrai rôle de meneur d'équipe. Une entreprise ne se conduit pas sans les hommes et les femmes qui la composent (voir chapitre 1). Aussi, comme un entraîneur sportif, il doit entrer dans une logique d'adaptation, de personnalisation, de mobilisation et d'anticipation. L'occasion lui est donnée de reconquérir sa légitimité. Les NTIC encouragent la responsabilisation de l'encadrement sur le développement de son personnel ; pour obtenir un résultat, il n'est plus possible désormais d'imposer à un personnel devenu plus autonome. La nouvelle génération a des exigences très fortes sur ce point.

Chaque manager doit développer ses capacités de coach, par l'accompagnement individuel de chacun de ses « équipiers », de façon à intégrer les différences et favoriser une meilleure expression des compétences de son équipe. L'objectif est clair : il s'agit pour chaque niveau de l'encadrement d'être à l'écoute de ses collaborateurs pour mieux développer leur potentiel et donc améliorer leur réactivité et leur performance pour le bien de l'entreprise, mais aussi le leur.

De nouvelles formes de travail et des modes d'organisation différents

« Une entreprise bien organisée possède une structure hiérarchique définie sans ambiguïté, au sein de laquelle les acteurs agissent conformément à des procédures soigneusement étudiées et mises au point, recherchant une productivité sans cesse améliorée pour un travail spécialisé et normalisé » : voilà une théorie qui date et qui détonne dans le contexte actuel ! Ce modèle d'organisation verticale mis en place sous l'impulsion de Taylor et de Fayol est largement dépassé. Certes, l'organisation hiérarchique perdure, mais elle

est largement « brouillée » par des organisations où les responsabilités sont horizontales, transverses (organisation matricielle, par projet...). Les salariés ajustent leur organisation, avec l'aide des NTIC, pour travailler de près à l'atteinte d'un but collectif, à travers un groupware par exemple. N'est-ce pas le rôle du manager que d'encourager les coopérations, les soutiens mutuels, les comportements collectifs... gages d'efficacité et de productivité pour l'entreprise ? Les NTIC facilitent le fonctionnement de l'entreprise en réseau en favorisant le renversement de la pyramide et l'intégration de nouvelles formes de travail et d'organisation par le management, aujourd'hui de plus en plus nécessaires.

Quel dirigeant de grand groupe n'a pas prôné le renversement de la pyramide, avec le constat que les initiatives du terrain sont timidement mises en place, alors que la réalité client est bien plus au niveau des équipes en contact direct du client qu'au niveau des seuls managers. Si ce renversement est une nécessité, c'est aussi une révolution que le management n'est pas toujours prêt à mettre en œuvre ou à intégrer. Là aussi, son pouvoir semble remis en cause. Si ce n'est pas le cas, pourquoi les pyramides ne se renversent-elles pas plus facilement ? (Voir chapitre 1.)

Le timide démarrage du télétravail à domicile (ou sur un site distant) est significatif de la difficulté à sortir des schémas traditionnels d'organisation et de mode de travail. Pourtant, n'est-ce pas l'une des réponses à la fluidité des emplois, au maintien d'expertises utiles à l'entreprise, à l'employabilité du personnel ? Le lieu d'exercice du travail est-il plus important que le résultat attendu ?

Le télétravail : une bonne solution

M. Lana, cadre d'une SSII, est le seul expert de la maintenance d'une application informatique en voie d'être abandonnée. Pourtant, elle est encore utilisée par des dizaines de clients. Pour des raisons familiales, M. Lana décide de repartir dans sa Charente natale.

Pour ce cadre, le télétravail à domicile était la seule réponse pour que sa compétence demeure dans l'entreprise, sinon il aurait démissionné, et les clients auraient été perturbés. Le DRH a dû faire preuve d'une grande persuasion pour convaincre l'ensemble de sa hiérarchie d'accepter le télétravail, afin de conserver son savoir-faire dans l'entreprise et de répondre à la problématique soulevée : les clients ne pouvaient pas se passer de sa compétence, laquelle était rare sur le marché.

Un an après, sa hiérarchie constate que la qualité de service, vue du côté du client, s'était largement améliorée, le suivi d'activité de ce cadre était plus formalisé que le reste de l'équipe (contacts nettement plus réguliers), etc. Mais il a fallu passer par une année d'essai, avenant au contrat de travail à l'appui, pour que la hiérarchie concernée dépasse son appréhension d'origine. Aujourd'hui, M. Lana travaille toujours à distance sur plusieurs applications nouvelles.

Même si cet exemple date un peu, les mentalités n'ont guère évolué. Mais sur ce point, salariés comme managers se retrouvent : la crainte sans doute de se voir en dehors d'un schéma normal de fonctionnement de l'entreprise.

Pour le salarié, travailler sur un mode différent du modèle traditionnel, c'est se sentir à part de l'organisation, souffrir des commentaires des autres (en travaillant à distance est-il efficace?) ou être considéré comme non managé. Le salarié peut également penser que l'isolement est dommageable à son évolution. Dans l'étude publiée par *Entreprise & Personnel* sur le télétravail[1], l'analyse de ces freins démontre que le télétravail exige quelques aptitudes.

Pour le management, c'est concevoir que la maîtrise d'une équipe passe nécessairement par une relation hiérarchique et de proximité par opposition à un modèle de management « à

---

1. Gilbert, Patrick et Frank, Emmanuelle, « Le travail à distance, l'expérience du télétravail à EDF et GDF », *in Entreprise & Personnel*, mai 2001.

la voix ou au regard ». Il s'agit d'être proche, de s'intéresser et de suivre la personne et pas forcément de la voir tous les jours.

D'après l'étude d'*Entreprise & Personnel*, de grands groupes (EDF, Gaz de France ou France Télécom) dépassent l'application ponctuelle du télétravail pour mettre en place des systèmes organisationnels. En s'appuyant sur de nombreuses expériences sur le sujet, il leur a été possible de cerner les capacités nécessaires au management pour la réussite du travail à distance : elles rejoignent celles attendues du management en général ! Mais la carence d'exercice est d'autant plus visible que l'exigence des salariés est forte, surtout s'ils sont éloignés de l'équipe.

Les managers doivent accepter de travailler avec des personnes qui ne sont plus physiquement à côté d'eux, qui peuvent travailler sans passer par eux, en s'adressant naturellement à des experts, groupes de travail, groupes projet... et en mode asynchrone[1].

De nouvelles formes de travail en réseau

Les NTIC favorisent l'apparition de nouvelles formes de travail en réseau (travail à domicile, nomade ou coopératif, bureau satellite...), qui obligent le manager à adapter son mode d'animation. Irréversible, le mouvement répond aux contraintes des uns et des autres, mais sa vitesse dépend de la capacité du management à les maîtriser.

---

1. Asynchrone (par opposition à synchrone) : mode de communication dans lequel, pour communiquer, les deux terminaux ne sont pas nécessairement connectés en même temps. C'est le cas de la messagerie.

Les NTIC modifient la façon de travailler

| Le travail coopératif **Groupware** messagerie Partage de fichiers *Workflow* | Le bureau satellite | Le travail nomade occasionnel ou permanent | Le travail à domicile |

Mais aussi

Le self-service (saisie directe)

Information en ligne 24 /24 et 7/7

Les NTIC transforment l'organisation en mode réseau
➔impact fort sur le mode de management induit

L'émergence de la compétence collective

Désormais, les salariés communiquent et partagent des informations sans contrainte de temps et de lieu : des informations sur l'ensemble de l'entreprise (règles de gestion RH, catalogue de formation, liste des postes à pourvoir...) ou qui sont partagées par un service (commercial, marketing, gestion...) ou encore temporairement par un groupe projet.

Avec les NTIC, chaque acteur devient plus responsable et autonome (voir « Impacts sur les salariés »). Toute personne isolée peut faire appel à l'ensemble des ressources de l'entreprise et atteindre l'interlocuteur approprié sans contrainte de temps, ni de lieu. Les équipes dispersées se rapprochent et peuvent lier leurs compétences. Les NTIC facilitent ainsi la mise en œuvre du concept de « compétence collective », qui prend tout son sens : les salariés communiquent et coopèrent en direct, chacun pour une part de sa compétence, et s'enrichissent mutuellement de leurs compétences respectives. Or, la compétence collective ne naît-elle pas de l'interaction des individus et avec leur connaissance de l'environnement ? N'est-elle pas la combinatoire de savoirs différenciés, mis en situation, focalisant sur un objectif commun ?

Cela suppose des savoirs communs, une représentation mentale identique de la situation et de l'objectif à atteindre et un langage partagé. L'émergence d'une compétence collective aura un impact sur l'organisation du travail (partage des connaissances favorisant la polyvalence, stratégies d'alliances, renforcement des comportements professionnels) et sur le style de management (qui peut l'accélérer ou la freiner). La compétence collective favorisera la complémentarité et l'interdépendance.

Avec les NTIC, ce concept prend forme à travers les groupware (ou les forums) par exemple. L'expérience démontre que la hiérarchie devait s'impliquer quasi quotidiennement dans le processus pour une appropriation plus forte de l'outil par les équipes. Il en est de même dans le cas du nomadisme, où l'importance de l'implication du manager de proximité est essentielle. C'est en effet par l'animation et le partage des expériences entre les utilisateurs que la diffusion des usages est optimale.

Au-delà du concept de compétence collective ou de l'outil (groupware), il échoit au manager de :

- multiplier les occasions où les salariés entretiennent (avec des risques limités) ou affinent leurs compétences ; encourager l'apprentissage permanent (notion d'organisation apprenante) où même l'échec devient formateur ; développer les capacités à rebondir ;

- promouvoir le développement individuel à travers le travail d'équipe ;

- préparer à la complexité (il est possible de gérer dans la complexité !) ;

- faciliter la mobilité en choisissant les outils et les services adaptés. Chaque collaborateur pourra ainsi se situer, s'informer et s'orienter. Le manager doit inciter son équipe à s'interroger sur son avenir (centres d'évaluation, observatoire des métiers…). Pour ce faire, des systèmes et des processus mettant en cohérence les objectifs individuels et ceux de l'organisation et évaluant le potentiel et les performances des personnes sont indispensables. Il faudra aussi leur permettre de s'informer rapidement et simplement, d'échanger avec les dirigeants et / ou les experts.

Les NTIC favorisent donc la mise en œuvre effective, au plan technique, de la compétence collective. Celle-ci doit en revanche être impulsée et orchestrée par le management.

Le « meilleur et le pire » avec les centres d'appels

Dans le cadre des centres d'appels (notamment RH), les NTIC, mal utilisées par le management, risquent de donner une mauvaise image de ce type d'activité et de décourager les vocations. Sur ce point, les organisations syndicales sont très vigilantes et n'hésitent pas à dénoncer le management.

Pour certains, les centres d'appels représentent les « usines de la nouvelle économie », pour d'autres, ils sont la meilleure école en termes de connaissance produit, de comportement de la clientèle, de relations humaines et de techniques de vente. La presse elle-même dénonce le risque : « *Vous ne pouvez pas transformer un être humain en machine, lui imposer une fonction qui est à peu de chose près l'équivalent du travail à la chaîne dans une usine, et lui demander en plus de manifester toutes les compétences humaines et interpersonnelles requises dans son rôle de conseiller clientèle[1]. »*

Arrêtons-nous sur le fonctionnement d'un centre d'appels (voir chapitre 5), l'une des formes d'organisation les plus frappantes de ces dernières années. Les NTIC y prennent une place de choix, notamment avec les outils de CRM *(Customer Relation Management)*, système informatique permettant de suivre et de gérer les relations avec les clients. L'organisation même des centres d'appels intègre le client comme moteur de son activité. Mais on n'insiste pas assez sur la finalité des centres d'appels, qui est de créer des bases de connaissances afin de mieux répondre aux attentes des clients. Autour d'un tel objectif, on peut mobiliser salariés, responsables hiérarchiques et clients.

Selon Digiway Consulting (Conseil en centres d'appels), « *l'art d'un manager de centre d'appels est de disposer à tout instant des ressources qualifiées et des moyens adaptés pour traiter les flux d'appels prévus, selon le niveau de service fixé et la qualité définie* ». Au-delà du distributeur automatique d'appels, l'ACD *(Automatic Call Distribution)*, un centre d'appels classique, dispose d'une configuration pour superviser le travail des opérateurs (télé-opérateurs ou télé-acteurs) et d'un équipement informatique pour traiter les données. Ainsi, les télé-opérateurs se chargent de la relation client, se réfèrent à une base de connaissances, enregistrent l'objet de l'appel et les réponses apportées.

Un superviseur, ou responsable d'équipe, pilote une équipe de télé-opérateurs, l'organisation de la gestion des ressources humaines et du trafic téléphonique (réalisation des plannings et du reporting clients, recrutement, formation, contrôle qualité des télé-opérateurs, contrôle de productivité du centre et des télé-opérateurs, etc.). Il veille ainsi à la qualité du service

---

1. Source : Bennett, Jim, « CBE », *in Financial Times*, 11 mai 2000.

rendu par rapport aux engagements contractuels. À ce titre, la technologie lui permet de contrôler le travail des télé-opérateurs en pratiquant des écoutes en temps réel. Par ailleurs, le superviseur dispose, de manière automatique pour chaque poste de travail, d'éléments statistiques complétant son évaluation de chaque écoute. Ces éléments sont la plupart du temps la base d'une rémunération variable.

Cette description succincte de l'activité d'un centre, avec les relations entre télé-opérateur et superviseur, met en lumière le rôle crucial joué par ce dernier et les compétences requises pour ce type de management, qui ne peut être sur le mode hiérarchique. Mais ses actions de contrôle doivent s'inscrire sur le mode de l'accompagnement pédagogique du télé-opérateur dans sa relation client, dans un processus d'expertise progressive et de conseil. À ce titre, le superviseur devient un coach en aidant les télé-opérateurs à maîtriser leur poste. C'est l'objet même des points réguliers qu'il fait avec le télé-opérateur concerné par l'écoute réalisée. Si ce n'est pas le cas, le superviseur passe, aux yeux du télé-opérateur, dans le registre de l'évaluation des performances *stricto sensu* et de la sanction potentielle, générant du stress.

Le rôle d'explication et d'accompagnement du manager est crucial ici pour que l'« ingérence » du superviseur soit admise par les télé-opérateurs et qu'elle ne retire rien à l'intérêt du métier. L'Institut des Métiers[1] de France Télécom insiste d'ailleurs sur ce point : « *l'activité des Centres d'appels repose essentiellement sur l'être humain et la relation, d'où l'importance cruciale du rôle joué par le management pour conserver motivation et plaisir parmi le personnel. Ceci explique le développement du concept de coaching, qui confère au*

---

1. L'Institut des Métiers de France Télécom est un lieu de vigilance et d'échanges pour réfléchir aux évolutions des métiers et des compétences. Il contribue à la prise de conscience des changements attendus, tant par l'entreprise que pour son personnel. Présidé par une personnalité extérieure, Jean-Baptiste de Foucauld, il rassemble des représentants de l'entreprise et des organisations syndicales adhérentes.

management un rôle particulier et atypique, non hiérarchique, où les fonctions de contrôle et d'évaluation ne sont plus répressives mais pédagogiques et qui s'exerce de façon plus rapprochée. Le manager-entrepreneur (coach) importe alors le stress, prend la pression à sa charge et exporte la motivation et l'exigence sur les objectifs fixés. Il doit pouvoir effectuer un transfert de motivation et, bien qu'il ne puisse faire de promesses à son personnel, il doit l'aider à progresser. »

Si tel n'est pas le cas, le centre d'appels a tous les éléments pour confirmer l'image a priori négative qui est encore la sienne, notamment :

- un environnement sous haute surveillance ;
- un suivi électronique de l'activité ;
- une déshumanisation des relations ;
- un rythme d'activité imposée par la technologie (distribution automatique des appels) ;
- une activité répétitive et ne laissant pas d'autonomie.

Du taylorisme à l'état pur. On comprend, dans ces conditions, pourquoi les organisations syndicales se focalisent, entre autres, sur le stress induit par ce type de métier. D'autres problématiques se rajoutent lorsqu'il s'agit d'un centre d'appels RH, quand celui-ci est intégré dans l'entreprise elle-même, notamment en terme de confidentialité des données.

Un management plus réactif, impliqué et encore plus compétent

Quel cadre n'a pas un jour reproché à son assistante d'avoir égaré un document urgent ? Désormais, cette excuse n'a plus sa place dans un monde fait d'instantanéité et de traçabilité en termes d'information et de décision. Avec le *workflow*, une demande de congé, une fois établie par l'intéressé, est transmise par un simple clic à son responsable pour validation, lequel est averti par sa messagerie qu'une demande est en attente. De son côté, l'intéressé peut vérifier à tout moment l'état d'avancement de sa demande. Chez Oracle France, dans le domaine du recrutement, un manager est automatiquement relancé par e-mail, si, au bout de dix jours, il ne s'est pas manifesté sur une candidature proposée par la DRH. Le suivi et la transparence sont automatiques.

Les NTIC renforcent la fluidité des processus, mais elles exigent de fait une réactivité presque instantanée, ce qui peut chez certains induire du stress.

Certains *workflows* nécessitent également de la part des managers une connaissance minimale des règles internes pour qu'ils puissent valider rapidement, sans passer par ses circuits traditionnels de contrôle, en l'occurrence, les équipes RH. Dans le cas du remboursement des notes de frais, des informations sont accessibles, la plupart du temps, sur un site Intranet dédié (aide en ligne avec des règles minimales en la matière, barèmes sur les plafonds de remboursement, historiques…). Mais c'est bien le manager qui en assume le contrôle, avec une décision quasi-immédiate, puisque la demande lui parvient directement sur son écran.

Là aussi, le changement est radical. Le manager est tenu de suivre de près certaines règles RH pour réagir dans les meilleurs délais ; dans certains cas, il doit se former sur certains aspects réglementaires pour éviter d'être en infraction vis-à-vis de la législation (par exemple, les heures supplémentaires). Dans le cadre de l'e-RH, en ce qui concerne des activités anciennement traitées par la fonction RH, il devra améliorer sa compétence, car il n'aura plus d'intermédiaires pour traiter la demande qui attend sur son ordinateur ! Bien sûr, les premières fois, il pourra s'adresser à son RH de proximité ou à un pôle d'expertises RH distant, mais la responsabilité de valider ou non une action lui incombe.

Ces exemples démontrent la façon dont les NTIC mettent en cause le pouvoir du management et sa manière de l'exercer, d'où la nécessité de l'épauler sur ce point. Si le management doit acquérir les connaissances et les compétences indispensables pour jouer ce nouveau rôle, il doit être également proactif, sous peine de se condamner.

Qu'en est-il des managers qui se concentrent sur les enjeux de pouvoir ? Il appartient aux entreprises de rester vigilantes, comme le souligne Patrick Storhaye[1]: « *ces modifications de leviers de pouvoirs ne risquent-elles pas également de provoquer des luttes intestines entre générations de managers ? N'y a-t-il pas un risque de conflit implicite entre "seconds couteau", plus jeunes et peut-être mieux armés devant ces mutations, et les premiers, peut-être plus installés mais moins familiers avec ces nouveaux modes de fonctionnements ?* »

L'autonomie des salariés : un mouvement irréversible

Au-delà de la maîtrise de l'outil, les NTIC induisent une mutation de la vie professionnelle. Si la culture d'entreprise est un moteur pour la réussite des projets NTIC, les facteurs humains restent pourtant déterminants, sans doute parce que l'évolution des emplois, des métiers, de l'organisation du travail sont touchés. La difficulté à maîtriser ce nouvel environnement, dans l'exécution de son métier, voire le risque de résistance au changement ou d'exclusion des salariés, ne doivent pas être minimisés. À ce titre, nous évoquerons ici Marc Twain : « *Je suis favorable au progrès, c'est contre le changement que je me bats* ».

---

1. Source : critique de presse *in Liaisons sociales*, semaine du 3 janvier 2000.

Dans cette partie, nous ne traiterons pas de l'impact sur l'emploi (au sens réduction du nombre d'emplois), mais plutôt de l'impact des NTIC sur la relation au travail du salarié. L'analyse sera faite sous trois angles : évolution des savoir-faire, responsabilisation des salariés, employabilité. À ces trois niveaux, l'introduction des NTIC implique un accompagnement important, car, comme le précise Paul Saffo : *« les technologies sont neutres : elles permettent simplement de créer des options et des opportunités »*. À l'entreprise, de faire en sorte que ses collaborateurs ne passent pas à côté.

Le changement des savoir-faire

Il faut apprendre à travailler autrement avec l'évolution des modes de travail et du contenu du travail. Il y a lieu également d'intégrer la modification des modes d'échanges et de la relation client-fournisseur. Il est important d'aborder les NTIC en tant que services facilités et non en tant que seule technologie. Sur ce point, l'ARACT[1] souligne d'ailleurs que : *« les outils les plus performants techniquement ne suffisent pas à eux seuls pour faire évoluer les méthodes de travail, leur appropriation par les utilisateurs est quelquefois difficile et les résultats finaux ne sont pas à la hauteur des attentes. »* Au-delà de la maîtrise technique, l'accueil favorable des NTIC dépend de la conception même que l'on se fait de son métier (repères professionnels). Comme nous le disons souvent entre nous : *« mieux vaut des outils moyens servis par des personnels motivées, que des outils sophistiqués que personne ne veut mettre en œuvre ! »*.

---

1. ARACT (Action Régionale pour l'Amélioration des Conditions de Travail) des Pays de la Loire, étude sur l'impact des TIC dans les organisations, mai 2001.

La responsabilisation des salariés

La responsabilisation plus forte des salariés les rend enfin acteurs dans les processus de travail. La maîtrise des NTIC exige, presque comme a priori, curiosité intellectuelle et autonomie, qui peuvent poser questions... mais cela va dans le sens d'une attente forte des salariés, et pas seulement en termes de motivation et d'exigences de la nouvelle génération. Savoir ce que l'on attend d'eux, mais les laisser maîtres du cheminement qui leur permettra d'y arriver.

L'employabilité

Ce terme horrible recouvre pourtant une réalité ! Nous voyons que le rythme s'accélère avec les progrès technologiques, et ce mouvement perdurera sans doute dans les prochaines décennies. Celui qui ne réussit pas à s'adapter met en danger son employabilité. Ceci nous conduira à poser la question de la maîtrise des outils. Est-elle si évidente pour l'ensemble des salariés et ne risque-t-on pas de faire des exclus, ce que certains appellent « fracture numérique » ?

À ces trois niveaux, l'introduction des NTIC implique un accompagnement important, car, comme le précise Paul Saffo *« les technologies sont neutres : elles permettent simplement de créer des options et opportunités »*. À l'entreprise, de faire en sorte que ses collaborateurs ne passent pas à côté ...

La modification des savoir-faire

Avec les NTIC, l'exercice du travail ne dépend plus forcément des facteurs lieu ou temps, le contenu du métier est directement touché. Nous ne parlons pas ici des nouveaux métiers générés par les NTIC (concepteur de sites, webdesigner, webmaster, concepteur et animateur d'e-learning...), mais plutôt de l'évolution des savoir-faire et des compétences associées qu'induisent les NTIC sur les métiers traditionnels.

Au-delà même de la maîtrise de l'outil, qui reste fondamentale, c'est la façon d'exercer son métier qui change dans une relation modifiée client / fournisseur (ceci est valable que le client soit interne ou externe). Tout est allé très vite, sans que la question des compétences dans ce domaine soit véritablement abordée. La relative facilité d'utilisation des outils fait que, si nous ne sommes pas réfractaires à la micro-informatique, nous l'utilisons sans pour autant maîtriser les compétences (hors outils) nécessaires. À titre d'exemple, l'utilisation d'un espace réseau partagé par une équipe : il est souvent difficile de se retrouver dans cet espace commun, chacun ayant sa propre conception du classement. Impact évident sur l'efficacité, lorsqu'il s'agit de mettre de la documentation à la disposition de plusieurs acteurs travaillant sur un même projet. Cette problématique se pose pour l'ensemble des salariés utilisant des informations qui sont censées être à disposition. Les outils n'induisent pas de fait des changements sur la façon d'exécuter son travail, un accompagnement s'avère nécessaire pour faire évoluer les fonctions et les compétences de chacun et créer l'espace commun dans lequel ils pourront coopérer et se développer.

Une étude de l'ARACT souligne ainsi que la maîtrise de l'outil ne suffit pas à l'émergence de l'usage. L'accompagnement du *nouveau métier* et des compétences afférentes est fondamental pour obtenir un changement radical et en utilisant pleinement les outils. Les processus d'adaptation et d'évolution sont permanents. Mais attention à ne pas chercher à imposer des modes de fonctionnement trop éloignés, car le temps de l'appropriation ne doit pas être négligé. En fonction de la représentation que les salariés ont de leur travail, ils pourront être autant moteurs que freins vis-à-vis des NTIC ; d'où le rôle d'explicitation du manager de proximité. En effet, certains salariés voient l'évolution de leur métier dans un sens qui leur semble en contradiction avec leur façon de travailler. À cette perception peut s'ajouter une conception personnelle de leur fonction.

L'utilisation des outils du type ERM dans le cadre d'un centre d'appels RH

L'outil peut être perçu par le personnel comme :

- venant « en plus » de leur activité, d'où la perception de ne pas avoir le temps de tout faire, l'ERM ne sera pas la priorité ;

- contraire à leur éthique personnelle (la non-confidentialité de certains échanges par exemple, puisque tous les contacts sont enregistrés et tracés), l'outil sera rejeté ;

- au détriment de la relation humaine. Les processus préconisés seront contournés, le télé-opérateur considérant que sa mission est d'aller bien au-delà de la question posée.

Dans ces trois cas, les télé-opérateurs ont le sentiment qu'ils ne peuvent plus « bien faire » leur travail, comme ils l'entendent. Alors que préconise-t-on ? Au-delà de cette impression première, il leur faut :

- s'approprier leur nouvel environnement de travail qui doit faciliter leurs tâches, alors qu'ils ont l'impression de réaliser le même volume d'activités, voire plus (les outils pouvant générer des bugs, des recherches, des demandes d'explications…) ;

- maîtriser l'information technique métier (évolutions fréquentes) et les outils, pour accéder à l'information, mettre à jour les fichiers spécifiques ;

- consacrer du temps à la formalisation des réponses et aux préconisations faites pour la mise à jour des bases de connaissances, l'enregistrement automatique des appels (traçabilité), etc.

Par rapport à la gestion antérieure, ces équipes font pratiquement le même travail mais avec des habitudes propres, à des rythmes et avec une organisation personnels. L'organisation des centres d'appels leur semble plus contraignante, stressante : le résultat de leur activité est immédiatement visible (par exemple, délais de traitement des questions posées, écoutes…) et mesuré. Mais la mesure n'est acceptée que si son motif est bien perçu ; il faut donc saisir la notion de service client, faute de quoi l'on ne retient que le contrôle.

Les NTIC modifient la relation au travail. Les NTIC modifient également la relation au travail sur des aspects basiques : il faut apprendre à travailler avec la dématérialisation des données. L'abstraction cathodique perturbe les personnes qui ont du mal à travailler sur des données qu'elles ne peuvent toucher et à comprendre l'organisation sous-jacente mise en place pour que le service fonctionne. Par ailleurs, se rajoute le discours de la direction générale sur les gains de productivité. Ces équipes ont donc l'impression qu'une partie de leur travail, notamment la relation client va être « sacrifiée » au profit de la rentabilité. En résumé, leur savoir-faire traditionnel semble remis en cause.

Cette première catégorie de personnes se situe davantage dans le domaine de l'adaptation (vécue comme forcée) à l'outil et non dans la transformation profonde de l'organisation et des compétences. Même si, à un moment donné, l'outil est accepté, il faut être vigilant à l'utilisation « instrumentale » au détriment de l'émergence d'usages nouveaux. En d'autres termes : comment mon travail doit-il évoluer pour mieux tirer parti de ces outils ? Ce point crucial qui conditionne l'efficacité finale des outils est abordé dans peu de formations.

A contrario, pour d'autres salariés, les NTIC s'inscrivent dans le sens où ils souhaitent voir évoluer leur fonction : moins de tâches répétitives sans valeur ajoutée au profit de responsabilités plus fortes en termes de gestion et de développement d'expertises et d'une relation client optimisée et professionnelle. Dans ce cas, l'apport des NTIC est vécu positivement.

En prenant également le centre d'appels RH comme exemple, les équipes percevront facilement :

- la réduction des délais de traitement, la limitation des saisies (notamment avec un libre-service associé, le déport sur le management et le salarié, l'automatisation de certains processus) ;

- la traçabilité du suivi client facilitant les recherches ;

- la réutilisation d'informations que l'on sait retrouver ;

- l'amélioration de la prise de décision par l'accès en temps réel à certaines informations (base de connaissances) ;

- la qualité des réponses par leur uniformisation ; ce point est un vrai problème (autant de réponses apportées, ou presque, que d'interlocuteurs RH) ;

- le développement de coopérations (communauté d'experts par exemple) ;

- le renforcement de son professionnalisme (utilisation des écoutes pratiquées en temps réel, accès à la base de connaissances…).

Pour cette catégorie de personnes, l'exploitation du potentiel des outils NTIC passe par une évolution de leurs méthodes de travail. Les deux éléments sont intimement liés, l'émergence d'usages nouveaux alliant organisation du travail et fonctionnalités des outils. Toutefois, l'outil seul ne permet pas de viser les changements attendus, et il faut du temps pour assimiler des comportements nouveaux.

L'âge du salarié peut-il influer sur sa capacité d'adaptation ?
On peut penser que c'est le cas, certains centres d'appels ayant été constitués en majorité à partir d'embauches de jeunes. Or, quand nous prenons le cas de Teletech, il y a autant de jeunes que d'anciens sur la plate-forme du centre d'appels. Par contre,

le rôle du management dans l'accompagnement des équipes est très présent pour faire évoluer les fonctions au-delà même de l'apprentissage de l'outil.

L'appropriation des NTIC dépend du type de management. L'appropriation des NTIC et les usages qui sont développés dépendent du type de management. L'exemple du centre d'appels a démontré comment le style de management entraîne un rejet potentiel des NTIC (travail sous surveillance, surcroît de travail…). A contrario, un management favorisant la coopération ou l'autonomie, par exemple, conditionne largement leur usage (c'est le cas avec Teletech). Ces dernières facilitent un travail plus transversal, coopératif et horizontal que hiérarchique, mais qui existait au préalable en raison du style de management.

Il faut veiller à ce que le management ne donne pas des signes contradictoires par rapport à ce que portent en elles les NTIC. La coopération et l'autonomie ne sont pas une affaire de technologie ! D'autres facteurs jouent également : l'autonomie naturelle du salarié dans ses prises de décisions, le goût du travail en équipe. Dans ce cas, il acceptera tout ce qui peut l'aider dans son travail : accès direct à certaines informations, outils de partage d'information et de coopération…

Vers une plus grande responsabilisation des salariés

La maîtrise des NTIC exige une curiosité intellectuelle et une autonomie qui peuvent poser questions, mais cela va dans le sens de l'attente des salariés, pas seulement en termes de motivation et d'exigences de la nouvelle génération. Savoir ce que l'on attend d'eux, mais les laisser maîtres du cheminement qui leur permettra d'y arriver : nouvelle manière de travailler, modification de la nature des tâches à effectuer, mais aussi nouvelle façon de recueillir l'information, de la traiter,

© Éditions d'Organisation

d'échanger, de communiquer et surtout changement d'attitude du salarié qui devient acteur dans les processus de l'entreprise. Pour éclairer ce point, nous l'aborderons sous deux angles :

- une information à disposition qui nécessite d'aller la chercher, le salarié doit être naturellement actif pour ne pas passer à côté d'une information utile ;

- les processus de l'entreprise « à la main » des salariés, avec l'exemple du libre-service et *workflow* RH ; dans ce cas, le salarié est obligé d'être acteur, car c'est le mode de fonctionnement de l'entreprise dans le traitement de ses processus.

Nous verrons par ailleurs que la responsabilisation induite correspond à une attente d'une grande partie des salariés. C'est l'*empowerment* qui est en jeu. Les NTIC font aujourd'hui partie de l'environnement de travail des entreprises : « *alors que consulter le journal au bureau était, il y a pas très longtemps, considéré comme une faute professionnelle, se documenter en ligne sur l'Internet ou sur l'Intranet devient un atout pour un salarié qui de ce fait devient plus performant. C'est le statut de l'information et celui de l'action de s'informer qui a changé* »[1]. Auparavant, l'information était en partie apportée au salarié par la hiérarchie ou d'autres canaux (collègues de travail, groupe d'experts…) et par l'entreprise d'une façon générale (journal d'entreprise sur le lieu de travail, à domicile, notes d'information…). Le salarié était pour une grande part consommateur des informations, que ces dernières l'intéressent ou non. A contrario, si nous nous amusions à faire la démonstration inverse de ce que nous avons précédemment évoqué pour le management, il serait facile de démontrer que les salariés ne dépendent plus uniquement d'une information *top down*. Mais cela aurait peu d'intérêt.

Avec l'Intranet, un grand nombre d'informations hier difficilement accessibles sont désormais à portée de main des salariés.

---

1. Benazet, Patrick, opus cité.

Paradoxalement se pose la question de la gestion de la connaissance face à une offre surabondante dont la fiabilité n'est pas toujours garantie. Désormais, l'Intranet est à la disposition du salarié comme une bibliothèque, mais s'il n'y entre pas, il en ignore la richesse. De fait, il se marginalise. Mais encore faut-il savoir utiliser l'outil.

Ceci suppose également de prendre du temps et d'acquérir un savoir-faire pour rechercher et trouver le document pertinent parmi les nombreux documents en ligne. À ce niveau, il est étonnant de voir la dextérité avec laquelle certains initiés rassemblent en quelques minutes, sur un Intranet, les éléments clés sur un thème donné. Mais tous les salariés ne sont pas des experts !

Par ailleurs, cela demande une attitude proactive en continu, car les informations sont « vivantes ». C'est là que les techniques de notification d'événements, de profilage et de portail peuvent faciliter l'accès à l'information, mais ces dernières ne sont pas généralisées. Il devient donc nécessaire d'intégrer cette démarche intellectuelle dans notre activité professionnelle en passant d'une attitude passive à une attitude plus active.

L'accès direct du salarié à une grande masse d'informations le renvoie à une prise de responsabilité mais aussi à une prise d'autonomie et d'initiatives dans l'organisation de son propre travail. Ceci est d'autant plus indispensable quand il est lui-même acteur dans un processus qui ne dépend pas que de lui. Ainsi, de plus en plus de commerciaux sont reliés à des Intranets spécialisés, sur lesquels ils mettent à jour le résultat de leur journée et auxquels ils accèdent pour connaître, en temps réel, les nouveaux produits, l'état du stock, mis à jour par d'autres également.

Comme nous l'avons vu également au chapitre 2, avec l'exemple du libre-service et *workflow* RH, le salarié est totalement responsabilisé sur certains actes de sa propre gestion administrative : il lui est demandé de modifier sa situation personnelle (adresse, situation de famille, coordonnées bancaires...), de faire ses choix de placement en matière d'intéressement, de participation, etc. La mise à jour de ses données ne dépend que de lui. Par contre, ce type d'outil nécessite un accompagnement quasi individuel du management en termes :

- de formation à l'outil et aux applicatifs ;
- d'explications sur les règles à respecter ;
- d'accès facilité (s'assurer que chaque salarié a accès à un ordinateur, traiter le cas des salariés itinérants...) ;
- de prise en compte des exclus potentiels du système (handicapés, analphabètes...).

Le collectif humain qui était pris en charge par les équipes RH et le manager, laisse la place à des individus plus autonomes, plus respectés. Révolution qui, dans un premier temps, paraît impensable à certains managers. La crainte, entre autres, de voir des salariés éprouver des difficultés à adopter ces outils se trouve démentie par les faits : des entreprises, en France, fonctionnent sur ce modèle de responsabilisation, comme Bull, Cisco, France Télécom, Schneider Electric...

Or, si ce mouvement se généralise en Europe, pourquoi, au-delà du frein de l'investissement financier nécessaire, les entreprises françaises accusent-elles un retard ? Par ailleurs, s'il est de la responsabilité de l'entreprise d'encourager la responsabilisation, pourquoi ceci ne serait pas également le cas sur des mises à jour de type administratif, sans autre valeur ajoutée que pour la personne concernée ? Dans les entreprises du continent nord-américain, les salariés prennent en charge les informations les concernant (annuaire, situation familiale, horaires de travail, note de frais, cours de formation...). Des dirigeants interrogés chez Bell Canada, Cisco et IBM expliquent que leur culture est basée sur la notion de confiance a priori, moteur de leur « e-transformation ».

Cela ne semble pas être le cas en France, ce qui explique sans doute pourquoi les libres-services se sont développés bien après les Intranets d'information (données sur l'entreprise, offres d'emploi et de formation).

Cisco : un Intranet pour moderniser les ressources humaines

« L'Intranet a bouleversé de fond en comble la gestion des ressources humaines de la société Cisco (500 salariés en France, 29 000 au total). Au plan mondial, les managers de l'entreprise ont un accès direct à une base de données qui permet de comparer les salaires des collaborateurs aux standards du marché, d'attribuer des augmentations, des stock-options ou des primes en fonction des performances individuelles qui s'affichent à l'écran. Dans le domaine de la formation, les salariés gèrent eux-mêmes leurs besoins en s'inscrivant à des cours depuis leur poste informatique, sans demander l'autorisation préalable à leurs supérieurs. À charge pour ces derniers de mettre leur veto en cas de désaccord... et les applications ne cessent de s'étendre. Les notes de frais se remplissent à l'écran, ce qui permet de les rembourser en deux jours contre trois semaines auparavant. »

Extrait des *Échos* du 23 mai 2000.

Seuls les gains de productivité deviennent un moteur pour déporter certaines saisies sur le salarié. Mais, tout ceci se fait sans une généralisation excessive, car la confiance ne semble pas de mise, comme le montre l'exemple de *workflow* relatif aux remboursements de frais. Jean-François Pillard, directeur général des ressources humaines et de la communication de Schneider Electric, interpellé par un journaliste d'*Entreprise & Carrières* sur son *« optimisme quant à l'honnêteté sans faille et à la bonne volonté des collaborateurs* [1]*»* de son groupe répond qu'une *« politique de confiance est toujours plus efficace qu'une politique de défiance »*. À ce titre, il montra que *« dans certaines entreprises, il existe une telle*

---

1. Extrait des débats du colloque du 6 novembre 2001, « NTIC et Gestion des Ressources Humaines », dans le cadre des Rencontres DRH du CIFFOP. Le CIFFOP est une formation associant des professeurs d'Université (Paris II), des praticiens des RH et des DRH de grandes entreprises.

*multiplication des niveaux de signature que le premier niveau
ne se soucie guère de vérifier l'exactitude des notes de frais,
considérant que cette vérification sera menée aux niveaux
supérieurs, tandis que le dernier niveau, le plus haut dans
l'échelle hiérarchique, signe les yeux fermés, persuadé que les
vérifications ont été conduites aux niveaux inférieurs... ».*

Selon Jean-François Pillard, le remboursement de frais en
ligne est une procédure bien plus efficace, qui responsabilise
le salarié et bien moins coûteuse. De nombreux responsables
craignent de donner trop de libertés à leurs collaborateurs en
matière de NTIC, sous prétexte qu'ils risquent d'en abuser.
Pourtant, la majorité des collaborateurs respecte les règles et
ces dernières ne doivent pas s'étalonner sur une minorité de
personnes. Pourquoi contraindre les salariés qui respectent les
règles et les suspecter systématiquement ? Il faut croire que
l'évolution culturelle des entreprises ne semble pas évidente.

A contrario, un grand nombre de salariés aspirent à plus
d'autonomie et de responsabilités. Ne s'agit-il pas là de
l'*empowerment* abordé au chapitre 1 ? Ce phénomène est
encore plus frappant dans la jeune génération. Ne voit-on pas
des jeunes, en stage école, méfiants sur tout ce qui s'apparente
au respect de règles anciennes, ne pas se satisfaire de
décisions si elles ne leur semblent pas conformes.

Le mouvement engagé sur la responsabilisation des salariés à
travers les NTIC est par ailleurs irréversible. Comment pour-
rait-on revenir en arrière en obligeant un salarié à utiliser un
support papier pour déposer des congés quand il a testé
l'instantanéité d'un *workflow* ?

France Télécom : les usages de l'Intranet

Résultat d'une étude de l'Institut Louis-Harris, menée au sein de l'entreprise, en juillet 2001, sur un échantillon de cinq cents personnes (tous profils socioprofessionnels). Cette étude avait deux objectifs : connaître, évaluer la connaissance et les usages du personnel, dans le domaine de la messagerie, l'Intranet et l'Internet ; cerner l'impact de ces nouveaux usages sur les relations et les modes de travail.

Une utilisation massive de l'Intranet

Les salariés ont largement accès au Net :

- 98 % des salariés ont accès au réseau Intranet (92 % en 2000) ;
- 91 % ont accès à la messagerie interne (80 % en 2000) ;
- 62 % ont accès à Internet (55 % en 2000).

On note une très forte progression de son utilisation :

- 81 % utilisent quotidiennement l'Intranet (57 % en 2000) ;
- 78 % utilisent quotidiennement la messagerie (65 % en 2000) ;
- 36 % utilisent quotidiennement Internet (24 % en 2000).

Le niveau élevé de satisfaction se confirme, lié à la simplicité d'utilisation :

- 92 % sont satisfaits de l'utilisation de l'Intranet (92 % en 2000) ;
- 88 % jugent l'Intranet convivial (87 % en 2000) ;
- 83 % sont satisfaits de l'utilisation d'Internet (79 % en 2000) ;
- 80 % considère l'Internet facile d'utilisation (76 % en 2000).

Un impact majeur sur l'efficacité opérationnelle et le travail en coopération

L'Intranet est vécu comme un facteur d'efficacité opérationnelle :

- 78 % le considèrent indispensable dans le travail ;
- 69 % auraient du mal à travailler sans l'Intranet.

L'effet positif des nouvelles technologies, notamment en termes de diffusion de l'information, est très apprécié :

- pour 92 % des salariés, ces outils favorisent la diffusion de l'information (90 % en 2000) ;
- pour 87 %, ils permettent une diffusion de l'information plus équitable (80 % en 2000).

Le travail en équipe progresse fortement :

- pour 75 % des salariés, le Net permet de travailler davantage en coopération avec d'autres personnes et services (50 % en 2000) ;
- l'Intranet permet aussi de partager des connaissances et des bonnes pratiques pour 78 %.

Les nouvelles technologies représentent :

- un gain de temps pour 80 % des salariés ;
- sans ajout de stress pour 67 % des salariés (60 % en 2000).

Le choix fait à France Télécom de favoriser la liberté d'émettre, permettant à chaque entité de participer au développement de l'Intranet, baptisé « Intranoo », a provoqué une adhésion prodigieuse. L'appropriation collective a été fulgurante et le nombre de sites a connu une expansion rapide : dix sites en 1996, plus de cinq cents aujourd'hui. Dès 1998, le trafic doublait tous les trois mois.

L'employabilité

Si les NTIC connaissent une diffusion croissante dans les entreprises, il ne faut pas négliger pour autant leurs impacts sur l'employabilité du personnel. L'employabilité n'est-elle pas l'ensemble des qualités qu'une personne doit posséder afin de chercher, de trouver et de conserver un emploi[1]. Mais la maîtrise des outils est-elle si évidente pour l'ensemble des utilisateurs ?

À chaque apparition d'une nouvelle technologie, la question de la facilité d'appropriation se pose. Par rapport aux évolutions passées, nous notons toutefois deux différences :

• les NTIC ont un impact sur l'ensemble des fonctions de l'entreprise. Un exemple : la prise en charge par l'encadrement d'une part non négligeable des tâches de gestion de l'information, auparavant déléguées à un secrétariat (frappe de courriers, envoi de fax…). Même si certains doutent de l'aspect économique de cette évolution, un cadre n'utilisant pas son e-mail est dans une situation aussi surprenante que s'il n'utilisait pas son téléphone ;

• à cela se rajoute le rythme rapide d'apparition des NTIC, ce qui nécessite une mise à niveau permanente des utilisateurs dans un contexte de plusieurs changements radicaux dans une vie professionnelle.

Un journaliste des *Dernières nouvelles d'Alsace*, François Amigorena, fait remarquer cette évolution irréversible : « *dans les années 1960, seuls quelques milliers d'informaticiens professionnels en blouses blanches avaient accès à de coûteux et fragiles ordinateurs, retranchés à l'intérieur de sanctuaires climatisés appelés "salle des machines". Aujourd'hui, plusieurs dizaines de millions d'êtres humains se connectent à Internet, et plusieurs centaines de millions utilisent, à titre*

---

1. Bolton, B., « Assessing Employability of Handicapped Person : The Vocational Rehabilitation Perspective », *in Journal of Applied Rehabilitation Counseling*, 1981.

privé ou professionnel, un micro-ordinateur. Ils seront bientôt plusieurs milliards ! »

Dans le même esprit, Nicolas Negroponte[1] s'amuse à dire que « *les ordinateurs ont quitté les énormes pièces climatisées pour s'installer dans les placards, puis sur nos genoux, avant de se ranger au fond de nos poches... il n'est pas impossible que vos boucles d'oreilles ou vos boutons de manchettes ne communiquent entre eux par le biais de satellites. Votre téléphone ne sonnera plus sans réfléchir : il recevra, triera, voire répondra aux appels comme un valet de chambre bien stylé.* »

Sommes-nous si loin de cette vision ?

Or, si le personnel comprend vite qu'il y va de son intérêt d'intégrer les progrès apportés par les NTIC, il ne les maîtrise pas aisément pour autant. Même dans des entreprises du secteur des hautes technologies, tout le monde n'est pas à l'aise, même avec une simple messagerie, voire avec un traitement de texte ou Power Point pour faire une présentation. Certains vont jusqu'à utiliser une stratégie d'évitement en faisant faire par d'autres. L'impact des NTIC est d'autant plus fort que des nouveaux outils apparaissent alors que la maîtrise de l'outil informatique n'est même pas acquise pour tous.

C'est ce qui explique que quelques grands groupes proposent des aménagements financiers pour faciliter l'acquisition d'ordinateurs personnels ou l'accès à Internet pour en développer l'usage. Le personnel peut ainsi faire l'apprentissage de l'informatique, d'un navigateur, d'un moteur de recherche chez lui, une sorte d'investissement pour son propre travail. Se rajoute à cela l'accès à l'Intranet de l'entreprise depuis le domicile (voir l'exemple Pechiney Emballage Alimentaire p. 113).

---

1. Negroponte, Nicolas, *L'homme numérique*, éd. Robert Laffont, 1995. Fondateur et directeur du Medialab (laboratoire des médias) au Massachusetts Institute of Technology de Boston.

C'est également avec ces exemples que l'on se rend compte que le lieu et le temps ne suffisent plus pour juger de l'activité d'une personne. Cette frontière floue entre vie privée et vie professionnelle fait d'ailleurs couler beaucoup d'encre.

Mais ces pratiques d'entreprises sont intéressantes car elles facilitent le temps d'appropriation nécessaire à l'usage des NTIC en passant au préalable par la maîtrise des basiques de l'outil, car l'apprentissage ne peut se faire que dans la durée.

Une étude de l'ARACT[1], en 2001, souligne par ailleurs que :

- les besoins d'accompagnement des utilisateurs sont minorés pour certaines catégories professionnelles, en particulier les cadres (usage de certains outils considérés comme acquis) ;

- les formations ne prennent pas en compte la variété des utilisateurs et de l'usage qu'ils pourront faire de l'outil. La standardisation empêche donc l'appropriation complète de l'outil.

De fait, l'employabilité des personnes, si elle se pose quand elles ne se préoccupent pas de se mettre à niveau, est d'autant plus cruciale quand un handicap ne permet pas de bénéficier des NTIC sans aménagement particulier de l'entreprise. Il convient d'y ajouter les illettrés (9 % en France).

À ce phénomène potentiel d'exclusion sociale s'ajoute le parc informatique restreint ne permettant pas à l'ensemble du personnel de disposer d'un ordinateur. C'est à ce titre que l'on voit se multiplier, au sein des entreprises, des espaces en libre-service pour y pallier.

Les NTIC peuvent être porteuses de « germes d'exclusion », si l'entreprise n'y prête pas attention. En guise de conclusion, nous noterons une réflexion « semi-optimiste » de l'ARACT : *« cette nouvelle culture, si elle favorise ceux qui savent*

_____

1. Opus cité.

s'adapter, et les valorisent aux yeux de la hiérarchie, peut laisser au bord du chemin ceux qui ne fonctionnent pas sur le même mode : le modèle de "salarié global" serait-il en train, lui aussi, de conquérir le monde de l'entreprise, créant ainsi un risque de "fracture numérique" en son propre sein ? Que penser et que faire des autres, ceux qui n'ont pas envie d'adhérer, ne veulent pas ou ne peuvent pas comprendre, alors qu'ils atteignent le niveau de performance attendu ? Quel droit à la différence dans "l'entreprise globale" ? Quelle place pour le pluralisme, la diversité, sources aussi, par ailleurs, de richesses? »

Pour les partenaires sociaux, la vigilance reste de mise

La généralisation des NTIC, essentiellement dans le cadre de libres-services et de *workflow* RH, rend très vigilants les partenaires sociaux en raison des conséquences évidentes en terme de suppressions de postes. Ce point de vigilance n'est pas propre à l'e-RH, on rejoint ici la problématique de toute introduction de nouvelles technologies ayant une incidence sur l'emploi qui doit, par ailleurs, être présentée devant le comité d'entreprise en application du code du Travail. Par ailleurs, la création de centres d'appels (si c'est le cas) peut là aussi apporter des sujets de revendication relatifs aux conditions de travail, appuyés vivement par les organisations syndicales.

Aussi, un projet e-RH ne doit pas être traité comme un simple projet de réorganisation. Il s'agit d'un projet peu commun puisqu'il touche la fonction RH en tant que telle. Il doit être, pour le moins exemplaire quant à son traitement ! (Voir chapitre 7.)

De toute évidence, il y a une nécessité de travailler en transparence avec les partenaires sociaux tout au long du projet, d'autant plus que ni le management, ni les salariés ne sont totalement « acquis », même si l'effet « gestion moderne », ou « responsabilisation », peut servir de moteur.

Le syndicalisme se préoccupe résolument des NTIC

Si les syndicats ont été utilisateurs, au cours du temps, des nouvelles formes de communication, au même titre que les autres acteurs de l'entreprise, ils ont eux-mêmes participé à quelques avancées technologiques sur le sujet. C'est en 1981 que le premier réseau de transmission par paquets fut monté par un membre du CUPE-SCFP, syndicat canadien de la Fonction publique. Solinet (réseau de solidarité) a été le premier réseau mis en place pour un syndicat mais aussi pour tout le Canada. Il a été aussi le premier système de communication au monde en deux langues, l'anglais et le français.

Au-delà de ce clin d'œil, plusieurs signes montrent que l'ensemble des syndicats s'intéresse de près à tout ce qui touche aux NTIC en termes d'impacts sur leur fonctionnement, sur l'emploi et sur les conditions de travail. Sur ce dernier point, leurs sujets de préoccupations tournent autour des mêmes thèmes :

- l'intrusion des nouvelles technologies dans la vie privée ;
- l'accroissement de la flexibilité du travail ;
- l'augmentation du rythme et contrôles de la productivité associés ;
- la surveillance des salariés.

Quelques colloques récents, tant nationaux qu'internationaux, abordent largement ces thèmes. Ainsi :

- novembre 2000 : à Bruxelles, conférence internationale abordant les droits en ligne pour les travailleurs et la surveillance du courrier électronique au travail ;

- décembre 2000 : les syndicats français se rencontrent dans le cadre des « 3ᵉ assises de l'Internet non marchand et solidaire » pour débattre de l'utilisation d'Internet sur le lieu de travail, sur son impact sur l'évolution des libertés syndicales et des droits des salariés, notamment vis-à-vis du contrôle de leurs activités ;

- avril 2001 : en collaboration avec la Confédération générale du travail (CGT), l'ISERES[1] organise le colloque sur le thème « Démocratie, entreprises, nouvelles technologies de l'information et de la communication : quels défis pour l'action syndicale? » ;

- septembre 2001 : 1ᵉʳ congrès mondial à Berlin de l'Union Network International (UNI[2]) où sont traitées les nouvelles formes de travail et la syndicalisation avec, en particulier, le télétravail et les centres d'appels, l'Internet comme outil de recrutement pour les syndicats.

Autre forme de l'intérêt porté par le monde syndical sur le sujet des NTIC: la création de plusieurs sites pour soutenir les syndicats dans leur développement sur la Toile ou dans les entreprises, comme le Web. e-TradeUnions ou, en décembre 2001, le Web d'assistance en ligne pour « webmasters syndicaux » pour le monde entier accessible sur le site de l'UNI.

---

1. L'ISERES est l'Institut de recherches de la CGT.
2. l'UNI a vu le jour le 1ᵉʳ janvier 2000. Il compte plus de neuf cents syndicats affiliés dans cent quarante pays et représente plus de 15 millions d'adhérents, dont près de la moitié en Europe. Il définit sa mission de syndicat mondial ainsi : « c'est d'obtenir qu'il soit donné priorité à la dimension humaine, dans une économie de plus en plus mondialisée, et d'aider ses affiliés et leurs mandants à atteindre cet objectif ».

De nouvelles possibilités d'action

« Le syndicalisme est soutenu par les moyens de communication améliorés qui sont créés par l'industrie moderne, et qui placent les ouvriers de différentes localités en contact mutuel ». Combien ces propos de Karl Marx, dans son manifeste, sont d'actualité. À ceci prêt, qu'il ne s'agit pas, bien entendu, des mêmes technologies auxquelles il fait allusion ! Ainsi, les avancées technologiques en matière de communication, si elles ont eu un impact important sur l'économie mondiale, ont toujours créé de nouvelles possibilités d'actions pour les syndicats. Si l'arrivée du télégraphe a permis de faire du syndicalisme en direct[1], aujourd'hui c'est en visioconférence, en pages HTML et par e-mail.

Par mimétisme avec le monde des entreprises, les syndicats nationaux deviennent « internationaux » avec de nouvelles structures européennes ou mondiales. De ce fait, les distances font qu'eux aussi peuvent difficilement se passer d'Internet comme outils de transmission et d'information. On a même vu la Confédération européenne des syndicats (CES), en mars 2001, lancer un « plan d'action européen d'offres d'informatique à domicile » en proposant matériel, logiciels, PC, accès à Internet... pour les syndicalistes et leurs familles à des prix très avantageux.

Des milliers de syndicats ont leur propre site sur la Toile, l'utilisent comme un lieu de veille incontournable, accèdent à l'information mondiale... L'Internet, comme l'accès aux Intranets d'entreprise, peut les aider à créer un rapport de force en raison de la rapidité de la circulation de l'information, comme la ronéo, la photocopieuse ou le fax l'ont été à leur époque, sur le plan de la diffusion facilitée de l'information brute.

---

1. Allusion des auteurs à l'utilisation du télégraphe qui a permis de faire du syndicalisme « en direct ». Une centaine de salariés d'American Telegraph Compagny ont tenu leur première réunion à distance entre Boston et le Maine en utilisant le code Morse.

En fait, si les moyens de pression sont les mêmes (grève par exemple), c'est l'impact médiatique à grande échelle qui fait la différence. Celui-ci s'est vu, par exemple, lorsque récemment un salarié FO de Club Internet a fait une grève de la faim pour réclamer une augmentation de salaire : non seulement l'affaire a été médiatisée, mais surtout les négociations pouvaient être suivies sur le site Web de la section syndicale. Ce moyen de pression nouveau pourrait être redoutable, et les entreprises en sont conscientes. Des exemples sur d'autres registres, comme les problèmes liés à la qualité de l'eau Perrier il y a quelques années, ont montré l'impact néfaste que peut avoir une campagne médiatique sur la « côte de confiance » et du coup sur les ventes.

Ainsi, la consultation du site Ubifree[1] en dit long sur les risques courus par une entreprise de voir ses problèmes internes étalés à l'échelle mondiale : des informations sociales dévoilées par un groupe de salariés mécontents, sur un site Internet, ont contraint les dirigeants de cette entreprise à revoir rapidement leur politique sociale ; la presse s'est emparée du sujet en dénonçant les méfaits sur le plan social de la course à l'innovation sur l'ensemble du secteur.

---

1. ubifree : http://www.multimania.com/ubifree/

Ubi Soft et Ubifree : syndicat virtuel *via* Internet

Le 15 décembre 1999, à 11 h 30, un message électronique arrive sur les écrans d'Ubi Soft, l'un des leaders mondiaux des jeux vidéo. À Montreuil (siège du groupe), au Canada, en Roumanie et en Chine, les 1 100 salariés du groupe découvrent Ubi Free, le premier syndicat virtuel français à travers une lettre ouverte adressée au Président par un groupe de salariés anonymes. Réagissant sur les propos tenus par ce dernier dans un article de Libération, « les nouveaux *athlètes* du travail », ils mirent en avant leur insatisfaction quant à leurs conditions de travail, la précarité des emplois, l'absence de représentation du personnel, puisque, comme les auteurs du site le font remarquer, le groupe est composé d'une « *nébuleuse de sociétés de moins de quarante-neuf salariés* ». Si Ubi Free a été le moyen pour eux de se faire entendre, tout cela sous le nom mystérieux d'un certain « Albert », très vite des internautes se sont manifestés, déposant plus de huit cents messages de sympathie !

Ce site est étonnant. Tout y passe, dans des rubriques aux noms évocateurs, où règnent sérieux et dérision. On peut y lire une présentation de la société dans « *les couleurs du pays joyeux* », des témoignages, des commentaires ou des questions inscrits anonymement dans la rubrique « *La Tribune des Enfants Heureux* » ; mais aussi des pétitions anti-Ubifree et des réactions du personnel contre « la méthode choisie par Albert et ses amis, en particulier le recours à l'anonymat et le climat de suspicion qu'il déclenche, les attaques personnelles, le déballage public via Internet ou la presse, l'amalgame entre faits vérifiés et ragots ; les réponses des dirigeants sur les concertations entamées où se mêlent justifications et propositions d'améliorations sur tous les sujets. Comme l'écrit, sur le site, le président d'Ubi Soft « *Internet est un outil formidable ! Il permet à chacun d'envoyer des messages et de se faire entendre. On a entendu… un peu fort !* ».

Par une dernière lettre ouverte aux employés et dirigeants d'Ubi Soft du 16 mars 1999, Albert annonce la fermeture du site le 31 mars à 22 h 00, près de trois mois après sa création avec une dernière menace « *La vigilance est, et restera de mise* ».

Menace sur le taux de syndicalisation

Si les conditions de travail restent le cœur de leurs préoccupations et actions, l'ensemble des syndicats se soucie de l'impact des NTIC sur la syndicalisation et sur leur fonctionnement. Pourraient-elles avoir une influence néfaste sur le taux de syndicalisation ? C'est la question qu'ils se posent à travers leurs débats sur le sujet, notamment avec le syndicat international Union Network International (UNI).

La première menace est l'apparition d'une nouvelle forme de revendications directes des salariés *via* Internet. En effet, « syndicat virtuel » ou « portail syndical » sont les deux formes sous lesquelles des salariés de la nouvelle économie s'expriment directement pour faire part de leurs mécontentements. Le syndicat y est absent, voire critiqué.

Ce retranchement cybernétique des salariés comme nouvelles formes d'expression de revendications interpelle les organisations syndicales, au même titre que ce qui s'est passé pour la loi sur l'expression directe des salariés. Force est de constater que celle-ci n'a pas déclenché une passion de leur part au moment de sa mise en place dans les entreprises. Les possibilités offertes par les NTIC renforcent les formes d'actions individuelles au détriment de l'action syndicale.

Quelques semaines après l'ouverture d'Ubifree, d'autres sites sont apparus sur la Toile, entre autres, « Cryo Secours » pour CryoInteractive, « Sauvez-Fip », « Elf en résistance », « BNF Interactive » le site des grévistes de la Bibliothèque de France, « Free MHDV » faisant suite à la fusion de CSA, MHD, SOVEDI. Le Web « sites en colère[1] » donne un aperçu de ces initiatives et de bien d'autres. On y trouvera également le portail syndical Free Warriors[2] qui, selon ce qui est écrit sur le texte de la page d'accueil du site, *« a pour but de fédérer, de relayer et d'aider les salariés et les entreprises en lutte par des actions sur Internet »* et qui *« met à disposition sa connaissance de la Toile, ses capacités techniques et créatives, sa maîtrise des réseaux de communication pour amplifier la lutte »* de salariés en colère.

L'autre menace est liée aux nouvelles formes de travail induites par les NTIC : l'exécution du travail ne se fait plus

---

1. http://www.freewarriors.org/precedents.htm
2. http://www.freewarriors.org/freewarriors.htm

nécessairement dans les mêmes locaux que le reste de l'entreprise. Déjà, dans les années 1980, l'externalisation de certains travaux vers des pays tiers avait remis en cause de fait l'unité de lieu que représentait l'entreprise. Ainsi, l'exemple de Nike a été largement médiatisé. La firme souhaitait sous-traiter l'intégralité de sa production dans une quarantaine de sites différents, pour la plupart en Asie du Sud et du Sud-Est.

Aujourd'hui, ce mouvement d'éclatement de l'entreprise est complété par l'augmentation du travail autonome à travers la mobilité du lieu de travail, comme le télétravail ou travail à domicile, le nomadisme, « *créatures nées des inforoutes* ». Ces nouvelles formes de travail peuvent entraver l'action syndicale en raison de la distance entre ces salariés et l'entreprise ; les syndicats parlent d'une « *parcellisation de la force de revendication collective* ». Ils sont par ailleurs très conscients que ces formes de travail vont se multiplier à en croire les prévisions sur le sujet, car elles concilient en partie vie professionnelle et contraintes personnelles. À entendre l'UNI, ces nouvelles formes de travail menacent le potentiel de recrutement syndical, d'autant plus que le taux de syndicalisation est peu élevé. Un exemple nous est donné avec la campagne massive opérée sur les centres d'appels entamée depuis peu par l'UNI.

Aussi, l'ensemble des organisations syndicales s'engagent-elles dans une réflexion de fond sur leurs missions et leurs rôles dans cette nouvelle configuration du travail.

Les organisations syndicales s'approprient les NTIC

Divers exemples nous sont donnés sur l'utilisation de nouveaux modes de communication ou d'action par les organisations syndicales.

Les « cyber-campagnes »

En premier lieu, les « cyber-campagnes », sorte de bureau syndical en ligne, visent directement le recrutement de nouveaux adhérents : « *Compte tenu du caractère instantané de la communication et de la diffusion d'informations par Internet, elles vont devenir une arme essentielle de l'arsenal des syndicats dans leur lutte en faveur de l'égalité et de la justice pour les travailleurs.* », précise l'UNI.

Dans ce cas, une « cyber-campagne » consiste à accueillir sur un site Web toute personne souhaitant entrer en contact, poser des questions relatives à son environnement de travail. À cet effet, un forum est ouvert. Au préalable, des éléments « publicitaires » sont envoyés directement aux adhérents, qui servent ainsi de relais. La recherche de nouveaux affiliés passe de ce fait par une mutualisation des forces syndicales. Par exemple, en 1999, une cyber-campagne a été lancée par l'UNI sur le personnel des centres d'appels, dont le taux de syndicalisation était relativement faible.

Une cyber-campagne peut également prendre la forme d'une alliance syndicale sur le Net sur un sujet et à une date précise avec forum de discussion animé par des experts syndicaux, avec de la documentation en ligne. Un exemple d'alliance nous est donné avec Ameritech sur les problématiques de temps de travail.

Les cyber-piquets

Les « cyber-piquets » de grève prennent une forme plus difficilement acceptable par les entreprises car c'est un mode actif via Internet.

Par exemple, chez Worldonline, des salariés en grève se sont introduits sur le Web de leur entreprise en diffusant par une webcam des images des actions syndicales. Ou encore, des

« cyber-piquets » invitent leurs adhérents ou sympathisants à se manifester par e-mail auprès d'un président. Celui de Rentokil a été l'un des premiers concernés pour la demande de l'inclusion d'Euro-FIET dans le comité d'entreprise européen. Il n'a pas été le seul.

Les « centres d'appels » syndicaux

Des sites syndicaux sont dédiés à un même métier quelle que soit l'entreprise, en quelque sorte des « centres d'appels » syndicaux. Plusieurs initiatives dans le monde se sont fait jour dans ce sens avec l'ouverture de sites dédiés, en particulier au secteur graphique (le « Digital fagforening.org » en Norvège), ou aux salariés des centres d'appels. L'un de ces sites se présente d'ailleurs comme « Votre centre d'appels syndical ». Comme le dit un membre de la FIET[1] : *« Internet n'est certainement pas la panacée, mais utilisé d'une façon imaginative, il peut devenir une aide extraordinaire pour régénérer le mouvement syndical »*. Les responsables d'entreprise, quant à eux, espèrent que leur imagination ne soit pas trop fertile...

---

1. FIET (Fédération Internationale des Employés, Techniciens et Cadres). L'UNI succédera à la FIET après sa fusion avec d'autres fédérations internationales.

Deux exemples de « cyber-piquets » de grève

Extraits de « L'Internet : un outil de recrutement pour les syndicats », intervention d'ouverture de la conférence internationale de l'UNI en septembre 2001 à Berlin.

« L'une des premières actions de solidarité à laquelle a participé UNI fut celle en faveur des travailleurs de Boeing en grève au mois de mars dans l'ensemble des États-Unis. Les deux syndicats engagés dans cette action, le SPEEA et l'IFPTE de même qu'UNI, ont largement recouru à l'Internet pour adresser des renseignements aux grévistes, publier des informations à l'intention de la presse et mobiliser le soutien de l'opinion publique, qui fut un ingrédient essentiel dans l'issue victorieuse de ce conflit. Dès qu'UNI fut avisée de la grève des travailleurs de Boeing, elle a créé une page Web assortie de liens conduisant aux sites des syndicats concernés. Cette page a accueilli des milliers de visiteurs durant les premiers jours de la grève, car les médias de même que les grévistes voulaient avoir des nouvelles de l'évolution de la grève et prendre connaissance des milliers de messages de solidarité qui inondaient le site d'UNI. L'Internet a été utilisé pour faire de la publicité autour des réunions et des piquets de grève, et pour transmettre des informations détaillées, de sorte que le conflit prenait un nouveau relief chaque fois que la société Boeing tentait de publier un message de propagande. Le pouvoir de transmettre aux grévistes des informations concrètes et factuelles est d'une valeur inestimable [...]

L'un des exemples qui illustre le mieux ces campagnes de solidarité est celui de la campagne conduite au Calgary Herald par l'affilié canadien d'UNI, le Communication Paper and Energy Workers Union (CEP). Le CEP et d'autres syndicats étaient en conflit avec les propriétaires du journal Calgary Herald alors qu'ils tentaient de négocier une convention collective. Ils ont alors créé un « cyber-piquet » et ont instamment demandé aux personnes intéressées de s'y associer, ce qu'ont fait de nombreux affiliés et adhérents d'UNI. Le « cyber-piquet » a envoyé à tous les inscrits des informations d'actualité sur le déroulement du conflit et des suggestions d'actions à entreprendre pour soutenir les syndicats engagés dans ce conflit. Le CEP et ses alliés ont également lancé le système du « message prêt à envoyer » par simple clic (analogue au système utilisé par UNI pour les messages de solidarité). Il suffit de cliquer sur un lien et d'ajouter sa signature, le message de protestation ou de soutien est envoyé automatiquement. Cette méthode a été très utile pour déclencher des réactions rapides et presque instantanées aux événements survenus durant le déroulement du conflit... »

L'accès aux NTIC des syndicats : un pari

Si, dès l'apparition des NTIC, les salariés des grandes entreprises ont eu la possibilité d'accéder à une multitude de sites Intranet et ont eu progressivement pour la plupart une adresse e-mail, la frilosité des entreprises s'est très vite montrée envers les acteurs syndicaux. Au plan des libertés syndicales, ces derniers revendiquent l'accès aux modes de communication modernes de l'entreprise, au même titre qu'ils ont un téléphone et un local syndical. Mais les syndicats ne sont pas tous d'accord sur l'utilisation de l'Intranet. Les problématiques d'indépendance et de sécurité sont largement mises en avant. Leur position sur l'utilisation ou non de la messagerie interne à des fins syndicales n'est pas unanime. Ils soulèvent les problèmes de confidentialité, d'intégrité (le message ne doit pas être transformé) et d'authentification (être sûr d'avoir le bon correspondant). En fait, ils craignent que le chef d'entreprise ne devienne un *hacker* !

Face aux demandes des institutions représentatives et des organisations syndicales, la position des responsables d'entreprise est plus unanime : la prudence est le maître mot ! Selon une étude récente, seule une vingtaine d'entreprises, en France, auraient facilité l'hébergement de sites syndicaux sur leurs réseaux.

En fait, les responsables d'entreprise ont focalisé sur l'usage abusif de ces outils qui pourrait en être fait comme l'envoi de tracts à l'ensemble des salariés *via* la messagerie (inondation, ou *spamming*). Hydro-Québec en est une illustration : les trois mille salariés de l'entreprise publique canadienne ont été incités à signer leur carte d'adhésion par un courrier électronique envoyé par le Syndicat de la fonction publique. La direction a fini par arrêter cet adressage intempestif en interceptant l'un de ces messages. Autre exemple, en France, la CGT n'a-t-elle pas vu l'un de ses représentants syndicaux menacé de licenciement pour avoir envoyé un e-mail à l'ensemble des salariés pour les tenir au courant des négociations sur les 35 heures ?

Or acteurs syndicaux ou non, cette possibilité existe.

Sans l'avouer ouvertement, les entreprises ne souhaitent sans doute pas faciliter l'action syndicale en mettant à sa disposition des outils modernes de communication, dont elles reconnaissent par ailleurs l'efficacité. Tout cela explique leur réticence à héberger des sites syndicaux sur leur propre réseau ou à attribuer un e-mail au titre de fonctions syndicales. Force est de constater que les sites syndicaux ont du mal à s'implanter dans les entreprises ou, si c'est le cas, l'implantation n'a pas été immédiate. Très peu d'adresses au nom de chaque syndicat, simplement des adresses *intitu personnae*. Seuls les comités d'entreprise, parce qu'ils ont en charge des activités sociales, obtiennent plus facilement leurs sites, dans le cadre d'un accord négocié.

La nécessaire définition de codes de bonne conduite

Chez France Télécom, depuis 1999, chaque syndicat dispose d'un espace propre, sur un portail syndical hébergé sur son réseau, et d'une adresse e-mail. Autres exemples avec Renault, Schneider Electric, les Charbonnages de France. Par contre, dans certaines entreprises, les syndicats ne semblent pas demandeurs.

Des particularités avec Atos qui autorise l'envoi de quatre tracts par an par e-mail, chez Oracle où les délégués peuvent utiliser les listes de diffusion mais dans le cadre d'un abonnement volontaire.

On pourrait imaginer également que, lors des élections professionnelles, les votes par correspondance puissent être envoyés depuis un ordinateur de la DRH à l'ensemble des personnes concernées, celles qui ne souhaiteraient pas voter pouvant jeter le message. Il y a d'ailleurs une demande de la part des syndicats sur ce mode moderne d'envoi de courrier.

Au-delà de ces exemples (non limitatifs), divers litiges entre responsables d'entreprise et syndicats se sont fait jour dont la presse s'est fait l'écho, *via* Internet, bien entendu. C'est ce qui est arrivé chez Technip, début mars 2001 ; un accord avait été signé sur l'utilisation de l'Intranet à la fin de l'année 2000. La direction de Technip avait mis à la disposition des organisations syndicales un site d'affichage Intranet sur son propre réseau. Très rapidement, ce site a été doté de liens hypertextes avec d'autres sites d'informations syndicales *via* Internet. En conséquence, la direction a fait supprimer et interdire l'accès aux adresses spécifiées au niveau du *fire wall*. Ce point a été l'objet d'un litige avec l'UGICT-CGT et la CDFT, notamment sur la liberté syndicale. L'UGICT-CGT indique sur son site Web que : « *en modifiant les pages de notre site à notre insu, la direction n'a pas agi différemment que si elle avait arraché une affiche dont le contenu lui aurait déplu sur un panneau syndical. À la différence que, il est certainement plus facile de procéder comme elle l'a fait : en donnant l'ordre de le faire, tard le soir, depuis un poste informatique* ».

Autre exemple : la société Bull, n'ayant pas donné son accord à la CFDT pour une adresse e-mail et un site Intranet, comme elle l'avait fait pour la CGC, a été condamnée par le Tribunal de Grande Instance (TGI) de Versailles pour « discrimination » à des dommages et intérêts. Pour autant, le tribunal ne l'a d'ailleurs pas obligée, par ce même jugement, à entamer des négociations sur le sujet.

Mais chacune des parties évolue sur le sujet, très nouveau et quelque peu complexe. Le droit social ne prévoyait pas ces bouleversements technologiques ! Nous noterons seulement une réponse ministérielle (n° 12090 JO) du 1er février 1999, laquelle pose le principe de la négociation : « *Pour ce qui est de l'Intranet, réseau de communication interne à l'entreprise fondé sur la technologie d'Internet, il appartient aux organisations syndicales de rechercher par voie d'accord avec l'employeur, les modalités d'accès à la messagerie générale, et de diffusion de messages à caractère syndical sur celle-ci, comme cela est déjà le cas de certaines entreprises, même si, l'Intranet ayant vocation à être un instrument strictement professionnel, aucune disposition ne contraint un employeur à accorder aux organisations syndicales l'accès de ce réseau ».*

Des codes de bonne conduite sont nécessaires. Ils font l'objet des chartes de fonctionnement, signées préalablement à l'ouverture du service sur le réseau des entreprises, au-delà de la rédaction des chartes destinées à encadrer l'usage de l'Internet par les salariés (voir chapitre 8).

Le bon vieux tract a encore de l'avenir

« L'annonce de ma mort a été considérablement exagérée », voilà ce qu'écrivait le romancier américain Mark Twain, pour s'amuser de sa propre mort imprimée par erreur dans la rubrique nécrologique d'un grand quotidien de New York.

Il serait là aussi illusoire de penser que tous les modes d'action traditionnels des organisations syndicales soient remplacés par les NTIC. En effet, tous les salariés ne disposent pas d'une adresse e-mail et encore moins d'un ordinateur, même dans le secteur des hautes technologies. L'UNI indique, sur ce plan, que plus de 50 % de ses adhérents n'ont pas accès à Internet et que plus de la moitié de la planète n'a jamais téléphoné de sa vie. Les NTIC ajoutent une dimension supplémentaire, l'interactivité, aux anciens modes de fonctionnement, sans les remplacer. N'oublions pas le contact humain, là aussi important.

Chapitre 4

L'impact des NTIC sur la fonction RH

« Qui s'embarrasse à regretter le passé
perd le présent et risque l'avenir »
Francisco de Quevedo, 1640

Quel sera l'avenir de la fonction RH dans le cadre de NTIC associées à de nouvelles solutions organisationnelles ? Cette donne récente est à la fois une opportunité pour la fonction RH d'accroître sa contribution comme *business partner* et un risque majeur. Est-ce la mort annoncée de la fonction RH, si elle n'est pas en mesure de relever le défi en apportant une vraie valeur ajoutée ?

Dans ce contexte, nous verrons ce que recouvre le terme de *business partner*, de plus en plus employé dans un grand nombre de cercles de réflexions, colloques et symposium. On semble opposer ce concept à l'expertise administrative qui perd, du même coup, une partie de sa valeur ajoutée. Par ailleurs, la notion de *business partner* a été associée assez rapidement à une attitude qui paraît nouvelle, comme si jusqu'à présent la fonction RH avait peu participé aux orientations stratégiques des entreprises. Il en est de même pour tout le rôle d'appui au management sous-jacent à ce concept. Ce dernier est-il si nouveau qu'il balaie les anciennes valeurs attachées à la fonction RH ? La réponse n'est pas si simple.

La fonction RH doit évoluer pour ne pas disparaître

Des missions et des pratiques dépassées, à l'ère de l'e-RH

Pendant très longtemps, la question du devenir de la fonction RH ne s'était pas posée en tant que telle. Au printemps 1997, la revue américaine *Human Resource Management* a amorcé clairement le débat autour du sujet et, d'une façon plus générale, autour de l'évolution de la profession. Parallèlement, les travaux d'Ulrich sur les compétences en RH, de Spencer sur le *reengineering* de la fonction, du Lirhe[1] en France sur l'impact des NTIC, et bien d'autres, indiquent que l'évolution est irréversible.

De nombreuses publications[2] aux titres évocateurs font d'ailleurs écho à la transformation attendue des équipes RH. Les résultats radicaux de plusieurs enquêtes mis en avant par des chercheurs : *« les leaders en RH interviewés dans le cadre de l'étude de Yeung estiment que seulement 10 à 35 % de leurs professionnels possèdent actuellement les nouvelles compétences requises. Dans la même veine, Mohrman et ses collègues estiment que, dans plus de 50 % des entreprises, au moins 40 % des professionnels en RH ne possèdent pas les compétences nécessaires. Enfin, Walker croit qu'environ les deux tiers des professionnels devront, dans un proche avenir, quitter la profession »*[3].

---

1. Lirhe, opus cité.
2. Bowen, Siehl, *The Future of Human Resource Management : March and Simon 1958 revisited 1997*. Rucci, *Talking on Should HR Survive ? A Profession at the Crossroads*, 1997. McKee, *The Human Resource Profession : Insurrection or Resurrection ?* 1997. Sire, Guérin, *Où va la fonction RH ?* 1999.
3. Source : publication de Thierry Wils, professeur au département des relations industrielles de l'Université Laval et Christiane Labelle, chercheur. *Le Repositionnement des rôles des professionnels en ressources humaines.*

Ces auteurs engagent les professionnels de la fonction RH à reconsidérer leur carrière... s'ils ne s'adaptent pas au nouveau contexte ou ne s'inquiètent pas de leurs propres compétences.

Sur la problématique des compétences, nous voyons en France de grandes entreprises (Renault, Air France, RATP, France Télécom) développer des plans de formation d'envergure pour leurs professionnels RH. Mais la fonction RH doit rester réaliste dans l'appréciation qu'elle a d'elle-même. Ne voit-on pas, dans certains cas, ces programmes de formation se mettre en place et ne pas recueillir le nombre d'inscrits prévus ou ne pas réunir la motivation nécessaire ? Certes, ces programmes sont toujours utiles pour les autres... jamais pour soi... *« On est depuis si longtemps dans la fonction RH... »* Et pourtant...

Quel professionnel RH peut affirmer qu'il est centré sur les choix stratégiques de l'entreprise alors qu'il est absorbé par des aspects essentiellement quantitatifs (administration du personnel, paie...) ? Peut-il démontrer qu'il maîtrise les transformations radicales des entreprises ? A-t-il le « poids » nécessaire pour être associé en amont aux décisions structurantes de l'entreprise ? A-t-il l'éventail des compétences pour maîtriser les défis organisationnels ? En d'autres termes, démontre-t-il sa capacité à jouer un rôle que d'autres ne peuvent jouer aussi bien que lui... ?

Ces questions se posent d'autant plus fortement que l'organisation autour de l'e-RH isole la contribution effective des acteurs sur les deux grandes composantes du métier : « débarrassés » de la gestion administrative, ils doivent démontrer leur valeur ajoutée intrinsèque sur la seule GRH, champ sur lequel repose un grand nombre d'attentes de l'entreprise. En effet, *« aujourd'hui la technique suit... Le défi pour les DRH n'est donc pas tant technique que purement ressources humaines car les obstacles à une véritable gestion dynamique des compétences et des relations managériales tombent »*[1].

---

1. *Revue Personnel,* n° 419, p. 14, mai 2001.

Les neuf défis de la fonction RH

Dave Ulrich

Dave Ulrich, professeur à la Harvard Business School et auteur de nombreux ouvrages, considère que la valeur ajoutée par les professionnels de la fonction trouve sa source dans la compréhension et la maîtrise de neuf défis :

1 mettre l'accent sur les services fournis plutôt que sur ce que l'on fait ;

2 donner du sens à l'action, dans une approche cognitive, en étant capable d'expliquer les raisons pour lesquelles telle pratique permet d'obtenir tel résultat ;

3 se considérer comme des partenaires d'affaires (business partner) qui fonctionnent de pair avec les services opérationnels ;

4 orienter le développement des outils de gestion des RH vers le global, le changement culturel, le transfert des connaissances et la gestion prospective des compétences ;

5 s'inscrire dans une chaîne de valeur, c'est-à-dire découvrir le client auquel est adressé le travail de la fonction RH ;

6 être capable de mesurer l'impact des pratiques RH ;

7 savoir cumuler les expériences pour progresser dans sa propre carrière, les carrières devant être conçues comme une mosaïque ;

8 maîtriser les savoirs dans les principaux domaines de l'entreprise (finance, marketing, stratégie...) pour les traduire en comportements et pour être crédible ;

9 relever le défi de l'investissement sur le capital intellectuel par l'acquisition, le développement et la mobilisation des compétences.

Par ailleurs, les compétences demandées visent des profils sans doute différents, en tous cas complexes. Les neufs défis de la fonction RH, tels que Dave Ulrich les décrit, peuvent laisser songeurs certains membres de la fonction RH...

Une grande exigence sur le management des hommes et leur développement

Comme nous l'avons vu dans le chapitre 1, les directions générales et les managers de proximité attendent beaucoup de la fonction RH dans l'accompagnement de la conduite des changements à opérer, de la forte évolution des métiers, en particulier dans les secteurs high-tech (pénurie de certaines compétences)... À tout cela s'ajoute un environnement en mouvement (acquisitions, échanges de marchés, alliances...), une internationalisation du périmètre d'action et des ressources pour un grand nombre d'entreprises : une difficulté de gestion plus grande en raison de la distance géographique, de la différence culturelle (hétérogénéité des populations et des règles du jeu social), avec des organisations de plus en plus complexes qui allient le pyramidal, le matriciel et le réseau...

Voilà le contexte dans lequel la fonction RH est interpellée alors que, de par sa structure et son organisation, elle semble décalée : les éléments de benchmark décrits dans le chapitre 1 confirment qu'elle reste en partie centrée sur des aspects administratifs. Pour répondre aux nouvelles exigences de l'entreprise, la fonction RH doit nécessairement évoluer : elle ne peut plus vivre dans son « village », puisqu'il est devenu mondial. De fait, l'approche e-RH peut être une opportunité majeure pour permettre à la fonction de recentrer son cœur de métier sur la GRH et répondre ainsi aux défis qui lui sont lancés.

Le DRH doit devenir un *business partner* offrant au manager soutien et visibilité dans son rôle de « 1er RH » de ses équipes. Avec un positionnement difficile, le « champion des salariés », comme le nomment Dave Ulrich et Jean-Marie Peretti, se situe entre *« le marteau de la compétitivité et l'enclume de l'emploi, c'est-à-dire entre les exigences de flexibilité et celles de motivation »*[1].

Être *business partner*, c'est aider le management à prendre le pouvoir social

Si le devenir des équipes RH est fortement imprégné de la notion de partage de la fonction avec les managers, l'orientation

---

1. *Les cahiers* du Club Montaigne.

n'est pas nouvelle sur le fond. Le concept fait son chemin depuis des années. Mais de quoi parle-t-on ?

Sans doute le mot « partage » n'est-il pas approprié, car il induit l'idée d'activités séparées en deux : celles relatives à la fonction RH et celles propres au management. La définition du *Petit Larousse* va dans le sens de cette dichotomie : « *action de diviser en portions : faire le partage d'un héritage* ». Réductrice lorsqu'elle est directement appliquée au domaine RH, elle peut prêter à confusion car, si l'on pousse le raisonnement jusqu'au bout, il y aurait donc des activités RH qui ne dépendraient pas du management. Nous ne soutenons pas cette thèse extrémiste qui relègue de fait la fonction RH en marge de l'organisation. Mais, force est de constater que certaines activités ou décisions peuvent échapper effectivement au management (essentiellement de premier niveau) en raison de l'omniprésence de la fonction RH. Cette dernière n'aurait-elle donc pas confiance en la capacité du manager à assumer ses responsabilités ?

Lorsqu'il est question de partage de la fonction RH, il est fait plutôt allusion à la complémentarité des rôles. Dans le cas du recrutement, le partage s'exercera sur le travail effectué par la RH en termes d'apport d'un vivier de candidatures « juste-à-temps » pour permettre au manager de faire son choix final, ce qui signifie que la fonction RH a également anticipé la demande en travaillant plus en amont.

À cette complémentarité des rôles s'ajoute le soutien « sur mesure » du management par les équipes RH pour qu'il puisse prendre le pouvoir social, c'est-à-dire la responsabilité RH de ses propres équipes ! Nous pourrions d'ailleurs écrire « reprendre » car, comme le fait remarquer Jacques Igalens[1], ce n'est qu'après la Première Guerre mondiale qu'apparurent les premiers spécialistes de la fonction RH (sans doute utiles pour soulager le management de l'aspect administratif).

---

1. Igalens, Jacques, préface de *Tous DRH*. Jacques Igalens est professeur des Universités, président de l'Institut International de l'Audit Social et l'auteur de plusieurs ouvrages.

© Éditions d'Organisation

Auparavant, cette fonction était naturellement prise en charge par l'encadrement. *« Et si la jeune histoire de la GRH n'était déjà qu'un perpétuel recommencement ? »*, nous suggère-t-il.

La fonction RH a progressivement étendu son champ d'action et d'expertise à des aspects plus qualitatifs de la gestion des hommes : gestion des rémunérations et des compétences, avec des outils plus ou moins sophistiqués. Pendant cette période, la fonction a connu un rapide essor à la fois quantitatif et qualitatif, d'autant plus que le paysage législatif complexifiait la donne. Elle devenait une affaire de spécialistes ; c'est sans doute pour cela que le partage de la fonction a commencé à poser problème.

Partage de la fonction

Les missions du manager

Extrait de *Tous DRH*, opus cité.

« Le responsable hiérarchique est invité à assumer dans le cadre du partage, la fonction RH dans toutes ses dimensions. Parmi les missions qui lui sont de plus en plus fréquemment confiées, on peut identifier les décisions et compétences ci-dessous. Le manager doit :

__Maîtriser le cadre juridique__, c'est-à-dire le contrat de travail et l'utiliser comme outils de gestion, réduire le risque juridique ;

__Choisir,__ c'est-à-dire recruter les collaborateurs non cadres, recruter les cadres débutants ou expérimentés, décrypter les compétences, accueillir et intégrer ;

__Gérer l'emploi et les temps__ et en particulier prévoir l'évolution des emplois, développer les possibilités de la flexibilité, gérer les temps de travail, assumer les plans sociaux ;

__Orienter,__ ce qui implique de définir les projets professionnels et orienter les choix de carrières de ses collaborateurs, les suivre, utiliser les bilans de compétences ;

__Former__ en veillant à manager la formation, identifier les besoins de formation de ses collaborateurs et élaborer les plans individuels de formation ;

Rémunérer, *ce qui nécessite de mettre en œuvre une gestion stratégique des rémunérations, évaluer les postes, connaître les nouvelles politiques de rémunération globale et individualiser les rémunérations ;*

Mobiliser *et, pour y parvenir, impliquer ses collaborateurs, animer et communiquer, informer, maîtriser l'interculturel et redessiner l'organisation du travail ;*

Négocier*, et donc connaître les logiques et les modes d'action des syndicats, développer le dialogue social, négocier avec les partenaires ;*

Veiller, *ce qui nécessite de construire son système d'information en matière RH et avoir une vision stratégique des RH, dialoguer avec la DRH.*

Cette liste n'étant pas exhaustive, chaque responsable hiérarchique est invité à la compléter en fonction des spécificités de son entreprise, du contexte et des hommes dont il a la responsabilité. »

Sur le fond, ce partage est indispensable dans la conduite de la dimension humaines par le manager de proximité : déploiement des compétences là où elles sont utiles, efficacité des nouvelles organisations, conduite des changements, développement des ressorts de motivation et de l'adhésion du corps social. L'entreprise attribue à son personnel un rôle d'acteur ; c'est lui qui gère la relation client, à différents titres. Encore faut-il que les conditions nécessaires à son implication et à sa mobilisation soient là. Or, qui mieux que le management direct peut satisfaire les attentes de ses équipes ? *« Si l'on veut bien accepter "Tous DRH" comme un vibrant plaidoyer pour une décentralisation de la fonction qui s'incarne principalement dans les managers, force est de constater que ce slogan n'est en rien provocateur. Il correspond à la fois à une tendance d'évolution des modes de gestion, mais surtout il permet de prendre la juste mesure des changements intervenus dans les attentes des hommes et des femmes au travail »*[1].

Appuyé par la fonction RH, le manager doit être le « 1er RH », c'est-à-dire le premier interlocuteur de ses équipes. Cette dénomination vise les pratiques managériales dans leur

---

1. Opus cité.

ensemble et le rôle complet du manager. Porteur du sens et de la solidarité, totalement centré sur la réussite de son équipe, ce dernier accompagne le développement de ses collaborateurs, facilite la vie au quotidien, crée les conditions qui stimulent la satisfaction au travail, condition nécessaire pour bien servir les clients, donc l'entreprise.

Le manager veille en permanence à obtenir le meilleur de son équipe, en s'assurant de la motivation de chacun de ses membres ainsi que de leur cohésion au sein de l'équipe. Il se positionne naturellement, comme le recours normal, notamment en cas de dysfonctionnements, de situations d'urgence ou de crise. Comme un entraîneur sportif, il doit entrer dans une logique d'adaptation, de personnalisation, de mobilisation et d'anticipation.

« Manager, 1er RH » : votre management...

Pour « expliquer et donner du sens, en être le porteur »

- Facilite-t-il la compréhension de chaque collaborateur sur le pourquoi de son activité et pas seulement sur le contenu ?
- Permet-il à chaque collaborateur de comprendre sa place dans l'équipe et sa contribution à la stratégie locale ?
- Éclaire-t-il l'activité de l'équipe au regard de la stratégie locale (de l'unité) ?
- Repositionne-t-il les principaux liens de la stratégie locale avec celle du groupe ?
- Prend-t-il suffisamment de temps pour expliquer les évolutions de l'entreprise, afin que le personnel puisse adhérer à l'entreprise et à ses valeurs ?
- Est-il porteur du sens dans ses pratiques du management en respectant et faisant respecter les valeurs de l'entreprise ?
- Permet-il à chaque collaborateur de se situer dans les évolutions de l'entreprise ?
- Partage-t-il sa conviction sur les enjeux nationaux et locaux de l'entreprise et favorise-t-il la solidarité autour de ces enjeux ?
- Analyse-t-il et valorise-t-il les résultats avec ses équipes, au regard de la contribution de la stratégie locale ?

Pour « décider »

- Donne-t-il des priorités et arbitre-t-il quand c'est nécessaire ?
- Prend-il des décisions utiles et « juste-à-temps » ?

- Prend-il en compte les situations individuelles pour décider équitablement ?
- Fait-il prendre des décisions au bon niveau : par les membres de son équipe, par ses collatéraux, par les responsables hiérarchiques ou de projet ?
- Utilise-t-il ses marges de manœuvre et fait-il en sorte que ses collaborateurs prennent les leurs ?
- Favorise-t-il la réussite collective par son comportement et sa prise de décision ?

Pour « soutenir, accompagner et enrichir ses collaborateurs »
- Rencontre-t-il au quotidien ses équipes, au plus près du terrain, pour avoir une vision complète et partagée des problématiques rencontrées ?
- Agit-il pour que chaque collaborateur puisse avoir un poste optimal en fonction de ses compétences, potentiel et motivations ? Inscrit-il le développement de chacun comme faisant partie du contrat entre l'entreprise et chaque collaborateur ?
- S'appuie-t-il sur les politiques RH et prend-il les décisions adaptées (recrutement, développement des compétences, évaluation, rémunération, accompagnement des évolutions de carrière et des redéploiements…) ?
- S'implique-t-il dans la détection, le développement des personnes en prenant en compte l'intérêt de l'entreprise ? Aujourd'hui et surtout demain ?
- Conduit-il de façon efficace et acceptée les processus de réorganisation et de redéploiement, nécessaires ?
- Inscrit-il chaque collaborateur dans une dynamique de changement accompagné ?
- Peut-il affronter des situations ou des décisions difficiles dans l'intérêt de l'entreprise ?

Pour « faciliter la vie de ses collaborateurs »
- Apporte-t-il en temps voulu les réponses aux questions qu'ils se posent (quitte à aller les chercher) ?
- Veille-t-il à ce que les problèmes qui freinent l'activité soient résolus ?
- Veille-t-il à ce que les moyens matériels nécessaires à la réalisation de leur travail soient présents ?
- Tient-il compte des situations particulières des personnes dans une logique de contrat social équilibré ?
- Décèle-t-il les problèmes par l'écoute et l'observation et fait-il en sorte que les solutions soient trouvées ?

Mais aussi…
- Crée-t-il de façon permanente les conditions de l'échange ?
- Respecte-t-il les personnes, les reconnaît-il, sanctionne-t-il les comportements ?

Dans « manager 1er RH » s'ajoute également le niveau des décisions prises : elles doivent l'être au plus près de la personne concernée, c'est-à-dire entre son N + 1 et son N + 2. C'est la légitimité hiérarchique qui est en jeu. Comment un manager peut-il être crédible, si ses équipes savent qu'il n'est pas décisionnaire sur les processus RH ou pas toujours sollicité ?

Comme il est reconnu au manager une responsabilité vis-à-vis des éléments comptables sans qu'il soit un expert-comptable, il a donc des responsabilités RH sans devenir pour autant un expert RH. Toutefois, certains managers directs ne savent pas répondre aux questions les plus courantes de leurs collaborateurs et les renvoient facilement vers les équipes RH. La complexité du cadre législatif et réglementaire explique en partie cette carence. Mais les managers, comme la fonction RH, ont également leur part de responsabilité : les premiers éprouvent une réticence à s'intéresser à des activités qu'ils jugent secondaires, sans parler du courage managérial qui peut parfois manquer à certains d'entre eux ; les équipes RH minimisent leur appui aux managers dans le transfert de leurs expertises pour que ces derniers participent vraiment aux processus RH. Plus grave, ce mouvement, auquel s'ajoutent l'impact des NTIC et les solutions organisationnelles associées, ne suscite pas toujours l'optimisme et l'adhésion des équipes RH. Dans ce contexte, certains professionnels RH deviennent un frein majeur au changement, dans une réaction d'autoprotection complètement autodestructrice !

Quand on explique aux RH qu'ils doivent être plus sur le terrain de l'animation, le soutien, le conseil, l'alerte, le contrôle plutôt que de faire à la place de l'opérationnel, certains y voient une perte de pouvoir. Pour d'autres, la difficulté d'appréhender concrètement leur nouveau rôle freine leur transformation. En ce qui concerne les changements en profondeur des nouvelles compétences qu'ils doivent mettre en œuvre, managers et RH se rejoignent pour minimiser leurs effets. Ce positionnement demande notamment une expertise très forte : pour devenir le conseil de quelqu'un, cela suppose d'être une référence en la matière, avec un souci constant de *benchmarking,* tant en interne qu'en externe. Par le conseil, on transmet plus qu'un simple savoir, mais des pratiques, des comportements, de l'innovation et surtout une vision RH.

Qui y a-t-il de si nouveau pour la fonction RH ?

Une équipe RH dédiée à la GRH

Depuis un moment déjà, la fonction RH est interpellée sur la maîtrise des effectifs, de la masse salariale, des coûts en général et sur une stratégie RH au service des enjeux de l'entreprise. Elle ne peut plus se tenir à l'écart des exigences économiques pour se consacrer uniquement au maintien de la paix sociale et au respect de la réglementation législative ou conventionnelle. Son rôle stratégique s'est d'ailleurs accentué, ces dernières années, par la nomination de DRH aux postes de directeurs généraux ou de vice-présidents, ce qui donne à la fonction une place de premier plan. C'est le cas, par exemple, de Jean-François Pillard, directeur général des ressources humaines et de la communication de Schneider Electric. Jean-Paul Bailly, alors président de la RATP, s'est d'ailleurs exprimé sur le sujet lors du Congrès mondial de l'ANDCP : « *Je ne comprends pas pourquoi les DRH ne sont pas parmi les trois ou quatre dirigeants majeurs des grandes entreprises. Dans mon entreprise, le DRH est Directeur Général Adjoint. C'est une fonction qui doit être associée en permanence à toutes les dimensions stratégiques de l'entreprise afin de connaître les enjeux essentiels et d'en tirer les conséquences pour la gestion des RH* ».[1]

1. *Revue Personnel*, n° 414, novembre 2000.

Une équipe RH orientée sur les enjeux stratégiques n'est donc pas un concept nouveau, et pourtant... Dans le meilleur des cas, l'omniprésence de la gestion administrative ne leur permet pas de remplir les différents rôles attendus. À ce titre, l'e-RH peut les aider à faire évoluer leur fonction. Mais souvent, un problème de compétences explique une focalisation sur les tâches administratives : la fonction n'est pas forcément armée pour répondre aux attentes explicites et implicites de l'organisation. Elle ne pourra donc pas jouer les différents rôles qui lui incombent.

Un rôle d'architecte stratégique

La fonction RH joue un rôle d'architecte stratégique de l'efficacité organisationnelle, en cohérence avec les enjeux de l'entreprise face à son environnement. Au-delà de l'aspect organisationnel, elle doit être en mesure d'apporter des réponses à des problématiques majeures comme :

- quelles sont les adaptations nécessaires aux enjeux stratégiques définis par l'entreprises ?

- quelles seront les compétences de demain ?

- comment préserver ou développer le savoir de l'entreprise, notamment en termes de postes clés ?

- comment développer la capacité à changer ?

Un rôle d'expert en soutien technique

La fonction RH joue un rôle d'expert en soutien technique auprès du management dans la mise en œuvre des décisions. Ce rôle a longtemps été associé à la mise en œuvre d'outils. Aujourd'hui, il se situe plus sur l'analyse et la résolution de problématiques opérationnelles. La fonction RH utilisera son expertise et sa connaissance externe à l'entreprise (tel un consultant externe) pour apporter des réponses rapides et originales sur des problèmes relativement complexes.

Le rôle d'agent de changement

La fonction RH joue un rôle d'agent du changement, une sorte de catalyseur ; sa seule présence devant favoriser rapidement un meilleur fonctionnement de la GRH. Dans ce contexte, elle devra veiller à être également le « champion des salariés », c'est-à-dire au carrefour des intérêts de l'entreprise et des aspirations du personnel.

Ces rôles, complémentaires et interdépendants, donnent l'amplitude de la fonction, au-delà de la gestion des opérations courantes (administration du personnel). À ce titre, tous les rôles sont liés et ne peuvent se jouer séparément au risque pour les DRH d'être déconnectés des réalités opérationnelles ou des enjeux stratégiques. Dans la « maison des rôles » représentée ci-dessous, le rôle d'architecte stratégique constitue la fondation de la maison, l'expert en soutien technique correspond aux murs de soutènement (leur solidité est importante), et le rôle d'agent de changement devient le toit (complément indispensable à la finalisation de la maison pour la protéger des intempéries).

La « maison des rôles »

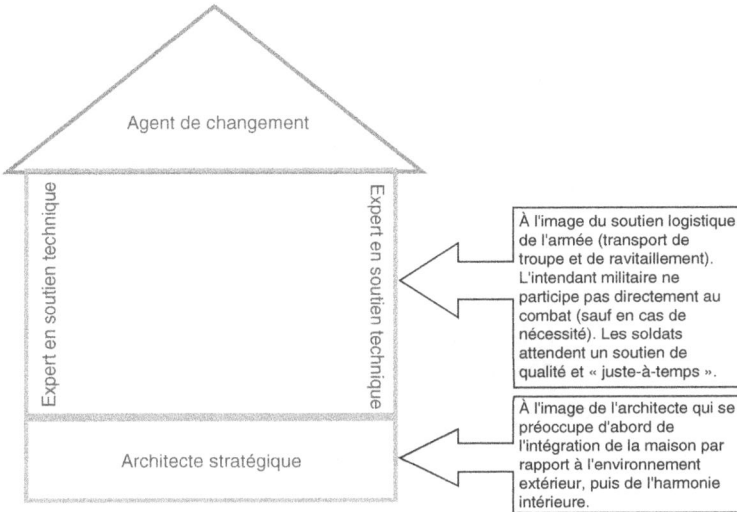

Agent de changement

Expert en soutien technique

Expert en soutien technique

Architecte stratégique

À l'image du soutien logistique de l'armée (transport de troupe et de ravitaillement). L'intendant militaire ne participe pas directement au combat (sauf en cas de nécessité). Les soldats attendent un soutien de qualité et « juste-à-temps ».

À l'image de l'architecte qui se préoccupe d'abord de l'intégration de la maison par rapport à l'environnement extérieur, puis de l'harmonie intérieure.

Les équipes RH, submergées par le quotidien, trouveront sans doute idéaliste la description de ces trois rôles. Pourtant, la mise en œuvre de l'e-RH les conduit à jouer impérativement et exclusivement ces trois rôles avec professionnalisme. Faute de quoi... l'e-RH leur donne l'occasion d'apporter une autre dimension à leur métier et de répondre efficacement aux attentes opérationnelles et surtout des dirigeants, sur le moyen et le long terme. À ce titre, elles doivent le promouvoir. C'est une question de survie !

Mais ces différents rôles ne sont pas faciles à tenir face à la pression de l'environnement ou la tentation de certains RH de rester dans un savoir-faire spécifique, avec le risque d'être exclusivement :

- des experts de la technique dans leur « tour d'ivoire » travaillant sur des outils sophistiqués sans pour autant se poser en continu la question préalable du besoin et du contexte (l'outil devient une fin en soi). L'évaluation 360°

illustre bien ce propos, alors que l'organisation n'est peut-être pas prête à en gérer les conséquences ;

- des stratèges s'intéressant peu aux autres rôles (considérés comme à moindre valeur ajoutée) en raison de la prédominance des questions stratégiques qu'ils doivent traiter. À la longue, ne risquent-t-ils pas d'être déconnectés des attentes opérationnelles et des salariés ? Si c'est le cas, le terrain leur fera très vite un procès d'intention. À quoi cela sert-il d'avoir de beaux plans d'une maison, si personne ne s'occupe de la construire et de l'entretenir ?

Il est donc nécessaire pour la fonction RH de ne pas négliger l'équilibre de ces trois rôles.

Demande-t-on au DRH de tout savoir faire ? Il est illusoire de penser qu'une seule personne puisse maîtriser l'ensemble des composantes de la fonction. L'objectif sera plutôt de faire attention à disposer d'une équipe aux compétences solides et complémentaires, mais pas isolées. La compétence collective prend ici tout son sens, faute de quoi la fonction RH sera marginalisée ou seulement utilisée en « pompier », au gré d'intérêts particuliers, de l'actualité du moment.

Une gestion administrative très présente

Même si l'on demande aux professionnels de s'occuper plus de GRH, la gestion administrative n'est pas dénigrée pour autant. Par contre, les équipes RH, différemment réparties grâce aux NTIC, deviendront des *business partners*, créeront de la valeur aux plans économique et qualitatif, maîtriseront les coûts, offriront un haut niveau d'expertise grâce à des processus RH refondés, constamment améliorés. Elles seront alors en mesure d'industrialiser la relation client à travers une organisation administrative renouvelée (voir chapitre 5).

La gestion administrative a largement occupé les équipes RH en donnant une image bureaucratique de la fonction. Les anciens profils de recrutement des DRH ont beaucoup contribué à faire de l'application de la règle et des textes un élément fort de l'expertise de la fonction RH, mais aussi de l'exercice de leur pouvoir. Les anciens militaires recrutés, en particulier dans les entreprises françaises, sans doute pour leur sens de l'autorité, puis les juristes des années 1970-1980 pour leur connaissance du droit du travail ont contribué à donner l'image d'une fonction « gardienne du temple et des règles », principalement dans le domaine de la gestion administrative, son cœur de métier d'origine. Des « empêcheurs de tourner en rond » pour certains...

Longtemps, l'ensemble de la fonction a été associé à cette image, même si se faisait jour progressivement une GRH dans les entreprises, au-delà de la gestion administrative : gestion des compétences, appréciation des performances... La transformation du paysage social, notamment avec le remaniement du code du travail amorcé par les lois Auroux en 1982 ou la vague de licenciements économiques engagée dans les années 1980, a conduit la fonction à s'intéresser de très près aux aspects réglementaires et à exercer son expertise en la matière. Cela est d'autant plus vrai que les chefs d'entreprises ne sont plus à l'abri de sanctions pénales, l'actualité en témoigne. Par ailleurs, la complexité croissante du cadre législatif, comme la définition du travail effectif dans le cadre de la mise en place des 35 heures ou les bouleversements liés à l'accélération des changements organisationnels (diversité des statuts des salariés, du fait de l'internationalisation des entreprises) donnent l'occasion à la fonction RH d'affirmer son expertise sur le sujet. Tout concourt à ce qu'elle ne se détache pas de son cœur de métier d'origine ; son environnement l'y conduit et sa crédibilité, de fait, est en jeu.

De l'application de la règle à une posture à valeur ajoutée

Une DRH *business partner* englobe l'expertise de la gestion administrative, même si certains tentent de l'opposer en l'associant à une activité sans valeur ajoutée, ce qui d'ailleurs ne manque pas de faire réagir les experts du domaine. Par contre, c'est la manière avec laquelle la fonction RH exerce cette activité qui doit radicalement changer : « *Les DRH ne pourront plus fonder leur capacité d'influence sur le respect de règles qui sont souvent perçues comme bureaucratiques par les managers opérationnels et les collaborateurs. Le défi sera de plus en plus pour eux de faire vivre un ensemble de valeurs qui constituent un guide pour l'action dans l'entreprise... Il ne s'agit pas de plaider en faveur de la disparition totale des règles, mais plutôt de souligner que ces dernières, notamment celles qui concernent le respect de la législation du travail, doivent être appropriées par des acteurs eux-mêmes qui obtiennent du DRH de l'aide et du conseil* »[1].

La fonction RH doit ainsi passer de l'application de la règle à son utilisation à bon escient pour répondre aux attentes opérationnelles. Des contre-exemples existent. Dans une grande organisation, un président avait convoqué son DRH pour lui demander qui des deux dirigeait l'entreprise. Renseignements pris, ce président avait été saisi par la ligne managériale pour un marché perdu par l'obstination d'un DRH d'unité locale sur l'application stricte de la législation afférente aux contrats à durée déterminée. Bien entendu, il ne s'agit pas, pour la fonction RH, de détourner les textes, mais d'apporter une réponse satisfaisante vue de l'angle RH et surtout opérationnel ! Le management pourra, à ce moment-là, considérer autrement les experts de la fonction RH. S'il s'adresse à eux, ce n'est pas pour qu'on lui redonne la règle mais pour

---

1. Besseyre des Horts, Charles-Henri, *Le nouveau rôle du DRH dans le cadre des NTIC : comment transformer son pouvoir dans l'entreprise ?*

avoir une aide efficace. Faute de quoi, le risque est qu'ils agissent quand même, mais « sans filet »... Un de nos collègues nous a rapporté ce que lui a dit l'un de ses patrons, DRH d'une SSII, alors qu'il venait d'arriver dans l'entreprise : « *ce qu'un opérationnel pourra vous reprocher, ce n'est pas que vous ne lui apportiez pas une réponse dans l'instantané, c'est que vous ne répondiez pas à son problème* ».

Posture pas facile pour la fonction RH, car cela suppose de dépasser sa connaissance des textes pour apporter une réponse concrète au problème opérationnel posé. On voit bien qu'il s'agit d'un profil différent, complètement impliqué dans les affaires et la performance recherchée. Plus que par le passé, elle doit avoir une connaissance concrète de l'entité opérationnelle, des contraintes auxquelles l'opérationnel est soumis. Une proximité de travail ou une fonction RH dédiée à des équipes opérationnelles peut faciliter cette posture, laquelle relève d'un rapport « gagnant / gagnant ». Ainsi, par rapport à certains problèmes complexes, chacun est amené à faire des concessions sans abandonner ses propres objectifs : pour le manager, donner satisfaction au client final, pour la RH, garantir une sécurité juridique acceptable pour l'entreprise. La fonction RH doit ainsi adopter une démarche client / fournisseur en considérant le management comme un client, dont la satisfaction est essentielle pour le développement de ses projets, donc de l'entreprise. Cette démarche demande une focalisation des équipes RH sur les solutions plutôt que sur les problèmes.

Posture encore moins évidente, quand il s'agit de centres d'expertise spécialisés en gestion administrative (plate-forme, centre d'appels[1] RH, voir chapitre 5) : son éloignement peut être un handicap à la connaissance de la problématique opéra-

---

1. Centre d'appels : « *une structure fondée sur le téléphone et l'informatique qui permet une communication directe à distance entre un interlocuteur et une personne, communément appelée télé-opérateur, qui représente l'entité à l'origine du centre d'appels (entreprise, association...). Cette structure a pour but de répondre au mieux aux besoins des usagers et / ou de développer la relation clientèle sous toutes ses formes* ». Définition de l'Institut des métiers de France Télécom.

tionnelle. Le risque en est le raisonnement « en chambre », déconnecté du terrain. Au management de ces équipes RH d'être vigilant et d'entretenir en continu une relation et une qualité de service focalisées là aussi sur la relation client et sa satisfaction. Les outils d'ERM, quand ils existent, sont une aide efficace dans ce sens.

La mise en place de *workflows*, libres-services et centres d'expertises, conduit-elle à une « dé-professionnalisation » des équipes RH en charge de la GRH ? En d'autres termes, cela veut-il dire qu'il est inutile que ces équipes RH soient compétentes sur la gestion administrative ? En fait, si le traitement de l'administration du personnel passe par d'autres acteurs, l'exigence à son encontre de professionnalisme en la matière reste d'actualité. Elle doit être, elle aussi, en capacité de comprendre et d'expliquer, même si elle ne traite plus ces aspects. À ce titre, la fonction RH *business partner* doit poursuivre l'approfondissement de ses connaissances, spécifiquement sur les aspects juridiques, pour rester crédible vis-à-vis des managers de proximité. Elle doit être en mesure d'apprécier les risques et d'apporter les conseils attendus ; sa connaissance précise des textes peut être complétée par l'expertise de spécialistes internes ou externes.

De la règle à une base de connaissance

Les NTIC favorisent la mise en place de bases de connaissances (ou savoirs) RH accessibles désormais par un centre d'expertise (centre d'appels par exemple) ou par un système de self-service sous Intranet. Sur ce dernier point, salariés et managers deviennent autonomes dans leur recherche d'informations. Des espaces « fermés » peuvent également apporter des réponses plus personnalisées (espace manager, quant aux marges de manœuvre par rapport à une réglementation, espace professionnels RH, en ce qui concerne des modalités de calcul).

Constituer une base de connaissances RH n'est toutefois pas si simple, car il ne s'agit pas d'une addition d'informations. Est-il aisé de passer de données implicites à des données explicites ? Comment organiser la production collective de connaissances nouvelles (adaptations aux évolutions, règlement des cas particuliers…) ? Les expériences individuelles mises en commun sont l'un des moyens de faire face aux exigences de la relation client. Par des échanges de pratiques, il est également possible de se forger des représentations communes de la relation de service et de savoir ce qu'il est légitime de faire ou de dire. Voilà un autre champ d'action pour la fonction RH.

Devenir *business partner* par la création de valeur et sa mesure

Désormais, la fonction RH n'échappe plus à la question de sa propre contribution à la performance de l'entreprise, au même titre que les autres directions. Cela est d'autant plus attendu, qu'elle est avant tout un centre de coûts. Se rajoute donc une exigence des directions générales sur la valeur ajoutée de la fonction RH, plus précisément sur sa contribution à la création de valeur. *« Ce n'est pas ce que font les professionnels des RH qui exige notre attention, mais les résultats qu'ils peuvent produire. C'est ça que les dirigeants veulent savoir »*[1], constatait Dave Ulrich devant un auditoire de près de 3 000 praticiens de la fonction.

Cela implique, par voie de conséquence, la mesure tangible de son efficacité vis-à-vis du business. Il lui faut donc conquérir sa légitimité en démontrant son utilité par la mesure du résul-

---

1. *It is not what HR professionnels do that demands out attention, but what they can deliver. This is what chief executives want to know,* Institute for Personnel and Development, conférence annuelle 2000.

tat de ses actions ! Vaste défi… car ce résultat va, au-delà de la simple appréciation monétaire : « *étudier la performance, et donc la valeur des politiques sociales équivaut à risquer de se soumettre à une illusion monétaire. Le domaine social n'est pas réductible à des explications en terme d'argent. Mesurer ainsi la performance sociale ramène automatiquement à des valeurs économiques, ce qui au final constitue un piège dans lequel il faut prendre gare de ne pas tomber* », comme le fait remarquer Jacques Igalens.

Une fonction RH créatrice de valeur, qu'est-ce que cela veut dire ?

Ce concept appliqué à la fonction RH fait « bondir » les financiers qui s'accordent à dire que la seule création de valeur acceptable aux yeux du marché est en direction des actionnaires. Nous avons vu cependant le rôle grandissant du volet social dans l'appréciation de l'activité des entreprises par les cabinets de notation (voir chapitre 1).

Au-delà du concept d'entreprise socialement responsable, que recouvre cette notion quand on demande de plus en plus des comptes à la fonction RH sur le sujet ? Surtout, est-il facile de la mesurer ? Nous allons tenter de répondre à ces deux questions.

Comme le schéma ci-dessous l'indique, l'activité des équipes RH est envahie par des aspects administratifs (de 50 à 60 % de ses ressources) qui n'apportent que 10 % de valeur créée. Ce ratio montre la marge de progression importante par le renversement du cœur de métier RH.

Créer de la valeur passe, en premier lieu, par la maîtrise de ses coûts. Il s'agit d'un dégagement de valeur financière. On voit aisément ce que les NTIC induisent en termes d'économies tangibles ; ainsi, un *workflow* sur les congés qui automatise des procédures administratives dans un univers coopératif dégage bien de la valeur au sens financier du terme. Sur ce point, les comptables seront satisfaits. Il est en effet assez facile de chiffrer, par exemple, l'économie de masse salariale liée au temps libéré par les équipes RH qui avaient en charge l'enregistrement de données dans le système d'information.

La DRH : quelle valeur ajoutée ?

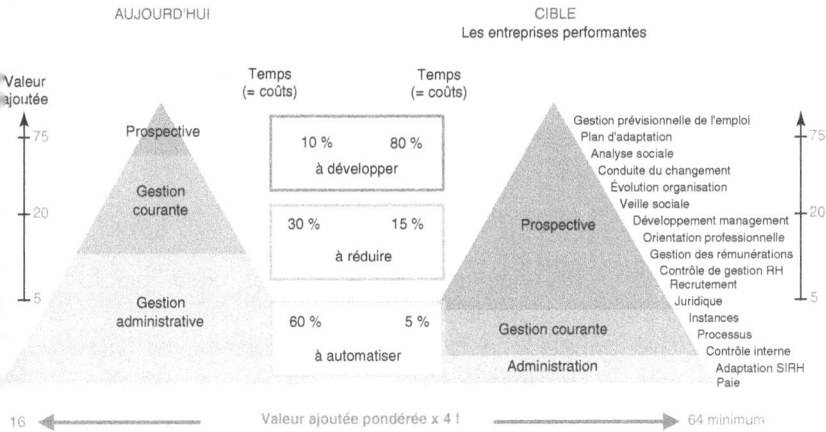

À titre indicatif, si France Télécom a investi 2 millions d'euros dans son *workflow* congés pour 140 000 personnes, l'économie annuelle réalisée s'élève à 20 millions d'euros environ. Pour avoir une idée réelle du retour sur investissement, il faudrait y ajouter l'énergie dépensée par tous les acteurs tout au long du processus, les risques potentiels de non qualité inhérents au parcours de la feuille de congé, etc.

Deux autres exemples : chez IBM, le traitement des virements des retraites réalisé par des équipes dédiées revenait à 210 $, la messagerie vocale en a ramené le coût à 5 $ et Internet à 60 cents ; Cisco a limité à deux personnes seulement la gestion des notes de frais de quelque 20 000 personnes, grâce à un *workflow* dédié.

À la lumière de ces exemples, il est évident que la fonction RH doit repenser en premier lieu son organisation administrative, voire au-delà, sous l'angle des NTIC afin de réduire ses coûts : *workflow*, libre-service, centre d'expertise, voire externalisation. Cette démarche, en soi, est créatrice de valeur. À la fonction RH d'être innovante ! Cette conception de la création de valeur est par contre très réductrice, mais c'est la réponse immédiate et pragmatique que nous pourrions faire aux financiers.

Créer de la valeur, c'est offrir de l'inattendu

Au-delà de ce raisonnement, la création de valeur par les équipes RH est un sujet délicat à appréhender et à mesurer en tant que tel, compte tenu du caractère immatériel de la GRH. Par ailleurs, la chaîne des causalités n'est pas simple à remonter, elle peut être seulement interprétée. Il est en effet difficile de déterminer dans quelle mesure une politique (ou une pratique) RH influe directement sur l'économique sans prendre en compte d'autres paramètres, comme la qualité des ressources humaines ou du management. En d'autres termes, si une pratique RH donne des résultats, est-ce du fait du DRH, de la GRH, des salariés ou des managers ? C'est indubitablement une combinatoire de l'ensemble renvoyant à des enjeux différents. Par conséquent, il est délicat d'identifier et d'interpréter les mécanismes précis de création de valeur.

Aussi, nous ne ferons que l'état de nos convictions sur le sujet. Les quatre principales, détaillées ci-après, reposent sur la capacité de la fonction RH à offrir de « l'inattendu » pour permettre à l'entreprise de gagner en compétitivité, en différenciation et surtout pour mieux servir le client. Ce processus, ressort de l'innovation, est en soi très certainement créateur de valeur.

La contribution effective de la fonction RH aux ambitions de l'entreprise

Notre première conviction concerne la contribution de la fonction RH dans la déclinaison concrète des ambitions de l'entreprise en opérant les ruptures nécessaires ? Nous désignons sous le vocable « rupture » les transformations que la DRH doit produire pour répondre aux bouleversements du contexte de l'entreprise. Il peut s'agir, par exemple, des ruptures à opérer pour accélérer l'internationalisation des ressources humaines d'un groupe, faciliter l'action de la ligne managériale ou changer les représentations des salariés et développer leurs compréhensions.

L'ensemble de ce travail devra être partagé entre la fonction RH et des managers de l'entreprise, ce qui sous-entend que la DRH ne devra pas travailler « en chambre ». Ces orientations RH et ruptures associées, devront être également validées par le comité de direction de l'entreprise.

À partir de ce moment, elles peuvent servir de base à l'évaluation de la création de valeur effective. Il suffira d'interroger régulièrement un groupe de managers et de dirigeants pour vérifier leur perception quant à la mise en œuvre, en termes de résultats perçus, des évolutions RH au niveau de l'entreprise. Ceci suppose également que la fonction RH s'engage sur un calendrier d'actions concrètes découlant des ruptures identifiées dans la contribution stratégique RH.

Les compétences stratégiques : l'exemple de Renault

La fonction RH est de plus en plus mobilisée pour anticiper et soutenir les grandes évolutions de l'entreprise. Quatre compétences stratégiques ont été identifiées :

- stimuler le développement d'un management performant ;

- identifier et développer les talents ;

- favoriser l'adhésion collective aux projets de changement ;

- intégrer la dimension économique des RH.

Le rôle de la fonction RH dans la valorisation en continu du capital immatériel

Notre deuxième conviction concerne le rôle de la fonction RH dans la valorisation en continu du capital immatériel, que représentent les hommes et les femmes de l'entreprise, pour qu'ils deviennent un avantage concurrentiel. C'est le « *détour de production* » auquel fait allusion Böhm Bawerk. Cela revient à dépenser aujourd'hui pour gagner plus demain, sur le marché. Nous faisons référence ici aux programmes de développement des compétences, de reconnaissance (la rémunération en fait partie) et de fidélisation des talents à long terme. La DRH doit en effet rester vigilante sur des risques globaux, comme l'obsolescence des compétences, la difficulté d'intégrer et de garder des compétences rares ou de démobilisation du personnel. C'est ce que Charles-Henri d'Archimoles[1] a appelé l'équilibre entre « *le rendement et le risque* » quand il tente de définir l'objet même de la création de valeur : « *elle se fonde sur le rendement espéré des investissements et non sur le rendement constaté* ».

Ce concept oblige la fonction RH à inscrire ses politiques ou pratiques dans la durée, ce qui nécessite une forte anticipation mais aussi une prise de risque (notions insuffisamment

---

1. Professeur à l'IAE de l'Université de Tours. Propos tenus lors d'une table ronde organisée par le CIFFOP (*le DRH créateur de valeur : enjeux et outils*).

présentes) : c'est une première source de richesses pour l'entreprise. Alors que les cycles d'activité des entreprises sont sans cesse réduits, la tentation de tous les acteurs est de gérer le quotidien et de réagir dans l'instantané. Certes, des processus RH ponctuels peuvent susciter la création d'innovations technologiques ou organisationnelles, par exemple, avec l'embauche d'un expert dans un domaine précis. Il en est de même pour une restructuration. Mais la prudence s'impose quant à l'effet court terme. Si une restructuration apporte de la valeur financière quasi immédiate (diminuer des effectifs est assez simple et « payant »), elle peut très bien ne pas se révéler positive à plus long terme. Les licenciements ne sont-ils pas *« fréquemment le signe d'échec résultant d'une absence de stratégie à moyen et long terme »*, comme l'affirme Jacques Quibel[1].

Conserver la motivation et l'implication du personnel

Notre troisième conviction concerne tout le travail à opérer pour conserver la motivation et l'implication du personnel, afin qu'il se concentre totalement sur le service au client, tel l'adage du groupe GrandVision : *« des collaborateurs heureux font des clients heureux qui rendent des actionnaires heureux »*. C'est ce que Jean-Marie Peretti appelle : une DRH « champion des salariés », à l'instar de Dave Ulrich. Il est dommage que, vue de l'angle des managers, cette expression ait une connotation négative, comme si la RH se mettait à défendre les intérêts des salariés au détriment de ceux du management (idée très présente chez certains managers). En fait, témoin de la relation entre un manager et un salarié, elle peut facilement repérer les attentes des uns à l'égard des autres et faciliter les rapprochements. Comme le note Bruno

---

1. Jacques Quibel. Ancien directeur Prospective et Stratégie Chimie pour le groupe Air Liquide. Conseil en management et stratégie d'entreprise.

Sire[1] : « *légitimement, le salarié se pose de plus en plus de questions, veut savoir à quoi il a droit, ce qu'il peut faire et dans quel monde il évolue* ». Au-delà de la motivation, l'implication des salariés est effectivement en jeu et l'on ne peut pas nier le lien de cause à effet entre un climat créé dans l'entreprise et ses résultats. Par ailleurs, gérer des ressources humaines, ce n'est pas « *considérer que les hommes sont des ressources, mais que les hommes ont des ressources* »[2]. Aussi, faut-il en prendre soin. Effectivement, la dimension RH ne doit pas être négligée car elle reste l'un des principaux moteurs de la performance de l'entreprise. Or, l'ère des plans sociaux amorcés début 1980, n'est pas totalement terminée, le syndrome des « survivants » est bien présent. À cela se rajoutent des organisations en mouvement perpétuel pour s'adapter à leur environnement.

La fonction RH, en particulier sur ce dernier point, doit focaliser son attention sur le temps d'adaptation et sur les étapes nécessaires au personnel entre la prise de conscience et le résultat final. Sans se substituer au management, elle doit travailler sur la compréhension, l'appropriation et le changement de comportement. « *Une culture met 10 ans à se construire* », disait Jack Welsh.

On oublie trop souvent les impacts d'une gestion des RH dans l'urgence (plans sociaux ou gestion des impacts RH consécutifs à une décision organisationnelle). L'entreprise possède un capital humain qu'il faut gérer qualitativement, d'autant plus qu'il souhaite être rassuré sur son avenir dans l'entreprise. Sur ce point, Bill Gates affirme que le seul capital de son entreprise est l'imagination de ses collaborateurs. Aussi, autant y faire attention…

Par ailleurs, ces pratiques, avec l'effet mondial du « papy boom », ne permettront pas aux entreprises de fidéliser les

---

1. Professeur des Universités, vice-président de l'Université de Toulouse, directeur du Lirhe.
2. Peretti, Jean-Marie, *Entreprise & Carrières*, 1er juin 1999.

meilleurs potentiels. Quelques signes avant-coureurs concernant l'explosion des activités de matière grise à haute valeur ajoutée sont déjà visibles : 40 000 *green cards* ont été délivrées aux États-Unis. Le mouvement est similaire en Europe, en particulier en Allemagne.

Le rôle de la fonction RH dans l'analyse de la réduction de valeur

Notre quatrième conviction concerne le rôle de la fonction RH dans l'analyse et la remise en cause de tout ce qui ôte de la valeur, au niveau de l'organisation, des procédures et des comportements. Cette idée englobe à la fois le domaine RH et les autres activités de l'entreprise, sur lesquels la fonction RH n'est pas forcément légitime pour agir. Ceci suppose, pour la fonction RH, l'acquisition d'une expertise sur le sujet et un travail préalable sur sa propre activité pour devenir crédible. Par son exemplarité, elle pourra jouer le rôle d'aiguillon en continu dans la recherche de la performance des organisations. Ce rôle n'est pas facile à exercer en raison des conflits de pouvoirs et du poids des habitudes.

Être *business partner* demande des aptitudes personnelles

Etre *business partner,*
c'est avoir une longueur d'avance

« Le DRH est condamné a être créatif, à faire preuve d'imagination et ne doit pas hésiter à explorer plus que jamais ce que font les autres, avec beaucoup d'humilité. Pour cela, le DRH doit non seulement accompagner l'aspect humain de l'évolution de

l'organisation mais également essayer d'anticiper ces chan-gements. Le maître mot devient anticiper, prévoir, supposer ce qui va arriver et y adapter par avance sa conduite », affirme Jean-Marie Peretti[1].

Le défi est difficile à relever pour la fonction RH, qui doit acquérir très vite les comportements appropriés au choix straté-gique pour s'intégrer dans la logique de l'entreprise, animer la réflexion locale et en être le moteur plutôt que l'intendant zélé. Cela sous-entend également qu'elle ait une vision RH pour comprendre le sens des orientations, sans pour autant avoir tous les tenants et les aboutissants, qu'elle innove en permanence afin d'adapter les pratiques aux exigences du moment, les experts de la fonction qui ne seraient pas sur ce registre là ont du souci à se faire... Cela suppose qu'elle amé-liore sa connaissance du business. Nous assistons donc à un mouvement symétrique et conjoint : des managers à qui l'on demande de prendre en charge une plus grande responsabilité sur la gestion de leurs collaborateurs et des équipes RH à qui l'on demande une forte culture business.

Comme le montre le schéma suivant, dans les deux cas, leur légitimité est fragile : il leur faut reconquérir une crédibilité sur des champs nouveaux.

© Éditions d'Organisation

---

1. Peretti, Jean-Marie, ouvrage collectif, *H de DRH*, éd. Vuibert, 1997.

Un mouvement conjoint d'évolution

Serait-ce l'avènement des concepts « manager, 1er RH » et « DRH, 1er manager » ? En tout cas, pour comprendre les problématiques opérationnelles et y apporter des réponses, une bonne connaissance de l'entreprise, de ses enjeux et des stratégies locales s'impose. C'est ce que pensent de nombreux dirigeants. Les DRH en sont conscients, comme Susan Peters, vice-présidente des RH chez General Electric Appliances : « *nous attendons également des membres de notre équipe RH qu'ils aient une bonne compréhension des facteurs clés de succès telles que les marges bénéficiaires, la satisfaction des clients et la qualité* ».

Sans doute une proximité d'action (organisation RH décentralisée au niveau des business units) peut faciliter le mouvement. Mais c'est surtout les échanges, le travail au quotidien avec les managers qui donneront du sens au principe de proximité : soutien sur mesure des managers et apport de solutions spécifiques pas forcément généralisables. Cette culture business concerne l'ensemble de la fonction RH et pas uniquement le DRH *intitu personnae*. La DRH doit sortir un peu plus de sa « bulle » et de ses « RHeries », selon l'expression de certains managers. Le principal reproche qui lui est fait est de ne pas suffisamment prendre en compte les enjeux des affaires et les marchés qu'elle doit servir. Si c'était le cas, elle veillerait constamment à ce que certains processus servent bien la performance de l'entreprise. Comment, par exemple, raccourcir les délais de recrutement ou de mobilité ?

Cette proximité des affaires devient capitale. Paul Schiettecatte, directeur général de l'Institut Entreprise & Personnel, évoquait même le changement de profil des DRH, issu de l'opérationnel comme au Crédit Lyonnais, chez Danone et chez Peugeot. Il citait, entre autres, Christian Herrault, DRH de Lafarge, Bernard Bresson, DRH de France Télécom, et concluait : *« je me demande si le DRH demain n'est pas un manager issu des opérations. Cela répond probablement à une profonde évolution de la fonction qui, aujourd'hui, se positionne davantage sur une expertise en accompagnement du changement que sur une expertise technique des ressources humaines. Par conséquent, qui peut mieux accompagner les managers que les managers eux-mêmes ? C'est là une évolution intéressante et qui bat en brèche toute cette monoculture des grands professionnels, spécialistes de la fonction ».*[1] Ce type de profil peut effectivement apporter le vécu de l'opérationnel. En ce sens, il est peut-être plus facile de créer l'alchimie qui permettra de réussir le partage de la fonction évoquée plus haut.

Sans aller jusque-là, les entreprises qui favorisent les parcours opérationnel / fonctionnel se donnent la possibilité d'introduire des profils atypiques, c'est-à-dire n'ayant pas une culture RH. Ils pourront sans doute servir de révélateurs de dysfonctionnements vécus. Eux-mêmes acteurs de la fonction RH, ils pourront

---

1. Revue *Personnel*, n° 416, janvier 2001.

plus facilement agir pour répondre avec bon sens aux attentes des opérationnels, en se souvenant de leurs propres expériences. Mais ce type de profils doit rester « atypique », car une expertise RH ne s'acquiert pas du jour au lendemain. Un savant mélange de profils complémentaires (RH et manager) est nécessaire.

A contrario, la fonction RH ne semble pas attirer les « talents » dans le cadre de la mobilité : comment changer la donne ? Un message fort de l'entreprise est sans doute nécessaire pour inverser la tendance. Nous restons cependant optimiste : la transformation actuelle de la fonction RH, avec l'impact des NTIC et le recentrage sur des activités essentielles pour l'entreprise, est un terrain favorable à l'accueil de nouvelles compétences et de potentiels.

Être *business partner,* exige une gamme de compétences maîtrisées

Nous représenterons cette gamme de compétences par la « maison des compétences », à l'instar du concept de la « maison des rôles », l'une étant indissociable de l'autre.

La « maison des compétences »

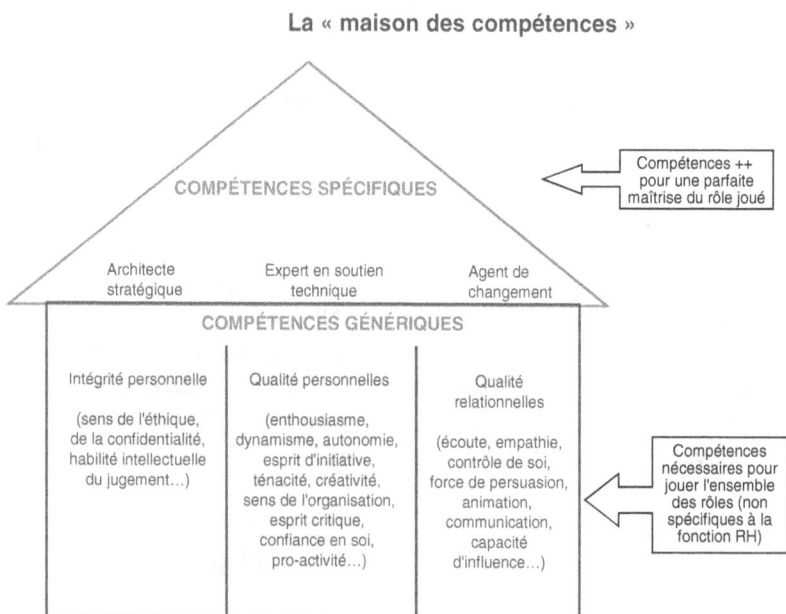

Socle indispensable à l'exercice de la fonction, le rez-de-chaussée est constitué des compétences génériques, communes à l'ensemble des professionnels RH, quelle que soit leur position dans la structure et le rôle joué (voir la « maison des rôles » p. 197). Toutefois, ces compétences ne sont pas propres à la fonction RH.

Le toit supporte les compétences spécifiques, indispensables pour jouer l'un des trois rôles. À titre d'exemple, l'architecte stratégique devra maîtriser la connaissance de l'organisation, du domaine d'activité, des enjeux stratégiques et économiques (influence de l'environnement extérieur). Sur ce dernier point, Alain Meignant précise que le DRH *« doit être capable d'entendre et de décrypter les messages de l'environnement externe et interne de l'entreprise, et d'en tirer parti pour proposer les voies et moyens de l'anticipation et de l'adaptation.*

Cette compétence est le socle sur lequel s'appuient les autres »[1].

Le repositionnement de la fonction RH sur les rôles attendus et les compétences associées nécessite beaucoup d'humilité de sa part (voir les programmes de formation évoqués plus haut). Les équipes RH doivent se mobiliser en développant en permanence les compétences spécifiques pour convaincre les managers et conduire les changements nécessaires. Par contre, à l'organisation de vérifier que l'ensemble des compétences génériques sont bien là, car certaines ne s'apprennent pas, comme le dynamisme ou l'enthousiasme ! Si les NTIC ont un impact significatif sur le positionnement de la fonction RH, à elle de prendre l'initiative, plutôt que de subir !

En conclusion, nous noterons que certains grands groupes, forts de leurs expertises RH, s'organisent pour la vendre en externe en mettant en place des offres de services RH. C'est le cas de BT, Siemens, Fiat, Danone. Ainsi, HR Valley, *start-up* du groupe Danone, commercialise depuis juin 2001 des outils opérationnels et des services en ligne dans le domaine des RH. Cette initiative permet au groupe d'offrir son expérience aux professionnels RH et aux managers d'autres entreprises dans les domaines de la formation des managers, des expatriés, de l'organisation et de la conduite du changement.

Une externalisation de son savoir-faire *via* un site Web : voilà un pied de nez aux détracteurs de la fonction, mais aussi une opportunité pour les acteurs de l'entreprise de formaliser en interne les bonnes pratiques. Affaire à suivre...

---

1. Meignant, Alain, *Les compétences de la fonction ressources humaines,* p. 49, éd. Liaisons, 1995.

Le cycle stratégique du DRH

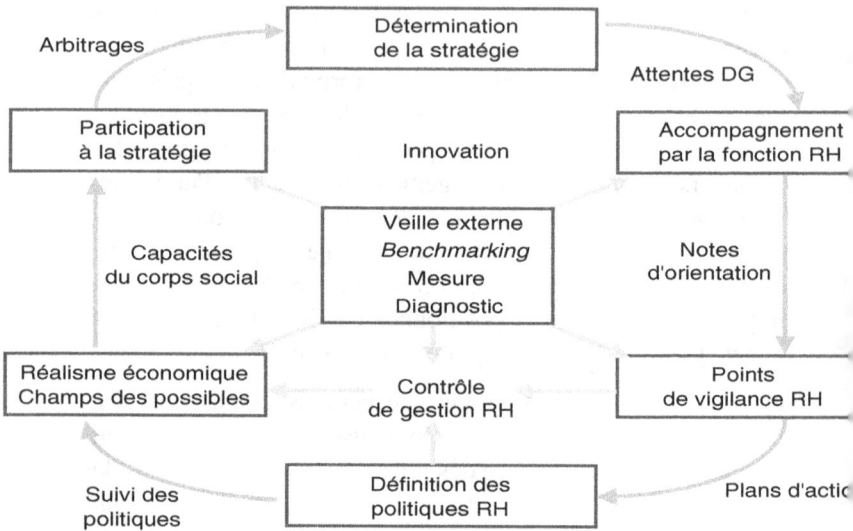

Chapitre 5

L'impact des NTIC
sur l'organisation RH

> *« L'organisation est une machine*
> *à maximiser les forces humaines »*
> Peter Drucker

Avant que les nouvelles technologies ne soient effectivement largement développées et accessibles à des non-professionnels de la fonction RH, la question principale qui divisait les DRH était de savoir si l'organisation RH dans les entreprises devaient être centralisée ou décentralisée. Il fallait rendre le meilleur service au client, qui était semble-t-il plus interne qu'externe (bien souvent, il s'agissait uniquement du personnel de l'entreprise). Ainsi, nous avons pu voir de grands groupes passer alternativement d'un mode à l'autre, mais rarement combiner les deux.

Ces dernières années, s'est ajoutée la problématique des coûts, avec une pression forte des directions générales, au même titre que pour toutes les fonctions support des entreprises. L'externalisation d'activités RH considérées à moindre valeur ajoutée (faire moins cher avec d'autres) était au départ la seule réponse. Or, en France, peu de grands groupes se sont engagés dans cette voie, contrairement à certains pays comme les États-Unis ou l'Angleterre. Les outils ont largement évolué ; ils sont désormais en passe de devenir les piliers d'une nouvelle organisation de la fonction RH, ainsi que de véritables leviers de la transformation radicale des entreprises dans sa « e-transformation ». Selon la formule de Jean-Marie Domenach : *« Il s'agit moins de penser davantage, que de penser autrement »*. C'est ce que nous obligent à faire les NTIC.

Dans ce chapitre, nous verrons que, jusqu'à une époque récente, les outils se sont calqués sur une organisation RH qui tendait à se décentraliser. Désormais, une panoplie d'outils nous est offerte avec des architectures client-serveur autour du standard Internet, ce qui favorise le recours à des organisations originales et novatrices.

À ce titre, nous évoquerons les différentes formes d'organisation de l'administration du personnel, puis celle centrée sur la gestion de la connaissance RH, à travers une utilisation rationnelle des NTIC. Enfin, nous conclurons sur l'émergence d'un nouveau modèle RH qui est au cœur des réflexions des grandes entreprises européennes et mondiales.

Centralisation, décentralisation, externalisation … et NTIC

Évolution de l'organisation RH et des SIRH

Centraliser ou décentraliser ? Longtemps, cette question a fait l'objet d'une valse-hésitation des entreprises. Il s'agissait de trouver l'organisation RH la plus performante aux enjeux du moment. Aussi, a-t-on vu la même grande entreprise passer d'un modèle à un autre, arguant du bien-fondé de l'organisation choisie.

Mais, au-delà de cette interrogation, les outils ont-ils réellement suivi ce mouvement de décentralisation ? À l'instar de l'organisation générale de l'entreprise, les RH ont été longtemps organisées autour d'un homme et sur un système pyramidal (fonctionnement du type « *top down* ») : une DRH située au siège qui centralisait les principales activités de gestion administrative (paie), de recrutement et de relations sociales.

À cette époque (1960-1980), la nécessité d'automatiser des tâches lourdes et répétitives autour de la paie (tâche réalisée en central) était souvent le seul objectif : c'est l'introduction de l'informatique avec les batch. C'est l'époque également des gros systèmes propriétaires et du règne des ingénieurs système, car les outils ne pouvaient être utilisés que par quelques spécialistes de la fonction RH. La souris n'existait pas, et Bill Gates ne « sévissait » pas encore !

Dans les années 1980, une gestion des RH se fait jour : on parle de gestion des compétences, des postes, de rémunération, de carrières, mais également de restructurations. Pour les équipes RH, le client est interne. En fait, ce mot n'est même pas prononcé. Il s'agit tout simplement du salarié : il faut assurer sa motivation, penser plan de carrière (les jeunes diplômés des grandes écoles en réclament !). Il faut également gérer la pénurie de main-d'œuvre, essentiellement dans les métiers de l'informatique (SSII), fidéliser les compétences rares (le turnover inquiète), tout en montant des plans sociaux sur certains pans d'activités. Les équipes RH s'étoffent, accueillent d'autres compétences RH, là aussi « segmentée » : recrutement, emploi... Pour plus d'efficacité, la décentralisation est alors prônée. Au-delà des structures de siège, qui ne s'allègent pas pour autant, les niveaux d'établissements, ou géographiques, se dotent d'équipes RH sur le même schéma que le central. L'objectif de cette décentralisation est d'améliorer la qualité des prestations en étant au plus près du terrain. À cette époque, les équipes RH parlent peu, voire pas du tout, du client final, celui qui apporte le chiffre d'affaires.

Sur le principe, pas de changement : on reste sur une organisation de type fonctionnel. En étant décentralisée, la fonction RH ne gagne que la proximité avec l'utilisateur. Malgré cela, elle demeure une structure administrative presque indépendante du management. Certains observateurs diront également que les profils des équipes RH délocalisées restent sous-dimensionnés par rapport à ceux des équipes centrales. Pour l'entreprise, cette organisation se révèle très vite coûteuse par la multiplication de professionnels et d'experts RH de toute nature. Elle est également lourde à animer depuis le siège, en particulier, la cohérence des politiques sur le terrain se révèle aléatoire.

Pendant cette période (1980-1990), les outils ne semblent pas suivre réellement. Les systèmes utilisés obligent des saisies multiples, les bases de données (paie et GRH) ne fonctionnement pas toujours ensemble. Des interfaces sont nécessaires, mais ne permettent pas d'avoir des informations mises à jour en temps réel. Nous sommes encore à l'ère du batch. Des progiciels verticaux suppléent aux carences des systèmes centraux : Gestform, Sima5, Recru… Apparaissent aussi quelques progiciels horizontaux comme Ressources ou Héra, autour de produits de paie batch comme Zadig, Pacha ou Clipper. Mais ces systèmes dialoguent difficilement entre eux. Les bases restent séparées : passer d'une base recrutement à une base gestion des carrières n'est pas forcément possible. De fait, la micro-informatique est utilisée « en parallèle », pour permettre le développement d'une informatique décentralisée pour des non-spécialistes : *« l'invention du tableur a sans doute été la vraie révolution du DRH. Elle a permis à toute une couche d'utilisateurs d'appréhender et concrétiser l'outil. Ceux-ci sont passés de l'utilisation des résultats de l'informatique (listings, fiches…) à l'utilisation directe de l'informatique »*[1].

Ce n'est que vers les années 1990 que les avantages des deux systèmes se sont trouvés progressivement conciliés : le raccordement au réseau permettait principalement :

- une délocalisation effective de la saisie ou simplement la consultation localement de données stockées sur un ordinateur central ;

---

1. Michel Roszewitch, Speedware France SA.

- le bénéfice de la capacité mémoire d'une machine puissante et non plus de simples ordinateurs autonomes, difficiles à synchroniser.

Au milieu des années 1990, l'utilisation des technologies Internet fait timidement son apparition dans les grandes entreprises, mais peu dans les PME. Dans un article[1] de *Liaisons sociales*, de février 1995, un journaliste évoquant la gestion de CV sous-traitée, parlait de travail simplifié par un service qui proposait la mise en place d'un système par Minitel permettant aux candidats de remplir eux-mêmes leurs dossiers. Il concluait son article par cette interpellation : *« aux prestataires de trouver une solution adaptée »*...

Les NTIC ouvrent le champ des possibles

À l'ère de la mondialisation, les entreprises doivent se transformer en permanence pour répondre efficacement à l'évolution de leur environnement au plan économique (compétition internationale, exigences et versatilité accrues des clients, nécessité de gains de productivité et de développement accéléré des produits), comme au plan social (évolutions extrêmement rapides des attentes des salariés, développement de nouvelles formes de travail...).

---

1. Ferrat, Daniel, « Dossier Management », *in Liaisons Sociales*, p. 36, n° 96, février 1995.

L'évolution des SIRH

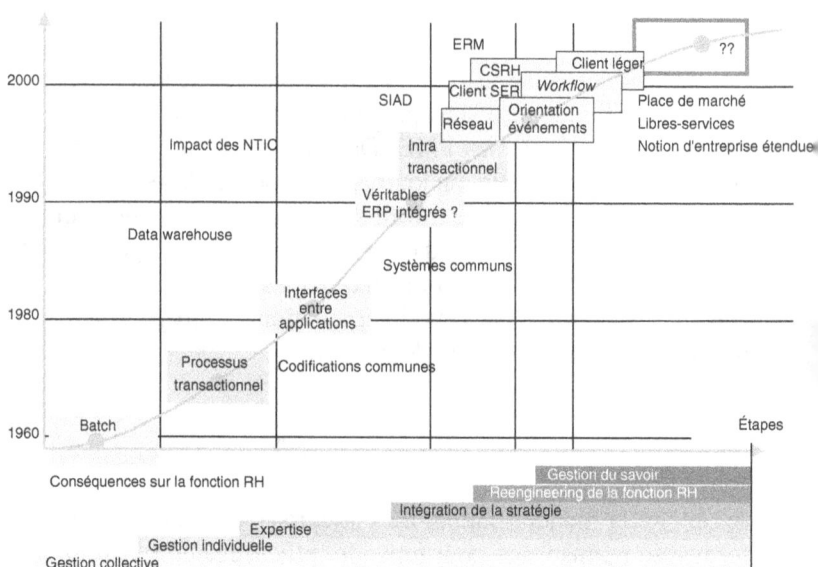

Les entreprises « communiquent autrement », tant en externe qu'en interne. À ce titre, elles repensent complètement les mécanismes de relation avec leurs clients : accès diversifiés aux moyens d'information, amélioration de la qualité de l'accueil et de la relation marchande. Nous entrons dans le règne de l'e-business... Parallèlement, les entreprises travaillent sur la révision de leurs fonctionnements internes pour faciliter la vie des collaborateurs et les rendre disponibles pour le service au client. Le mot « client » est enfin prononcé par les équipes RH. L'alignement de l'organisation RH sur le business devient progressivement le credo des entreprises.

De fait, l'organisation RH se complexifie, le dilemme centralisé ou décentralisé est dépassé. Dans une étude[1] récente, *Entreprise & personnel* note qu'« *afin de répondre aux exigences*

1. Étude d'*Entreprise & Personnel*, « Organisations RH. La fin du sanctuaire ? », février 2001, p. 18.

des affaires, les entreprises n'ont pas nécessairement opté pour les mêmes structures. Dans certaines activités, la couverture géographique s'impose. Dans d'autres, au contraire, la couverture ne s'impose d'aucune façon. Dans les premières, on optera plutôt pour la décentralisation, dans les secondes, plutôt pour la concentration ». Aussi, voyons-nous des organisations complexes se mettre en place, sur lesquelles les directions de RH se calquent. Dans de nombreux grands groupes, la logique de produit ou de marché prime sur la notion de territoire : *« c'est ainsi que, par exemple, des entreprises n'ont plus de DRH France. Leurs activités sur le sol français relèvent de plusieurs DRH Monde... La diversité prend le pas sur l'uniformité »*. Par DRH Monde, il faut comprendre des DRH Produits pour l'ensemble de la planète[1].

Cependant, ce mode d'organisation se heurte rapidement à la nécessité de respecter les législations locales, d'où l'émergence de pôles transverses par groupes de produit. À cela se rajoute une problématique de coût. Plus qu'hier, la fonction RH doit apporter une réponse sur l'allègement de ses coûts en tant que fonction support. De fait, la question de l'externalisation se pose encore. Mais, appliquée au domaine RH, elle n'a pas rencontré en France le succès que nous connaissons dans certains pays. Nous citerons l'exemple de BP Amoco[2] qui a conclu un contrat de 600 millions de dollars sur cinq ans pour sous-traiter l'administration de ses 80 000 salariés mais également la gestion de son système d'information RH (parcours professionnel, compétences, plan de retraite personnel...).

Certes, un nombre important de grandes entreprises sous-traitent forcément certaines activités, comme la sécurité, la restauration, leur parc automobile ou certaines activités de production. Hormis l'externalisation de la paie, les exemples d'activités globales de GRH sous-traitées ne sont pas très courants en France. Par contre, les PME externalisent facilement la partie RH : elles ne peuvent pas toujours consacrer du

---

1. Note des auteurs.
2. Source : *Financial Times* du 4 janvier 2000.

temps et de l'argent à cette fonction ; proportionnellement, l'investissement est plus important que dans une grande structure. Dans ces entreprises, la fonction RH est prioritairement vue sous l'angle administratif (rémunération du travail accompli...). Au-delà, elles font ponctuellement appel à des spécialistes externes pour répondre à des besoins particuliers ou pour régler efficacement des litiges éventuels.

De nouveaux horizons s'ouvrent avec les NTIC. Un champ considérable des possibles est ouvert, permettant des modes organisationnels rénovés de la fonction RH. L'externalisation de pans entiers de la RH peut également avoir sa place. Des entreprises comme BP Amocco, IBM, Cisco ou France Télécom explorent ces nouvelles voies. BP Amoco a fait le choix de l'externalisation, IBM a privilégié une plate-forme européenne de centre d'appels, Cisco a généralisé des outils de libre-service RH et France Télécom mixe outils de libre-services RH associés à des plates-formes d'expertise accessibles aux 140 000 salariés et managers du groupe. Le débat est donc ouvert.

Une organisation de type « e-interactive » appliquée au domaine RH

En tout état de cause, la recherche de productivité sur la filière RH trouve des réponses. En corollaire de l'automatisation des tâches administratives libérant ainsi du temps et des compétences, l'utilisation optimale des moyens disponibles est désormais possible.

Nous avons vu dans les chapitres précédents, la nécessaire transformation de la raison d'être de la fonction RH : la gestion administrative, certes indispensable, ne doit plus constituer son cœur d'activité. Ce mouvement de transformation se trouve facilité par l'irruption des NTIC. Aussi, certains auteurs parlent volontiers de « e-transformation », dans laquelle la dimension réseau reste l'un des facteurs fondamentaux. Cette évolution a été déjà amorcée dans les structures commerciales, de production et financières. Elle reste à mettre en œuvre dans la fonction RH. Grâce aux NTIC, les informations peuvent désormais être disponibles simultanément en local et agrégées en central : un établissement peut efficacement prendre les mesures les plus adaptées à son contexte local, tout en s'inscrivant dans une politique commune groupe. Ainsi, les NTIC libérant les entreprises du dilemme « centralisé ou décentralisé » permettent de combiner, au choix de l'entreprise, le meilleur des deux formules.

Utilisées avec créativité, en imaginant des modes opératoires nouveaux, il est possible de supprimer les unités administratives locales de plein exercice, sources de frais généraux. C'est ce qu'a découvert le monde bancaire sur un autre terrain : les agences qui ont longtemps été des entités distinctes sont désormais considérées comme des points de vente d'organisations plus larges. Cela permet de mobiliser la totalité du personnel de l'agence à l'écoute du client. Ce modèle est intéressant, dans la mesure où il est sans doute transposable au monde RH. Si l'on dote ces mêmes personnels d'outils d'information et d'aide à la décision (bases de données et logiciels de simulation), qu'on leur offre un soutien accessible et performant, chacun pourra prendre les décisions à son niveau, s'il est investi du droit de le faire. Ceci nous ramène au rôle du management de proximité, dont nous avons déjà parlé, avec la transformation de la relation triangulaire (manager, salarié, RH).

Désormais, de nouvelles formes d'organisation RH sont envisageables en s'appuyant en partie sur ce qui est fait dans le domaine commercial et marketing avec des outils RH repensés. Le couple technologie / interface utilisateur permet effectivement un accès plus large aux outils, avec des formations légères. L'arrivée sur le marché de matériels toujours plus puissants et rapides, autorise la distribution de logiciels orientés événements et favorisant le travail de groupe. Ceci oblige à reconsidérer tous les processus de travail et les postes eux-mêmes (impacts non négligeables).

L'organisation de demain est souvent décrite comme un réseau de spécialistes et d'experts communiquant entre eux à l'aide d'outils informatiques sophistiqués, avec un petit noyau central fixant les règles et définissant la stratégie.

Comme nous l'avons vu, dans une organisation de type « e-interactive » ou « e-réseau », le rôle traditionnel du manager change du tout au tout. Le travail de l'entreprise « e-interactive » est coordonné directement par les individus qui la composent et se passe fort bien de contrôle centralisé. Stratèges, intermédiaires, gestionnaires, managers, apporteurs de compétences, tous ont des rôles clés : saisir une opportunité stratégique, lancer des projets, affecter des ressources, coordonner les tâches, etc. Mais les résultats globaux obtenus découlent des actions et des interactions individuelles des différents acteurs du système, sans qu'un seul n'en assure formellement la coordination. Des organisations fonctionnant de cette façon existent déjà, même si ce n'est pas la règle générale (bourse, clubs professionnels...). Ainsi, l'une des conditions qui permet à une économie de marché de fonctionner est l'établissement et l'acceptation d'un ensemble de normes (sorte de règles du jeu) qui gouvernent toutes les transactions. Les organisations de type « e-interactives » sont appelées à se généraliser, avec des fonctionnements régis par un ensemble de règles, qui peuvent prendre de nombreuses formes : contrats, systèmes de propriété, procédures de résolution de conflits, normes de transactions, spécifications techniques, valeurs partagées...

La norme peut naître de schémas de comportement communément acceptés (usage, culture d'entreprise). Elle peut également prendre la forme de processus routiniers, comme cela se pratique dans certaines professions. Par exemple, dans les hôpitaux, chirurgiens, assistants et infirmiers connaissent parfaitement leur rôle, même s'ils n'ont jamais travaillé ensemble auparavant, ce qui leur permet de collaborer efficacement. L'un des rôles premiers des grandes entreprises est d'établir les règles, standards et usages pour les structures du réseau qui opèrent dans leur périmètre. Ce rôle est généralement délégué au DRH, nous y reviendrons. La plupart des fondements de telles organisations « e-interactive » (réseaux à Haut Débit, normes de transfert de données, logiciels partagés, data warehouse[1], monnaie électronique, marché de capital-risque…) existent sur le marché ou sont en cours de construction. Ce qui a aujourd'hui du mal à suivre le rythme de la technologie, c'est notre imagination !

Il est difficile de concevoir des organisations totalement nouvelles, dans lesquelles l'expérience acquise n'a plus sa place. Cependant, ces organisations peuvent permettre individuellement des gains de richesse, de liberté et de créativité tout en améliorant la flexibilité et l'efficacité des organisations. Les récentes évolutions technologiques permettent d'offrir, en temps réel, plus d'informations à plus d'acteurs, où qu'ils se trouvent (au bureau, à leur domicile et même pendant leurs déplacements). Des solutions organisationnelles originales devront être mises en place, d'autant plus nécessaires que les ressources internes vont se trouver éclatées, plus près des clients mais éloignés du siège ou des structures de direction. L'interactivité, en permettant d'instaurer des va-et-vient immédiats d'informations entre de nombreux acteurs, (à la place du sens unique du sommet vers la base, qui était la norme) va entraîner des modifications fondamentales dans le fonctionnement de l'entreprise et son organisation.

À nous d'être désormais imaginatifs, de *« permettre à des gens ordinaires de faire des choses extraordinaires »*, selon la formule de Peter Drucker. À ce titre, pouvait-on imaginer, il y

---

1. Littéralement « entrepôt de données », il regroupe les données issues des diverses applications (Systèmes d'Information Production, Commercial, Finances/ Comptabilité, RH…) sous une forme structurée, s'appuyant sur des référentiels communs.

a quelques années, des opérations chirurgicales à distance, des collaborations en temps réel par téléphonie sous-marine ou en 3D sur des fouilles archéologiques ?

Des NTIC conduisent à des projets époustouflants

L'expertise des chercheurs de France Télécom R & D, en étroite collaboration avec les ingénieurs de France Télécom, est à l'origine d'innovations préfigurant les services de télécommunications de demain.

Lindbergh : une première mondiale en télé-chirurgie

En septembre 2001, une patiente a subi une opération à Strasbourg par un chirurgien qui se trouvait à New York, grâce à un système de robotique relié à des services Haut Débit. Ainsi, une liaison transatlantique de plus de 7 000 kilomètres totalement sécurisée, avec un délai de réponse de 150 millièmes de seconde et une qualité d'image exceptionnelle a été mise en place.

Une opération qui préfigure le recours croissant à la vidéo dans les nouveaux modes d'échange, désormais possible grâce à la qualité d'image offerte par le Haut Débit. La réussite de cette opération ouvre de nouvelles possibilités de modes de travail coopératifs permettant de s'affranchir de toute contrainte d'espace et de temps : télétravail, télé-formation, mobilité...

Fouilles d'Alexandrie : connaître le passé via les technologies de demain

Partenaire du Centre d'Études Alexandrines (CEA), France Télécom R & D a mis au point des applications adaptées aux fouilles d'urgence, conduites par l'équipe d'archéologues de Jean-Yves Empereur, pour mettre à jour les vestiges de la cité d'Alexandrie.

Des solutions innovantes ont ainsi été conçues pour faciliter les échanges d'informations, en temps réel, entre archéologues et experts dans des conditions extrêmes (Intranet communautaire, application de travail collaboratif en 3D permettant de modéliser les objets, visio-services Haut Débit, téléphonie sous-marine, tablette multimédia mobile permettant de diffuser des images scannées, de participer à des visioconférences ou de découvrir des sites reconstitués en 3D). Ces nouvelles technologies et ces nouveaux services préfigurent ce que pourraient devenir les méthodes de travail des archéologues, mais aussi celles d'autres communautés d'intérêt.

Organisation en matière
de gestion administrative

Au cœur de la société de la communication, où le virtuel est omni-présent, le DRH doit devenir le pilote d'une nouvelle ingénierie de la connaissance, basée sur de nouvelles façons de s'informer, d'apprendre, d'acquérir puis de partager des connaissances, donc des savoir-faire et des expertises dont l'entreprise a besoin pour survivre. Désormais, nous l'avons vu, les attentes de directions générales pour la fonction RH se situent dans quatre domaines précis :

* des gains de productivité ;

* une participation active à la stratégie (au service des finalités de l'entreprise) ;

* une gestion des compétences ;

* un appui accru à la hiérarchie, sans prendre sa place.

Nous pourrions en rajouter un cinquième : favoriser l'*empowerment* des collaborateurs, c'est-à-dire encourager les pratiques managériales visant à développer les responsabilités et les pouvoirs de décision, aux plus bas niveaux hiérarchiques (voir e-glossaire).

Ces nouvelles missions nécessitent pour la fonction RH de s'organiser différemment pour mieux répondre aux besoins de l'entreprise. Il s'agit donc, pour la DRH, de trouver le meilleur couple organisation / technologie pour répondre, au meilleur coût, aux attentes de ses clients internes. Or, les attentes de ces clients internes sont en constante évolution, du fait de la complexité des environnements où ils se meuvent et aussi d'une plus grande ouverture à l'expérimentation. Dans un monde où les besoins des clients, les produits et les marchés évoluent à un rythme élevé, il n'est plus possible d'attendre et d'avoir la maîtrise de tous les paramètres d'une situation pour agir.

À un paradigme privilégiant l'analyse et la création de solutions couvrant tous les aléas possibles se substitue une approche plus pragmatique, ouverte aux incertitudes, mais laissant une large place à la réactivité des acteurs terrain.

Utiliser les avances technologiques pour réviser les processus administratifs et offrir le meilleur service au juste coût

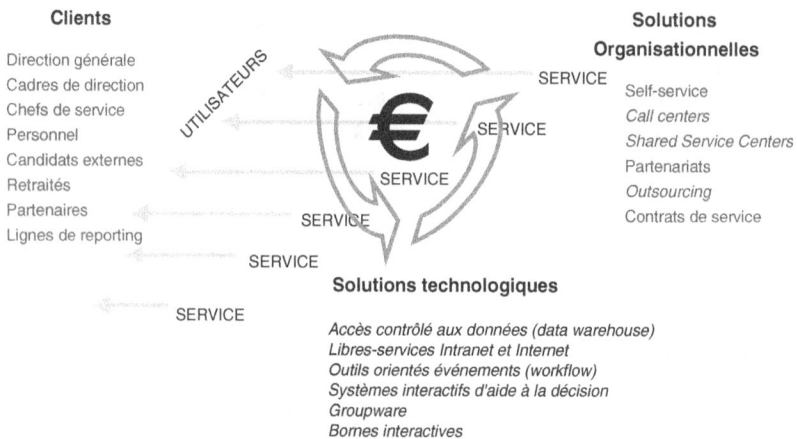

Clients

Direction générale
Cadres de direction
Chefs de service
Personnel
Candidats externes
Retraités
Partenaires
Lignes de reporting

UTILISATEURS

SERVICE
SERVICE
SERVICE
SERVICE
SERVICE
SERVICE

Solutions Organisationnelles

Self-service
Call centers
Shared Service Centers
Partenariats
Outsourcing
Contrats de service

Solutions technologiques

Accès contrôlé aux données (data warehouse)
Libres-services Intranet et Internet
Outils orientés événements (workflow)
Systèmes interactifs d'aide à la décision
Groupware
Bornes interactives

La fonction RH doit répondre à la demande d'une multiplicité de clients aux préoccupations différentes. Pour ce faire, elle dispose de deux grandes familles de solutions : des solutions technologiques et des solutions organisationnelles (voir graphe ci-dessous). Nous ne rentrerons pas dans le détail des solutions technologiques déjà évoquées par ailleurs (voir schéma ci-dessus). En revanche, nous allons nous arrêter sur les solutions organisationnelles, qui peuvent être de purs produits des nouvelles technologies ou qui seront utilisées pour optimiser les résultats. En tout état de cause, il s'agira pour la fonction RH d'offrir le meilleur service à l'ensemble de ses clients mais au « juste coût ».

Les différentes organisations RH

En matière de gestion administrative, les DRH disposent de six niveaux de solutions s'appuyant directement sur les NTIC, que nous allons développer.

Les différentes organisations RH

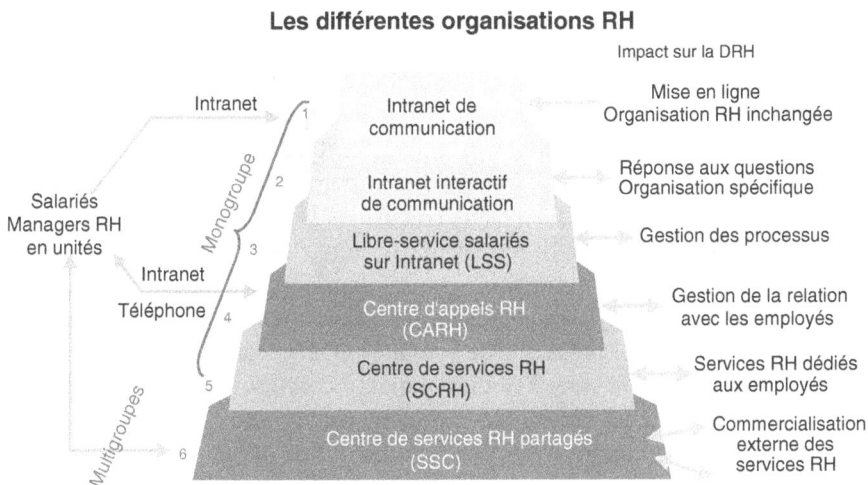

L'utilisation de l'Intranet de communication pour diffuser les règles RH

Le recours à l'intranet ne remet pas en cause l'organisation RH. Il apparaît comme un complément au papier. C'est la formule qui a été adoptée par un grand nombre d'entreprises pour permettre une diffusion des règles RH et leur mise à jour. Dans certains grands groupes, ces données faisaient l'objet d'un abondante « littérature » tenant dans plusieurs classeurs…

L'étude Cegos a cependant mis en lumière des pertes de productivité, dans les entreprises qui avaient ouvert un portail RH, dues à la nécessité de recourir à quelques personnes dédiées (spécialistes du langage HTML et non spécialistes des RH). Nous voyons, ainsi, beaucoup d'exemples de DRH qui ont voulu se donner une image moderne, sans pour autant transformer leur organisation RH. Or, il ne s'agit que d'un Intranet plaqué sur une organisation préexistante. Après une première période positive, le résultat est souvent décevant en termes de consultation et de perception : « On ne trouve pas les réponses à nos questions », « les informations ne sont pas à jour », « on s'y perd », « encore du jargon »...

Enfin, la filière RH et la hiérarchie considèrent que l'information en ligne interfère dans leurs propres missions. À titre d'exemple, nous citerons notamment le cas de l'entreprise Engrand qui mettait en ligne les accords signés avec les organisations syndicales. Dans ce cas, les NTIC sont une mode à laquelle on souscrit « pour faire comme tout le monde », mais l'Intranet met vite en lumière les lourdeurs des règles et l'inadéquation de l'organisation RH. La publication d'un texte ne résout pas le problème de son interprétation et ne dispense pas de son explication à la hiérarchie : *« On préférerait une brève réunion d'information »*, *« Si vous croyez qu'on n'a que ça à faire ! »*, *« Moi, c'est les syndicats qui m'informent »*, tels sont quelques commentaires recueillis de la bouche des cadres. L'un d'entre nous s'amuse à dire que *« si l'on veut faire face aux enjeux de demain, avec les processus d'hier, on crée les lourdeurs d'aujourd'hui et les blocages de demain »*.

La mise en place d'un Intranet de communication interactif

L'Intranet devient l'outil de communication de la DRH. Toutes les structures de la DRH sont organisées autour de l'Intranet pour répondre aux questions et le faire vivre. Celui-ci est piloté par un cadre de la DRH. Des analyses quotidiennes de la consultation sont effectuées : toutes les questions sont transmises au responsable du domaine concerné et donnent lieu à un traitement. Aucune décision n'est prise sans que l'aspect communication ne soit étudié.

© Éditions d'Organisation

Un collègue DRH nous confiait : « *Au départ, l'Intranet interactif n'était qu'un support supplémentaire de communication de la DRH. Rapidement, nous avons dû nous organiser autour de lui, car il est extrêmement réactif. Quand on communique mal ou trop tard, on est violemment rappelé à l'ordre. C'est bon pour l'efficacité et ça rend plus modeste* ». L'Intranet favorise alors un positionnement plus stratégique de la DRH, les responsables de domaine traitant avec le temps de questions moins courantes et plus stratégiques.

L'information mise en ligne privilégie la fraîcheur et la rapidité. Elle fait ainsi l'objet d'un ajustement permanent. Ceci sous-tend une acceptation par tous les acteurs RH d'une perte de pouvoir relative à la détention de l'information. En contrepartie, chacun peut contribuer à la création de l'information, ce qui lisse les réactions. Cependant, comme on le verra plus loin, la capitalisation des interactions entre individus repose sur le cadre RH, responsable de l'Intranet RH. Cette solution, exigeant une forte animation, est cependant très efficace et peu coûteuse. Beaucoup de PME l'adoptent, car le prix du ticket d'entrée est peu élevé.

La mise en place d'un libre-service sur Intranet

Il s'agit de permettre à certaines personnes, dûment identifiées et autorisées, d'accéder en ligne à certaines informations ou données, de les modifier ou de déposer des dossiers sous des formes convenues. Ce niveau vient en complément d'un Intranet interactif, mais il donne la main aux salariés sur des actes de gestion le concernant. Cela suppose un système informatique quelque peu sophistiqué avec, non seulement des contrôles en temps réel d'accès (qui accède à quoi), mais aussi des vérifications de processus et de cohérence. Pour l'entreprise, les avantages sont non négligeables : la suppression de certaines activités assurées par des équipes RH dédiées, dont notamment :

- les tâches de saisie (déport vers le salarié sans surcoût : remplir un écran ne prend pas plus de temps que de remplir un imprimé, et avec un processus simplifié, c'est même plus rapide) ;

- la manipulation de données (toutes les opérations de transfert de support papier sont confiées au réseau) ;

- la réduction du papier (sur les seuls congés payés, ce sont 70 tonnes de papier qui ont été économisées, selon l'affirmation d'une grande entreprise) ;

- le traitement des questions relatives à l'événement saisi (généralement, le salarié pourra visualiser en temps réel la prise en compte de sa saisie).

Pour le salarié, l'avantage est un contrôle lors de la saisie qui peut être rendue pédagogique.

Dans une telle organisation, associée ou non à du workflow, l'individu est responsabilisé dans certains actes de sa gestion (état civil, changement d'adresse, de banque, couverture sociale, absences…), mais aussi pilote de son propre développement (professionnalisation, mobilité, carrière…). Les exemples donnés dans le chapitre 2 sont évocateurs de l'imagination fertile des entreprises sur le sujet.

Il faut noter que les libre-services fonctionnent bien, si leur interconnexion avec l'Intranet interactif est de bonne qualité, ce qui permet au personnel de réagir, de demander conseil ou de vérifier si l'interprétation d'un texte est bien la bonne. Il reste par contre un risque de déshumanisation des relations, nous y reviendrons.

Le schéma ci-après résume le fonctionnement d'un libre-service RH dans le domaine du recrutement, tel qu'il vient d'être décrit.

Le libre-service RH

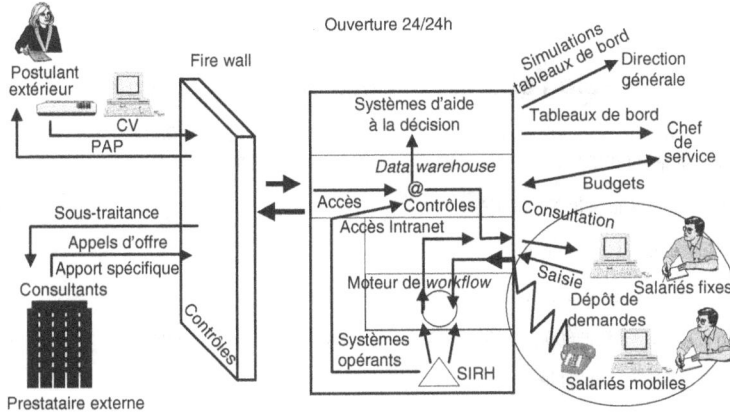

On voit au centre les différents étages informatiques enserrant un moteur de *workflow*, permettant les échanges internes sur l'Intranet. Sur la gauche, les candidats et les partenaires externes : ils peuvent accéder aux informations des postes à pourvoir et applications autorisées (base de CV, par exemple) en passant à travers un *fire wall*[1] qui assure en principe la sécurité de l'Intranet. Sur la droite du schéma, des accès rendus possibles à différents acteurs de l'entreprise (managers, équipe RH…) pour simple consultation ou traitement.

Le centre d'appels RH (CARH)

Ce niveau vient en supplément des niveaux 2 ou 3. Un centre d'appels est une structure spécialement conçue et organisée pour répondre avec professionnalisme aux questions prove-

---

1. Dispositifs électroniques permettant à l'Intranet d'entreprise de communiquer avec le monde Internet externe. Ces dispositifs comportent des logiciels d'analyse des flux en entrée et en sortie capables de détecter d'éventuelles intrusions externes ou des transmissions vers l'extérieur d'informations confidentielles. Dans ces cas-là, le fire wall coupe les liaisons.

nant d'une population déterminée. Les appels émanent généralement du téléphone.

Mission et objectifs des centres d'appels

En France, les entreprises qui utilisent un centre d'appel, très majoritairement dans des domaines commerciaux, en attendent, par ordre d'importance :

• améliorer la satisfaction des clients ;

• développer la fidélisation des clients ;

• mieux comprendre les demandes et les attentes des clients ;

• obtenir par une écoute active des clients un avantage concurrentiel ;

• augmenter les ventes ;

• optimiser le coût du marketing, grâce à des études de marché en temps réel ;

• mieux gérer le traitement de la facturation (réagir plus vite en cas d'anomalie) ;

• créer de nouveaux services ou produits par les réseaux de distribution traditionnels ou par le centre d'appel directement.

Toujours en France, le coût moyen d'un centre d'appel, en 1999, se décomposait en :

• 41 % de services d'exploitation (dont salaires) ;

• 22 % du coût de télécommunications ;

• 19 % d'amortissement de l'investissement matériel ;

• 18 % d'amortissement de l'investissement logiciel.

D'autres supports peuvent co-exister, comme la messagerie, le fax ou des applications de visio-transmission. Un CARH peut travailler en réception d'appels, en émission d'appels, voire les deux simultanément ou alternativement, ce qui témoigne de leur grande flexibilité.

Un centre d'appels RH dédié

C'est : une organisation spécifique orientée clients

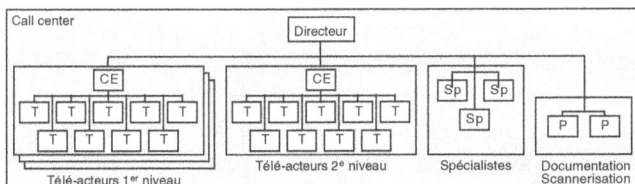

C'est : un système informatique sophistiqué

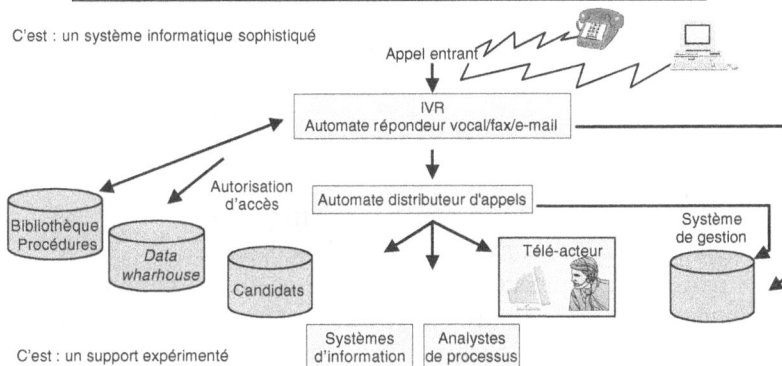

C'est : un support expérimenté

En réception, le CARH est en quelque sorte un service hot line qui répond, par exemple, à des appels sur une demande d'assistance technique sur le libre-service, une demande de renseignements administratifs. Il est également conduit à apporter des précisions sur les politiques, les principes RH ou à envoyer des attestations…

En émission, le CARH est pro-actif pour qualifier une liste (précision d'une cible), rechercher des candidats, relancer sur des questions diverses, faire des enquêtes de satisfaction, analyser la qualité perçue suite à une opération RH.

La mission d'un CARH est d'éviter la déshumanisation dont nous venons de parler, de permettre à tout moment d'entrer en contact avec un interlocuteur pertinent. L'objectif d'un CARH est de répondre avec une qualité optimale et mesurée aux appels, chacun d'eux étant porteur d'un problème potentiel.

La qualité de l'accueil, la pertinence de l'information donnée et reçue sont, pour la DRH, un facteur de qualité de vie au travail, de fidélisation du personnel. La mise en place d'un CARH permet également de segmenter les populations et de définir pour chaque segment le canal de communication le plus adéquat, le plus performant et le moins onéreux. Par exemple, pour accéder au CARH, certaines populations utiliseront volontiers le mail, telles autres préfèreront l'envoi postal d'un support papier, d'autres encore utiliseront systématiquement le téléphone. Avec le temps, des évolutions de comportement seront également intéressantes à observer.

Quelques précisions sur l'organisation d'un centre d'appels

Un CARH s'articule autour d'un regroupement de moyens techniques et humains au service d'une stratégie de service client (architecture informatique, systèmes de mise en communication, accès contrôlé aux données et télé-conseillers[1]). Les auteurs insistent beaucoup sur l'aspect technique, mais la qualité du service repose avant tout sur celle des télé-conseillers et sur leur motivation.

On distingue généralement des groupes de télé-conseillers (indiqués par T, sur le schéma ci-dessus) :

- dits de « premier niveau » ; ils sont chargés de répondre à des questions relativement simples, correspondant à leur niveau de formation et d'information ;

- dits de « niveau 2 » ; ils sont amenés à répondre à des questions plus complexes.

Comme le montre le schéma ci-dessus, un CARH est donc une organisation spécifique orientée clients s'appuyant sur un système informatique sophistiqué et un support expérimenté. Ainsi, les nouvelles technologies de l'information, en couplant informatique et systèmes de communication, permettent

---

1. On parle de télé-conseillers, mais aussi de télé-acteurs ou télé-opérateurs.

d'assurer une grande efficacité aux CARH : identification automatique du numéro de l'appelant, routage des appels par des automates de traitement, connexion avec un télé-conseiller ou des serveurs vocaux et / ou fax, couplage avec les bases de données), tout en assurant un bon service aux appelants.

L'un des premiers critères d'efficacité d'un centre d'appels est sa capacité à qualifier les appels et à les diriger au plus vite vers le bon interlocuteur, avec de brefs temps d'attente. Cette tâche d'aiguillage des appels est dévolue à un automate de réponse vocal. L'aiguillage automatique des appels sur un télé-conseiller permet de sélectionner la personne la mieux à même de traiter efficacement l'appel. L'identification automatique de l'appelant donne la possibilité de préparer différents écrans informatiques personnalisés, qui autoriseront de la part du télé-conseiller, une réponse précise et rapide. Cela favorise un dialogue plus chaleureux, second critère d'efficacité.

Ainsi, le fonctionnement d'un centre d'appels repose largement sur un système informatique sophistiqué, que l'on désigne sous le terme d'ERM (management de la relation avec l'appelant).

Les CARH : une raffinerie de la connaissance

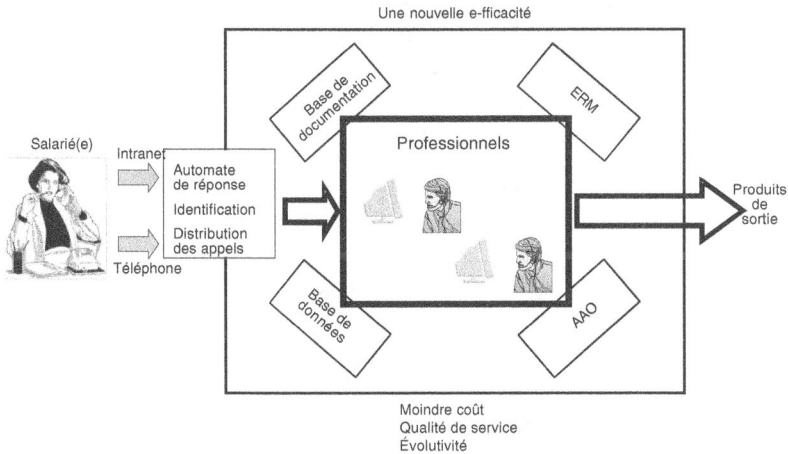

Une nouvelle e-fficacité

Salarié(e) — Intranet — Automate de réponse / Identification / Distribution des appels — Téléphone

Base de documentation — Professionnels — ERM

Base de données — AAO

Produits de sortie

Moindre coût
Qualité de service
Évolutivité

Il comprend, comme le schéma le montre :

- un système d'autorisation d'accès lié à des bibliothèques de procédures et des fichiers nominatifs ;

- un automate de distribution des appels vocaux vers les opérateurs ; cet automate tient une comptabilité rigoureuse des temps d'attente et des temps de dialogue ;

- une aide en ligne affichée sur écran, guidant les opérateurs sur les précisions à demander pour clarifier les questions, c'est-à-dire l'argumentaire assisté par ordinateur (AAO) ;

- un accès automatique aux informations personnelles du salarié appelant, grâce à un couplage informatique entre l'AAO et les bases de données individuelles du personnel ;

- un accès automatique, lui aussi piloté par l'AAO, à des bases d'informations et de règles RH indiquant à l'opérateur la réponse (éventuellement personnalisée) à fournir à la question posée.

Les véritables outils d'ERM permettent de transmettre les cas particuliers en temps réel (par mail) aux experts de chaque domaine ou de leur demander de valider l'interprétation de certaines règles. L'outil donne aussi au télé-conseiller la possibilité de suggérer au responsable de chaque domaine des modifications de rédaction qui lui semblent pertinentes (produits de sortie). Le CARH devient en quelque sorte une « raffinerie » de la connaissance.

Mais recueillir les expertises nécessaires n'est pas facile à mettre en œuvre. Cela nécessite quelques précautions, car beaucoup d'experts ont du mal à confier leur savoir à une base de connaissance, qui permettra ensuite à des personnes moins qualifiées d'intervenir à un niveau d'expertise proche du leur. Pourtant, c'est absolument nécessaire. En effet, dans toutes les organisations, les expertises RH restent dispersées dans l'ensemble des structures (exemple : experts, rémunération, mobilité…). C'est là que la technologie peut tout à fait intervenir.

L'un des objectifs de l'outil d'ERM est de référencer ces expertises, d'en mesurer la pertinence et de les mailler (pour les enrichir). La mutualisation des expertises permet de faire des gains non négligeables ; les expertises étant des ressources rares, donc coûteuses, qui doivent être sollicitées et entretenues.

C'est aussi, pour le terrain, un moyen d'assurer leur cohérence d'action (on connaît tous les querelles d'experts) et de limiter les redondances. Sur ce point, nous donnerons l'exemple d'une société qui a découvert que 30 % de ses experts RH ne faisaient que transmettre les dossiers à d'autres experts et ralentissaient sensiblement le temps de traitement des dossiers. Il n'est pas question de travailler sans experts, mais leur rôle doit être bien défini et leur contribution reconnue : ils doivent être non seulement associés à la gestion de l'outil ERM, mais aussi « animés », pour que leurs actions soient bien focalisées sur des attentes stratégiques de l'entreprise.

L'outil ERM permet également d'obtenir diverses statistiques automatiques pour observer l'efficacité du dispositif, trouver les domaines à améliorer et ceux dont on peut réduire les coûts. Ainsi tout le système informatique est-il organisé autour d'une base d'information, en perpétuelle amélioration, qui tend à devenir une véritable base de connaissance, enrichie par tous et partageable par tous. Dans les systèmes évolués, cette base de connaissance alimente à son tour les informations mises en ligne sur l'Intranet, soit directement, soit après ré-écriture par un comité ad-hoc.

Ce système technique sophistiqué doit être servi par des télé-conseillers impliqués dans l'amélioration de la base de connaissance. Dans la plupart des centres que nous avons pu analyser, les télé-conseillers sont organisés en deux brigades : un premier niveau et un second niveau plus expérimenté, souvent spécialisé dans un ou plusieurs domaines. Le premier niveau prend les appels, cerne la question et tente d'y répondre sans interprétation, en utilisant la base documentaire à sa disposition

(ERM). Si une interprétation est nécessaire, le second niveau intervient, dans le cadre des marges de manœuvre indiquées dans la base documentaire. Si la question est particulière, le second niveau la formule sur écran et la transmet à un expert du domaine. Le second niveau assurera le suivi de la demande et relancera l'expert, si nécessaire. La réponse de l'expert pourra enrichir la base documentaire.

L'analyse comparée de plusieurs CARH dotés d'équipements logiciels semblables aux États-Unis montre bien que l'efficacité perçue par les salariés repose principalement sur les équipes de télé-conseillers, parfaitement rodés à l'utilisation des outils mis à leur disposition, porteur d'une partie de la mission du centre. Effectivement, ce sont eux qui assureront le dialogue avec les clients et feront que ces derniers seront satisfaits ou frustrés. Comme on peut l'imaginer, le management d'un CARH est un élément important de la stratégie globale du centre. Le recrutement, la formation et l'information des télé-conseillers deviennent essentiels, d'autant plus que la qualité première attendue est le service au client.

Pour être efficace, un CARH doit être pensé, structuré et organisé en fonction des objectifs qui lui sont fixés. Il est un vecteur de la stratégie de la DRH, ce qui rend possible et justifie son intégration dans la DRH de l'entreprise. À ce titre, Suiza Cruz au Brésil (Manufacture nationale de tabac), qui a été l'une des premières entreprises à se structurer de la sorte, en est un bon exemple. La DRH compte quatre-vingt-deux personnes qui en gèrent 16 000 sur trente-huit localisations. De nombreux libres-services et *workflow* sont en place. Ils ont nécessité plus de deux ans de mise au point (une partie de la population étant analphabète, les entrées se font *via* des pictogrammes sur des écrans tactiles).

Un centre d'appels intégré dans une DRH

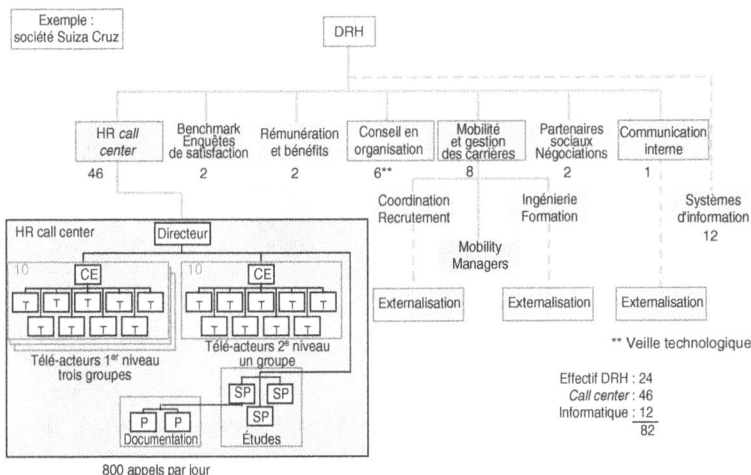

| Exemple : société Suiza Cruz | DRH |

| HR *call center* 46 | Benchmark Enquêtes de satisfaction 2 | Rémunération et bénéfits 2 | Conseil en organisation 6** | Mobilité et gestion des carrières 8 | Partenaires sociaux Négociations 2 | Communication interne 1 |

Coordination Recrutement — Ingénierie Formation — Systèmes d'information 12

HR call center — Directeur

Mobility Managers

10 — CE — 10 — CE

T T T T T — T T T T T
T T T T — T T T T T

Externalisation — Externalisation — Externalisation

Télé-acteurs 1er niveau trois groupes — Télé-acteurs 2e niveau un groupe

SP SP
P P — SP
Documentation — Études

** Veille technologique

Effectif DRH : 24
Call center : 46
Informatique : 12
82

800 appels par jour

Le cœur de la DRH ne compte que vingt-quatre personnes dont six travaillant à plein temps sur l'organisation, les compétences et les évolutions de métiers (voir la répartition des effectifs RH dans le schéma précédent). Communication, recrutement et formation sont externalisés.

Des éléments d'organisation : Suiza Cruz (Brésil)

Quelques commentaires sur l'organisation RH de Suiza Cruz, où le CARH vient en complément d'outils de libre-service largement développés. Beaucoup d'activités ont été externalisées, comme le recrutement et la fourniture d'actions de professionnalisation.

Une équipe de huit personnes assure la coordination avec les prestataires externes et se concentrent sur le suivi des cadres et la mobilité interne.

Une personne est responsable de la communication interne, qui est également sous-traitée (avec appel d'offre annuel).

Une équipe de six personne intervient en soutien des managers afin de les conseiller sur la mise en place de structures innovantes, les aider à revoir les processus, en liaison avec l'équipe informatique (douze personnes), chargée de mettre en place des outils de libre-service ou de *workflow*. À noter que l'équipe informatique est rattachée hiérarchiquement au DRH et fonctionnellement au DSI.

Deux personnes font de la veille sociale et technologique à l'extérieur.

Deux personnes travaillent sur les niveaux de rémunération et font du *benchmarking* externe.

Le CARH compte quarante télé-acteurs, trois experts traitant de dossiers complexes et deux personnes gérant la documentation, scannant les documents.

Le cœur de métier RH est donc tenu par vingt-quatre personnes plus les trois experts (vingt-sept personnes) pour en gérer 16 000, soit un ratio de 0,18 % et un total RH de soixante-dix personnes (les informaticiens non compris), soit un ratio total inférieur à 0,5 %. Selon le DRH, les tâches externalisées doublent sensiblement le coût de la structure. L'externalisation du recrutement, de la formation et de la communication permettent des souplesses, réactivité et innovation supérieures à ce qui pourrait être apporté en interne.

Le ratio RH sur effectif géré est de 0,5 %, ce qui est proche du taux constaté par Saratoga dans quelques grands groupes américains. Ainsi, Cisco a un ratio global RH de 0,5 %, mais qui monte à 1 % pour la France.

Autre organisation possible, un CARH transnational

C'est le cas d'IBM qui a installé son CARH à Portsmouth, lequel couvre l'Angleterre, la France et l'Italie. L'organisation mise en place par IBM, avec des outils simples et efficaces, est assez classique en matière de CARH. Un gros effort de rationalisation des processus RH a également été entrepris. À terme, le ratio administratif visé sera de 0,4 %, soit un télé-conseiller pour deux cent cinquante salariés. Avant d'aller plus loin, il faut souligner que certaines entreprises ont tendance à regrouper sur un même centre d'appels toute une palette de fonction support (centres d'appels polyvalents, ou CAP). Ainsi, les télé-conseillers peuvent-ils indifféremment répondre à des questions concernant l'informatique, la finance, la comptabilité, les services généraux, les voyages ou la RH. La palette des sujets traités fait que la pertinence des réponses apportées dépend totalement des bases de connaissances et des argumentaires pilotés par l'informatique.

À ce titre, nous avons été impressionnés lors de notre récente visite chez Teletech, dans son centre situé à Toucy, de voir un télé-conseiller répondre au téléphone à un client, tout en rentrant les réponses apportées dans la base de données (ERM) et en prenant la main à distance, *via* un second PC, sur l'application du client pour apporter les corrections nécessaires (voir encadré ci-ciaprès). Du grand art, certes, mais quel professionnalisme !

Les possibilités d'apprentissage des télé-conseillers sont assez réduites, d'autant plus que la concentration des domaines poursuit un objectif de productivité qui va donc de pair avec un contrôle fort. L'animation de la professionnalisation doit faire l'objet d'une attention soutenue de la part de la hiérarchie.

Dans les centres d'appels, les experts de chaque domaine restent situés dans leur structure d'origine et sont consultés à distance par mail. Cette solution organisationnelle permet à des structures de moins de 5 000 personnes d'amortir les investissements logiciels et matériels, en créant des CARH de petite taille et en s'appuyant sur les experts en place. Cependant, l'animation des personnels et leur évolution doivent être surveillées de près. C'est une grande partie du travail effectué par les superviseurs.

Autre tendance des grandes entreprises : la délocalisation des centres d'appels pour des raisons d'optimisation du coût des télécommunications (ainsi, Angleterre et Irlande semblent des terres d'accueil appréciées). Les avantages mis en avant sont les économies d'échelle (centre européen), la standardisation des processus (favorisant la mobilité) et le décloisonnement des fonctions support (quand le centre est polyvalent). Les inconvénients sont la barrière des langues et les subtilités des réglementations nationales. Cela limite ces applications à des groupes qui ont très bien su standardiser et uniformiser leurs processus ou à des fonctions de base (avec le risque de productivisme déjà avancé plusieurs fois).

La création de bases de connaissances Teletech

Les objectifs

Teletech offre des prestations de *call center* à ses entreprises clientes (choisies en fonction de l'intérêt de leurs projets). Son objectif est de leur offrir des services de qualité à valeur ajoutée et ainsi créer une relation de partenariat. Ce plus est une analyse continue des processus, des attentes clients, des argumentaires et des messages, via les télé-acteurs, pour enrichir une base de connaissance pour le compte de ses clients partenaires.

Le descriptif

Teletech a ainsi développé ses propres outils, en complément des bases de données de ses clients. Elle utilise aussi des outils de *case base reasoning* pour construire le parcours d'un expert, pour constituer progressivement une base de connaissance, selon une démarche personnelle simplifiée qui constitue en fait la spécificité de l'entreprise. Il s'agit pour elle de conjuguer en permanence analyse des contenus et base de connaissance.

Ce sont les RH de Teletech et leur travail qui sont le relais de la connaissance. En effet, l'entreprise valorise et utilise son capital humain – à contre-pied des *call centers* traditionnellement tayloristes – car il est la source de la connaissance du métier.

Le système Teletech

Dans cette « raffinerie de la connaissance », à laquelle le personnel est associé, le temps partiel sous toutes ses formes est accepté. La gestion des horaires est un élément clé du système ; réalisée sur informatique (développement en interne), elle tient compte des contraintes individuelles. Les cadences sont mesurées, mais la qualité est primordiale. Sur une heure, seulement la moitié est considérée comme utile, le reste étant réservé à la formation, l'information et les pauses.

Les équipes recouvrent plusieurs chaînes de complexités différentes. Dans chaque chaîne sont réunis trois niveaux de télé-acteurs, rassemblés en groupes de quatre ou cinq personnes, la plus « gradée » ayant une mission de coaching des autres. Pour la formation des salariés de niveau 3, des visites chez le partenaire sont organisées, et ce dernier se rend souvent sur place pour compléter la formation. Les personnels d'une chaîne disposent de toute l'information de l'entreprise pour penser et parler comme le partenaire et le « reproduire jusqu'à ses défauts ». Les superviseurs écoutent et apprécient les dialogues, selon des grilles standard (sur écran) « publiques ». Ces grilles sont ensuite envoyées par messagerie à l'intéressé, qui peut demander à suivre de la formation. Des conditions de travail confortables favorisent également la productivité : le mobilier, adapté au mode de travail des télé-acteurs, est réalisé par Teletech.

© Éditions d'Organisation

La rémunération comporte une part variable, qui répond à des règles transparentes et spécifiques au client et à l'exercice. Le recrutement fait l'objet de soins attentifs pour s'assurer de la bonne intégration dans les équipes. Teletech a mis en place une base de données RH qui permet à chaque manager de visualiser le personnel qu'il manage (statistiques, connaissances, compétences…). La base RH est unique et multi-sites. Les salariés peuvent consulter leur fiche, mais pas la modifier.

Les résultats

Grâce à la maîtrise du métier, les délais de mise en œuvre sont généralement très courts. Le budget de formation est supérieur à 10 %, très élevé par rapport à la profession. Flexible, Teletech a pu ainsi se lancer dans des projets plus spécifiques, comme la gestion des tâches administratives ou la mise en place de télé-tutorats.

Un call center international : IBM

Les objectifs

Forte de son expérience américaine en matière de réorganisation RH, IBM décide de s'attaquer à l'Europe, dont les spécificités nationales coûtent cher en matière de gestion du personnel. Profitant de la technologie mais aussi des erreurs commises aux États-Unis, IBM souhaite transformer ses managers RH pour les désengager au maximum de la gestion des tâches administratives, grâce à des outils LSS efficaces mais simples. Le but est d'en faire des consultants internes, sources de proposition pour les objectifs business et non plus des freins (à cause d'un aspect exagérément administratif). IBM souhaite également que la fonction se dote d'un recueil des meilleures pratiques pour les généraliser rapidement.

Le descriptif

La nouvelle approche RH d'IBM est assise sur un développement des transactions Intranet, le développement du self-service et un call center dont la mission principale est d'informer par téléphone. Véritable projet, la conduite du changement organisationnel est faite sous l'égide du DRH européen et aboutit notamment à la naissance du *call center* de Portsmouth, au Royaume-Uni. Ce dernier répond à toutes les questions des salariés. Après un automate vocal, trois niveaux de traitement des questions (reliés par messagerie) permettent de répondre, selon le niveau d'expertise requis. Les questions de niveau 2 et 3 sont analysées pour alimenter la base de connaissance, mise à jour sur écran, *via* l'outil DOMINO. Selon IBM, il ne faudra (hors paie et formation) à terme qu'un interlocuteur de niveau 1 pour quatre cents salariés (0,25 %), un de niveau 2 pour mille salariés (0,1 %) et un expert pour deux mille salariés (0,05 %), soit un total de 0,4 % au lieu de 1,5 % pour gérer la partie administrative. La partie saisie est renvoyée vers les personnels (LSS) et la hiérarchie (*workflow*, ou outils spécifiques : salaires, appréciation, mobilité).

Les facteurs de succès sont les suivants :

• une vision prospective de l'organisation CARH, que l'on veut mettre en place pour disposer de personnes compétentes sur les postes clés ;

• la vitesse de mise en œuvre et la communication lors du lancement : « *chez IBM, nous avons fait beaucoup de communication vers le management et réalisé une vidéo pour la fonction RH ; vers le personnel, différents articles ont été diffusés dans les journaux d'entreprise avec interviews d'utilisateurs, ainsi que des e-mails individuels comportant les coordonnées du centre d'appels.* »

Les résultats

1 Structuration de la totalité des thèmes RH.

2 Amélioration considérable des méthodes de travail et de la satisfaction des utilisateurs.

3 Unique point d'entrée des questions RH, mais les ratios prévus ne sont pas encore atteints et de nombreuses étapes restent à franchir.

4 Frein culturel possible dû à la formation administrative des managers RH et, à l'opposé, enjeu de la rétention des meilleurs éléments prêts à partir vers d'autres fonctions plus business.

5 L'approche mise en place à Portsmouth pour l'Europe, donnant de bons résultats en interne, IBM a décidé de la packager et d'en faire une offre de service pour ses clients RH en Europe, en complément de l'offre existante HR ACCESS.

Le retour sur investissement

IBM attend une division par trois des coûts administratifs.

Pour la fonction RH, des CARH internationaux à l'image de celui d'IBM commencent à voir le jour. Animés par des personnels issus des différents pays, de jeunes diplômés supérieurs viennent y faire un stage de 12 à 24 mois de « découverte approfondie » des pratiques RH de différents pays, avant de faire une carrière internationale.

Le Centre de Services RH (CSRH)

Un CSRH est un centre mutualisé, assurant pour plusieurs structures ou directions distants, le traitement des informations administratives du personnel. Un CSRH agit comme un prestataire de service. Il répond aux demandes d'information, d'assistance et participe au traitement des dossiers.

En plus des missions du CARH que nous avons décrites précédemment, un CSRH peut couvrir de nombreux domaines au-delà de l'administration du personnel et de la gestion courante :

- mise en œuvre des droits et obligations légales, des dispositions issues d'accords d'entreprise ou de branche conventionnels, de règles de gestion spécifiques à l'entreprise, ou de politiques RH (par exemple : politiques de rémunération et de reconnaissance des performances) ;

- réalisation de toutes les formalités administratives d'embauche et de départ, vis-à-vis des salariés, comme des organismes sociaux (mandat spécifique à prévoir) ;

- mise en œuvre des décisions managériales issues des politiques RH (par exemple, la politique de rémunération et de reconnaissance des performances) ;

- réalisation de simulations individuelles (retraites, départs anticipés…) ;

- traitement de la prévoyance et avantages divers (notamment, la gestion des « cafétérias plans ») ;

- mise en production de la paie (généralement traitée par un tiers) et information sur son avancement (dates d'arrêté, dates de virement) ;

- gestion des candidatures externes (scannerisation des CV, suivi de la « candidathèque »…) ;

- éthique d'entreprise et / ou projets d'entreprise, valeurs communes… : explication des valeurs et réponses aux questions.

La qualité de ses prestations fait l'objet de contrôles internes et d'une contractualisation avec ses clients, ce qui ouvre largement le champ de leurs interventions. Sur demande, les CSRH étudient des projets, conseillent sur la mise en place de certaines organisations. Ils fournissent des statistiques (personnalisées par structure) sur tous les sujets abordés, avec des histogrammes par site, tranche d'âge, ancienneté, sexe, et les interactions entre domaines (par exemple une question sur les carrières peut déboucher sur une question sur les salaires). Ainsi, la mesure de la satisfaction des utilisateurs prend-t-elle un autre sens.

Les centres de services RH

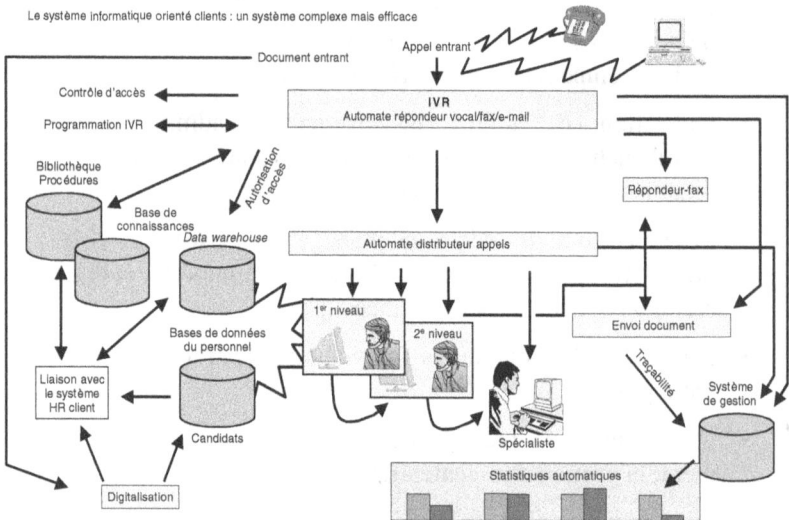

Un CSRH peut également se voir confier des missions de soutien au management et à la fonction RH (règles de gestion, utilisation des outils, besoins de professionnalisation). Dans ce cas, il a un rôle d'alerte et de conseil vis-à-vis de certaines décisions, ce qui a pour résultat de l'impliquer fortement dans le fonctionnement de l'entreprise et favorise la professionnalisation des téléopérateurs.

Les CSRH sont assez légers en termes d'effectifs (quelques dizaines de personnes) et gèrent un grand nombre de collaborateurs par télé-conseiller (près de deux cents pour les entreprises européennes, jusqu'à cinq cents pour les entreprises d'Amérique du Nord).

Dans un CSRH, l'organisation est plus souple que dans un CARH. Tous les télé-conseillers reçoivent les appels sur leur poste de travail et traitent les dossiers. Ils sont généralement structurés par groupes de quatre ou cinq personnes qui s'auto-organisent pour se répartir les appels et faire face aux pointes de trafic. Beaucoup de CSRH essaient de s'organiser pour qu'un groupe de clients soit toujours traité par un même groupe de télé-conseillers. L'objectif est de leur permettre de traiter les dossiers de A à Z et de développer ainsi leurs compétences. À ce titre, la séparation de l'activité call center du reste de l'activité du CSRH entraînerait une relation client non optimale.

Le centre de services partagés (Shared Services Center)

Les centres de services RH font appel à des télé-conseillers qui mettent en œuvre des outils informatiques sophistiqués (CRM, outils de libre-service, couplage téléphone / informatique...). Cela représente finalement des investissements assez lourds, même si le retour sur investissement est assez rapide. De fait, pour les entreprises qui maîtrisent bien le CSRH, la tendance est de les amortir plus rapidement en en faisant bénéficier leurs filiales, puis certains de leurs partenaires, enfin d'autres entreprises.

Ce mouvement est bien avancé aux États-Unis où les Shared Services Centers (SSC) se développent assez rapidement. Plusieurs sont issus d'une structure interne à une entreprise, puis filialisés. À ce titre, le centre devient, de fait, un centre de profit. Comme exemple, nous citerons Kaiser aux États-Unis. Ce centre de services partagés, qui compte cent quatre-vingt-douze personnes, gère 63 000 salariés, appartenant à plus de quarante entreprises clientes, répartis sur deux cent cinquante sites différents sur la côte ouest. Il répond aux questions des salariés au nom des entreprises clientes. Cela sous-entend que chaque télé-conseiller connaît les processus, les règles et les politiques d'une ou de plusieurs entreprises clientes. Une équipe de quatorze juristes étudient les problèmes non résolus aux niveaux 1 et 2 et transmettent ensuite questions et recommandations au DRH de l'entreprise concernée. Si l'on exclut l'équipe de commerciaux, le centre d'expédition de la documentation, le support informatique et les juristes, les cent quarante-cinq télé-conseillers représentent un ratio de 1 gestionnaire pour 434 personnes gérées ou 0,23 % (ratio comprenant l'encadrement du centre). Ce ratio est remarquable. Leur argument commercial est « divisez vos coûts administratifs par 10 ». L'expérience Cisco montre qu'en Europe il faut viser des ratios sensiblement double de ceux observés aux États-Unis.

Les clients de Kaiser sont satisfaits du service rendu. *« Kaiser a été l'occasion de revoir notre organisation RH et d'être plus disponibles pour participer à la stratégie de la firme »*, nous a confié le DRH d'une société cliente de 3 500 personnes.

Mais les outils évoluent, les besoins de pilotage également, les hommes se développent et se professionnalisent, et les structures RH doivent continuellement s'ajuster.

Un centre de services partagé *(HR Shared Service Center)*

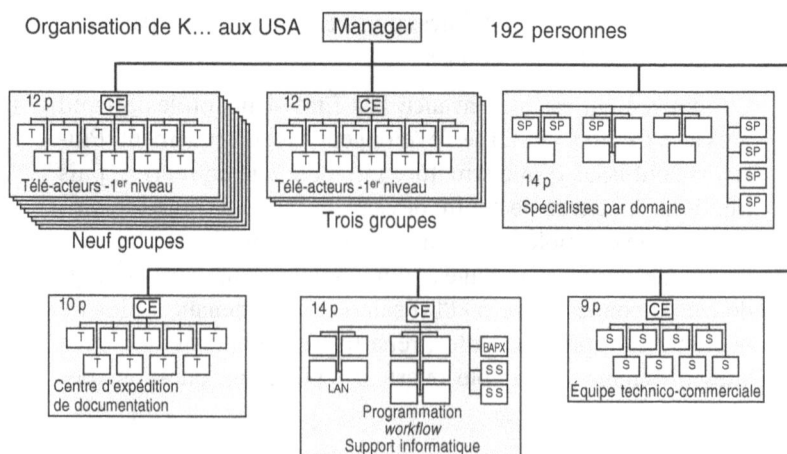

© Éditions d'Organisation

Des modalités de mise en place à la carte

Les solutions présentées ici sont soit :

- mises en place au sein même de l'entreprise, si elle est de grande taille et qu'elle dispose d'une main-d'œuvre suffisamment nombreuse et qualifiée ;

- sous-traitées à des entreprises externes, quand l'entreprise estime qu'un traitement interne de ce type de tâches serait trop coûteux (cas des PME) ou si elle souhaite se recentrer sur son cœur de métier en abandonnant des tâches considérées comme « à faible valeur ajoutée ». Cette démarche peut aussi concerner les grandes entreprises.

Chaque entreprise dispose alors de plusieurs possibilités : soit elle sous-traite à un prestataire externe les tâches qu'elle aura définies, soit elle externalise un ou plusieurs processus. Elle confie alors à un prestataire externe la totalité d'une activité. Dans ce cas, le contrôle est exercé sur le résultat global (engagement de résultat). Enfin, elle peut pousser l'externalisation à l'extrême en optant pour l'outsourcing : l'entreprise confie à un prestataire extérieur la totalité d'une activité, mais aussi la reprise des ressources humaines et matérielles dédiées à cet effet.

Indépendamment de cet aspect, l'outsourcing permet à l'entreprise cédante de disposer, chez le repreneur, d'un personnel déjà formé et au fait de ses spécificités pour gérer ses dossiers. L'outsourcing permet également au personnel repris d'entrer dans un pôle de compétences offrant des opportunités de professionnalisation et d'évolution de carrière.

Le traitement de l'information

À mesure que les systèmes d'information prennent une part de plus en plus grande dans les organisations, ils révèlent d'autant plus l'importance du facteur humain, surtout dans des organisations à complexité croissante, dans lesquelles la décision doit être prise vite et bien, au plus près du client. Pour gagner en autonomie, les salariés ont besoin de disposer d'une information structurée et utilisable opérationnellement. Les outils permettent désormais une mémorisation collective des règles, processus, événements, transactions et échanges en créant une sorte d'intelligence collective de l'organisation. Le système d'information de l'entreprise va devenir « une raffinerie du savoir », ce que d'aucuns appellent le « management de la connaissance ». Ceci est rendu possible par la convergence des bases documentaires, des outils de *workflow*, alliés à une gestion des expertises.

Dans le domaine RH, la mise en place d'un outil d'ERM dans un CARH ou un CSRH permet une première « distillation » des règles et des processus. Mais ce travail doit être bénéfique pour la totalité des acteurs de l'entreprise. Les bases ainsi constituées doivent être largement utilisables par tous. Or, ces outils nécessitent un apprentissage complexe pour certains, d'où la nécessité de travailler l'ergonomie physique mais aussi intellectuelle des outils livrés au personnel. C'est ainsi que chez France Télécom, c'est la troisième génération de produit qui est déployée, les deux premières ont donné lieu à expérimentations critiques. L'information n'a de valeur que si elle permet de prendre, aussi rapidement que possible, la bonne décision.

Une structuration des informations RH

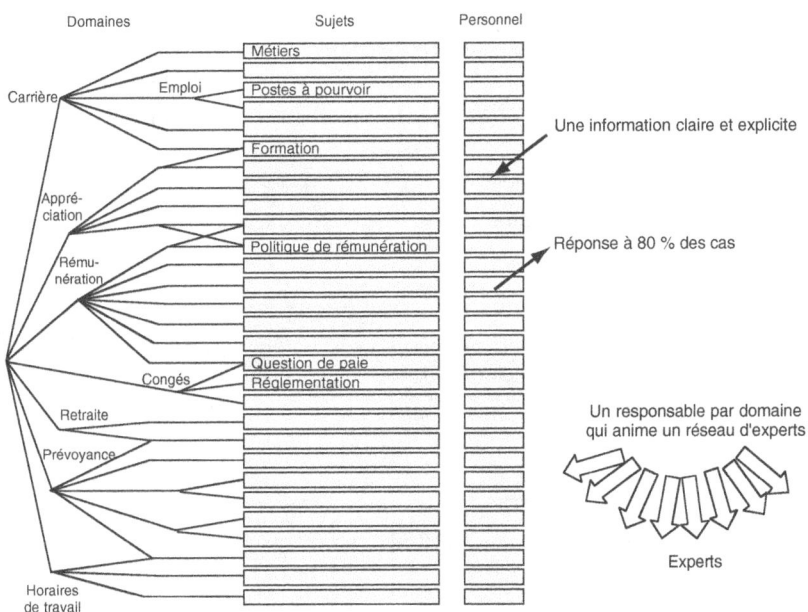

Domaines   Sujets   Personnel

Métiers
Carrière   Emploi   Postes à pourvoir

Une information claire et explicite

Formation

Appré-
ciation
Rému-
nération   Politique de rémunération

Réponse à 80 % des cas

Congés   Question de paie
Réglementation
Retraite

Un responsable par domaine
qui anime un réseau d'experts

Prévoyance

Experts

Horaires
de travail

Au-delà de l'outil, on va demander au personnel de prendre du recul par rapport à l'information, pour la situer dans son contexte, avant d'agir. Or, cela ne s'apprend pas dans une action de formation mais avec l'expérience, ce qui nous ramène au rôle de l'encadrement, soutenu par la fonction RH.

L'information RH contenue dans la base de connaissance RH doit couvrir tous les domaines, être fiable, donc structurée selon un certain nombre de domaines. Ces derniers correspondront à des responsabilités RH, avec un responsable nommément désigné pour chaque domaine (voir schéma ci-dessus). Généralement, la définition de ces domaines ne pose pas trop de problèmes. La rédaction des sujets inclus dans ces domaines doit être claire et explicite : impossible de mettre en ligne l'information telle qu'elle figure dans « les bibles RH » ; une réécriture s'impose. Pour être consultée, l'information RH doit satisfaire les besoins des différents publics, à savoir les salariés, les managers et les équipes RH.

Or, les besoins de ces différents publics sont très différents : chacun devra avoir accès à une information spécifiquement écrite pour lui, qui lui facilite la vie et lui apporte une réelle plus-value (voir schéma ci-dessous).

Des rédactions adaptées aux populations

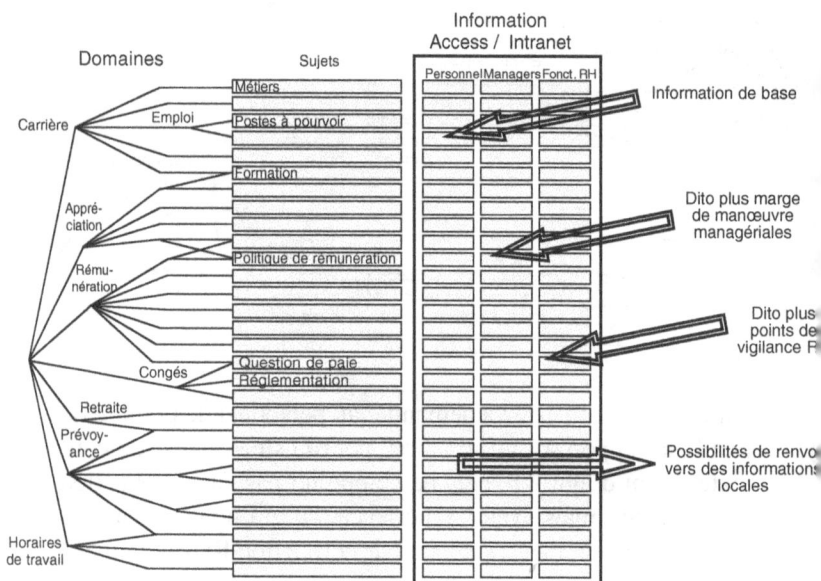

Nous touchons là une des premières difficultés de mise en place d'un Intranet de communication. Pour illustration, nous donnerons l'exemple des congés payés, avec comme sujet : le départ la veille d'un week-end. Il faudra prévoir une rédaction générale (la règle), une autre pour les managers (leurs marges de manœuvre) et une troisième pour les RH (points de vigilance, conseils, erreurs à éviter). Ce sont donc au moins trois niveaux d'information qui seront mis en ligne. Toutefois, certains sujets ne peuvent pas se décliner localement : par exemple, les jours chômés peuvent être différents à Strasbourg et à Toulouse.

Des liens informatiques spécifiques se justifient entre différents serveurs d'information, notamment « du national vers le régional ». Mais attention, la hiérarchie de ces serveurs doit être claire, et le responsable d'un site régional doit vérifier la cohérence des informations complémentaires qu'il met en ligne avec celle du national (entre autres, en cas de changement d'une politique nationale, en cas de mise à jour).

L'information doit être accessible par de multiples chemins en fonction des contextes de travail (voir schéma page suivante). Un esprit structuré, ou un expert RH, cherchera l'information en suivant l'arborescence des domaines, s'il connaît le contenu de l'arborescence. Ainsi, il devra savoir que les congés payés sont dans le domaine « absences ». Généralement, la recherche se fait en fonction du contexte, de la préoccupation et avec les mots usuels : « vacances », « congés payés », « formulaire », « demande », « autorisation »… peuvent orienter plus ou moins directement vers la même information.

Chaque sujet d'un domaine doit donc se voir associé des mots clés qui permettront de le retrouver, via un moteur de recherche. Celui-ci, à la fourniture d'un mot clé, proposera une liste complémentaire pour affiner la recherche (par exemple, si on a entré « demande », il proposera « de formation, d'absence, de congés, repos compensateurs, etc.) ou donnera directement accès à la réponse.

Si l'entreprise est dotée d'un CARH ou d'un CSRH, les télé-conseillers et les experts auront besoin de zones d'information adaptées à leur travail. Ainsi, un sujet comme le droit à congés payés donne lieu à cinq rédactions complémentaires (salarié, manager, filière RH, télé-conseiller, expert), de la plus simple à la plus complexe, accessibles en fonction des droits d'accès du demandeur et du canal qui aura été saisi (Intranet ou CARH, CSRH).

Des modes d'accès multiples

Les deux dernières formulations nécessitent un léger commentaire. Dans leur travail quotidien, les télé-conseillers des CARH ou CSRH sont les mieux placés pour constater les difficultés de compréhension des salariés qui appellent. Des zones peuvent leur être ouvertes pour proposer au responsable de domaine des formulations plus explicites. C'est le cas chez IBM ou chez Kaiser, aux États-Unis. Cela permet une forte implication des télé-conseillers sur la pertinence des réponses apportées. Chez Kaiser, des challenges sont ouverts sur les apports concrets de chacun. De même, les réponses des experts aux questions plus pointues sont enregistrées. Périodiquement, le responsable du domaine analyse toutes les réponses données et les suggestions d'amélioration, ce qui lui donne de la matière pour l'animation de son réseau d'experts (voir schéma ci-dessous).

Un enrichissement continuel de la connaissance RH par le CARH/CSRH et les experts des questions

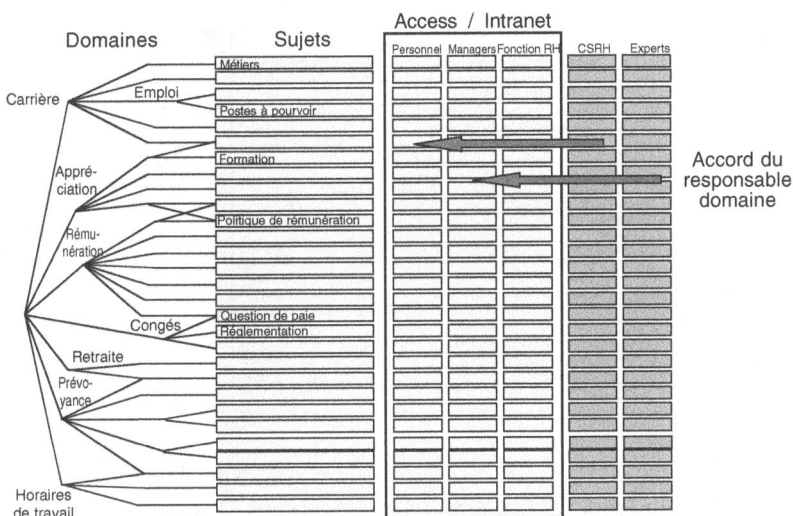

Enfin, par sujet, le niveau auquel une question est traitée doit également être analysé, pour rendre l'Intranet plus simple et explicite, mais aussi parce qu'une réponse donnée par un spécialiste coûte cher. Selon certains auteurs, un accès à l'Intranet coûte 0,02 euro à 0,1 euro, un appel à un CARH ou un CSRH de 2 à 6 euros et le recours à un expert de 200 à 500 euros.

Des statistiques sur les sujets abordés

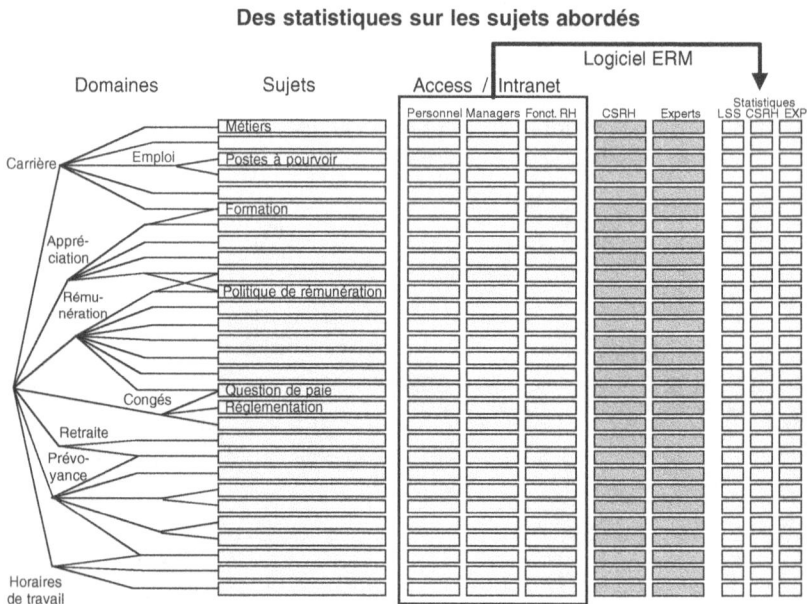

Domaines	Sujets	Access / Intranet			Logiciel ERM		Statistiques
		Personnel	Managers	Fonct. RH	CSRH	Experts	LSS CSRH EXP

Domaines : Carrière, Emploi, Appréciation, Rémunération, Congés, Retraite, Prévoyance, Horaires de travail

Sujets : Métiers, Postes à pourvoir, Formation, Politique de rémunération, Question de paie, Réglementation

Le lecteur comprendra facilement la complexité de cet exercice, pour lequel il faut être très pragmatique. Des spécialistes de cet exercice ont pignon sur rue. Notre conseil est de faire appel à eux pour assurer le meilleur accès à l'information sur Intranet. C'est souvent la qualité du moteur de recherche et la richesse des mots clés qui font apprécier un site d'information RH. Mais c'est aussi les acteurs qui le feront vivre.

Organisation dynamique de la connaissance RH

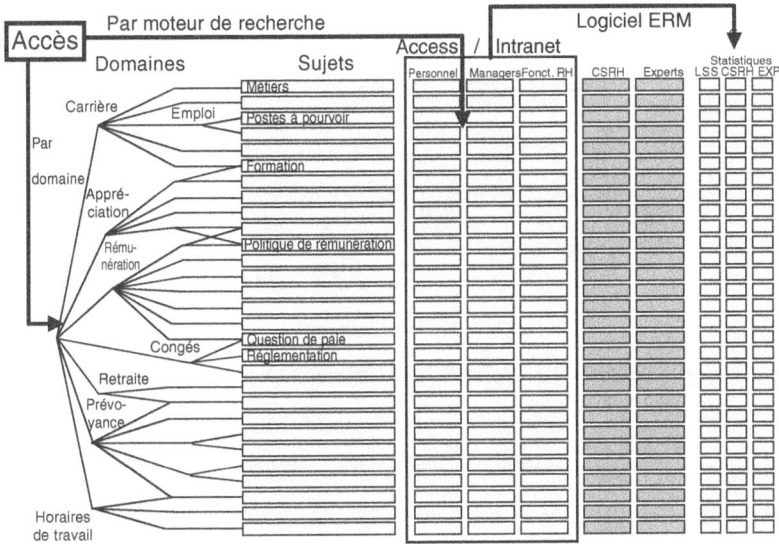

L'émergence d'un nouveau modèle RH

Tout ce qui a été développé dans ce chapitre, ainsi que dans le précédent, se traduit par l'émergence d'un nouveau modèle RH. Cette organisation nouvelle commence à être au cœur des réflexions des organisations européennes, voire mondiales. C'est la raison pour laquelle nous la qualifions d'émergente. Nous avons, sur le schéma ci-dessous, représenté ce modèle, que nous allons commenter.

L'organisation RH émergente

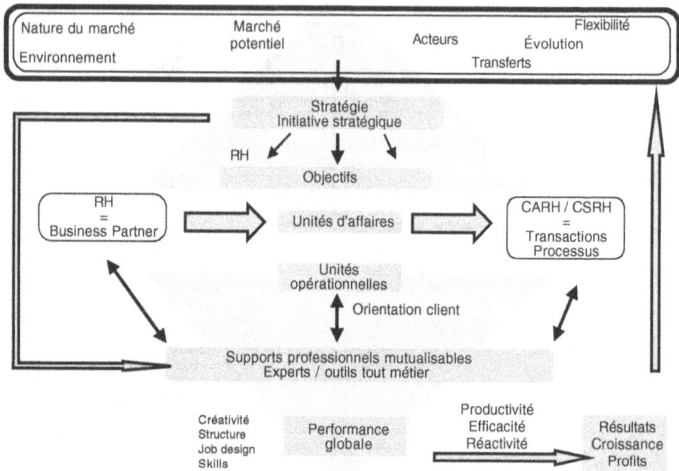

L'entreprise évolue sur un ou plusieurs marchés où elle doit faire preuve de souplesse et de capacité d'adaptation par rapport aux exigences des acteurs, notamment les concurrents et l'environnement.

Une direction générale saisit, sur ce ou ces marchés, des opportunités stratégiques et les décline en objectifs qui vont être transmis aux équipes opérationnelles (unités d'affaires, unités opérationnelles). La RH, partie prenante de cette réflexion, est au cœur de l'action de l'entreprise, comme contributeur au développement des affaires.

À partir de là, trois composantes RH distinctes vont agir en déclinaisons des orientations stratégiques et en appui du management.

La composante « fonction RH *business partner* »

La composante « fonction RH *business partner* », comme l'appellent les Anglo-Saxons, a été largement développée dans le chapitre 4. Elle participe au cycle stratégique de son unité :

- en prenant en compte les attentes du comité de direction ;
- en positionnant la fonction RH en accompagnement des managers (relais des orientations stratégiques RH du groupe) ;
- en assurant la veille métier et les comparaisons avec l'externe ;
- en vérifiant le réalisme social des décisions économiques.

Dans chaque objectif opérationnel se trouve une composante RH, généralement peu visible, mais que la fonction RH de proximité doit identifier, clarifier, expliciter et partager avec chaque niveau hiérarchique. Cette composante tourne autour de deux dimensions : la compétence qualitative et quantitative nécessaire à l'atteinte des objectifs dans les délais.

Ainsi, les RH doivent adopter les objectifs de leur structure et participer, dans leur domaine, à leur réalisation. À chaque niveau, la fonction RH donne du sens aux décisions stratégiques et à la politique RH, les explique, les resitue, les impulse et met en place les programmes d'action appropriés. Elle doit également s'assurer que les responsables hiérarchiques intègrent bien, dans leurs réflexions, la dimension humaine pour atteindre le plus sereinement possible leurs objectifs (compétences disponibles ou accessibles dans un délai donné, développement du dialogue social…).

C'est le double changement de posture, déjà évoqué, et attendu tant des RH que des managers.

La composante CARH / CSRH

Pour que cette double évolution associant étroitement RH et managers dans la perspective d'une efficacité durable soit réaliste, il faut dégager au maximum les responsables RH (et les managers) des opérations administratives et des transactions RH. Celles-ci auront intérêt à être centralisées et concentrées sur des CARH ou des CSRH, dotés d'outils permettant l'industrialisation et le contrôle de qualité. Ces équipes sont amenées à traiter des opérations pour le compte de managers ou des équipes RH locales. La fonction conseil et assistance sera donc à la hauteur de l'expertise apportée. Pour les plus petites structures qui n'ont pas les moyens de créer un CARH ou CSRH en propre, il reste les solutions du CARH ou du CSRH partagé (SSC) ; certaines grosses organisations envisagent de proposer en service bureau des prestations de service RH à distance. Il est encore trop tôt pour analyser de telles offres, mais si cela se passe en Europe comme aux États-Unis, des solutions de ce type sont avantageuses pour les deux parties.

La composante « supports professionnels »

Aux deux dimensions citées plus haut, il faut, pour être exhaustif en citer une troisième, celle des experts. Pour revenir au schéma de l'organisation RH émergente, RH, managers et CARH / CSRH font appel à des experts qui jouent un rôle fort sur la performance globale de l'entreprise. Les experts situés n'importe où dans la structure font partie des supports professionnels mutualisables, car ils sont toujours une ressource rare et donc coûteuse qu'il faut identifier et développer. CSRH et experts pourront échanger à distance, au service permanent des unités opérationnelles, grâce aux capacités des NTIC que nous avons déjà commentées.

Les organisations RH

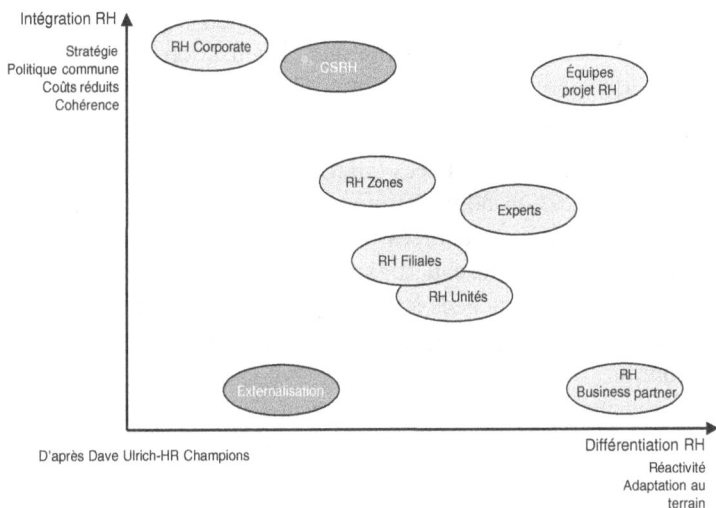

Intégration RH

Stratégie
Politique commune
Coûts réduits
Cohérence

RH Corporate

CSBH

Équipes
projet RH

RH Zones

Experts

RH Filiales

RH Unités

Externalisation

RH
Business partner

D'après Dave Ulrich-HR Champions

Différentiation RH
Réactivité
Adaptation au
terrain

Les transformations que nous venons d'évoquer se traduisent par une nouvelle répartition des tâches en termes d'interlocuteurs et de lieux, que l'on peut synthétiser de la façon suivant[1]. Schématiquement, on observe en entreprise le développement d'une organisation RH à trois niveaux :

- un niveau corporate qui définit la politique RH et peut être localisé dans le pays d'origine de l'entreprise ou dans celui où se situe le siège social ;

- un niveau de proximité proche de l'opérationnel qui applique la politique RH définie par l'échelon corporate. La structure de proximité peut être arrêtée en fonction d'une ligne de produits ou d'un marché. Dans tous les cas, la proximité se comprend dans un sens plus large qu'autrefois. Avec l'internationalisation des marchés, il ne s'agit plus de multiplier des unités locales (Paris, Poitiers, Argen-

---

1. Source : cabinet Saratoga.

ton s/Creuse), mais de raisonner en régions du monde. Ainsi, Cisco a organisé ses RH en fonction de ses marchés ou sur la base d'un produit qui sera vendu dans différents pays. Cette entreprise justifie une organisation RH spécifique, qui gère à la fois une unité de production, un centre d'appels pour la télévente...

- des expertises mutualisées qui traitent notamment les questions de gestion administrative, que l'on va retrouver sur les plates-formes dédiées CARH ou CSRH en liaison étroite avec un réseau d'experts répartis. Ces expertises peuvent être rattachées à des unités opérationnelles dont la localisation géographique importe peu, puisque les réseaux sont là.

L'organisation des DRH en France

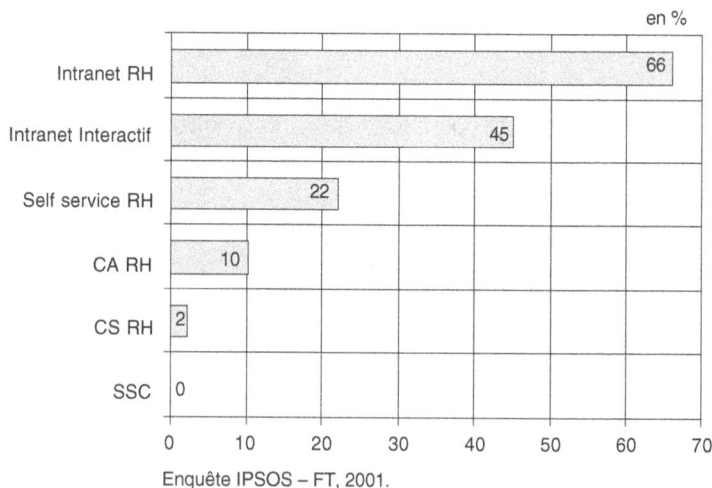

en %

Intranet RH	66
Intranet Interactif	45
Self service RH	22
CA RH	10
CS RH	2
SSC	0

0   10   20   30   40   50   60   70

Enquête IPSOS – FT, 2001.

En conclusion, de multiples formes d'organisations sont désormais possibles pour les équipes RH, qui rendent le débat centralisé / décentralisé caduc. Cependant, le chemin qui reste à parcourir est assez considérable, quand on observe dans l'enquête Ipsos, réalisée fin 2001, l'état des organisations RH en France.

Les cibles possibles étant esquissées, la question majeure est maintenant de savoir comment concevoir les outils et piloter le changement. C'est ce que nous allons aborder dans les chapitres suivants.

Chapitre 6

L'impact de l'e-RH sur les processus et le SIRH

« Si l'on veut faire face aux enjeux de demain avec les process d'hier, on crée les difficultés d'aujourd'hui et les blocages de demain. »

Bernard Merck

L'entreprise qui est meilleure que ses concurrents dans son activité courante (création de nouveaux produits et services, fabrication, vente, livraison, services après vente, facturation…) l'emportera. La différence entre les gagnants et les autres est la maîtrise de leur cœur de métier. De plus en plus, comme nous l'avons vu, l'entreprise va donner plus d'autonomie aux acteurs de terrain, leur confier des tâches plus complètes et enrichissantes. Encore faut-il que les processus soient simples, souples, compréhensibles et n'interfèrent pas dans l'acte commercial et la prise de décision ou que, à défaut de créer de la valeur, ils ne la dégradent pas…

Très souvent, réajuster les rouages de chaque processus et encourager tous ses acteurs à plus de qualité n'est pas suffisant. Il y a lieu de re-définir complètement les processus, de les réinventer en fonction des objectifs, en regardant le client (interne ou externe), en tenant compte des moyens à notre disposition, en particulier les NTIC. Cette re-création doit être l'occasion de libérer la créativité de chacun. Il faut donc faire preuve d'invention et d'humilité en faisant a priori table rase de l'existant. Dans le domaine RH, en particulier, il faut vérifier que les processus RH sont bien au service de la stratégie de l'entreprise. C'est ce que nous allons aborder dans ce chapitre en commençant par la stratégie traitant des processus et, enfin, du choix des outils.

> ## La tentation des outils... danger !
>
> **Ne pas se dire !...**
> Comment utiliser les NTIC pour harmoniser, améliorer, moderniser ce que nous faisons déjà, ou presque.
>
> **Mais plutôt...**
> Comment utiliser les NTIC pour parvenir à faire des choses que nous ne faisons pas encore, mais que rien nous empêche de faire, sauf nous-même !

Les étapes de gains de productivité

La révision des processus souvent oubliée

Les étapes des gains de productivité ont été maintes fois expliquées. Avec l'arrivée des NTIC, il semble bien que ces étapes soient au nombre de six (voir schéma).

Les étapes de l'amélioration de la productivité RH

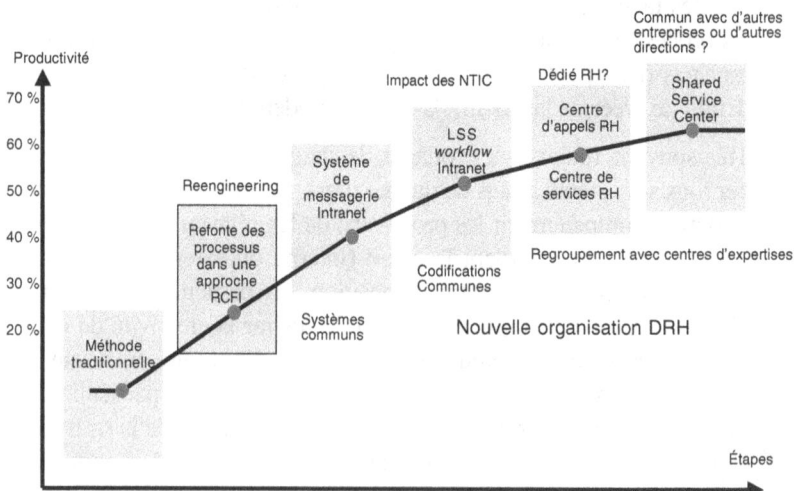

N. B. : les pourcentages sont donnés à titre indicatif, chaque entreprise est particulière.

© Éditions d'Organisation

1 La maîtrise des processus selon la méthode traditionnelle

C'est le point de départ indispensable pour la suite des opérations. Avant de réviser les processus, encore faut-il bien les connaître.

2 La révision des processus dans une approche client/fournisseur interne

Qu'est-ce que mon client attend de moi ? Comment puis-je le satisfaire au moindre coût, dans le temps le plus rapide et simplifier son travail ?

C'est une étape, qui, on le verra, peut aller jusqu'à la remise en cause totale de la méthode traditionnelle, avec des impacts de fond sur la culture de l'entreprise.

3 La connexion des acteurs en réseau

Quels moyens de communication sur Intranet puis-je mettre en place pour la favoriser (voir chapitre 2) ? Il faut également raccourcir les délais et supprimer le papier.

4 L'automatisation des tâches

L'automatisation des tâches est favorisée par la mise en place d'outils de libres-services sur Intranet (consultation de serveurs et / ou mise à jour d'informations directement par les intéressés) et d'outils de *workflow* (saisie directe par les intéressés et transmission automatique, *via* Intranet, vers une personnes habilitée à valider : responsable hiérarchique ou responsable technique ; validation par un simple clic).

5 La mise en place de centres d'expertise RH

La mise en place de centres d'expertise RH, comme des centres d'appels ou centres de services RH, est nécessaire pour traiter à distance des opérations non justiciables d'un libre-service (peu fréquentes ou complexes) ou nécessitant une relation personnalisée (prise en charge auparavant par un administratif RH de proximité). Comme nous l'avons vu au chapitre 5, ces structures sont orientées « service client ».

6 Le partage des centres d'appels ou centres de services RH

Le partage de ces centres d'appels, ou centres de services RH, est mis en place entre plusieurs entreprises pour faire des économies d'échelle.

Les NTIC seules n'apportent pas de gains de productivité

Il semble bien que, dans 80 % des cas, l'étape de révision des processus soit tout simplement oubliée. En effet, beaucoup d'entreprises se sont dotées d'un Intranet sous l'impulsion (très proche de la maîtrise d'ouvrage) du directeur des services informatiques à des fins de communication (messagerie, forums et portails d'information). À travers cette remarque, nous ne critiquons pas la mainmise des services informatiques sur l'Intranet RH. N'oublions pas qu'ils ont été historiquement très présents dans les aménagements ou refontes des systèmes d'information RH (voir chapitre 5). Aussi, d'une façon générale, les DRH ont-ils assisté à cette évolution en spectateur, même s'ils en étaient les initiateurs. Par le manque d'antériorité, il leur était par ailleurs difficile de cerner la révolution des modes de fonctionnement induits. Ceci a été d'autant plus vrai en ce qui concerne les expériences pionnières vers 1995 et peu après.

Quand les entreprises souhaitent franchir un cap supplémentaire et automatiser par le recours à des libres-services, ou *workflow*, la complexité des processus rend les applications très lourdes, peu conviviales et très coûteuses à développer. Selon l'étude du cabinet Cedar, en Europe, les fonctions RH qui ont basculé vers les NTIC, sans revoir leurs processus, ont vu leurs coûts de fonctionnement augmenter et les objectifs de gains de productivité compromis. Sur le même sujet, la Cegos observe que les DRH les plus informatisées présentaient les coûts de fonctionnement les plus élevés...

Il faut bien voir que nous travaillons tous sur des processus qui ont fait leurs preuves, mais qui sont partiellement inadaptés. Il est donc primordial pour la fonction RH de savoir maîtriser ses processus et d'avoir recours ensuite, avec intelligence, à l'outil informatique.

Sans révision des processus, pas de gains de productivité

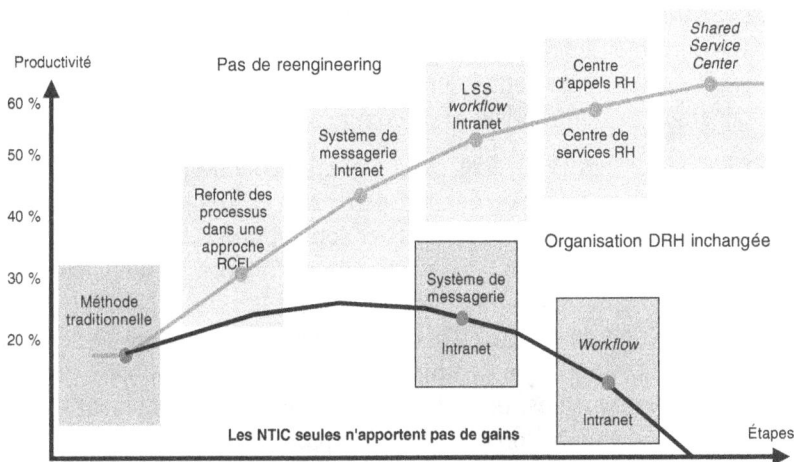

N. B. : les pourcentages sont donnés à titre indicatif, chaque entreprise est particulière.

Dans le schéma ci-dessus, dans lequel aucune révision des processus n'a lieu (*cf.* la courbe descendante), l'organisation RH reste, sur le fond, inchangée. Or, la représentation de l'e-RH que nous avons proposé au chapitre 2, insiste sur le fait que ce concept est avant tout une nouvelle façon de travailler, un nouveau mode de fonctionnement pour les équipes RH. Avoir un Intranet dans l'entreprise, c'est bien, mais ce n'est pas une condition *sine qua non* pour passer à l'automatisation des processus.

Savoir maîtriser ses processus RH

Des processus au service des orientations stratégiques

La première question que l'on doit se poser est de savoir quelle est la finalité des processus RH. Nous avons vu aux chapitres précédents que la fonction RH est au service des visées stratégiques de l'entreprise. Cela signifie donc que les processus RH doivent contribuer à l'atteinte des objectifs généraux de l'entreprise. Mais comment y parvenir ?

Chaque entreprise se fixe des objectifs économiques ou des challenges particuliers. C'est à partir de ces éléments que la réflexion sur la place de la DRH et son apport particulier doit être menée. Toutefois, cet exercice ne doit pas se faire en chambre mais, au contraire, en impliquant le comité de direction. Il s'agit de passer en revue les objectifs un par un et de s'interroger sur ce que l'entreprise est en droit d'attendre de sa DRH. L'exercice est difficile car, au départ, tout semble évident. Nous voulons prendre une place de leader sur le marché du presse-purée, nous avons donc besoin de vendeurs. Mais où les trouver ? Et que faire des commerciaux qui auront du mal à suivre ? Puis, pour fidéliser les clients, ne devra-t-on pas assumer des tâches d'après-vente ? Cet exemple caricatural démontre que, assez rapidement, les évidences des uns et des autres ne sont pas les mêmes, voire opposées.

En matière de RH, rien n'est simple en effet. Il faut peut-être tout d'abord vérifier que la perception des objectifs et / ou des challenges est commune au sein du comité de direction, avant de passer par l'expression individuelle de la contribution RH attendue. Enfin, il faut formaliser cette contribution par une ou deux phrases qui feront l'unanimité des participants et qui pourront être communiquées en interne. L'ensemble de ces contributions RH attendues constitue ce que beaucoup d'entreprises appellent « les orientations stratégiques de la DRH ».

Les orientations stratégiques RH de l'entreprise XYZ

1 Développer les souplesses nécessaires à l'évolution de XYZ.

2 Développer l'appartenance au groupe et son efficacité.

3 Accélérer et diversifier l'internalisation des RH du groupe.

4 Renforcer les compétences et la pratique managériale pour la ligne hiérarchique.

5 Changer les représentations des personnels et développer leur compréhension des mécanismes économiques.

6 Créer les conditions d'un pilotage stratégique des RH pour l'ensemble du groupe.

7 Assurer une régulation sociale en accord avec les enjeux de XYZ.

Pour avoir contribué à cet exercice une vingtaine de fois, dans des structures de tailles différentes, nous avons constaté que, très souvent, le DRH est tenté de proposer d'emblée ses propres solutions, ce qui :

- soit amène un rejet de la proposition du DRH et qui met son auteur en mauvaise position ;

- soit conduit à un accord de façade, satisfaisant sur le moment, mais qui ne tardera pas à se défaire au premier coup dur. Situation redoutable…

Le débat au sein du comité de direction doit être piloté par le DRH, mais celui-ci doit rester neutre, à l'écoute, reformuler, questionner pour vérifier que tous ont une même compréhension.

Autre difficulté rencontrée : les attentes du comité de direction ne couvrent pas la totalité des champs d'action de la DRH. Ainsi, des priorités seront formulées sur le recrutement de jeunes talents, la réduction du turnover des commerciaux ou du nombre de techniciens, la recherche de solutions innovantes pour conserver à l'effectif des personnels situés sur un site dont l'activité décline, etc. Mais rien, ou presque, n'aura été exprimé sur les activités administratives qui occupent entre 50 et 70 % des effectifs RH. Si l'on pose la question de savoir si l'on doit continuer à payer le personnel, la réponse est « *bien sûr, c'est important, mais pas stratégique* ». Aussi, il appartient aux DRH de ne pas occulter cette partie d'activité, et sans doute de la relier aux objectifs stratégiques. En résumé, le DRH doit questionner son comité de direction, partir de ses attentes et ensuite balayer toutes les activités RH et se poser la question de leur maîtrise ou non.

L'exercice que nous venons de décrire brièvement consiste justement à faire le tour de ce qui est considéré comme stratégique par les directeurs opérationnels et de formuler l'attente de la contribution RH qu'ils attendent. Si l'exercice est redoutable, le résultat est assez « décapant », car un certain nombre de grandes idées, comme la gestion prévisionnelle, vont se trouver mises à mal : « *Commencez par traiter le cas des techniciens de maintenance et ensuite on réfléchira à la GRH.* », voilà ce qu'un de nos collègues DRH a entendu dernièrement de son comité de direction.

Des « principes de vie » RH, un dénominateur commun groupe

Au-delà des orientations stratégiques, il faut déterminer quelles sont les règles (ou politiques) RH que l'on veut mettre en place dans l'entreprise, en tant que contributions aux orientations stratégiques. Cet exercice est difficile, comme le premier, car la tentation est d'imposer, ce qui va à l'encontre des marges de manœuvre des entités opérationnelles. Chaque entité du groupe voulant conserver son particularisme.

Ceci est d'autant plus vrai que les groupes sont aujourd'hui largement internationaux. Ils ont de fait des cultures différentes. Imposer, c'est ne pas prendre en compte les particularités, mais aussi les contraintes des autres, c'est encourager à contour-

© Éditions d'Organisation

ner les règles, c'est surtout se priver de la synergie. Imposer, c'est risquer l'échec, et c'est la certitude de devoir dépenser beaucoup d'énergie pour que les règles soient appliquées. Ces règles internes au groupe doivent être simples et explicites sur les objectifs collectifs poursuivis. Elles doivent pourvoir être largement communiquées. Chaque entreprise trouvera la formulation qui lui va bien : « Règle groupe pour les RH », « Valeurs RH », « Principes de vie », etc. C'est le dénominateur minimal commun, dans lequel chaque entité du groupe doit se reconnaître.

Nous donnons ci-dessous un autre exemple d'entreprise où les orientations stratégiques sont déclinées en principes de management. Le résultat est le même, sauf que la responsabilité RH est plus nettement déportée sur le management et le rôle des RH bien situé en back office : ceci correspond au rôle de *business partner* développé au chapitre 4.

Les principes de management RH de Schneider Electric

• Les managers sont responsables de leurs ressources humaines. La fonction RH met à leur disposition des politiques, des outils et méthodes et des conseils.

• Les salariés sont incités à devenir des acteurs de leur développement professionnel en liaison avec les managers opérationnels et la fonction RH.

• Tout est décentralisé au plus près du terrain sauf :

- un nombre de politiques RH communes ;

- la gestion des ressources clés (dirigeants et hauts potentiels groupe) ;

- le pilotage des informations utiles à travers un SIRH unique et structuré ;

- l'animation et la professionnalisation RH.

• La business value oriente la nature, la priorité et la qualité des actions RH qui doivent contribuer à la diffusion d'une culture de l'initiative et de la prise de risque.

Qui fait quoi, comment et pourquoi ?

Une fois que la DRH a les orientations stratégiques qui vont lui permettre de définir ses priorités d'actions, il faut regarder ce que fait la fonction et, pour chaque processus, se poser un certain nombre de questions :

- est-ce que le processus participe aux orientations stratégiques ?

- est-il parfaitement défini ou au contraire très ample ?

- est-il unique pour toute l'entreprise ? Si non, pourquoi ?

- concoure-t-il au développement des compétences RH ? (par exemple : la mise en place d'un système de couverture sociale crée-t-elle de la compétence ?) ;

- est-il entièrement à la main des RH ou fait-il intervenir d'autres acteurs internes à l'entreprise ? lesquels ? à quel niveau du processus ?

- quelles sont les plages du processus sur lesquelles l'entreprise n'a pas de marge de manœuvre (par exemple, la forme et le contenu de certaines déclarations sociales) ? En est-on bien sûrs ? A-t-on posé la question récemment et à qui ?

- quel est le coût actuel du processus ? a-t-on tout pris en compte ?

Nous avons vu au chapitre 2 que l'e-RH couvre un nombre significatif de processus RH, administrés sur un mode unique, donc communs à l'entreprise. Si l'on veut maîtriser ces processus et répondre aux attentes des managers, il va falloir unifier, définir des normes, automatiser, mais aussi laisser des marges de manœuvre locales et ne pas alourdir les tâches des managers. Vaste programme qui semble relever parfois de l'injonction paradoxale ! Notre expérience démontre que les processus uniques ne sont pas la loi générale et qu'une grande variété de façons de faire co-existent dans chaque entreprise pour chacun des processus RH.

Dans l'entreprise T1, dont le siège est à La Défense, il existe au moins huit processus différents de remboursement de frais.

Certains sont plus avantageux pour celui qui se déplace (comme partir un dimanche), d'où une certaine énergie gaspillée en interne pour trouver les conditions de déplacement optimales.

Dans l'entreprise T2, qui recrute beaucoup, il y a quatre ou cinq processus de recrutement, plus des initiatives émergentes ici et là, qui donnent par ailleurs une image confuse à l'extérieur.

Dans l'entreprise T3, il a été recensé cinq barèmes différents de remboursements kilométriques : le barème réévalué chaque année par la direction de l'entreprise « cohabite » avec des barèmes « locaux », eux-mêmes réévalués de la propre initiative de responsables… Dur à expliquer !

Quand, dans un domaine, plusieurs processus co-existent, il est évident que cela est source de perte d'efficacité. On perd surtout de vue que cela est très démotivant pour les salariés qui veulent être traités de façon équitable. Quand une règle existe et qu'elle est appliquée, on peut la trouver sévère mais on l'accepte et l'équité est respectée.

La simplification des processus, un exercice difficile

Chaque processus RH doit être analysé afin d'être simplifié, puis normé. Cette dernière opération est difficile, car la règle doit rester souple. Pour quels éléments doit-on définir des normes ? Le cœur de la règle, les éléments non négociables !

Prenons l'exemple du recrutement : on peut imposer des quotas de recrutements externes, exiger un reporting mais aussi le respect d'une charte graphique, l'affichage obligatoire des postes à pourvoir sur le portail de l'entreprise, la mise dans un vivier commun de tous les candidats... On peut aussi aller plus loin, en imposant des référentiels communs de compétences, de postes, etc. Cet exemple simple démontre que l'établissement de normes pour les processus pourra poser problème à certaines entreprises ayant des pratiques très diversifiées (ce qui est le cas immanquablement dans les grandes entreprises et les groupes).

Généralement, l'unification d'un processus va être perçu comme une restriction à la liberté de faire n'importe quoi ! Il faudra anticiper les oppositions. Le traitement de chaque processus doit être mené comme un petit chantier en soi. À ce titre, la simplification des processus et l'aspect normatif qui va de pair ne devront pas être sous-estimés. La question qui vient ensuite à l'esprit est celle de l'approche politique des processus. Par lesquels commencer ? Par ceux qui sont à notre main et ceux dont on peut attendre un impact en terme d'efficacité RH immédiatement visible ? Ceux qui contribuent aux orientations stratégiques RH ?

En tout état de cause, ceci conduit à faire la liste des processus administratifs (sur lesquels la DRH a totalement la main) et la liste des autres processus de GRH (recrutement, mobilité, révision salariale, promotion, développement des compétences, évaluation…).

Dans la révision des processus, il faut surtout penser :

- facilité d'utilisation pour les opérationnels, afin de leur simplifier la vie ; ils attendent un processus adapté à leurs besoins, leurs exigences et leur culture car ce ne sont pas des spécialistes des RH ; d'où la nécessité de penser le re-engineering des processus en se mettant à leur place !

- simplicité et rapidité ; ceci sous-entend, dans l'analyse de qui fait quoi dans le processus, l'élimination des « passages de témoin » inutiles, hérités du passé ou d'une mégalomanie sur le plan « contrôle a priori ». Les processus reconfigurés doivent faire appels aux contrôles quand ils sont économiquement justifiés ! En pratique, on tend plus vers des contrôles différés et les alertes automatiques en cours de processus. Aussi vaut-il mieux prévoir dans la

© Éditions d'Organisation

refonte d'un processus, que le gestionnaire RH puisse poser des questions en cas de besoin (parce qu'il a accès à l'ensemble du système d'information), plutôt que d'être un passage « obligé ».

Un exemple de démarche

À titre d'illustration, France Télécom a commencé par travailler sur vingt-et-un grands processus administratifs. Le tableau qui suit donne un aperçu synthétique de quelques-uns de ces processus.

Pour chacun de ces processus, l'entreprise s'est posé la question de savoir :

- si l'on pouvait agir sur le processus ?
- si l'on pouvait les simplifier (quelles pistes d'action ou solution) ?
- dans l'affirmative, quels gains annuels pouvait-elle en attendre et quels investissements fallait-il prévoir ?

Ainsi, des leviers d'action ont été trouvés pour dix-neuf d'entre eux. Ensuite, un dossier précis et chiffré a été préparé, sous l'autorité d'un chef de projet par processus (expert RH se consacrant à temps partiel à l'analyse du processus) animant un petit groupe ad hoc (RH, utilisateurs, opérationnels…) Dans certains cas, des visites d'entreprises externes ont été réalisées pour recueillir les « bonnes pratiques » ou mesurer les gains à attendre d'une solution imaginée.

Un comité « Process RH » a été constitué à l'initiative de la DRH pour débattre des dossiers préparés par chaque chef de projet. Certaines propositions, pour être mises en œuvre, pouvaient être conditionnée, par exemple, par une négociation avec les partenaires sociaux. D'autres demandaient des décisions politiques de fond (interpellation de l'équipe RH et / ou de l'entreprise pour décision). Puis, une fois la décision prise, il y eut information et mise en œuvre, indépendamment de toute automatisation.

Quelques-uns des vingt-et-un processus administratifs

Gestion des absences
Absences, congés, Repos compensateurs, etc.

Règle   Saisie en jours et non en heures.

Organisation

Solution   *Workflow* / congés annuels (x demandes / an).

    Information en ligne sur solde congés.

Suivi d'activité
Codes activités (par demi-journée).

Règle   Uniformiser les calendriers paie / frais / activité.

Organis.

Solution   Saisie à la source par les salariés et contrôle hiérarchique.

    Saisie par les managers (x saisies / an).

Temps de travail
Règles d'OARTT, suivi individuels HHN, tableaux.

Règle   Clarifier les règles de gestion (les heures supplémentaires).

Organis.   Pré-affectations.

Solution   Critères et propositions d'outils pour rendre les managers plus autonomes.

    Définition du contrôle Temps (travail).

Frais de déplacements
Remboursement des frais professionnels.

Règle   Uniformiser les calendriers paie / frais, simplifier les indemnités km.

Organis.   Mutualisation > plate-forme (centralisation, archivage justificatifs).

Solution   Saisie à la source par les salariés et contrôle hiérarchique.

    Intégration auto > Paie.

Familles et prestations
Prestations familiales, action sociale.

Règle   Gestion pour le compte du comité d'entreprise.

Organis.   Mutualisation > plate-forme (saisonnalité de l'activité).

Solution   Saisie à la source par le salarié : situation individuelle / familiale.

            Conditions de ressources.

Rémunération collective
Participation, intéressement.

Règle   Uniformiser les calendriers, revoir la règle de calcul.

Organis.

Solution   Regrouper les interfaces > (Société, versements volontaires).

            Saisie à la source par les salariés (*cf.* expérimentation xxx).

Charges sociales
Déclarations mensuelles, trimestrielles, annuelles.

Règle   Rentrer en brut les Indemnités journalières de SS.

Organis.   Déclaration unique TDS, *Workflow* avec les CRAM.

Solution   Suppression 2470 et indication sur BP.

Recrutement
Recrutements, contrats.

Règle   Homogénéiser les règles, informer/coûts

            Commencer contrats au 1er, pas de CDD < 2 mois ?

Organis.   Confier à un prestataire extérieur la sélection des candidats.

Solution   Regrouper les viviers.

Ceci signifie que, pour chaque processus, un tableau de bord (voir tableau) a été constitué, au niveau du comité Process RH, pour assurer un suivi très précis.

Exemple de tableau de bord de suivi

Processus	Simplification possible ?	Gains attendus	Coûts prévus	Fiche PF	Chef de projet	Livraison
N° 1 xxxxx	En attente du résultat Bench				Dupond A.	À définir
N° 2 yyyyyy	Oui	10 hom. / an	Aucun	N	Durant V.	01/02/00
N° 3 xxxxxx	Oui	Marginal		A	Duchmol S.	Immédiat
N° 4 zzzzzz	Oui	10 millions d'euros	1 million d'euros	V	Dupond A.	1T 2000
N° 5 ssssss	Oui	?	5 000 millions d'euros	R	Untel R.	2S 2000

En marge de chaque processus, voire de chaque sous-dossier, ou alternative, ce tableau de bord précise les gains attendus, les coûts projetés, le retour sur investissement prévu, l'état d'avancement du dossier (*N.B.* : la fiche PF renvoie à un document plus détaillé émis par le chef de projet), le nom du chef de projet et les dates estimées de livraison. Ce travail qui a pris quatre mois, dans un contexte assez complexe, a permis de cerner les gains qui pouvaient être attendus et de fixer les pistes générales à défricher pour les futurs outils. Dans cette démarche, le rôle du comité Process RH est fondamental, quant à la mobilisation des énergies pour aboutir rapidement.

Les étapes de la révision des processus

Une affaire de méthode

Différentes méthodes existent pour analyser les processus. Celle qui est proposée par Deloitte et Touche est intéressante, en ce qu'elle permet une visualisation du processus et des principaux acteurs et la projection des « héritages » d'un système ancien, jamais repensé sur le fond et la forme. Il s'agit de la « méthode diagonale » présentée dans le schéma ci-dessous.

Cependant, la méthode importe peu, si elle est explicite (le reste est une question de perception, d'opportunité, d'environnement). Ce qui est essentiel, c'est le dialogue, le partage, la possibilité de s'impliquer et de participer à des enjeux collectifs. Ensuite, la perception du travail est différente, car chaque action est resituée dans un continuum dont la finalité est claire pour tous. À quoi cela sert-il de faire une « belle vente », si le client n'est pas livré ? À quoi cela sert-il d'imaginer une révision d'un processus, s'il ne correspond pas à une orientation stratégique de l'entreprise ou si les managers « clients » refusent de l'utiliser ?

Comme nous l'avons évoqué, il existe de nombreuses méthodes d'analyse des processus. Toute analyse commence par une phase de description des tâches successives qui concourent à une création de valeur ajoutée (ce point sera également à vérifier au final) : que fait chaque acteur, les données qu'il manipule, les traitements qu'il ordonne, les délais dans lequel son travail doit être réalisé, les messages envoyés vers d'autres acteurs, les enregistrements qui permettront de mesurer la qualité du processus, etc.

Un processus se décrit sous forme graphique : les rectangles représentent des tâches élémentaires et les flèches des enchaînements de tâches ou des messages. La difficulté est de savoir comment représenter le rôle de chaque acteur, d'où l'utilisation de différentes méthodes. Nous en citerons deux que nous avons expérimentées indifféremment avec bonheur.

La méthode diagonale

Chacun des acteurs est placé sur la diagonale d'une feuille de papier. Un événement déclencheur contraint l'un des acteurs à agir, puis à transmettre le dossier à un autre acteur qui apportera une nouvelle (et vraie) valeur ajoutée au dossier, jusqu'à la finalisation de l'action.

L'analyse des processus par la méthode diagonale

Cas réel d'un contrôle de processus centralisé

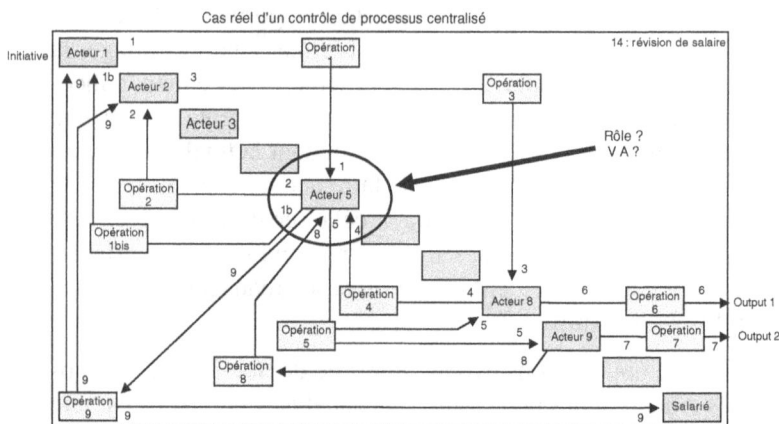

Le cas réel, représenté dans le schéma ci-dessus, concerne le processus de révision de salaire dans une entreprise de 2 500 personnes, en région parisienne :

- le DRH (acteur 1) émet des préconisations en direction des différents directeurs opérationnels (acteur 5) ;

- les directeurs opérationnels les répercutent ensuite aux responsables de département (acteur 2) ;

- les responsables de département mobilisent les managers de proximités (chefs d'équipes, acteur 8) et leur responsable RH (acteur 9), via le responsable de département.

Comme indiqué dans le schéma précédant, les directeurs opérationnels interviennent trois fois dans le processus, dont deux fois en contrôle (enveloppe budgétaire, fourchettes de rémunération, dispersion salariale).

Dans le schéma original, toutes les lettres d'augmentation étaient signées par le directeur et envoyées directement aux salariés. Ce circuit était long, les augmentations étant souvent en paie avant que la lettre ne soit envoyée. Les chefs d'équipe et les responsables de département ne se considéraient pas comme réellement responsables des augmentations, puisque tout était sous contrôle (contrôle de gestion, directeur, DRH). Après quelques semaines de réflexion, en prenant en compte les attentes du management (surtout des chefs d'équipe), le processus a été simplifié et les contrôles 4 et 8 supprimés. Il a été décidé que les lettres individuelles seraient remises directement par les chefs d'équipe.

L'analyse des processus par la méthode diagonale

Cas réel d'un processus revu pour être porté en Workflow

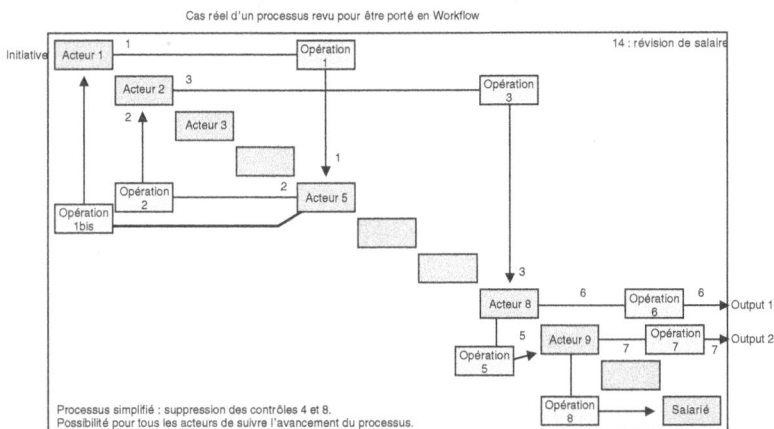

La méthode diagonale a permis de sensibiliser les différents acteurs sur la nécessité de repenser les processus RH. Le relais a ensuite été pris par le DRH, aidé par un consultant ; ce dernier anime les groupes de réflexion, dont les suggestions ont été présentées à un comité national processus. La conception des outils n'a débuté que dans une seconde phase.

La méthode graphique par *Lés*

Cette méthode convient pour un nombre limité d'acteurs. Elle cible les acteurs principaux concernés par le processus. Dans cette analyse, chacun est situé dans un lé vertical et les actions principales sont représentées par des rectangles. Au-delà de l'ordre d'enchaînement des différentes actions, les numéros montrent les responsabilités successives des acteurs incontournables. Toutefois, aucune procédure d'escalade n'est décrite, et l'analyse en est simplifiée. Elle nécessite d'être animée par une personne ayant une bonne connaissance des politiques RH et de leurs évolutions. Celle-ci devra agir sur la représentation du groupe de travail, composé de managers et de RH, pour dépasser le processus existant en se projetant sur le processus cible.

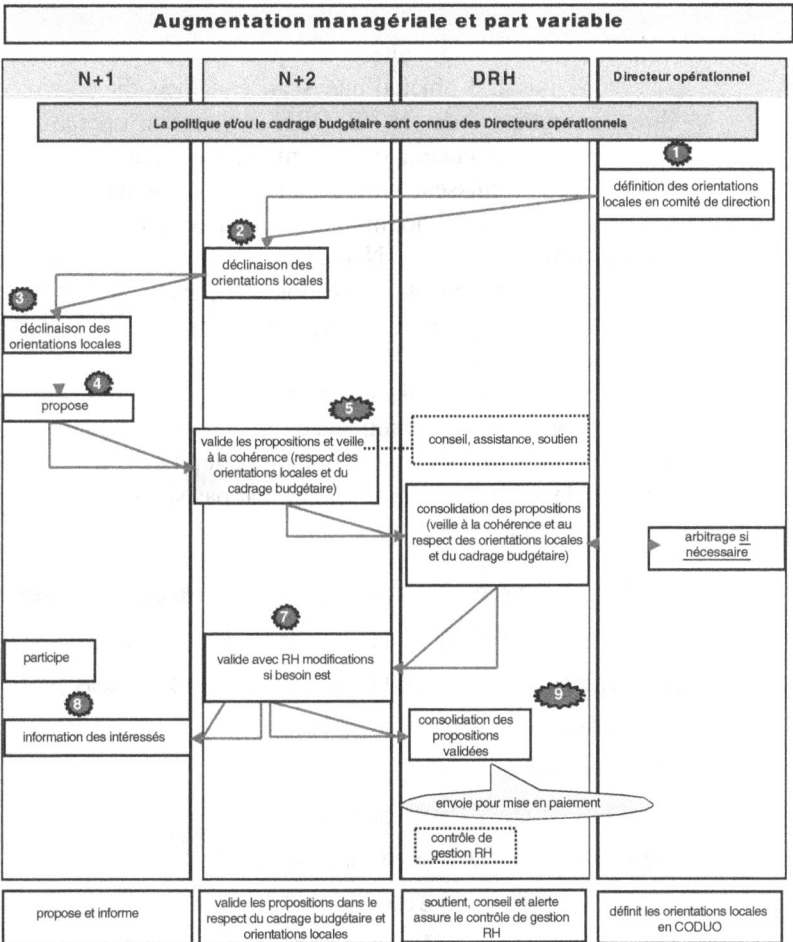

N+1	N+2	DRH	Directeur opérationnel
	La politique et/ou le cadrage budgétaire sont connus des Directeurs opérationnels		

Augmentation managériale et part variable

① définition des orientations locales en comité de direction

② déclinaison des orientations locales

③ déclinaison des orientations locales

④ propose

⑤ valide les propositions et veille à la cohérence (respect des orientations locales et du cadrage budgétaire)

conseil, assistance, soutien

consolidation des propositions (veille à la cohérence et au respect des orientations locales et du cadrage budgétaire)

arbitrage si nécessaire

participe

⑦ valide avec RH modifications si besoin est

⑧ information des intéressés

⑨ consolidation des propositions validées

envoie pour mise en paiement

contrôle de gestion RH

Rôles	propose et informe	valide les propositions dans le respect du cadrage budgétaire et orientations locales	soutient, conseil et alerte assure le contrôle de gestion RH	définit les orientations locales en CODUO

La représentation ci-dessus correspond à un cas réel d'une entité de huit cents personnes. Les orientations stratégiques de cette entreprise martelaient la responsabilité du manager de proximité. C'est dans ce contexte, qu'il a été décidé de revoir l'ensemble des processus.

À l'origine, le processus « augmentation managériale et part variable » était largement dans les mains de la DRH. Certains N + 1 n'étaient pas consultés sur le montant d'augmentation proposé (ils ne communiquaient à leur N + 2 que les noms des collaborateurs à augmenter). La quasi-totalité des décisions salariales faisait l'objet d'une séance dédiée du comité de direction composé des N + 2, DRH et directeur opérationnel. Des ajustements étaient opérés en séance, sans pour autant que les N + 1 puissent émettre un avis. Le schéma montre, qu'avec le processus modifié le N + 1 est largement ré-associé dans le processus par le N + 2 ; la fonction RH n'intervient qu'en conseil et contrôle de gestion RH (respect des enveloppes et de la politique de rémunération définie préalablement) ; enfin, seuls certains dossiers sont vus par le comité de direction. Ce qui paraît simple sur le schéma, a été l'objet de nombreuses conversations et réticences de la part des équipes RH : « certains N + 1 ne sont pas capables de tenir ce rôle », « c'est impossible ». On voit par là qu'il n'est pas si simple de changer les habitudes...

Huit leçons sur le re-engineering des processus

1 Il n'est pas nécessaire d'être un expert pour remodeler un processus.

2 Il n'est pas nécessaire d'en savoir beaucoup sur les processus actuels.

3 Etre un néophyte est un atout.

4 Se défaire des idées reçues.

5 Voir les choses du point de vue des clients.

6 Le re-engineering est de préférence un travail d'équipe.

7 Il n'est pas difficile d'avoir de grandes idées.

8 Le re-engineering n'est pas forcément quelque chose de pénible.

À ce stade, nous proposons au lecteur de méditer sur les huit leçons proposées par Michæl Hammer et James Champy[1], et tirées de leurs pratiques de re-engineering de processus. Les expériences en la matière de chacun de nous montrent qu'elles sont tout à fait pertinentes.

---

1. Hammer Michæl et Champy James, *Le re-engineering*, éd. Dunod, 1993.

La signature électronique

Le passage de l'analogique au numérique annonce l'avènement d'un nouvel âge dont les conséquences juridiques sont multiples, en particulier en matière de preuve.

En France, le fondement légal du droit de la preuve est régi par l'art. 1316-1 du Code civil : « l'écrit sous forme électronique est admis en preuve au même titre que l'écrit sur support papier sous réserve que puisse être dûment identifiée la personne dont il émane… ».

Art.1316-4 : « La signature nécessaire à la perfection d'un acte juridique identifie celui qui l'appose. Quand elle est apposée par un officier public, elle confère l'authenticité. Lorsqu'elle est électronique, elle consiste en l'usage d'un procédé fiable d'identification […]. La fiabilité de ce procédé est présumée […] lorsque la signature électronique est créée, l'identité du signataire assurée, et l'intégrité de l'acte garantie […]. »

Art.1326 : « L'acte juridique par lequel une seule partie s'engage envers une autre à lui payer une somme d'argent […] doit être constaté dans un titre qui comporte la signature de celui qui souscrit cet engagement ainsi que la mention écrite par lui-même, de la somme […] en toutes lettres et en chiffres. »

En ce qui concerne l'acte juridique sous forme électronique, nous voyons que le Code civil s'affranchit définitivement du monopole du papier. Le projet de loi sur la preuve et la signature électroniques se fonde sur la sécurité des mesures techniques qui seront utilisées par les parties afin de donner force probante aux écrits sous forme électronique.

L'écrit exigé, à des fins de preuve, se caractérise par le respect des principes de neutralité technique et de non-discrimination à l'encontre d'un support ou d'un média. Un écrit ne peut être valablement considéré comme ayant valeur probante que si l'on ne peut le produire de façon lisible et compréhensible par l'homme. L'écrit doit, par conséquent, pouvoir être restitué au juge de façon compréhensible, en langage clair. Cela établit un lien direct avec l'identification de la personne dont il émane, son établissement et la conservation de l'écrit garantissant bien son intégrité. Finalement, « ce qui compte, c'est la certitude que l'écrit émane bien de celui auquel il pourrait être opposé, en d'autres termes que, ni son origine, ni son contenu n'ont été falsifiés. »

L'écrit sous forme électronique doit être établi et conservé dans des conditions de nature à en garantir l'intégrité. L'écrit est appréhendé dans tout son cycle de vie, de la création de l'enregistrement informatique jusqu'à l'expiration de sa conservation. Cela permet de changer de support pendant cette période qui peut être plus ou moins longue. Le contenu informationnel de l'acte juridique pourra migrer en fonction de la qualité et de la durée de vie des supports pour autant que son intégrité soit préservée. Par ailleurs, si l'on se penche plus précisément sur l'emploi du terme « conservation », il doit être précisé ici que c'est d'une conservation « active » dont il s'agit.

Le choix d'un SIRH et d'un intégrateur

Un SIRH au service des enjeux stratégiques de l'entreprise

L'offre en logiciels RH foisonne. On voit émerger de plus en plus de produits orientés événements, qui permettent à des utilisateurs non spécialistes d'un domaine d'initier des opérations, tout en respectant des règles dont le détail peut leur être étranger. Ainsi un salarié peut-il déposer des congés en restant dans le cadre des jours ouvrés qui lui reste à prendre. Un manager peut-il proposer des augmentations de salaire ou des promotions à l'un de ses collaborateurs en étant guidé par le contenu des écrans et par des aides en ligne.

Les produits orientés événements

Progiciel RH présentant des écrans par type d'événement, qu'un non spécialiste des RH pourra initier tout en respectant des procédures, des règles et une législation dont le détail peut lui échapper.

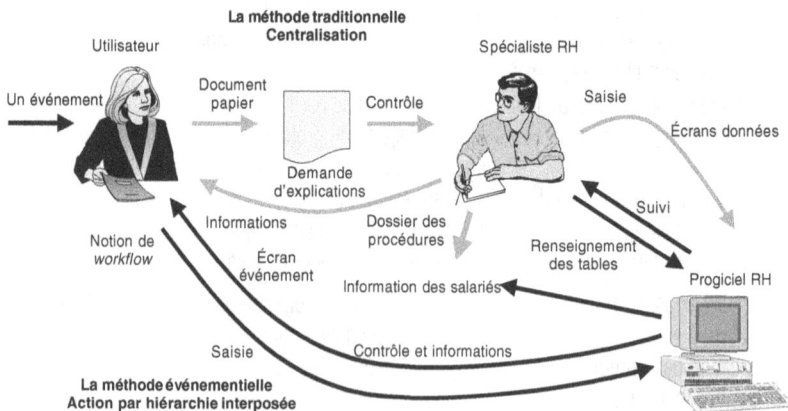

Pour le DRH : perte de pouvoir ou gain d'efficacité ?

© Éditions d'Organisation

Autre tendance : l'arrivée de produits intégrés à spectre large, les fameux ERP (Entreprise Ressource Planning) ou systèmes de planification des ressources (humaines, financières et logistiques). Le choix d'un système d'information des RH devient une tâche d'autant plus complexe que les offres du marché sont plus complètes, donc plus difficiles à cerner et à mettre en œuvre.

Un SIRH, certes, mais pour répondre à quels enjeux ? Un SIRH au service de qui ? des RH, des managers, du personnel ?

Axiome

Il doit y avoir prééminence des concepts sur les outils

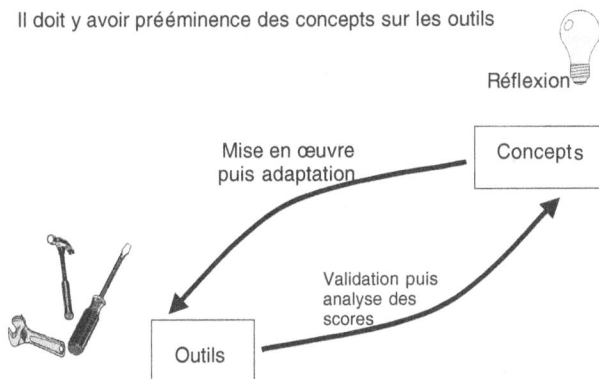

Réflexion

Concepts

Mise en œuvre puis adaptation

Validation puis analyse des scores

Outils

Pour parodier l'un de nos collègues informaticiens, il faut passer de l'architecture client serveur (technique), pensée par les informaticiens, au concept de client services, perçue par les opérationnels et les clients internes. Nous revenons donc au concept d'une DRH qui gère le marketing.

C'est la raison pour laquelle nous avons longuement développé au paragraphe précédent la nécessaire révision des processus au service d'orientations stratégiques RH, elles-mêmes au service du business.

Le SIRH doit être en appui et au service des enjeux majeurs de la politique RH du groupe. Par exemple, il doit :

- favoriser la dimension groupe de l'entreprise ;
- permettre l'accompagnement des évolutions organisationnelles ;
- favoriser la fluidité et la mobilité au sein d'un groupe ;
- prendre en compte la dimension internationale ;
- apporter une plus value aux utilisateurs clients (les managers, les salariés, la fonction RH : soit l'entreprise toute entière) ;
- être source de performance et d'économie pour l'entreprise.

Ce qui explique la démarche POPSI (Processus, Organisation, Professionnalisation, Système d'Information), sur laquelle nous reviendrons au chapitre suivant. Le choix des outils devra donc intervenir en final de la démarche de re-engineering : ils ne peuvent pas se substituer à une réflexion préalable ! Bon nombre de spécialistes le rappellent sans cesse : « *il a fallu changer les organisations en profondeur pour trouver de la vélocité et de l'agilité, et enclencher un progrès permanent... les NTIC sont au cœur du ce projet. Mais pas de fascination. Les outils seuls ne peuvent rien. Ce n'est pas en installant un Intranet qu'on change une organisation. Il a fallu mener une réflexion de fond sur ce que nous étions et sur ce que nous voulions devenir, une analyse de nos processus fondamentaux pour identifier les frictions, les pertes de temps, les pistes d'amélioration... Ensuite, nous avons regardé quels outils étaient à notre disposition pour atteindre ces objectifs* »[1].

Les facteurs clés de succès d'un projet SIRH ou d'une vision partagée à une réalité pratiquée :

- définir un socle commun des règles RH (processus et données RH donc codifications communes) ;

---

1. Source Vnunet.

- faire partager par tous les acteurs un objectif commun de simplification (utilisation au maximum du standard interne au progiciel retenu) ;

- mettre en œuvre un dispositif de pilotage clair et connu respectant l'équilibre entre les différents constituants de l'entreprise ;

- respecter le cahier des charges ad hoc, comprenant des spécificités fonctionnelles, le respect de normes techniques, les engagements de service ;

- respecter les engagements (financiers et surtout planning de réalisation).

Enfin, se souvenir qu'un SIRH, c'est aussi tous les outils périphériques, comme les libres-services et les *workflows*, dont l'intégration doit être simple.

Choisir un ERP

On ne le répétera jamais assez : l'outil ne fait pas la politique, et s'il n'est pas adopté par tous, il permet encore moins la pratique.

Autre avertissement : l'informatique continue à coûter très cher, et il est illusoire de penser que les nouvelles technologies sont peu onéreuses, faciles à implémenter et à déployer.

De plus, le retour sur investissement d'un projet SIRH, ne se fera pas par une augmentation du CA de la fonction RH. Il passera forcément par une optimisation des ressources humaines, techniques, et surtout de l'organisation RH. Choisir un ERP, c'est avoir déjà répondu à l'analyse stratégie-organisation-ressources. Il est donc important pour un DRH, de ne penser outil qu'en final de sa réflexion de re-engineering RH. L'outil est au service de la stratégie et pas l'inverse !

Choisir un ERP, c'est accepter l'idée que « le marché » a su analyser et standardiser des processus (comptabilité, qualité, RH, production…) en les synthétisant. Ce choix, pour les entreprises à forte tradition de développement informatique interne, peut représenter une véritable révolution culturelle au sein des directions informatiques ! Quant à la fonction RH, elle a, face à cet outil, une réelle autocritique à réaliser sur la pertinence de telle ou telle règle ou processus dans sa mise en œuvre.

Choisir un ERP, c'est choisir l'opportunité de reconsidérer l'ensemble des processus à l'aulne du standard, d'où l'intérêt pour la fonction RH d'être active dans le choix et très vigilante sur la réelle « compétence RH » de l'ERP retenu. Il est en effet stimulant de comparer ses processus aux meilleures pratiques RH, mais pas forcément aux meilleures pratiques comptables ou commerciales !

Choisir un ERP, c'est avoir posé comme postulat que l'entreprise dans laquelle on travaille, restera « une entreprise comme les autres » dans sa gestion. Si l'exotisme et la « customisation » sont votre tradition, abandonnez l'idée d'un ERP !

Les préalables au choix d'un SIRH

1 Définir les orientations politiques et la vision globale : dimensions groupe, international, organisation, reporting, gestion de populations sensibles, un SIRH pour aujourd'hui, c'est-à-dire gérant comme hier, ou un outil pour demain, etc.

2 Définir le périmètre technique : architecture de l'entreprise, équipements utilisateurs, maintenance, coûts d'intégration des versions, interfaces autres SI (comptabilité auxiliaire, paie par exemple)

3 Définir le périmètre fonctionnel : gestion RH et paie, gestion des compétences, des carrières, de la formation, libre-services salariés et managers, etc.

4 Choisir parmi l'ensemble de ces critères les déterminants, les discriminants, les secondaires dans chacun des périmètres et choisir conjointement DRH / direction de l'informatique.

Le portage par l'ERP d'outils de type *workflow*, portail salariés, applications collaboratives, représente une formidable opportunité pour l'entreprise, ses salariés et ses managers, mais complexifie le choix : l'outil retenu ne doit plus répondre aux seuls besoins de la filière RH (outil métier), mais à ceux de l'ensemble des acteurs de l'entreprise d'aujourd'hui, mais surtout de demain .

Enfin, les ERP du marché présentent des fonctionnalités voisines et étendues. C'est donc, dans les orientations du projet, dans sa conduite et dans ses coûts, notamment d'intégration, que devront se définir les critères de choix de l'outil (voir encadré précédent).

Pour illustrer la démarche de choix d'un SIRH, nous prendrons l'exemple de TDF qui, à partir d'un constat, a élaboré un cahier des charges avec la Cegos, puis a choisi un intégrateur avec engagement de bonne fin (voir « Le choix d'un intégrateur »).

La Cegos aide TDF à établir son cahier des charges SIRH

Le constat

1 Multiplicité de logiciels, donc des interfaces, et complexité associée des évolutions.

2 Obsolescence (moyenne d'âge supérieure à dix ans) des outils, d'où une maintenance de plus en plus difficile à assurer.

3 Inadaptation aux besoins modernes de GRH.

4 Facteurs économiques issus de l'étude des coûts tertiaires. Trois pistes distinctes mais fortement liées de réduction des coûts ont été identifiées :

• évolution de l'organisation ;

• optimisation des processus ;

• mise en place de self-services et d'application kiosques (*workflow*).

Le nouveau SIRH de TDF

Ce projet s'inscrit dans le cadre du projet SIRH Groupe FT (H@RP) pour répondre aux besoins du pilotage groupe, en préservant l'autonomie des filiales. Par conséquent, il doit être construit en cohérence avec le changement de convention collective (passage de la CCCPA à la CCNT). Il apparaît des contraintes de délai et de souplesse dans la phase projet. Par ailleurs, il se développera en trois lots :

- lot 1 : gestion des organisations, administration du personnel, paie, gestion des temps, interface comptable et self-services associés / planning : juillet 2002 ;

- lot 2 : gestion des recrutements, GPEC / Planning : octobre 2002 ;

- lot 3 : intéressement / participation, bilan social, relations sociales / Planning : mars 2003.

Il doit intégrer au maximum la dimension économique dans :

- son élaboration (limitation des coûts de paramétrage et de développement) => arbitrage standard / spécifique ;

- dans les fonctionnalités attendues (développer les gains de productivité).

Les grandes étapes

Elles ont été menées avec, en tant qu'assistant maîtrise d'ouvrage / maîtrise d'œuvre, la société Cegos.

1 Élaboration du cahier des charges (janvier à juin 2001) avec la définition des besoins fonctionnels, techniques et technologiques et la révision des processus suivant trois axes à maîtriser :

- processus existants ;

- processus améliorés (simples améliorations de l'existant) ;

- processus optimisés (restructuration forte de l'existant).

2 Choix du produit dans le cadre du projet SIRH Groupe FT (H@RP) : PeopleSoft v.8 : mai 2001.

3 Choix de l'intégrateur : septembre 2001.

4 Intégration d'évolutions éventuelles avant mise en production (CCNT, socle commun FT).

5 Mise en œuvre du plan d'accompagnement (communication / formation).

6 Conception, mise en place des évolutions organisationnelles et métiers de la fonction RH.

7 Transfert des données de l'ancien vers le nouveau système après la paie de juin 2002.

8 Mise en production du lot 1 PeopleSoft, en juillet 2002.

9 Mise en production des lots 2 et 3.

Les grands enseignements

1 Nécessité d'une réflexion en amont, aussi exhaustive que possible, sur les besoins fonctionnels et sur les objectifs à moyen terme : cahier des charges fonctionnel / processing de la fonction RH, organisation de la FRH.

2 Finaliser en tous points la contractualisation avec l'intégrateur avant de démarrer.

3 Anticiper le montage des prestations informatiques (intégration, infogérance, TMA).

4 Parfaite coordination entre :

• la DRH et la direction informatique ;

• les chantiers fonctionnels parallèles (gestion des organisations, refonte de processus, gestion des compétences, construction CCNT...).

5 Équipe projet solide, solidaire et motivée.

6 S'enrichir d'une vision extérieure et de se doter d'un bon accompagnement « assistance maîtrise d'ouvrage / maîtrise d'œuvre », eu égard aux enjeux et à la complexité d'un tel projet.

Généralement, quelle que soit la taille de l'entreprise, la mise en place d'un SIRH fait intervenir des acteurs appartenant à plusieurs entités, ce qui oblige à les coordonner. Cela demande une véritable gestion de projet, telle que nous la décrirons dans le chapitre suivant.

Projet SIRH dans un groupe à plusieurs entités

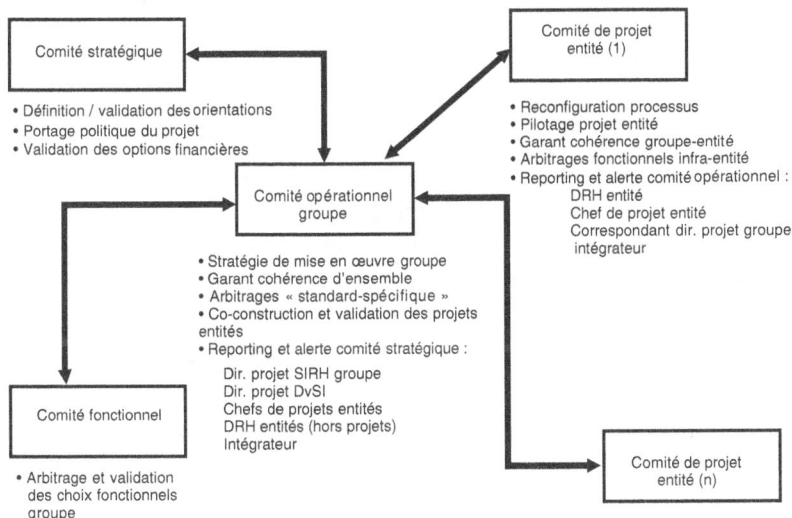

Comité stratégique
• Définition / validation des orientations
• Portage politique du projet
• Validation des options financières

Comité de projet entité (1)
• Reconfiguration processus
• Pilotage projet entité
• Garant cohérence groupe-entité
• Arbitrages fonctionnels infra-entité
• Reporting et alerte comité opérationnel :
    DRH entité
    Chef de projet entité
    Correspondant dir. projet groupe
    intégrateur

Comité opérationnel groupe
• Stratégie de mise en œuvre groupe
• Garant cohérence d'ensemble
• Arbitrages « standard-spécifique »
• Co-construction et validation des projets entités
• Reporting et alerte comité stratégique :
    Dir. projet SIRH groupe
    Dir. projet DvSI
    Chefs de projets entités
    DRH entités (hors projets)
    Intégrateur

Comité fonctionnel
• Arbitrage et validation des choix fonctionnels groupe

Comité de projet entité (n)

L'intégrateur, un rôle essentiel d'ensemblier

Comme nous l'avons vu, les produits existants sur le marché sont de plus en plus puissants, mais aussi plus complexes à mettre en œuvre. La mise en place ne peut plus être laissée à la seule main de l'utilisateur, ni à celle du vendeur de progiciel. Le recours à un intégrateur devient nécessaire. L'enquête Cedar, en Europe, avait fait apparaître que ce poste de dépense était négligé dans 45 % des projets de SIRH. C'est un peu comme si on achetait une voiture en kit, sans avoir la moindre connaissance en mécanique !

Le métier de l'intégrateur consiste à fournir une solution clé en main sur la base de spécifications techniques élaborées par l'entreprise. L'intégrateur assemble des composants techniques pouvant répondre aux exigences fonctionnelles, techniques et économiques de l'entreprise. Dans le domaine RH, il assure la maîtrise d'œuvre totale ou partielle du projet, dont la DRH assure la maîtrise d'ouvrage.

En fonction de la précision du cahier des charges qui lui est soumis, l'intégrateur a un rôle de conseil plus ou moins important. Il est coutumier de voir les intégrateurs disposer d'équipes de consultants susceptibles d'assurer des missions de conseil (surtout en analyse de processus et sécurité).

En général, dans des domaines mûrs, où peu de choix architecturaux techniques sont structurants, il est légitime que la DRH élabore un cahier des charges léger, proche du fonctionnel, et que l'intégrateur se charge de la composante architecturale non précisée dans le cahier des charges.

En revanche, dans des domaines où certains choix architecturaux sont structurants, et doivent être pris en cohérence avec d'autres projets existants ou à venir, la DRH élabore, en relation avec des sociétés de conseil, des cahiers des charges techniques précis (n'allant en général pas jusqu'au choix du produit) et l'intégrateur assure alors un rôle d'ensemblier pur.

Fiches techniques et témoignages

Le choix d'un intégrateur est une opération très importante qui doit être pensée et organisée. Dans ce domaine, la Cegos possède une démarche très structurée dans laquelle elle :

• analyse les besoins de l'entreprise (en séparant ceux qui sont structurants et ceux éliminatoires s'ils obtiennent une note inférieur à un seuil déterminé),

• vérifie l'expérience réelle des intégrateurs en interviewant d'anciens clients, selon deux grilles possibles d'analyse (jusqu'à trois cents critères).

Deux fiches outils réalisées par la Cegos pour la sélection d'un intégrateur

Fiche : Approche client des intégrateurs

La structure de la société interviewée

Raison sociale ; Nombre de salariés ; Nombre (et libellé) des conventions collectives nationales gérées ; Nombre approximatif d'accords additifs ; Organisation des sites d'implantation de la fonction RH ; Effectif de la fonction RH.

Le projet

1 Les dates de début et de fin du projet.

2 Le progiciel et la version retenus ; le choix du progiciel peut se faire avant la sélection de l'intégrateur.

3 L'ampleur du projet :

❑ Gestion des organisations   ❑ Formation

❑ Paie   ❑ Recrutement

❑ Administration du personnel   ❑ GPEC

❑ Gestion des temps et des activités	❑ Relations sociales
❑ Planification sous contraintes	❑ Politique de rémunérations
❑ Gestion des frais	❑ Infocentre / SIAD
❑ Masse salariale	❑ Hauts potentiels
❑ Politique de rémunérations	❑ International

Les questions

1 Les intégrateurs sont-ils en lice avant la sélection ?

2 Quels sont les points forts et les points faibles de l'offre de l'intégrateur retenu ?

3 Quel est le degré de satisfaction globale attendu de la prestation ?

4 Comment appréhender le cycle de contractualisation (complexe, long, etc.) ?

5 Quel type d'engagement contractuel (forfait, régie au forfait, régie pure) choisir ?

6 Les engagements prévus contractuellement ont-ils été tenus ?

7 Le périmètre défini dans le projet a-t-il été respecté ?

8 Combien d'avenants au contrat y a-t-il eu ? Pour quelles raisons ?

9 La solution mise en place était-elle plus réduite que prévu (solution dégradée) ? Pour quelles raisons ?

10 Quel a été le pilotage et l'animation des instances ?

11 Comment a évolué l'équipe des intervenants de l'intégrateur (connaissance progiciel, maintien des mêmes personnes sur le projet, etc.) ?

12 Quels écrits ont été demandés au prestataire (comptes-rendus, livrables, documentation, etc.) ?

13 Y a-t-il eu des aspects conflictuels ? Quelles solutions ont été mises en place ? D'après quels axes ?

14 Quels sont les problèmes techniques rencontrés ?

15 Autres points essentiels dans le déroulement du projet ou dans vos attentes vis-à-vis de l'intégrateur ?

Fiche : Scoring de niveau 1

Cette grille comporte environ soixante critères, répartis en plusieurs familles : critères fonctionnels, outils, de structure fournisseur, de projet, commerciaux et généraux.

La Cegos propose une grille de pondération qui va de 25 à 8 %. Dans chaque famille, les critères *critiques* sont fixés avec le client, et seront éliminatoires, s'ils obtiennent une note inférieure à un seuil déterminé. Ceci permet d'avoir une approche fortement discriminante entre les candidats.

La famille « Critères fonctionnels »

Tous les thèmes fonctionnels sont repris de façon macro, afin d'exprimer globalement un avis sur chaque axe (gestion des organisations, paie, administration, etc.), en traitant en particulier les fonctions repérées comme sensibles, comme critiques ainsi que l'évaluation globale de la compréhension du contexte fonctionnel.

La famille « Critères outils »

Elle regroupe entre autres les thèmes suivants :

Compréhension du contexte hétérogène actuel
Appréhension des volumes de données

Appréhension des volumes d'utilisateurs
Volume de spécifique proposé

Intégration des axes interfaces
Intégration des axes de migration de données

Compréhension des outils officieux recensés
Politique de confidentialité

Politique d'urbanisme
Évaluation des plates-formes proposées

Intégration au Système d'Information global de l'entreprise…

La famille « Critères structure fournisseur »

Elle regroupe les critères achats classique :

Nombre de salariés
Stabilité de la structure

Nombre de référence sur le progiciel concerné…

Nous y ajoutons :

Références précises sur projet similaire (progiciel x, en version x.x)
Effectifs dédiés à ce progiciel ou à la version concernée (en cas de version récente ou de compétences technique rares)

Présence d'outils d'aide à la conception/implémentation
Missions déjà réalisées entre le fournisseur concerné et la société

La famille « Critères projet »

Engagement sur les délais
Qualité

Structuration de l'équipe projet
Expérience du chef de projet proposé

Plan de mise en œuvre (fourniture et complétude)
Niveau de détail des charges fournies

Plan de développement logiciel
Livrables fournis

Intégration de ressources de la société en co-production
Intégration de la notion de transfert de compétences

La famille « Critères commerciaux »

Engagement de prix fermes et non actualisés durant le projet
Engagement au forfait, obligation de résultats

Tarifs gestion de projet, assistance, avenants
Coût total en comparaison

Échéancier de facturation
Engagement sur la maintenance corrective

Engagement sur la maintenance évolutive

La famille « Critères généraux »

Respect de l'utilisation de la matrice de conformité fonctionnelle (si la société en a prévu une pour faciliter le dépouillement des offres)

Complétude de la réponse
Engagement de confidentialité

Compréhension des risques impliqués par des potentiels projets parallèles

Clarté et lisibilité de l'offre
Pertinence globale de la réponse et adéquation au contexte

Pour établir le bon dosage des critères, le cahier des charges fonctionnel est une pièce majeure ; de son niveau de définition dépendra la finesse des critères d'évaluation, sur les axes fonctionnels, entre autres. Cette méthode, lourde en apparence, permet de mettre très vite en lumière les écarts entre des vraies compétences prouvées et un discours commercial.

Le choix d'un intégrateur n'est pas aisé. C'est pourquoi nous présentons quelques fiches techniques sur des intégrateurs que nous avons expérimentés, tout au long de notre parcours professionnel : Accenture ; PriceWaterhouseCoopers ; Schlumbergersema. Le lecteur y trouvera à la fois leurs expertises et des témoignages concrets de mises en œuvre. Par ailleurs, nous avons constitué, en accord avec les personnes concernées, des fiches « Zoom » sur l'expérience d'entreprises dans la mise en place d'un SIRH : LFB ; TotalFinaElf.

Accenture : l'aide à la mise en place d'un ERP chez TDF

Le nom du projet décrit et de la société concernée

Mise en place du système d'information RH (SIRH) sur PeopleSoft v8.

Le contexte de l'intégration

TDF a décidé de changer de système d'information RH et de mettre en œuvre les modules RH, gestion des temps, paie et self-service du progiciel PeopleSoft v8, solution choisie par le groupe France Télécom.

Descriptif de l'opération d'intégration

TDF a divisé son projet en trois parties. Chaque lot est structuré selon la démarche suivante :

- spécifications générales ;
- identification des écarts au standard et spécifications détaillées fonctionnelles et techniques des écarts ;
- conversion et reprise des données ;
- réalisation des interfaces et des batchs ;
- paramétrage du standard, développement et test unitaire des spécifiques ;
- tests d'intégration ;
- recette de la solution par TDF ;
- transfert des connaissances ;
- support fonctionnel et technique ;
- mise en place de l'architecture technique (livraison clé en mains des plates-formes) ;
- gestion et pilotage du projet.

Pourquoi TDF a-t-il fait appel à un intégrateur ?

En sollicitant Accenture, TDF s'est donné la possibilité d'anticiper, pendant tout le projet, les risques possibles sur les contours fonctionnels, les dates de disponibilité et les performances de la version 8 de PeopleSoft (puis les versions ultérieures attendues pendant le projet), grâce à la présence des consultants Accenture chez PeopleSoft, dans les équipes de développement et / ou de tests en France et à Pleasantown.

Accenture s'engage à respecter les délais et les coûts et à livrer un système conforme à ses spécifications.

L'apport de l'intégrateur à TDF

Accenture apporte à TDF son savoir-faire et son expérience de mise en place de solutions PeopleSoft RH et Paie en France et dans le monde pour un grand nombre de sociétés.

Accenture met à disposition de TDF de consultants expérimentés aux produits PeopleSoft, y compris sur la version 8, dans un contexte général de contention de ressources qui assure une forte disponibilité de ressources pour les trois ans à venir. L'équipe, composée d'une vingtaine de consultants, permet de satisfaire, par ses compétences fonctionnelles et techniques, l'ensemble des besoins de TDF pour le SIRH :

• apport d'expertises complémentaires (**expérience unique en France de mise en œuvre d'une solution PeopleSoft Paie V8 avec migration des éléments de paie de Gip vers PeopleSoft Paie, expertise fonctionnelle, expertise technique***) ;

• connaissance des modèles d'organisation et des processus RH ;

• connaissance de la couverture fonctionnelle et du niveau de service PeopleSoft ;

• outils, données, documents disponibles (cahier des charges, *benchmark* fonction RH,...) ;

• maîtrise du pilotage de grands projets de type progiciels de gestion intégrée (modèles de dimensionnement de projet) ;

• connaissance du contexte TDF et France Télécom (enjeux et initiatives de changement du groupe France Télécom, maîtrise des éléments de chiffrage des effectifs et des coûts de la fonction RH).

*L'expertise technique concerne la maîtrise des architectures applicatives et techniques SIRH (progiciel, infocentre, Intranet...), la connaissance technique des principaux fournisseurs de hardware et de software, les outils et *benchmarks* de dimensionnement de systèmes, l'expertise de la mise en place et de l'exploitation de plates-formes PeopleSoft v8 RH et paie.

PricewaterhouseCoopers : l'aide à la mise en place d'une stratégie e-RH chez Hewlett Packard

Le nom de la société intégratrice

PricewaterhouseCoopers est la première organisation mondiale de prestation de services intellectuels. PwC Consulting pôle conseil de PwC, a mis en place plusieurs solutions e-RH dans de grands groupes français et internationaux.

Le nom du projet décrit et de la société concernée

PwC Consulting a assisté Hewlett Packard dans la mise en place d'une stratégie e-RH ayant pour but de tourner son modèle opérationnel vers les e-services :

• PwC Consulting a défini et mis en place quatre stratégies liées aux ressources humaines et à la technologie, qui ont conduit à la construction d'un portail $Bt_0 E$ utilisé par 90 000 personnes ;

• les gains quantitatifs correspondent à 58 millions d'euros d'économie la première année. Les gains qualitatifs touchent à l'amélioration de l'accès et de l'intégrité des données et à une évolution de la culture de l'entreprise.

Le contexte de l'intégration (notamment objectifs)

Un premier objectif consistait à définir les pratiques et les outils e-business favorisant la mise à disposition des outils et des services RH, avant un déploiement à grande échelle.

La mise en place de la solution B_2E qui a suivi devait prendre en compte trois dimensions :

• *fonctionnelle*, définition de la couverture fonctionnelle du portail et intégration avec les métiers de l'entreprise et les partenaires extérieurs ;

• *technique*, déclinaison technique de l'aspect précédent en termes de langages utilisés, de bases de données et de dimensionnement des infrastructures ;

• *opérationnelle*, définition des responsabilités et des règles d'administration, des indicateurs techniques et managériaux de pilotage du système et des procédures de gestion des accès et de la disponibilité des outils.

Le descriptif de l'opération d'intégration

Phase 1 : lancement ; définition du plan de travail et développement d'une vision e-RH commune sur les aspects humains, organisationnels et techniques de la future solution.

Phase 2 : analyse et définition de la solution ; stratégie de pilotage de la future solution et de management du projet, définition du cahier des charges technique et de la couverture fonctionnelle, mise à plat des processus aboutissant à un plan de déploiement.

Phase 3 : transition et mise en place ; mise au point détaillée de l'architecture et de l'organisation pour piloter le système, développement, test et déploiement de la solution.

Phase 4 : débriefing ; identification des opportunités d'amélioration des versions ultérieures.

Pourquoi faire appel à un intégrateur ?

Trois raisons essentielles plaident en faveur du recours à un intégrateur.

1 L'expérience préalable dans la mise en place de solutions e-RH : garante du respect des délais et de l'adéquation entre les besoins et les outils mis en place grâce à des méthodologies éprouvées, des outils de gestion de projet spécifiques et des partenariats avec les éditeurs.

2 La capacité à lier les aspects techniques, organisationnels et fonctionnels d'un projet complexe : garante d'une prise en compte de toutes les dimensions du projet, en particulier des nécessités de conduite du changement, capitales sur les projets e-RH.

3 La capacité à faire communiquer des services qui ne communiquent pas habituellement entre eux (RH, finance, informatique) : garante de la prise en compte équitable de tous les besoins, l'intégrateur peut jouer un rôle de tampon entre les parties prenantes du projet et favoriser la collaboration entre les équipes.

Schlumberger Sema :
l'intégration de slb people project

Schlumberger a mis en place un système d'information RH pour ses 80 000 collaborateurs dans cinq cents sites, dans plus de cent pays. Cette réalisation (slb people project) est parmi les plus avancées au plan mondial et fait l'objet d'études approfondies de la part des plus grandes sociétés.

Le contexte de l'intégration : trois objectifs majeurs

1 Intégration de différentes data bases dispersées dans le monde, des fonctions et des process qu'elles supportent comme véhicule de transformation d'une société avec une organisation en « silo » vers une société « globale ». En fédérant les pratiques, les processus globaux permettent de gérer plus efficacement, entre autres, les recrutements, les effectifs, la mobilité, les compétences, les performances, la connaissance, les plans de succession.

2 Intégration des processus locaux sur le socle ainsi réalisé, offrant à chaque individu dans l'entreprise un accès unique, homogène et sécurisé à l'information souhaitée, par le biais d'un Intranet global et de fonctions libres-services salariés, libres-services managers.

3 Intégration des différents composants du socle et de composants locaux, comme les systèmes de paie, afin de faciliter l'exploitation et de réduire les coûts.

Pourquoi faire appel à un intégrateur ?

Les différents composants du e-SIRH sont le fruit de développements à la fois simples et sophistiqués. Ils génèrent une grande variété de produits inégalement autonomes et flexibles. Si les éditeurs et les fournisseurs respectent les standards et les normes d'interfaçage, la multiplicité et la sophistication des composants à assembler nécessitent des arbitrages, des paramétrages et des adaptations que seul l'intégrateur est capable de réaliser, de coordonner et de garantir. L'intégrateur est donc un ensemblier qui possède la capacité et la compétence pour gérer fournisseurs et acteurs, planifier les tâches, piloter les travaux, interfacer les composants, paramétrer les outils. Cette compétence fondée sur l'expérience lui permet de prendre vis-à-vis de son client de véritables engagements sur des résultats.

Les différents volets de l'intégration

Le souci premier est d'intégrer le nouveau système à l'entreprise. C'est l'objet des actions essentielles de conduite du changement, trop souvent menées superficiellement ou tardivement. L'intégration applicative ou fonctionnelle demande des approches et des méthodes adaptées aux outils comme les ERP. Privilégiant les processus et le « maquettage », elles requièrent des compétences à la fois métier et outils.

L'intégration technique, volet traditionnel de l'intégration, comporte de nombreuses facettes. Dans un système à urbaniser de bout en bout, les types d'intégration varient depuis la fusion de plusieurs référentiels sous un même progiciel, l'intégration d'un module au sein d'un progiciel, l'intégration globale d'un ERP jusqu'au raccordement des différentes briques applicatives sur un socle. Ce dernier point étant de plus en plus effectué par le biais d'Internets locaux, voire par l'interconnexion et l'interopérabilité de différents Extranets.

Ce socle applicatif et technique doit être intégré au sein de l'architecture de production et d'exploitation de l'entreprise. Le nombre des composants à gérer, la mise en œuvre des standards à respecter les contraintes de sécurité imposées par l'organisation complexifient l'opération.

L'intégrateur offre donc la garantie que le produit choisi s'inscrit dans l'architecture de manière sécurisée, normée et performante. C'est le gage de sa fonctionnalité et de son évolutivité.

313

LFB : gestion de l'information RH

Les objectifs

LFB est le laboratoire français de Fractionnement et des Biotechnologies.

Quand Martine Coillot arrive à son nouveau poste de responsable Paie et Administration, en 1999, elle découvre deux principaux défauts à l'outil de gestion de paie en place : ce dernier ne passera pas le bug de l'an 2000 et il n'est pas commun à l'ensemble du personnel RH (d'autant que l'entreprise est répartie sur deux sites de production). Elle se met alors à la recherche d'un outil de management lui permettant de supprimer ces défauts et de réduire « les paperasseries ».

Le descriptif

Le projet a avancé étape par étape, afin de laisser le temps aux techniciennes de paie « très exécutantes » d'intégrer le nouveau système et de fournir des indicateurs aux managers. Six modules sont mis en place progressivement.

1 Le module « paie » implique la formation des techniciens à ce nouvel outil fourni par CCMX, sur leur lieu de travail.

2 Le module « gestion de l'activité » permet de gérer tous les motifs d'absences par l'intermédiaire de calendriers individuels et d'éditer en automatique, notamment les attestations de sécurité sociale.

Un réel outil de GRH est issu de ces deux modules. Il permet d'établir des analyses sur les effectifs, sur la masse salariale, et de réaliser le bilan social complet « en pressant un bouton ». L'enrichissement de la base se fait par des données de type « diplômes » et « description d'emploi ». Une application indirecte est mise en place : les infirmières de médecine du travail saisissent le suivi de visites médicales directement dans le volet salarié dédié.

3 Le module « suivi des temps » (Horoquartz), mis en place en septembre 2000, permet d'extraire uniquement les « anomalies », donc de se rapprocher du « zéro papier ». Les informations ainsi recueillies (heures supplémentaires, congés, maladies, etc.) sont traitées dans le module général de GRH, par l'intermédiaire d'une interface.

4 Le module « rémunération » (simulation de masse salariale et de budget) était opérationnel à la fin de l'année 2000.

5 En 2001, après avoir intégré, dans la base, l'historique de chaque salarié depuis 1980, le module « formation » est venue s'ajouter à l'architecture. Il permet de suivre le plan de formation réalisé et d'établir la « 2 483 » (déclaration légale de formation). Les formations d'habilitations au poste de travail des techniciens de production sont également centralisées dans cette application.

6 Un dernier module « e-RH » (actuellement en test dans deux services), décliné en une station « salarié », permet de poser ses congés, de demander de la formation directement à son chef de service ou de consulter son état civil.

Une station « manager » donne au responsable la possibilité de :

• visualiser un planning global des congés pour valider les demandes ;

• gérer les formations ;

• simuler des augmentations de salaires.

Les résultats

Outre l'unification des deux sites de l'entreprise au plan RH, les modules de standardisation des tâches administratives ont donné plus d'autonomie aux salariés et aux managers RH. La réflexion (sur la pertinence de gérer le plan de besoin de formation, par exemple) et les travaux qualitatifs sont devenus des préoccupations principales. Cependant, Martine Coillot a encore d'autres « gros chantiers »: le déploiement complet du produit e-RH et les actions d'implication des managers, la mise en place des déclarations uniques d'embauche par Internet, etc.

Le retour sur investissement

Le R.O.I, dans la mise en place de ce SIRH, est difficilement mesurable au stade actuel : toutes les applications qui le composent n'étant pas totalement déployées.

Au-delà de l'aspect financier, il faut intégrer, entre autres, le temps passé à la mobilisation des acteurs à ce projet, au paramétrage, aux phases de test, aux formations, aux actions de communication entre DRH et clients de la DRH, au gain de productivité, à l'évolution des métiers de la DRH, à la dématérialisation du papier en faveur d'un support NTIC.

Tout cela devant être transformé en éléments financiers (coûts directs et induits).

TotalFinaElf : re-engineering des SIRH

Les objectifs du projet PXL

Dans le contexte de post-fusion, qui a donné naissance au groupe Total-FinaElf, les synergies et l'unification des SI sont des priorités. La RH est bien sûr concernée. Il s'agit pour Alain Moscowitz de mettre en place un SIRH pour l'ensemble du groupe remplaçant les trois systèmes actuels des quatre entités du groupe. Le périmètre concerne le système de paie France (pétrole : 20 000 actifs et 10 000 retraités), la GRH (pétrole et chimie, environ 30 000 dossiers, ceux des 20 000 actifs précédents et des 10 000 expatriés) et, enfin, la gestion administrative.

Trois grands objectifs sont visés :

• réduire et moderniser les systèmes de paie et d'administration ;

• unifier le système de gestion des carrières (harmoniser les process RH, augmenter la mobilité groupe, développer les carrières nationales et internationales) ;

• réduire les coûts.

Le descriptif

Le projet compte neuf axes : la paye et la gestion des temps et de l'activité locale qui se greffe au projet (HR Access pour la France), la formation, la gestion des carrières, la gestion administrative, le reporting, les infrastructures et la technologie, la mise à niveau des données et leur reprise, l'international et la gestion des temps pour les raffineries.

De novembre 2001 au 1er avril 2003, il est prévu de mettre en place l'intégralité du nouveau système selon plusieurs critères : la capitalisation des acquis et des expériences (pour ne pas « commencer du début »), la progressivité, la consolidation de l'infogérance, l'optimisation des délais et des coûts et l'adhésion des équipes. Celles-ci sont liées par des contrats portant sur l'utilisation du système mesurée par des scores cards. L'organisation du projet se fait avec l'ensemble des participants : RH, communication, finance et informatique.

Ainsi, le projet et son process sont globaux, et sa déclinaison est locale. Le process implique dès le début les fonctions qui profiteront de l'outil, qui garantissent son utilisation future et remplacent d'emblée une éventuelle résistance au changement par une logique du changement.

Les résultats

Les résultats liés au nouveau système ne seront perceptibles qu'après son démarrage, en avril 2003. Cependant, le projet avance vite et bien, puisque la conception générale est déjà terminée, et que l'on compte déjà deux cents futurs utilisateurs.

Ce système est lourdement encadré par une entité de contrôle et une autre de management du changement ; des universitaires sont également sollicités pour apporter un éclairage théorique sur la conduite du projet. Toute la formation (concernant cinq cents à huit cents personnes) est prévue. Enfin, la communication autour du projet est régulière à travers les différentes lettres d'information internes et des séminaires.

Le retour sur investissement

Il faudra attendre trois ans avant de pouvoir mesurer la rentabilité économique réelle du projet, qui concerne essentiellement l'objectif de modernisation de la paie et de simplification de l'administration. Aucun budget global ou partiel n'a été communiqué.

Chapitre 7

La conduite globale d'un projet de réorganisation RH

> *« Qu'est-ce que l'originalité ?*
> *Voir quelque chose qui ne porte encore aucun nom,*
> *qui ne peut pas être encore nommé, quoique*
> *tout le monde l'ait sous les yeux »*
> Nietzsche

Pour avoir mené plusieurs projets de réorganisation RH dans différentes entreprises, nous nous proposons d'apporter dans ce chapitre quelques conseils dans la conduite du projet. En effet, un projet de réorganisation RH, plus couramment nommé sous l'anglicisme « re-engineering », c'est :

- un grand nombre de personnes *impliquées* dans leur fonction, dont certaines redéployées sur d'autres fonctions ;

- plusieurs années d'effort, car les changements de posture des acteurs et les évolutions de compétences prennent du temps ;

- une révision de la conduite du changement, la fonction RH étant à la fois actrice et sujet, elle se doit d'être exemplaire ;

- un changement culturel majeur impactant le style de management ;

- l'implication de tous les salariés, grâce à la mise en place d'outils Intranet en interface avec le système de gestion du groupe ;

- la remise en cause des habitudes de travail à travers l'industrialisation de la gestion administrative ;

- des investissements lourds, mais avec un ROI (Return on Investment) attendu important.

Chaque entreprise est particulière. Un projet de changement ne peut réussir que si l'on rassemble un minimum d'informations concernant le contexte, les objectifs réels de la direction, le bilan de départ et les leviers de changement, pour dresser la carte des opportunités et des points de résistance. À partir de ce constat, quelques principes de base et une démarche globale pourront être élaborés. C'est ce que nous désignerons par les préalables à l'action qui permettront d'amorcer la réflexion et de l'étayer. Ensuite, une démarche projet devra être mise en place avec des structures de pilotage adaptées.

L'approche POPSI

Cette approche, « culturelle » pour certains, a été développée par les auteurs dès 1999, à la lumière des résultats de l'enquête européenne menée par le cabinet Cedar (ex-Renaissance). Cette enquête démontrait que 80 % des projets informatiques en matière de RH se faisaient sans réelle révision des processus. Cela conduisait les maîtrises d'ouvrage à maintenir des documents ou des services spécifiques qui ne se justifiaient pas forcément. Des outils complexes ont donc été développés, des « usines à gaz » selon l'expression consacrée…

Par ailleurs, l'analyse des échecs des projets informatiques présentés par Tony Collins (voir encadré ci-après) montrait que, sans remise en question des modes de travail, des organisations et donc des processus, les projets informatiques devenaient démesurés, ingérables, impossibles à déléguer, et ce à tous les niveaux de l'entreprise. Par conséquent, ces projets étaient dispendieux, en dérapage continuel par rapport au planning initial. Au-delà de cela, il était aussi apparu aux auteurs que, lorsque le couple processus / organisation était relativement bien traité (enquête Cedar), il restait un facteur, dans les 20 % des autres cas, qui entraînait le dérapage des projets SIRH : le paramètre humain.

C'est donc trois pôles qu'il faut balayer, avant de s'intéresser aux outils : les processus, l'organisation et l'humain, dans des approches itératives, que nous traçons à grands traits de la manière suivante.

Les Processus

Ce point a été largement développé au chapitre 6. Aussi, nous rappelons simplement qu'il s'agit de se demander s'ils sont justifiés (réponse à une demande de l'organisation ou une obligation externe ?). Peut-on les simplifier (pistes, gains et coûts) ? Peut-on les unifier, tout en conservant une liberté d'action sur le terrain ?

Les Organisations

Que doit-on centraliser ou décentraliser ? Désormais, il est possible de mixer les deux solutions grâce aux NTIC, comme nous l'avons montré dans les chapitres 2 à 5. Le point de vigilance doit porter sur la cohérence entre les processus et l'organisation, sachant que la seconde est visible et a priori plus pérenne. Il faut donc fonctionner de façon itérative pour trouver la solution optimale.

La Professionnalisation

Dans les projets bien pilotés que nous avons étudiés, le facteur humain était sur le chemin critique du Pert de la phase de mise en place, ce qui soulève certaines questions :

- les personnels RH, sont-ils conscients des changements de fond à opérer quant à leurs nouvelles missions ?

- ont-ils les compétences nécessaires pour travailler différemment, pour passer d'un mode procédural, à un mode créatif, focalisé sur les attentes de l'entreprise ?

Du point de vue des dirigeants, la réponse est rarement positive. Dans le cas où, vue de la fonction RH, elle l'est, attention à la sous-estimation du gap à franchir ! Il faut donc chercher tous les moyens pour inscrire, le plus rapidement possible, les équipes RH en place dans un dispositif de professionnalisation. Cela signifie également que le facteur humain oblige à imaginer des phases transitoires d'organisation et de processus. Cela permet aux équipes RH d'approcher la cible par étapes successives. Au-delà des équipes RH, les managers devront être particulièrement aidés dans leur propre montée en compétence. Il y a lieu d'être également vigilant pour ne pas les mettre en difficulté sur leurs nouveaux rôles.

Le Système d'Information

Les outils (ERP, périphériques de libre-service et *workflow*) ne doivent être abordés qu'en final. La tendance naturelle, surtout en France, est de privilégier l'approche technologique au détriment de l'approche culturelle. Ceci est d'autant plus vrai, lorsque le management de l'entreprise est d'origine technique. Comme nous l'avons indiqué dans le chapitre 6, chaque outil, chaque ERP comporte des processus embarqués plus ou moins standards, ce qui doit être l'occasion de re-visiter les processus. Beaucoup se demandent s'il n'est pas plus simple de partir des processus « standards » de l'ERP choisi. Mais cela suppose avoir fait un choix, sans avoir de critère objectif. En d'autres termes, on achète un ERP les yeux fermés, on le met ensuite en place « en force ».

À notre avis, l'approche technologique ne doit être retenue que sous une double condition, si :

- l'entreprise a clarifié les objectifs qu'elle se fixe, par exemple, rendre acteurs les salariés et responsabiliser les managers dans des processus RH formalisés ;
- la culture de l'e-transformation est déjà en place.

Au-delà de ce point, dans l'approche culturelle, la co-construction avec les acteurs est primordiale. La phase outil doit se traduire par :

- des cahiers de charges fonctionnels détaillés ;
- des spécificités techniques (les équipes de la direction des systèmes d'information seront très utiles) ;
- un véritable business plan (coûts, investissements et retour attendu sur les investissements) ;
- un planning de mise en œuvre.

En résumé, un véritable projet, piloté comme tel.

Les préalables du projet

Chaque projet étant différent, il convient de se poser quelques questions préalables avant de se lancer dans un projet de réorganisation de la fonction RH.

Le contexte

L'entreprise est-elle en pleine transformation ou, au contraire, statique ? On pourra notamment observer :

- le marché sur lequel se situe l'entreprise (l'attitude des concurrents et les réponses de l'entreprise) ;
- l'évolution du chiffre d'affaires produit par produit ;
- l'organisation générale de l'entreprise est-elle pyramidale, staff and line, matricielle ou en réseau ? L'organisation réelle correspond-t-elle à celle qui a été imaginée par les dirigeants ?
- les implantations géographiques ;
- la culture managériale, c'est-à-dire la volonté de renforcer l'autonomie et la décentralisation (empowerment), la cohérence avec les autres politiques RH (recrutement, promotion, rétribution…) ; enfin, y a-t-il un réel contrôle des politiques RH, notamment par un contrôle de gestion adapté ?
- le degré d'implication et de dynamisme de l'encadrement ;
- l'évolution des métiers (rapide ou lente) et la réponse de l'entreprise ;
- l'attachement des personnels à l'entreprise (fierté d'appartenance), la perception de la notion de client (service) ;
- la structure des effectifs (âge moyen, ancienneté…) ; le taux de mobilité et de turnover.

Les motivations

Au-delà des objectifs confiés au pilote du projet, quels sont les motifs profonds de la direction générale ? Économiques, technologiques, commerciaux, structurels, humains ou mixtes ? On pourra examiner les événements qui ont déclenché le projet (fusions, absorption, globalisation, projet stratégique ou dysfonctionnement constaté). Le projet aura un impact sur les processus de travail et la culture. Il est donc important d'avoir la certitude d'un soutien politique au plus haut niveau sur la durée du projet. L'analyse des motifs réels de la direction générale permettra de structurer les organes de pilotage, que nous étudierons ci-après.

Fréquemment, les projets de réorganisation de la fonction RH sont impulsés par le directeur des services informatiques. Effectivement, la mise en place d'un Intranet induit de fait un fonctionnement en réseau pour lequel la hiérarchie et la fonction RH ne sont pas prêtes. Par conséquent, les RH doivent prendre en mains la conduite du changement ; la capacité des personnels à évoluer et à s'approprier les outils déterminera de fait le rythme des changements. Or, l'observation de cette capacité fait partie intégrante des responsabilités de la fonction RH, comme celle de faciliter le changement.

Les principaux acteurs

Quelles sont les structures existantes (les directions de la DRH, l'ensemble des autres structures RH) ? Que peut-on savoir sur leur perception de leur activité ? Quelle est leur ouverture, ou sensibilité, par rapport au changement envisagé ?

Il est essentiel d'établir un inventaire pour fixer la composition des groupes de travail et du comité de pilotage, c'est-à-dire déterminer les principaux acteurs opérationnels (structures hiérarchiques, managers de terrain) ainsi que les autres acteurs fonctionnels (comptabilité, contrôle de gestion, informatique...).

L'analyse de la situation et la formulation des attentes

Une fois les objectifs du projet fixés, il faut établir un bilan de départ en se focalisant sur les attentes des différents acteurs, tant managers que membres de la filière RH, de façon à les impliquer dans la suite du projet. Ce bilan peut être établi en quelques semaines, avec l'appui d'un cabinet externe, sous forme d'interviews. Les résultats doivent être présentés aux intéressés. Ils vont permettre, au-delà du benchmarking, de tracer des pistes de solution et d'en débattre, conditions nécessaires à la réussite des phases ultérieures du projet. Généralement, ces bilans font apparaître le manque d'adéquation de la fonction RH face aux enjeux. À partir de l'étude d'une dizaine de bilans, on voit que les mêmes thèmes remontent :

- une organisation RH trop complexe, floue avec un grand nombre d'acteurs aux différentes strates de l'entreprise (missions et valeur ajoutée ?) ;

- des redondances multiples alors que, par ailleurs, certains terrains stratégiques ne sont pas occupés ;

- une bonne maîtrise de la gestion administrative, mais un service trop coûteux ;

- une forte attente de clarification sur les « règles de vie » RH, laissant des marges de manœuvre suffisantes à chaque acteur sur leur adaptation à leur propre contexte ;

- des pratiques non homogènes (par exemple, les mêmes activités sont concentrées ici, déconcentrées là) ;

- un fonctionnement en transversal insuffisamment présent pour les processus clés de la fonction (gestion de l'emploi, développement des compétences, gestion des hauts potentiels, contrôle de gestion RH…) ;

- un appui insuffisant aux managers dans des domaines majeurs de la stratégie par rapport à leurs attentes.

Les objectifs du projet « RH DEMAIN » : France Télécom

Trois objectifs ont été confiés par le président au DRH du groupe, à charge pour lui de les affiner :

• mettre la fonction RH en appui des managers sur les contributions clés qu'ils attendent : gestion anticipée de l'emploi dans le groupe, disponibilité des compétences critiques, performance des hommes et des organisations.

• réduire les coûts de la fonction RH dans le cadre des orientations sur la performance attendue des fonctions supports : optimiser les effectifs RH pour se mettre au niveau des grands concurrents à l'horizon du plan stratégique (2003).

• participer, par le domaine RH, au développement de l'Intranet en favorisant la responsabilisation des salariés dans leurs actes administratifs quotidiens.

La démarche projet

L'étude Cedar a montré que les projets de réorganisation de la fonction RH en mode projet étaient les seuls qui fonctionnaient, ce qui n'est pas la majorité d'entre eux. Fonctionner en mode projet consiste à suivre une démarche structurée et à mettre en place les entités de pilotage nécessaires (voir ci-après).

Les grandes causes d'échec

L'étude de nombreux cas d'échecs montrent que 80 % d'entre eux sont dus à douze erreurs identiques :

• un a priori concernant le fait que l'informatisation est toujours une bonne chose ;

• l'absence d'objectif pour le projet (par exemple, parce que les concurrents le font) ;

• une ambition excessive pour le projet (par exemple, la volonté de développer un système intégré) ;

• une préférence pour les systèmes spécifiques développés sur mesure au détriment de systèmes qui ont fait leurs preuves ;

• l'absence de dialogue entre experts qui n'osent pas avouer qu'ils ne connaissent pas tout ;

- la dissimulation des problèmes, quel que soit leur gravité, à la direction ;

- le non engagement des décideurs à l'égard du projet, sous prétexte qu'ils ne sont pas des experts en informatique ;

- des délais trop courts imposés aux acteurs de terrain (délais de formation, réalité des tests) ;

- le non découpage du projet en sous-projets, ce qui interdit toute évolution des fonctionnalités ;

- l'absence de scenarii alternatifs (dérapages, surcharges), c'est-à-dire l'ignorance des problèmes ou des risques ;

- le non pilotage du projet ;

- l'abdication du chef de projet au profit du responsable informatique ou d'un fournisseur externe.

À partir de nos pratiques et de celles de grands groupes (Renault, PSA, l'Armement, Spie-Batignolles...), une conclusion s'impose : les règles de gestion des entreprises (rigidité, pilotage depuis le siège...) ne sont pas vraiment adaptées à la conduite d'un vaste projet qui nécessite créativité, réactivité, coordination dans des environnements complexes et pilotage depuis le terrain. Pour prendre un exemple militaire, d'un côté la planification de grandes divisions et de l'autre l'esprit « commando ».

Pour qu'un projet aboutisse, il faut donc combiner la planification globale, qui doit rester souple, et une grande liberté d'action laissée au terrain. Nous en avons déduit la nécessité de définir des métarègles en matière d'organisation, de fonctionnement et de gestion, qui tiennent sur une ou deux pages seulement et qui vont assurer la cohérence de l'ensemble. Ces métarègles, imposées à tous, ne sont pas négociables : par exemple, la transparence à l'intérieur du projet ou envers les autres acteurs (quand on rencontre un problème, il faut informer ; si le projet impacte les effectifs, il faut le dire clairement ; etc.).

Exemples d'échecs de projets informatiques en Angleterre

Extraits de Crash (Tony Collins et David Bicknell)

« Surcoût :

L'informatisation du paiement des indemnités de Sécurité sociale en Angleterre restera dans les annales comme l'un des plus importants dépassements budgétaires : initialement estimé à 7 milliards de francs, le coût a été révisé à 12, puis 16, puis 18 milliards. Il a finalement coûté 26 milliards de francs, soit un dérapage de 300 % !

Retard :

London Ambulance Service avait à l'origine prévu un délai d'un an pour informatiser la gestion de son parc d'ambulance. Quatre ans après le système ne fonctionnait toujours pas et a été abandonné.

Surestimation des bénéfices attendus :

Le ministère américain des anciens combattants pensait que son nouveau système réduirait le temps de traitement des dossiers de 4 mois à 6 semaines. Deux ans après la mise en place du système, il fallait 8 mois pour traiter un dossier !

Manque de fiabilité :

Tiptree, un distributeur de livres, a développé un système de gestion de ses stocks. Quelques semaines après sa mise en service, le système avait perdu la trace de la majorité des 25 millions d'ouvrage en stock, à la suite d'une accumulation de petites erreurs. Il a fallu deux ans pour retrouver une qualité de service équivalente à celle précédant l'introduction du nouveau système.

Absence de résultats :

Wessex Regional Health Authority a dépensé 430 millions de francs pour mettre en place un système de gestion de ses 300 hopitaux. Celui-ci n'a jamais produit les statistiques désirées. »

Le découpage du projet en « chantiers »

Un projet, d'autant plus s'il est important, doit être découpé en tranches, et les ressources disponibles affectées en conséquence. Le directeur de projet définit les sous-projets (désignés par « chantiers ») du projet global, lesquels seront clairement articulés entre eux puis délégués à des responsables. Le découpage s'effectue par thème ou par ouvrage et non par fonction. L'analyse des échecs de plusieurs projets spécialisés en Angleterre, au Canada et aux États-Unis montre qu'un découpage par fonction renforce les comportements traditionnels et ne permet pas de réelle remise en cause des façons de travailler (voir encadré ci-dessous).

Chaque chantier choisit ses méthodes, et la coordination s'ensuit spontanément. Elle est pilotée par le directeur de projet autour des métarègles, sans qu'aucune structure centrale n'impose quoi que ce soit. Finalement, l'ensemble du projet est gouverné suivant un principe simple : le responsable a la maîtrise des ressources. Le découpage en chantiers et l'affectation des ressources est donc fondamental. C'est une façon souple de gérer la complexité. À titre d'exemple, nous donnons ci-après un exemple de métarègles, appelées pour la circonstance « axiomes de base ».

Les axiomes de base d'un projet de reengineering RH

Pour fixer le cadre de la réflexion et avant de faire œuvrer les différents groupes de travail, nous avons défini quelques axiomes de base et une démarche. Ces points, fruits d'expériences antérieures, sont autant de garde-fou dans la conduite ultérieure du projet. Ainsi, nous avons retenu :

• la visibilité pour tous les acteurs (engagement de transparence de la démarche) ;

• le périmètre de travail (France, groupe, incluant ou non certaines filiales), quitte à fixer des ordres de priorité ;

• le rôle attendu des managers. Veut-on réellement en faire les premiers responsables du développement de leurs collaborateurs ? Si oui, cela sous-entend que la fonction RH doit leur apporter une véritable aide à la décision ;

• la décentralisation de la fonction pour la partie non administrative (une fonction RH en proximité du terrain) ;

• la construction à partir des besoins du terrain (stratégie locale : RH partenaire du business) et co-construction avec les acteurs des différentes structures (opérationnels et RH) ;

© Éditions d'Organisation

• la continuité du service rendu en gestion administrative et l'amélioration de l'expertise RH (industrialisation des process administratifs) ;

• la responsabilisation des salariés sur leur propre gestion administrative par la mise en place d'outils de libre-service salariés : congés, déplacements, situations familiales, données personnelles, notes de frais…

• le respect des individus et la reconnaissance des compétences RH.

Le développement du projet

Chaque étape de développement est effectuée avec une vision globale du projet, par effet de zooms successifs ; ce que certains auteurs appellent la « focalisation progressive ». Par conséquent, la délégation doit être importante pour responsabiliser tous les acteurs. En ce qui concerne les activités jugées critiques, des procédures doivent être écrites, mais l'écriture doit aller de pair avec des expérimentations sur le terrain car, pour écrire un bon processus, il faut sortir des chemins balisés et commencer par tâtonner.

La gestion des coûts et des délais

Systématiquement, chaque porteur d'un chantier doit tenir à jour un rétro-planning, ainsi qu'un budget réactualisé intégrant les connaissances acquises et les changements qui modifient l'environnement du sous-projet. En cas de dérapage, la question n'est pas de rechercher le responsable, mais la manière de rattraper le temps perdu pour honorer la date de livraison. Si ce n'est pas possible, il faut en mesurer les conséquences sur la clôture du projet.

Le management du facteur humain

Le facteur humain est déterminant dans tout projet, car la créativité dépend de son implication et de sa motivation, lesquelles sont déterminées en grande partie par la façon dont les responsables de chantier animent les équipes. Les recettes du succès sont assez simples, mais souvent oubliées :

• donner aux acteurs une vision globale du projet ;

• trouver des modes d'animation favorisant la participation, les échanges et développant solidarité et entraide ;

• si possible, créer la passion (challenge) ;

• informer sur les enjeux, les objectifs et les difficultés ;

• mixer les populations afin de former des équipes « qui font grandir les participants » ;

• imposer comme règle le refus de l'escalade pour régler les différends entre équipes et inciter les équipes à résoudre les problèmes entre elles. Devant des difficultés, la tendance naturelle est de chercher des responsables, alors que la faute en revient souvent au système dans lequel les équipes travaillent. C'est là une évolution culturelle à impulser et à piloter.

• fêter les réussites pour compenser les efforts réalisés.

Le pilotage global

Les métarègles doivent être appliquées et périodiquement contrôlées par le directeur de projet, car l'auto-organisation risque de créer l'anarchie. Les métarègles assurent la cohérence sans nuire à la souplesse. Si leur nombre importe peu, leur respect est en revanche primordial.

Sur les aspects administration du personnel, il faut bien insister sur les priorités données à la refonte des processus RH et des organisations, dans le cadre d'une certaine continuité des systèmes existants (horizon à confirmer), avec la mise en place simultanée d'outils de libre-service sur Intranet.

Organisation de projet RH

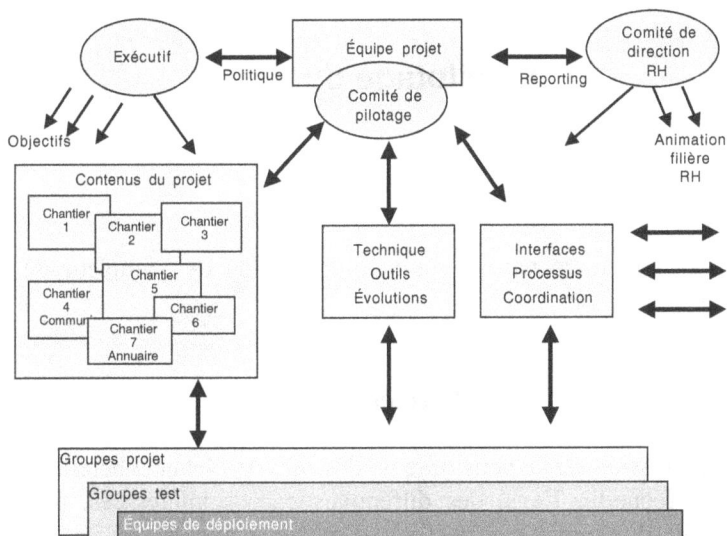

La validation des options

L'ensemble des options doit être présenté pour validation au comité de direction. À cette fin, un dossier d'une quarantaine de pages est préparé. Avant la réunion, des contacts individuels sont l'occasion de présenter le dossier, de recueillir les observations et de répondre aux questions.

Un dossier type couvre : la commande, le bilan de départ et les évolutions clés proposées, les « axiomes de base », le périmètre de la réflexion, la conduite du projet, les choix à confirmer (rôle des managers, priorité du terrain), les leviers de productivité, la reconfiguration de la gestion administrative (diagnostic, points clés, scenarii outils, organisations proposées, scénario de migration pour confirmation), les cibles quantitatives, le redéploiement des compétences, le bilan économique du projet, la conduite du changement et, enfin, la communication sur le projet.

Le pilotage du projet

Les structures de pilotage

Les structures nécessaires seront fonction de l'ampleur du projet.

Le directeur de projet

Sa mission est de construire un dossier complet et cohérent, et de recueillir l'aval des différentes parties intéressées, puis celle du comité de direction, avant toute mise en œuvre. Le directeur de projet doit avoir quelques compétences :

- une connaissance suffisante de l'activité pour savoir distinguer les besoins cruciaux des demandes superflues lors de la définition des spécifications ;

- une indépendance et une confiance en lui suffisantes pour rejeter tout changement majeur ultérieur qui ne serait pas crucial ;

- la capacité à écouter tous les points de vue ;

- la capacité à cultiver le scepticisme (quels résultats, quelle mesure ?) ;

- l'honnêteté nécessaire pour admettre les erreurs commises et en tirer les conclusions pour qu'elles ne se répètent pas ;

- le courage d'informer la direction des problèmes rencontrés ;
- le réalisme et la volonté de faire simple, même si cela apparaît comme moins valorisant pour lui.

L'équipe projet

Une équipe réduite est constituée autour du directeur de projet, pour la durée (limitée) du projet ; son corollaire est la volonté d'impliquer au maximum les structures RH existantes et les acteurs terrain.

Le groupe projet RH

Le groupe projet RH comprend une quinzaine de personnes, choisies en fonction de leur place dans l'organisation RH, de leur connaissance de l'entreprise et du domaine ainsi que de leur personnalité. Ce groupe sera sollicité de façon intensive, afin de réagir sur certains aspects du projet. Sa mission est de proposer à l'équipe de pilotage du projet :

- des pistes concrètes et réalistes concernant les processus RH (qui devrait faire quoi ?) ;
- l'organisation, les compétences requises ;
- les enjeux humains, financiers et technologiques des pistes proposées, ainsi que des indications sur les délais prévisibles de mise en œuvre ;
- les outils souhaités en matière RH, l'ensemble devant répondre aux besoins des « clients RH » c'est-à-dire : management et hiérarchie, et personnel de l'entreprise ;
- les pistes proposées sont analysées au regard d'enquêtes de benchmarking (existantes ou menées spécifiquement) et feront l'objet d'une synthèse rédigée et d'un travail avec des groupes tests (*cf.* ci-après) ;

- un partage pour l'essentiel des solutions et des recommandations, une acceptation des évolutions, même si elles viennent en rupture, dans certains cas, par rapport à l'existant.

Les groupes tests ou « miroir »

Il est difficile d'impulser le changement dans une organisation qui s'est « endormie sur ses lauriers », où chacun est réservé sur tout projet de réorganisation. Si la volonté de construire le projet en s'appuyant sur les opérateurs de terrain a été affichée dès le départ, on peut demander à différents groupes test de valider ou invalider certaines hypothèses de travail pour le compte du groupe projet. Ces pistes d'action peuvent être, par exemple, d'affiner les missions et les activités RH à certains niveaux, de définir les moyens nécessaires, de préparer les indicateurs du tableau de bord ou de chiffrer les aspects budgétaires.

Ces groupes « miroir » sont constitués de volontaires, à qui un intense travail de co-construction pourra être demandé sur une brève période. Par expérience, ils mettent souvent en relief des dysfonctionnements, pour lesquels ils proposent également des pistes de solution.

Par exemple, l'ensemble des outils sous Intranet peut être validé par un groupe « miroir » puis mis en test sur des unités pilotes avant généralisation.

Le comité process

Toutes les fois que les processus sont un peu anciens et que des habitudes de travail ont été prises, une instance d'analyse des processus et de proposition de solutions de simplification doit être mise en place. Cette instance comprend des experts de l'administration du personnel et des porteurs « politiques »

© Éditions d'Organisation

de chaque domaine RH. Son objectif est de proposer au comité de direction de la DRH des dossiers d'opportunité dans lesquels figureront :

- les fonctionnalités actuelles et souhaitées ;
- des éléments de benchmark externe ;
- les aspects politiques du projet ;
- un avis sur la faisabilité et des recommandations techniques ;
- un bilan économique (chiffrage en terme de coût), s'il y a lieu, et les économies réalisées.

Les préconisations du comité process, éclairées par les orientations de la DRH sont présentées en comité de pilotage.

Le comité process RH

Le comité représente la plus haute instance de décision du projet. Sa mission est de s'assurer du respect de la trajectoire projet qui a été établie lors de son lancement. Il reçoit également les demandes d'arbitrage exposées par l'équipe projet qu'elle n'auraient pas pu résoudre ou qui ne seraient pas de sa responsabilité. Il doit arbitrer les conflits éventuels et prendre les décisions concernant le traitement des risques. Il examine la bonne tenue des indicateurs de pilotage et valide les fins de phase du projet.

Voici un exemple des missions et des objectifs que peut recouvrir un comité process.

Ses missions

Rendre les ressources efficaces en simplifiant et en rationalisant les activités, en s'assurant que les clients internes et externes reçoivent un service de qualité.

Rendre les ressources plus rentables : réduire les gaspillages et les redondances.

Rendre les processus modifiables pour les adapter aux changements des besoins de l'administration et des clients.

Réduire les temps de traitement.

Simplifier l'utilisation par les non RH.

Maintenir un processus sans erreur, dans les délais les plus courts, en optimisant les ressources de façon simple et modifiable pour une meilleure réactivité face aux besoins des clients.

Ses objectifs

Formaliser les objectifs et les performances à atteindre.

Définir les domaines d'action et identifier les processus critiques à améliorer.

Définir la méthodologie à utiliser récapitulant les différentes étapes de la démarche :

- analyse des processus ;
- formulation d'hypothèse de re-conception ;
- évaluation des hypothèses ;
- préconisation de choix ;
- mise en place des solutions ;

Analyser les travaux des chefs de projets et émettre des avis.

Tenir un tableau de bord de ces travaux.

Le comité de pilotage

Le comité de pilotage est composé de six à dix décideurs choisis de façon à ce qu'ils représentent les différentes composantes de l'entreprise utiles au projet. Son rôle est de valider ou réorienter les pistes de travail et / ou de réflexions proposées par le groupe projet sur les processus, l'organisation, les compétences requises et les outils souhaités en matière RH. L'ensemble doit répondre aux objectifs définis par la direction générale et prendre en compte les besoins des clients de la fonction RH.

En fin de phase d'étude, le comité se prononce sur la totalité des pistes émanant du groupe projet pour aboutir à une synthèse globale, laquelle sera présentée au comité de direction.

Un exemple de pilotage en milieu complexe

Ceci sera à moduler en fonction des enjeux, et de l'organisation en place.

Pilotage du projet RH

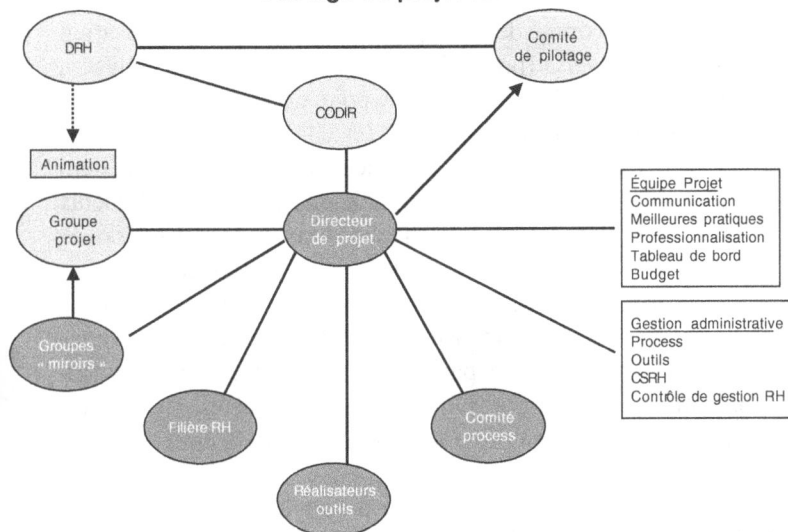

Les travaux des différents groupes font l'objet de comptes-rendus détaillés dont les synthèses sont diffusées au DRH avant d'être présentées en comité de pilotage, instance de décision en premier niveau. En ce qui concerne le projet, différents points périodiques, correspondant à des étapes clés, sont à prévoir en tenant compte de :

- la livraison / déploiement et l'appropriation des outils ;

- la montée en compétences des différents acteurs par paliers pour éviter « l'accident de croissance » fatal ;

- le redéploiement des effectifs au fil de l'eau en tenant compte des possibilités et des contraintes.

Tout au long du processus, il faut maintenir la pression.

Le suivi économique et le tableau de bord

Le travail du comité de pilotage se concrétise par la réalisation d'un *business case* (projection économique du projet) qui sera présenté au comité de direction pour décision. Ce business case englobe les investissements, les charges, les coûts et leur amortissement sur plusieurs exercices. En face de chaque item seront indiquées les économies attendues. Tous ces éléments sont repris dans le tableau de bord du projet. Ce dernier assure, entre autres fonctions, le suivi des frais et la mesure réelle des économies, ce qui permettra de calculer le retour sur investissement. Les dimensions non chiffrées, comme la qualité du service apporté par la fonction RH au management opérationnel, pourront faire l'objet d'enquêtes spécifiques dont les résultats seront portés sur le tableau de bord.

Pilotage du projet RH

Le tableau de bord : quelques indicateurs...

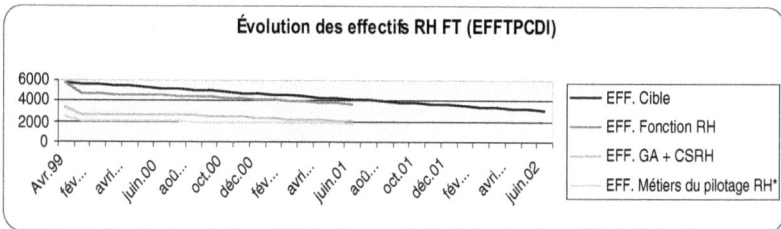

Évolution des effectifs RH FT (EFFTPCDI)

— EFF. Cible
— EFF. Fonction RH
— EFF. GA + CSRH
— EFF. Métiers du pilotage RH*

Effectifs actifs cumulés entrants et sortants de la fonction RH

N.B : Les flux entrants et sortants de la fonction RH sont exprimés en EFF. actifs, d'autre part, ne sont comptabilisés que les flux entrants et sortants du périmètre d'activité RH liées à la GA et au pilotage RH.

Entrants

	juin.01	cumul depuis janv-01	cumul depuis janv-00
	28 personnes	354 personnes	996 personnes

(Recrutements / mobilités intra groupe / réintégrations)

Sortants

	juin.01	cumul depuis janv-01	cumul depuis janv-00
	100 personnes	791 personnes	2071 personnes

(vers filiales / autres métiers dont CAPP Avenir / sorties FT...)

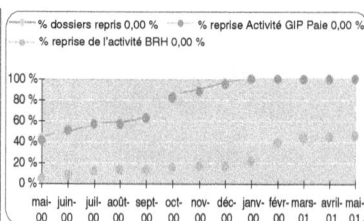

% dossiers repris 0,00 %   % reprise Activité GIP Paie 0,00 %
% reprise de l'activité BRH 0,00 %

La mise en œuvre du projet

L'investissement sur la communication

Des réunions mensuelles d'information et de validation des options, avant un passage en comité de pilotage, peuvent être organisées avec les RH de terrain. L'objectif en est de vérifier et d'ordonner leurs attentes, par exemple, de permettre au terrain de disposer d'éléments fortement attendus par lui dès la phase de mise en œuvre du projet : notamment, des référentiels de missions, d'activités et de compétences, des guides de mise en œuvre de l'organisation cible. À cette occasion, des plans de professionnalisation doivent être proposés.

Il est essentiel d'accompagner la mise en œuvre du projet par une campagne de communication : écouter, expliquer, débattre, argumenter, reformuler, traduire, répondre, ajuster, savoir prendre en compte et surtout :

- savoir communiquer en temps réel, réagir en proximité du terrain ;

- vouloir communiquer sur les orientations et sur les perspectives, hors période critique spécialement tendue, alimenter la communication, solliciter la filière RH, sonder, identifier les besoins, enrichir le débat, être capable d'anticiper.

La communication vise trois cibles principales qui se déclinent en tenant compte des échéances et des événements, d'une part, et des types de supports, d'autre part. Il s'agit :

- de la ligne RH et managériale ;

- des organisations syndicales qui sont à rencontrer en bilatérales ; par ailleurs, un comité d'entreprise doit être planifié ;

- du personnel de l'entreprise. Des actions de communication soutenues, nationales et locales, sont à prévoir au fur et à mesure de la mise en place de solutions ou d'outils à fort impact, comme l'ouverture du premier libre-service. Ces actions s'appuient sur un dispositif de veille, des espaces de dialogue et des supports de communication divers.

La mise en place d'un dispositif de veille

En parallèle des groupes de travail existant, notamment les groupes « miroir », des sondages téléphoniques peuvent être organisés périodiquement pour avoir des remontées d'informations et des repères en terme de climat social : tensions, désaccords, rumeurs, sujets de désinformation. Ces remontées permettront d'étayer un argumentaire.

La création d'espaces de rencontres et de dialogue

Des rencontres de terrain sont organisées, notamment des « tours » de France (de manière ponctuelle au démarrage) et des interviews sur le terrain d'utilisateurs, de managers.

La mise en ligne sur l'Intranet, dédié au réseau RH et aux décideurs, d'un argumentaire sur le projet RH et d'un dispositif questions / réponses favorise l'écoute et la réactivité. Une attention particulière doit être portée aux suggestions et aux aménagements proposés par le réseau, afin de lui donner une concrétisation. Ce signe fort de l'écoute et de l'ouverture du projet repose sur le principe de ménager des marges de manœuvre sur les modalités de mise en œuvre aux différents acteurs.

Il convient de favoriser l'utilisation de forums « fermés » sur des points sensibles, car le mode de fonctionnement d'un forum est d'une autre nature que le dispositif questions / réponses qui vise l'ensemble des acteurs. Le forum permet

© Éditions d'Organisation

d'organiser des groupes de travail restreints et d'approfondir un thème afin de creuser une problématique et de construire les mesures avec un groupe test terrain.

L'utilisation de tous les modes de communication pratiqués par l'entreprise permet d'avoir le maximum de personnes, notamment des décideurs, malgré les contraintes de distance : visioconférences, conférences téléphoniques ouvertes au réseau RH et à la ligne managériale lors des grandes étapes du projet (avec séances de questions / réponses).

La création de supports de communication

Un kit de communication accessible sur l'Intranet peut être mis en ligne. La taille de l'entreprise et son éclatement géographique peuvent nécessiter une démultiplication par les acteurs eux-mêmes. Par ailleurs, il peut être envisagé de créer une gazette et des supports vidéo qui seront utilisés sur le terrain : formation ou information concernant les CSRH, le rôle des managers, l'utilisation du workflow ainsi que des témoignages d'acteurs du terrain.

La présentation du projet, peut faire l'objet de l'envoi de courriers (e-mail ou traditionnels), d'un produit sous forme « animée » sur l'Intranet de l'entreprise, accessible par l'ensemble du personnel avec l'utilisation de quiz pour vérifier la compréhension du projet. Les supports de l'entreprise sont donc largement utilisés. Enfin, si des supports spécifiques peuvent être créés, le groupe projet doit avant tout utiliser les supports existants dans l'entreprise.

Les points de vigilance

Dérapage du périmètre fonctionnel (50 % des cas d'échecs).

Respect ou dérive des délais (30 % des cas d'échecs).

Suivi et respect des budgets (fiabilité et exhaustivité des chiffres).

Respect de l'architecture globale de l'entreprise (ne pas faire du SIRH un îlot isolé).

Pertinence du choix des membres du comité de pilotage.

Qualité des équipes projet.

Visibilité et transparence pour tous les acteurs.

Qualité et efficacité de l'information.

Délai de mise en ligne d'informations.

Respect des individus et reconnaissance des compétences RH acquises.

Qualité des dispositifs de montée en compétences des personnels.

Maîtrise des redéploiements de personnels.

Qualité des services offerts (mode de mesure).

Valeur ajoutée de la fonction RH au business.

Pertinence du tableau de bord (fiabilité des codifications).

Liaison du projet RH avec les autres projets.

Souplesse et flexibilité des solutions mises en œuvre.

Maîtrise du risque de focalisation sur les seuls outils.

Qualité de la veille technologique.

Le respect des points de vigilance

Il faut être attentif au respect des engagements pris lors des phases de lancement du projet, en particulier :

- visibilité et transparence pour tous les acteurs, « on dit ce qu'on fait et on fait ce qu'on dit » ;

- information systématique dans le réseau RH, sans « non dits » ;
- mise en ligne d'informations au niveau national ;
- avancement du projet au niveau national vis-à-vis de tous les acteurs ;
- Respect des individus et reconnaissance des compétences ;
- écoute et respect des individus : visibilité sur la situation actuelle, délais, réponses ;
- reconnaissance des compétences RH acquises ;
- qualité des dispositifs de montée en compétences et des redéploiements de personnel.

Il faut être attentif également à l'exemplarité du projet en matière de conduite du changement, pour respecter les engagements pris avec le comité de direction et les partenaires sociaux (parce que ce projet concerne directement la DRH).

Le respect du facteur humain

Il faut s'assurer que les redéploiements de personnels s'effectuent dans de bonnes conditions. C'est à ce niveau que le personnel jugera de l'exemplarité du projet. La communication est importante, mais il faut veiller à ce que chacun puisse se situer dans une perspective d'évolution dont il aura pu débattre. Pour cela, un suivi personnalisé doit être organisé auprès du chef de projet.

En définitive, les capacités à monter en compétence sur les nouvelles fonctions et à redéployer le personnel dans de bonnes conditions déterminent le rythme de mise en place du projet. La difficulté, à ce niveau, peut provenir d'une pression économique qui accélérerait le mouvement. Par expérience, il est possible de faire la démonstration économique que précipitation ne rime pas avec continuité de service et qualité. Souvent, les montants induits par des déploiements imposés et la perte de connaissance qui s'ensuit coûtent finalement plus cher à l'entreprise. La capacité de conviction du chef de projet trouvera pleinement à s'exprimer pour défendre le moyen et le long terme face au très court terme.

L'apport de la fonction RH au business

La mesure de la valeur ajoutée de la fonction RH doit être concrète. Il faut donc veiller à coordonner le projet RH avec d'autres projets, en particulier avec les projets concernant les changements d'organisation (complémentarité, approche séquentielle, voire parallèle).

Le pilotage du projet

Il faut éviter les risques de focalisation sur les aspects outils et d'occultation des autres dimensions du projet. La vérification de la fiabilité des codifications, de la qualité des dossiers ainsi que de la professionnalisation des personnels RH est primordiale. Par ailleurs, l'observation du changement de style de management est essentiel afin de s'assurer s'il est superficiel ou profond. Autre sujet de vigilance : la vision RH qui sous-tend le projet ne risque-t-elle pas d'être ponctuellement « mise à mal » par la logique financière ?

Le vrai défi réside donc dans la conduite du projet.

La veille technologique

Un projet de réorganisation RH s'étend sur de nombreux mois, voire des années. Or, pendant ce temps, la technologie, poussée par la loi de Gordon Moore apporte son lot d'innovations. C'est pourquoi la souplesse et la flexibilité sont de mise afin de rester prêt à intégrer des innovations essentielles. Le chef de projet et les membres du groupe projet doivent aller voir ce qui se passe hors de l'entreprise et observer d'autres réalisations semblables. Le fruit de leurs observations alimentera un rapport d'étonnement qui sera partagé et analysé en interne. En définitive, il faut sentir les grandes évolutions.

Ainsi, la mise en place d'un centre de service RH peut :

- se résumer à un lieu de traitement administratif que l'on sollicite à distance ;

- être un centre de service, tourné vers ses clients, à leur écoute, en continuelle prospective ;

- être un centre de traitement et d'enrichissement de la connaissance (processus et règles de vie). C'est bien l'observation des pratiques des autres entreprises et l'analyse de possibilités (réelles ou projetées) des progiciels qui ouvriront de fructueuses pistes de réflexion et qui prépareront à toute éventualité.

La veille technologique permet de valider continuellement la cohérence des options prises pendant la phase de préparation du projet, qui concernent les dimensions processus, l'organisation, la professionnalisation et les choix techniques.

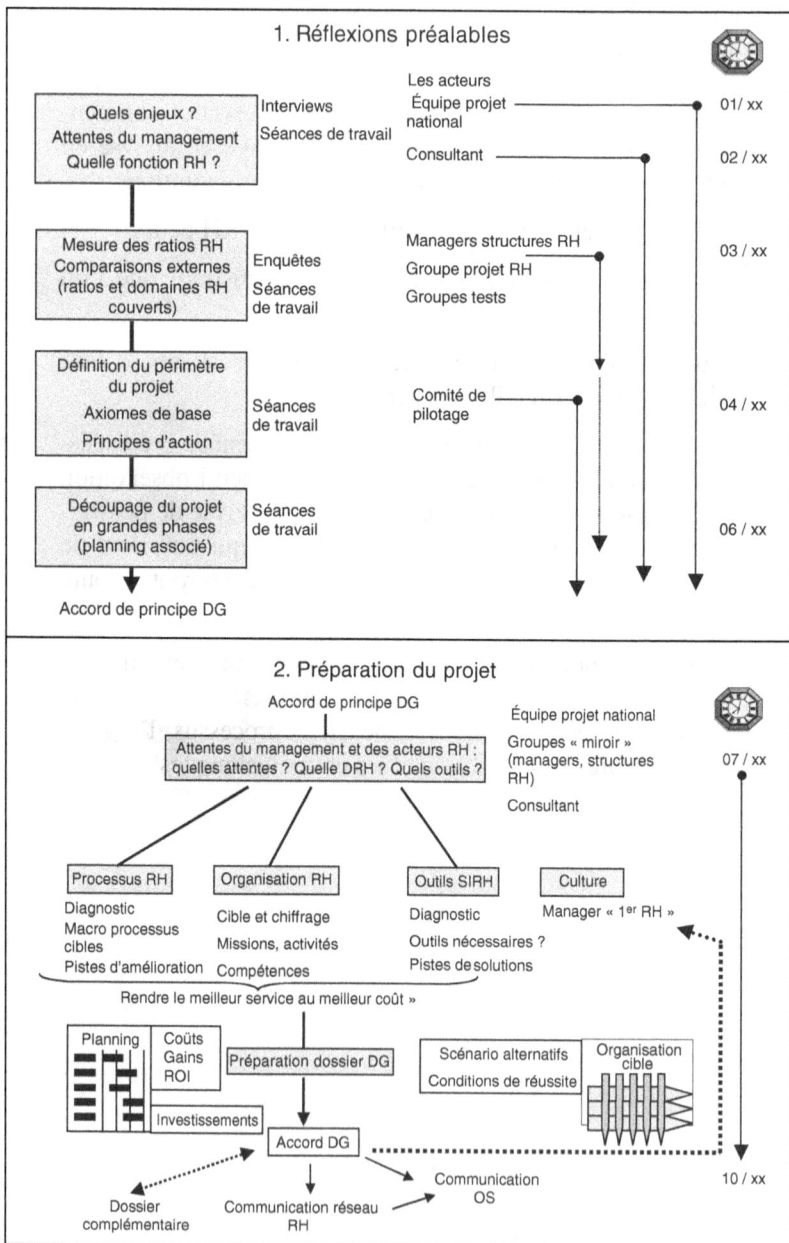

1. Réflexions préalables

		Les acteurs	
Quels enjeux ? **Attentes du management** **Quelle fonction RH ?**	Interviews Séances de travail	Équipe projet national	01/ xx
		Consultant	02 / xx
Mesure des ratios RH **Comparaisons externes** **(ratios et domaines RH couverts)**	Enquêtes Séances de travail	Managers structures RH Groupe projet RH Groupes tests	03 / xx
Définition du périmètre du projet **Axiomes de base** **Principes d'action**	Séances de travail	Comité de pilotage	04 / xx
Découpage du projet en grandes phases (planning associé)	Séances de travail		06 / xx

Accord de principe DG

2. Préparation du projet

Accord de principe DG

Attentes du management et des acteurs RH : quelles attentes ? Quelle DRH ? Quels outils ?

Équipe projet national

Groupes « miroir » (managers, structures RH)

Consultant

07 / xx

Processus RH	**Organisation RH**	**Outils SIRH**	**Culture**
Diagnostic Macro processus cibles Pistes d'amélioration	Cible et chiffrage Missions, activités Compétences	Diagnostic Outils nécessaires ? Pistes de solutions	Manager « 1er RH »

Rendre le meilleur service au meilleur coût »

Planning	Coûts Gains ROI	**Préparation dossier DG**	Scénario alternatifs Conditions de réussite	Organisation cible
	Investissements			

Accord DG

Communication OS

10 / xx

Dossier complémentaire

Communication réseau RH

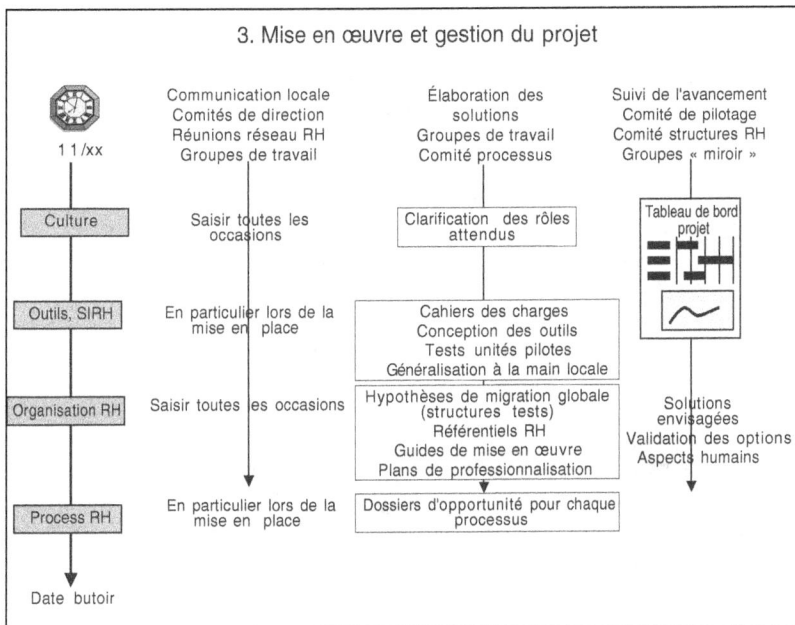

Les points de vigilance du chef de projet : Alliage, consulting

Les points suivants mettent en évidence ce à quoi il faudra faire attention tout au long de la mise en place du projet, au risque de le voir dévier de ses objectifs initiaux; car ils évoluent tout au long de la vie du projet.

La compréhension et prise en compte de l'existant

Dans le contexte donné de l'entreprise France Télécom, ce qui fera que tel ou tel type de management de projet sera un succès ou un échec. Prenons pour exemple un point nodal : la réussite d'un projet passe par la capacité des individus qui le portent à se remettre en cause, or cette capacité n'est pas inhérente à la logique du système France Télécom qui repose, au contraire, sur l'"infaillibilité "technique.

La prise en compte des enjeux de l'adaptation d'un mouvement de bottom-up à partir d'un contexte top-down

Je donne plus de pouvoir à la base (l'UO) mais est-ce que je lui donne tous les moyens pour réussir ce ré--équilibrage, en termes d'hommes, de compétences, de communication, de management, de hiérarchie ?

La motivation des hommes

Comment motiver les premières lignes, celles qui seront à la base de la réussite du projet dans un contexte d'entreprise proche de la fonction publique.

La conduite du changement

Comment aider les hommes à démultiplier les valeurs nouvelles induites par le système à mettre en place ?

Le rôle stratégique de la RH, le rôle du pilote du projet

Aujourd'hui, priorité est donnée à la gestion des RH. Mais qu'est-ce qui va faire que demain, à la faveur et sur la vague de ce type de projet, dans un contexte global centrifuge, la RH pourra développer une dimension plus stratégique (être le moyeu) ?

Les indicateurs de projet

Comment donner, aux individus, en mettant en évidence les avancées concrètes du projet, quel que soit leur niveau hiérarchique, la possibilité d'être impliqués ?

Les facteurs de succès du projet

Ces facteurs sont les garde-fous nécessaires à une bonne implémentation.

La mise en place de l'itinéraire balisé

Le *road map* (itinéraire balisé) : le premier cercle donne le sens et l'objectif du projet, tandis que le deuxième, le troisième et le quatrième ont besoin, pour agir, d'avoir une définition préalable des étapes de mise en place du projet. Sinon, ils sont rongés par le doute sur leur avenir. Dans un contexte comme celui de France Télécom, cela renforce l'inertie latente. C'est la réponse à la question : comment vais-je faire pour mettre en place ?

La communication du projet

Comment la communication sur un projet – qui exige pour réussir d'impliquer la base (l'UO par exemple) – va-t-elle prendre en compte les données issues de cette même base, les traiter, les retraiter ?

Chapitre 8

L'éthique des NTIC

« Caminando se hace
el camino »
Antonio Machado

Nous travaillons dans des entreprises de plus en plus relationnelles. Mais qu'appelle-t-on une entreprise relationnelle ? C'est une organisation qui offre de multiples contacts entre des personnes très différentes. Elle encourage l'utilisation croissante des moyens de télécommunication avec une préoccupation de coût et de qualité. Ces derniers n'étant pas adaptés à tous les cas de figure, il y a donc nécessité de codifier l'utilisation des moyens de communication, pas seulement pour éviter les dérives mais aussi pour en optimiser l'efficacité. Les risques de détournement des NTIC sont sans doute un faux problème, car les salariés sont en majorité responsables ; tout est de savoir, si l'on construit un système sur la confiance ou sur la défiance. En développant les échanges entre les différents savoirs, on enrichit les utilisateurs, donc l'entreprise tout entière.

En revanche, les outils qui fonctionnent le mieux sont ceux qui sont simples à utiliser, fiables, tout en préservant l'individu. Les outils doivent « coller » à la réalité du terrain, ne pas être trop complexes, ni détourner de la finalité de l'action, sinon ils sont rejetés par les utilisateurs. Par exemple, le téléphone est facile d'utilisation en voiture, car la conduite est un acte très automatisé (trop d'ailleurs, car cette double activité peut être génératrice d'accidents). Une autre possibilité est que l'outil soit utilisé d'une façon très dégradée, ce qui n'est pas, dans certains cas, économiquement rentable. On pourrait prendre l'exemple des magnétoscopes dont on n'utilise que 20 % des fonctionnalités.

L'expérience nous a montré que c'est la troisième génération des outils qu'il faut déployer : la première résout les fonctionnalités techniques, la deuxième se préoccupe d'ergonomie, enfin, la troisième fait la synthèse des deux précédentes. Ainsi faut-il travailler avec des groupes ou des sites pilotes et observer l'impact de l'outil sur l'organisation du travail, ce qui n'est pas le premier réflexe des organisations, surtout quand le projet est mené par des techniciens. Raison supplémentaire pour se pencher sur l'ergonomie des outils.

Les NTIC engendrent de nouvelles pathologies

Il faut être conscient des nouvelles pathologies engendrées par les NTIC.

De nombreuses réticences persistent face aux nouveaux outils de communication, car l'innovation dans les services n'est pas à la hauteur de l'innovation technologique. Pour illustrer notre propos, il y a peu de temps encore, l'usage du téléphone était réservé aux cadres, sans avoir pour autant l'accès à l'international (même encore aujourd'hui). Les NTIC sont simples et rapides, certes, mais leur utilisation a un côté fun, qui peut choquer des directions plus traditionnelles. Les réticences sont nombreuses, tout aussi présentes chez les cadres que chez le reste des salariés. Quant aux salariés, c'est surtout la crainte de ne pas savoir faire qui les handicape.

Voyons, dans un premier temps, les différentes « pathologies » possibles, puis les remèdes.

La négation de la dimension humaine et affective

L'utilisation continue de la messagerie et des boîtes vocales privilégie le rationnel au détriment de l'affectif. Jean-Jacques Rousseau ne disait-il pas : « Si c'est la raison qui fait l'homme, c'est le sentiment qui le conduit » ?

Pour illustrer cet aspect, on peut parler de dérive des e-RH avec, par exemple :

- des e-recrutements sans entretien de face-à-face et sans pilotage par les RH ;
- des entretiens d'appréciation par Intranet
- des mails envoyés à son voisin de bureau, etc.

Certes, Intranet rapproche des individus éloignés géographiquement ou travaillant dans des fuseaux horaires différents, mais il faut être attentif à ce que les échanges directs subsistent. À titre d'exemple, une entreprise high-tech a fait installer des coins cafétéria avec des distributeurs de boisson gratuits, pour pallier un déficit de communication directe. Le nombre des mails internes au siège a décru de 20 % compensant largement le coût des boissons chaudes.

La prépondérance du virtuel et de l'imaginaire

L'utilisation massive des NTIC peut entrainer une perte d'identité et un refus du réel, en particulier du temps et de l'espace. À force de consolider des informations du monde entier et d'en déduire des conséquences pour l'action, l'imaginaire peut prendre le pas sur la réalité. Prendre ses désirs pour la réalité est très différent de la démarche de l'inventeur qui transforme son idée en réalité. Il faut donc développer une construction progressive, avec la mesure continue de l'écart entre le souhaité et le réalisé.

Les NTIC ont aussi un certain côté infantilisant qui, pour certaines personnes, peut créer des effets pathogènes (facteur aggravant). Les psychologues disent que l'identité se construit par mesure de l'écart entre des modèles et le réel. Or, si ce réel devient virtuel, on risque effectivement une régression.

Une dépendance accrue vis-à-vis des outils

Les nouveaux outils qui sont censés libérer d'un certain nombre de contraintes du bureau fixe, peuvent, si l'on n'y prend pas garde, enfermer certains individus dans une sphère du travail en expansion qui peut mettre en péril d'autres équilibres (familial, social, loisirs…) Ce symptôme guette surtout les cadres dynamiques : consulter ses mails pendant ses vacances, c'est sûrement « bien vu » par la direction, mais autant renoncer à ses congés !

Le téléphone portable crée des dépendances similaires qui iront en grandissant avec l'arrivée de l'UMTS. Pourtant, les intéressés n'ont pas toujours conscience de cette dépendance. À titre d'illustration, il suffit d'observer les comportements des personnes dans certains endroits (restaurant, cinéma, train…) qui agissent comme si elles étaient seules.

L'exclusion technologique

Les NTIC amplifient les inégalités du savoir et de la culture. Elles favorisent les personnes dont le niveau d'études les a habituées à une certaine abstraction et qui maîtrisent l'anglais. En revanche, les NTIC vont faire apparaître comme « dépassés » des salariés dont les centres d'intérêt sont très focalisés, dans des domaines très culturels (peinture, musique…).

L'utilisation des nouveaux outils

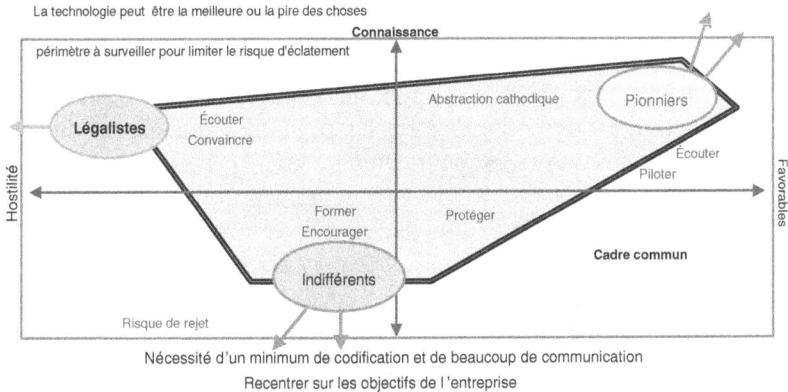

La technologie peut être la meilleure ou la pire des choses

Connaissance

périmètre à surveiller pour limiter le risque d'éclatement

Abstraction cathodique

Pionniers

Légalistes

Écouter
Convaincre

Écouter
Piloter

Hostilité

Favorables

Former
Encourager

Protéger

Cadre commun

Indifférents

Risque de rejet

Nécessité d'un minimum de codification et de beaucoup de communication

Recentrer sur les objectifs de l'entreprise

Dans certaines structures, une fracture apparaît entre « techno-mordus » et « techno-exclus » ; les premiers multiplient les initiatives et les suggestions vis-à-vis de la hiérarchie, les seconds se replient sur eux-mêmes. L'exclusion guette bien sûr les « technopathes », mais aussi les handicapés et les illettrés. En dépit des idées reçues, l'âge est n'est pas un facteur aggravant car l'exclusion technologique frappe également jeunes et moins jeunes.

La « technothérapie »

Toutes ces pathologies peuvent être évitées, si l'on respecte quelques règles simples :

- s'intéresser aux individus, connaître leurs centres d'intérêt, leurs ambitions et leurs difficultés ;

- s'intéresser à eux avec sincérité, pour les aider, mieux les conseiller dans leur carrière et mieux distribuer les rôles ;

- détecter le plus tôt possible les raisonnements dans le virtuel et les déséquilibres.

Il revient à l'encadrement de faire respecter ces règles, mais cette évidence est souvent oubliée sous la pression du court terme.

Il s'avère indispensable de créer des espaces de convivialité, des occasions de contacts entre les personnes (manifestation pour partager un succès, pour entendre les dirigeants tracer les grandes lignes de la stratégie…), qui permettront au groupe de retrouver sa dimension affective et qui ouvriront la voie à la notion de « *training company* ». C'est l'entreprise où tous les membres solidaires mettent leur connaissance à la disposition des autres, où l'on peut demander « qui peut m'aider sur tel sujet ? » sans craindre pour autant d'être jugé. Il faut imaginer de nouvelles forme d'animation :

- favoriser l'émergence des questions ;

- encourager l'expression des points de vue ;

- réintroduire l'humour pour favoriser l'expression du non-dit.

Il faut éviter de tout miser sur les outils, sinon les collaborateurs vont introduire des *jokes* ou des anomalies, voire des virus, pour démontrer la supériorité de l'homme sur ces outils. Un exemple, la responsable des voyages d'une entreprise a diffusé un mail, le 1er avril, annonçant qu'Air France offrait 100 000 miles gratuits aux deux premières personnes déjà clientes qui appelleraient son centre de réservation. Le mail avait le ton professionnel habituel et plus de 2 000 appels ont été émis à la grande joie d'Air France ! Cette blague (son lancement et surtout son succès) est sans doute révélatrice d'un stress professionnel accumulé. Il faut être attentif à ces signaux et agir en amont.

En résumé, tout réside dans le style de management : chaque encadrant devrait consacrer un tiers de son temps à réaliser des animations à caractère professionnel, rendant actifs les participants (ateliers…) et un tiers de son temps à « coacher » ses collaborateurs.

L'apport de la fonction RH

Elle doit être attentive à faire travailler en groupe, encourager l'innovation, créer des groupes projets, introduire la notion de complexité, donner le sens des actions et écouter les questions : en bref, « apprendre à apprendre ». Par ailleurs, elle doit :

- veiller à ce que les personnels conservent un équilibre entre le professionnel et l'espace personnel (attention au *job design* !). Les postes doivent avoir une valeur ajoutée, mais avec des plages de respiration ;

- développer la solidarité et la coopération, pour lisser les charges de travail ; la coopération remet en cause les relations de pouvoir traditionnelles (méfiance de l'encadrement mais aussi des acteurs) ;

- lutter contre la réticence à partager le savoir ;

- favoriser le passage d'une culture de contrôle à une culture de résultat, basée sur la confiance. La confiance doit être alimentée par l'information, la consultation, la participation.

En résumé, hiérarchie et fonction RH doivent faire en sorte que les NTIC soient bien au service du développement des hommes.

La cybersurveillance

Tout d'abord, le terme de cybersurveillance, dont les journaux fond leurs gros titres, semble inadapté et exagéré. Rien que, l'utilisation de ce terme présente, sous un aspect dramatisé, des nécessités professionnelles que nous allons aborder.

Ensuite, il ne faut pas se focaliser sur l'aspect technique. La technologie peut être la meilleure ou la pire des choses ; tout dépend de l'utilisation qu'on en fait. Comme on l'a vu, les NTIC nécessitent quelques précautions d'emploi ; chacun aura donc intérêt à en codifier l'utilisation, au-delà des obligations législatives, de façon à rester transparent et à éviter toute ambiguïté.

Une « surveillance » est-elle nécessaire ?

La « cybersurveillance » serait le contrôle de l'activité, des déplacements et des communications des salariés par des moyens électroniques. Cette définition soulève toutefois quatre questions :

- quelles peuvent être les motivations légitimes d'une entreprise pour avoir recours à un système de surveillance des salariés ?

- comment est-il possible d'opérer une distinction entre utilisation privée et professionnelle d'Internet ou de la messagerie électronique ?

- cette surveillance risque de devenir un instrument de gestion des RH (par l'établissement de « comportements types » des salariés). Que faut-il en penser ?

- les dirigeants des entreprises et les DRH sont-ils prêts à négocier avec les représentants du personnel des chartes d'utilisation des nouvelles technologies ?

L'informatisation des postes de travail se développe, les outils deviennent de plus en plus puissants et communicants : badges d'accès à distance, connexions à distance des systèmes d'information… Les NTIC diminuent la dépendance du salarié par rapport aux contraintes du bureau, celui-ci à la possibilité de travailler, *via* son terminal portable, chez lui ou en déplacement comme s'il était au bureau. Ainsi, la frontière entre vie professionnelle et vie privé s'estompe pour un nombre croissant de salariés. Inversement, depuis le bureau, il est possible de faire des courses, passer des ordres d'achat en bourse ou à sa banque. Mais ces occupations d'ordre privé faites au bureau doivent rester marginales. L'entreprise ne perd donc pas le droit de vérifier l'efficacité de ses salariés, moyennant un certain nombre de précautions ou déontologies.

Les NTIC : porteuses de nouveaux risques ?

Afin de protéger les salariés et les consommateurs, une législation sur le traitement informatique des données, dont la CNIL est la gardienne, a été mise en place. Cette législation doit être respectée à tous les niveaux de l'entreprise. Une information adéquate doit être donnée à tous ceux qui mettent en place et utilisent des outils informatiques. Ce sujet a fait l'objet de vastes débats, aussi nous ne nous étendrons pas sur cet aspect.

L'arrivée d'Internet et les connexions possibles Intranet / Internet fait courir trois risques aux entreprises :

- le déport de l'activité de certains salariés depuis le bureau vers d'autres activités ne profitant pas à l'entreprise ;

- la transmission vers l'extérieur d'informations confidentielles ou stratégiques ;

- l'introduction sur le réseau interne de virus informatiques pouvant entraver l'efficacité, voire arrêter le fonctionnement normal d'entités constituées.

Le premier risque existe depuis longtemps. L'arrivée du téléphone ou du Minitel avait déjà fait émerger les mêmes inquiétudes. Internet offre simplement une possibilité « d'allonge » accrue. La solution n'est pas technique ; elle repose dans les missions traditionnelles du management qui doivent s'exercer en relation étroite et quotidienne avec les salariés. Comme nous le verrons dans le chapitre suivant, une charte d'utilisation des NTIC évitera tout quiproquo.

La seconde n'est pas nouvelle non plus. L'espionnage, la communication à des tiers d'informations importantes a toujours existé. La différence réside désormais dans la digitalisation de l'information, son accessibilité via des réseaux d'entreprise, les possibilités de duplications sur support magnétique et de transmission à distance depuis l'intérieur de l'entreprise. Les mesures de protection doivent donc être adaptées pour les informations confidentielles classifiées, et les *fire walls* (assurant normalement la connexion entre le monde de l'entreprise et l'extérieur) sont à programmer en conséquence pour détecter ces fuites et les interrompre.

Quant au troisième risque, en dehors de l'intention de nuire, le vrai risque est l'introduction de virus par méconnaissance de règles élémentaires de sécurité. Là, la solution est l'information et la prévention.

Des contrôles encadrés par le législateur

Pour les deux premiers risques, une surveillance peut s'avérer nécessaire. Le Code du travail autorise ce genre de contrôle de la part de l'entreprise, moyennant le respect des droits et des libertés individuels (voir article L 120-2). Il y a peu, la Cour de cassation statuait dans l'arrêt Nikon (voir pp. 368-369) : « *Même au temps et au lieu de travail, le salarié a droit au respect de l'intimité de sa vie privée* ». Ainsi, le contrôle doit être en adéquation avec le but recherché et ne doit pas constituer une atteinte trop importante aux droits des salariés, eu égard à la défense légitime des intérêts de l'entreprise.

En matière de surveillance des activités informatiques, les textes qui s'appliquent sont les mêmes qu'en matière de surveillance des accès : consultation du CE (voir article L 432-2 al. 3) et information préalable des personnes par note interne, mention dans le contrat de travail (voir article L 121-8). L'entreprise est tenue de fournir la preuve de la diffusion de l'information et que le salarié en a eu connaissance. Faute de quoi, les éléments recueillis ne peuvent pas être opposés au personnel. Une adaptation du règlement intérieur peut s'avérer judicieuse, ainsi qu'une information individuelle avec AR par un texte précis.

Le courrier

Le courrier privé reçu à l'entreprise peut-il être ouvert par l'employeur ? En tout état de cause, le contrôle des contenus ne doit pas porter atteinte au secret des correspondances privées. Toutefois, la jurisprudence n'est pas unanime sur le caractère privé des correspondances reçues sur le lieu de travail, dès lors que la mention privée n'apparaît pas explicitement. L'arrêt Nikon considère que les échanges d'e-mail sont assimilés à la correspondance privée, dès lors qu'ils sont contenus dans un fichier dont l'objet indiqué est « personnel ». Ce point doit être traité par le règlement intérieur pour éviter toute ambiguïté.

Un mail est personnalisé, il peut donc être assimilé à du courrier privé. Cependant, la majorité des mails concerne l'entreprise et le business. En cas d'absence ou de congés, il ne faut pas que l'activité en pâtisse. L'objectif des NTIC est de fluidifier les échanges et de les accélérer. Une non réponse rapide à un mail peut pénaliser l'entreprise. Ceci est d'autant plus vrai, que l'accélération des échanges rend insupportable tout retard dans la réponse. Une solution consiste à insister, dans la charte d'utilisation des ressources informatiques, sur l'objet qui doit être explicite et indiquer « personnel et confidentiel » pour tout mail privé. Ensuite, les personnels doivent donner délégation pendant leur absence à quelqu'un avec les consignes adéquates en ce qui concerne le mail, notamment la non ouverture des mails « personnel et confidentiel ». La pratique de la délégation, en cas d'absence, favorise la transversalité.

L'utilisation d'Internet

Internet soulève les mêmes questions que le téléphone, il y a 40 ans : « peut-on autoriser un collaborateur à passer un appel privé ? », « et si cet appel est un longue distance ? ». Deux aspects sous ces questions : le coût des communications et le temps non productif du salarié. La baisse des coûts des communications met surtout le projecteur sur le second aspect.

Deux cas peuvent se présenter :

• Soit l'utilisation d'Internet à titre professionnel (consultation de base de données ou de serveurs spécialisés) est un gain de temps et d'efficacité, alors elle devrait être encouragée sur le lieu de travail. C'est un moyen simple de se documenter sur un sujet donné ou de faire du benchmarking sans se ruiner. Le service informatique peut restreindre l'accès à Internet à des serveurs spécialisés mais nous savons que cela peut être facilement contourné par la technique du re-routage. La solution est donc plus managériale que technique.

• Soit l'utilisation d'Internet sur le lieu de travail est à titre personnel. Alors tout dépend de l'ampleur de l'utilisation. Passer commande d'un billet d'avion personnel par mail ne semble pas répréhensible (il n'est pas interdit de le faire par téléphone) ; cela ne nuit pas à l'activité professionnelle. Au contraire, c'est le fait d'être préoccupé par une réservation à faire d'urgence qui risque d'être perturbant dans l'activité professionnelle. Nous avons déjà évoqué la mise en place par certaines sociétés (Bull, Unilever, Media Carat) de services sur Intranet qui font gagner du temps aux salariés, sur les aspects personnels, pour les rendre plus opérationnels (baby-sitting, covoiturage, massages, réductions diverses) : du « paternalisme électronique », selon certains, ou du « marketing favorisant l'esprit d'entreprise », pour d'autres. Par contre, le fait de surfer à titre privé doit être découragé ou interdit quand cela est contraire aux valeurs de l'entreprise et chaque fois qu'il y a atteinte à la morale.

L'arrêt Nikon, s'il autorise la réception de messages personnels sur son mail d'entreprise, interdit implicitement tout autre occupation personnelle par l'intermédiaire de l'Internet (« occupation » renvoie à la répétition pouvant nuire à l'efficacité). Comme on le voit, la frontière doit être bien définie entre ces deux termes, d'où la nécessité de fixer les règles du jeu dans une charte, afin que l'entreprise, si sanctions il y a, puisse fonder ses preuves sur un manque de travail et un préjudice.

La protection des données sensibles de l'entreprise

Les données doivent être classifiées pour savoir celles que l'on veut protéger, vis-à-vis de qui et pendant combien de temps. Il convient de rester raisonnable, faute de quoi la protection ne marche pas ou alors le business s'arrête. Ensuite, il y a la protection vis-à-vis des intrusions venant de l'extérieur. C'est un problème technique et spécialisé. Toute information concernant le niveau de sécurité et de protection à des tiers doit être sanctionné ; ce doit être dit dans l'entreprise.

Enfin, l'entreprise est tenue de se protéger contre le piratage depuis l'interne. Les données classées confidentielles auront un accès restreint, et leur duplication (papier ou disque dur) sera interdite par des moyens techniques ou limitée aux personnes habilitées. Leur transmission par mail vers l'externe sera impossible.

Les outils de CRM

De plus en plus d'entreprises mettent en place des outils de « *Customer Relation Management* » pour analyser leurs processus, leurs flux et les améliorer de façon continue. Ces puissants outils reposent, d'une part, sur l'identification de l'appelant (accès à une base de données) et, d'autre part, sur l'analyse de la problématique posée. Tous ces éléments sont consignés dans un infocentre pour analyse. À ce niveau, une forte déontologie est nécessaire pour protéger les individus : les analyses doivent rester globales et ne porter que sur des populations homogènes suffisamment nombreuses (aucune remontée jusqu'à la personne).

Souvent, ces outils et ces formes d'organisation vont de pair avec des enquêtes de satisfaction personnalisées : « Vous avez appelé tel jour pour signaler un problème. Que pensez-vous de l'accueil ? Quelle est votre demande précise ? Etes-vous satisfait ? ». À ce niveau, il faut être attentif à la protection de la vie privée (voir alinéa sur la CNIL).

Les textes de référence

Les années récentes ont vu l'émergence d'un droit spécifique aux systèmes de traitement de l'information. On citera principalement trois aspects, ainsi que les textes correspondants :

Loi sur la fraude informatique

La première version en est la loi 88-19 du 5 janvier 1988, connue sous le nom de « loi Godfrain ». Elle concerne les atteintes aux systèmes de traitement automatisé des données et a défini des incriminations spécifiques à ces systèmes. La loi a été modifiée lors de l'entrée en vigueur du nouveau Code pénal et correspond maintenant aux articles 323-1 à 323-7. Les incriminations envisagées portent sur l'accès ou le maintien frauduleux dans un système, sur les actes visant à fausser ou à entraver le fonctionnement du système, sur les interventions sur les données. Les peines vont de un à trois ans d'emprisonnement et de 15 245 à 45 735 euros d'amende.

Loi et directive relatives au droit d'auteur

Une directive communautaire, 91-250 du 1ᵉʳ mai 1991, a été mise en œuvre par la loi 94-361 du 10 mai 1994. Elle concerne la protection des programmes d'ordinateur au titre du droit d'auteur et assimile ces programmes à des œuvres littéraires. Ces derniers sont protégés plus de 50 ans pendant la vie de l'auteur (les droits patrimoniaux sont exercés par l'employeur). Au pénal, la contrefaçon est punie de deux ans d'emprisonnement et de 152 450 euros d'amende.

Loi « Informatique et Libertés »

Elle date du 6 janvier 1978. Elle concerne les informations nominatives, c'est-à-dire celles qui permettent l'identification des personnes auxquelles elles s'appliquent. Elle précise que toute personne a le droit de connaître et de contester les informations et les raisonnements utilisés dans les traitements automatisés dont les résultats lui sont opposés. Elle précise également que toute personne ordonnant ou effectuant un traitement d'informations nominatives s'engage de ce fait à prendre toutes précautions utiles afin de préserver la sécurité des informations, notamment d'empêcher qu'elles ne soient déformées, endommagées ou communiquées à des tiers non autorisés. Dans le nouveau Code pénal, les articles 226-16 à 226-22 rappellent les incriminations possibles et les peines qui leur sont associées. Ces peines vont de un à cinq ans d'emprisonnement et de 15 245 à 305 000 euros d'amende.

La loi (voir encadré sur les articles 3, 4 et 29 et articles 226-16 à 226-22 du nouveau Code pénal) prévoit que si les contrôles et les protections des données sensibles font l'objet de traitements automatisés, une déclaration à la CNIL est obligatoire. Par ailleurs, si ces contrôles permettent d'identifier directement ou non les personnels de l'entreprise, le comité d'entreprise doit être préalablement consulté avant toute mise en œuvre, et le personnel dûment informé.

Toutes ces dispositions seront consignées dans une charte d'utilisation des ressources informatiques de l'entreprise, voire dans un « code de bonne conduite » remis à chaque salarié (exemple donné en annexe 1). Ces documents définissent la politique de l'entreprise et précisent ce qui est encouragé, ce qui est déconseillé et ce qui est interdit, avec les sanctions correspondantes. Ils doivent, par ailleurs, insister sur le respect de la vie privée, le caractère confidentiel de certaines informations. La charte peut être considérée comme un complément du règlement intérieur (le « code de bonne conduite » en est une traduction). Aussi est-il prudent de la soumettre à l'avis du comité d'entreprise et de la communiquer à l'inspection du Travail. Son contenu aura alors un caractère obligatoire et pourra servir de fondement pour sanctionner, si besoin est, les comportements contraires aux intérêts de l'entreprise.

Il est souhaitable de discuter de cette charte avec les partenaires et peut être même faire l'objet d'un accord. L'objectif est de pouvoir montrer que le sujet a fait l'objet d'un large échange et que les contrôles et les mesures disciplinaires sont justifiées et proportionnées aux dérapages constatés (modèle p.-p. 408-409). La charte devra être adaptée aux besoins et au contexte de chaque entreprise.

Loi « Informatique et Libertés » : Code pénal

Article 3

Toute personne a le droit de connaître et de contester les informations et les raisonnements utilisés dans les traitements automatisés dont les résultats lui sont opposés.

Article 4

Sont réputées nominatives au sens de la présente loi les informations qui permettent, sous quelque forme que ce soit, directement ou non, l'identification des personnes physiques auxquelles elles s'appliquent, que le traitement soit effectué par une personne physique ou par une personne morale.

Article 29

Toute personne ordonnant ou effectuant un traitement d'informations nominatives s'engage de ce fait, vis-à-vis des personnes concernées, à prendre toutes précautions utiles afin de préserver la sécurité des informations et notamment d'empêcher qu'elles ne soient déformées, endommagées ou communiquées à des tiers non autorisés.

Articles 226-16 à 226-22 du nouveau Code pénal

Le nouveau code pénal définit les délits qui peuvent être constitués non pas seulement s'il y a intention coupable mais dès lors qu'il y a négligence, imprudence ou même incompétence professionnelle et énonce les sanctions afférentes dans une section intitulée « des atteintes aux droits des personnes résultant des fichiers ou des traitements informatiques ».

Article 226-16

Le fait, y compris par négligence, de procéder ou de faire procéder à des traitements automatisés d'informations nominatives sans qu'aient été respectées les formalités préalables à leur mise en œuvre prévues par la loi est puni de trois ans d'emprisonnement et de 45 735 euros d'amende.

Article 226-17

Le fait de procéder ou de faire procéder à un traitement automatisé d'informations nominatives sans prendre toutes les précautions utiles pour préserver la sécurité de ces informations et notamment empêcher qu'elles ne soient déformées, endommagées ou communiquées à des tiers non autorisés est puni de cinq ans d'emprisonnement et de 304 898 euros d'amende.

Article 226-18

Le fait de collecter des données par un moyen frauduleux, déloyal ou illicite ou de procéder à un traitement d'informations nominatives concernant une personne physique malgré l'opposition de cette personne, lorsque cette opposition est fondée sur des raisons légitimes, est puni de cinq ans d'emprisonnement et de 304 898 euros d'amende.

Article 226-19

Le fait, hors les cas prévus par la loi, de mettre ou de conserver en mémoire informatisée, sauf l'accord exprès de l'intéressé, des données nominatives qui, directement ou indirectement, font apparaître les origines raciales ou les opinions politiques, philosophiques ou religieuses ou les appartenances syndicales ou les mœurs des personnes, est puni de cinq ans d'emprisonnement et de 304 898 euros d'amende. Est puni des mêmes peines le fait, hors les cas prévus par la loi, de mettre ou de conserver en mémoire informatisée des informations nominatives concernant des infractions, des condamnations ou des mesures de sûreté.

Article 226-20

Le fait, sans l'accord de la Commission nationale de l'informatique et des libertés, de conserver des informations sous une forme nominative au-delà de la durée prévue à la demande d'avis ou à la déclaration préalable à la mise en œuvre du traitement informatisé est puni de trois ans d'emprisonnement et de 4 574 euros d'amende.

Article 226-21

Le fait, par toute personne détentrice d'informations nominatives à l'occasion de leur enregistrement, de leur classement, de leur transmission ou de toute autre forme de traitement, de détourner ces informations de leur finalité telle que définie par la disposition législative ou l'acte réglementaire autorisant le traitement automatisé, ou par les déclarations préalables à la mise en œuvre de ce traitement, est puni de cinq ans d'emprisonnement et de 304 898 euros d'amende.

Article 226-22

Le fait, par toute personne qui a recueilli à l'occasion de leur enregistrement, de leur classement, de leur transmission ou d'une autre forme de traitement, des informations nominatives dont la divulgation aurait pour effet de porter atteinte à la considération de l'intéressé ou à l'intimité de sa vie privée, de porter sans autorisation de l'intéressé, ces informations à la connaissance d'un tiers qui n'a pas qualité pour les recevoir est puni d'un an d'emprisonnement et de 1 524 euros d'amende. La divulgation prévue à l'alinéa précédent est punie de 7 622 euros d'amende lorsqu'elle a été commise par imprudence ou négligence ».

L'arrêt Nikon

Arrêt n° 4164 du 2 octobre 2001, Cour de cassation, Chambre sociale Cassation.

- Attendu que la société Nikon France a engagé M. Onof le 22 avril 1991 en qualité d'ingénieur, chef du département topographie ; que le 7 septembre 1992, le salarié a conclu avec les sociétés Nikon Corporation et Nikon Europe BV un accord de confidentialité lui interdisant de divulguer certaines informations confidentielles communiquées par ces deux sociétés ; que le 29 juin 1995, il a été licencié pour faute grave, motif pris, notamment, d'un usage à des fins personnelles du matériel mis à sa disposition par la société à des fins professionnelles ; qu'il a saisi la juridiction prud'homale d'une demande tendant au paiement d'indemnités fondées sur un licenciement sans cause réelle et sérieuse ainsi que d'une somme à titre de contrepartie de la clause de non-concurrence conventionnelle.

Sur le moyen unique du pourvoi de la société Nikon France

Vu l'article 1 134 du Code civil.

- Attendu que, pour condamner la société Nikon France à payer l'indemnité prévue par la clause de non-concurrence conventionnelle, la cour d'appel a énoncé que l'interdiction de divulguer des informations confidentielles revenait à interdire au salarié de s'engager en sa qualité d'ingénieur-géomètre chez un concurrent et que l'accord de confidentialité devait donc produire les effets de cette clause de non-concurrence ;

- Attendu, cependant, que l'accord de confidentialité conclu le 7 septembre 1992 entre le salarié et les sociétés Nikon Corporation et Nikon BV interdisait seulement au salarié de divulguer des informations, portées à sa connaissance par ces deux sociétés, expressément identifiées comme confidentielles et de nature à permettre le développement d'un programme spécifique ; que, contrairement à la clause de non-concurrence prévue par l'article 28 de la Convention collective nationale des ingénieurs et cadres de la métallurgie applicable en l'espèce, l'accord n'interdisait pas au salarié de s'engager au service d'une entreprise concurrente après avoir quitté la société ; qu'en statuant comme elle l'a fait, la cour d'appel, qui a donné à l'accord de confidentialité, dont les termes étaient clairs et précis, une portée qu'il n'avait pas, a dénaturé cet accord et ainsi violé le texte susvisé.

Sur le pourvoi incident de M. Onof

Vu l'article 8 de la Convention européenne de sauvegarde des droits de l'Homme et des Libertés fondamentales, l'article 9 du Code civil, l'article 9 du nouveau Code de procédure civile et l'article L. 120-2 du Code du travail.

- Attendu que le salarié a droit, même au temps et au lieu de travail, au respect de l'intimité de sa vie privée ; que celle-ci implique en particulier le secret des correspondances ; que l'employeur ne peut dès lors sans violation de cette liberté fondamentale prendre connaissance des messages personnels émis par le salarié et reçus par lui grâce à un outil informatique mis à sa disposition pour son travail et ceci même au cas où l'employeur aurait interdit une utilisation non professionnelle de l'ordinateur ;

- Attendu que, pour décider que le licenciement de M. Onof était justifié par une faute grave, la cour d'appel a notamment retenu que le salarié avait entretenu pendant ses heures de travail une activité parallèle ; qu'elle s'est fondée pour établir ce comportement sur le contenu de messages émis et reçus par le salarié, que l'employeur avait découverts en consultant l'ordinateur mis à la disposition de M. Onof par la société et comportant un fichier intitulé « personnel » ;

Qu'en statuant ainsi, la cour d'appel a violé les textes susvisés ;

PAR CES MOTIFS : CASSE ET ANNULE, dans toutes ses dispositions, l'arrêt rendu le 22 mars 1999, entre les parties, par la Cour d'appel de Paris ; remet, en conséquence, la cause et les parties dans l'état où elles se trouvaient avant ledit arrêt et, pour être fait droit, les renvoie devant la Cour d'appel de Paris, autrement composée.

Conclusion

« Il n'est qu'un luxe véritable
et c'est celui des relations humaines »
Antoine de Saint-Exupéry

L'e-RH, une stratégie d'entreprise

Les entreprises qui s'engagent aujourd'hui dans une démarche globale d'e-RH le font, non pas pour répondre à un phénomène de mode, mais bien dans le cadre d'une stratégie d'entreprise. À ce titre leur démarche vise l'ensemble des processus des organisations et un système d'information totalement à repenser. Les NTIC ouvrent un champ des possibles considérable. Les projets de toute nature, actuellement à l'étude dans les laboratoires, nous promettent une profusion d'innovations, encore qu'il soit extrêmement difficile de connaître les technologies qui l'emporteront, et plus important encore, l'utilisation qui en résultera dans l'entreprise et dans notre vie quotidienne. *« Au cours de la décennie écoulée, on a vu naître plus de savoirs scientifiques que depuis le début de l'histoire humaine ; il en sera de même pour les dix prochaines années »* déclarait récemment Michio Kaku titulaire de la chaire de physique au New York City College. Ce qui n'est pas encore faisable techniquement le sera sans doute demain.

Alors que la fonction RH a longtemps été un « parent pauvre » en matière d'investissements de toute nature, avec un projet e-RH les directions générales de grandes entreprises voient très vite l'intérêt en termes de gains de productivité. À ce titre, elles semblent être prêtes à consentir les investissements nécessaires. Certes, le facteur économique peut être un moteur pour mettre en œuvre ce type de projet, mais il ne doit pas être le seul. Ce doit être l'occasion de repenser le rôle de la fonction RH et du management. La fonction RH a l'opportunité de montrer sa capacité à changer radicalement son positionnement dans l'entreprise au profit du management. C'est ce challenge, accessible, dont nous avons essayé de démontrer la faisabilité, tout au long de cet ouvrage. De plus, c'est bien à travers un projet global, et non en mettant en place çà et là des outils répondant à une mode, qu'elle évitera son appauvrissement, voire sa disparition.

La fonction RH ne peut engager seule son *reengineering*. Celui-ci doit s'inscrire dans une stratégie d'entreprise. La révolution induite, tant au niveau de la ligne managériale que des salariés de l'entreprise, est importante. C'est une révolution de fond : impacts sur la culture, les habitudes de travail… et sur la fonction RH, elle-même. Celle-ci devra se mobiliser pour que la démarche soit intégrée par tous et qu'elle se place au cœur de la culture de l'entreprise.

Une stratégie d'alliés

Nous avons souligné que les équipes ne se positionnent pas forcément comme des « alliés » immédiats de l'e-RH. Si le modernisme des outils est facilement mis en avant et accepté, la crainte de voir son rôle diminuer est bien là. La fonction RH a sans doute une vraie difficulté à apprécier concrètement les activités qui découlent d'un nouveau positionnement attendu par l'entreprise. Et nous ne reviendrons pas sur la problématique des nouvelles compétences exigées… Elle ne pourra être un acteur engagé dans les changements à opérer que si elle est, elle-même, accompagnée dans son propre virage culturel. Cette problématique ne doit être ni occultée, ni minimisée. Contrairement à d'autres applications sectorielles, l'e-RH touche tous les acteurs de l'entreprise et leurs modes de fonctionnement. Ce qui est important, c'est plus l'usage qui est fait de l'e-RH que l'avancée technologique proprement dite. L'outil pour l'outil montre rapidement ses limites...

Pour certains acteurs de la fonction RH, le chemin à parcourir est considérable. Si la majeure partie de la fonction comprend aisément le bouleversement entraîné par les NTIC sur l'organisation et les processus de travail, peu de RH pensent que leurs missions changeront et encore moins, envisagent une révision de leur propre organisation[1]. Il ne faut donc négliger ni le facteur temps, ni les mesures d'accompagnement. Les changements à opérer sont profonds et peuvent être bloquants, voire dangereux pour l'entreprise. Toute la démarche e-RH mise sur un management qui prend effectivement le relais de la fonction RH dans l'accompagnement au quotidien de leurs équipes. L'efficience de l'entreprise passe par un management qui doit, sur le terrain, faire la liaison entre les aspects stratégiques et opérationnels dans la gestion quotidienne des hommes et des organisations. Et une entreprise ne peut se faire sans les hommes et les femmes qui la compose...

Par voie de conséquence, elle attend une fonction RH totalement reconfigurée dans ses missions. C'est l'occasion pour la fonction d'intégrer deux dimensions :

- une dimension opérationnelle, c'est-à-dire l'aptitude à faire, à délivrer un service de qualité, à faire fonctionner des outils, à simplifier des procédures, à présenter des solutions clés en main, à réduire les coûts ;

- une dimension conseil, c'est-à-dire l'aptitude à faire faire, à transmettre et à transférer des manières d'agir, capacité à

---

1. *Cf.* sondage IPSOS (chapitre 2).

former la hiérarchie, à mettre en relations des acteurs différents pour créer la synergie.

L'alignement des objectifs RH sur les objectifs du *business* est presque partout mis en avant (Ford, IBM, UBS, France Télécom) ; ce qui conduit d'ailleurs beaucoup d'entreprises à utiliser la technique des *balanced scorecards* pour articuler efficacement les objectifs RH et ceux des managers. Même si, comme le montre l'étude de la *Manchester Business School*, les managers continuent à être centrés sur la performance et les résultats et les DRH plutôt sur la gestion des connaissances et du savoir.

Une stratégie d'alliés doit être résolument engagée. Si le management n'adhère pas avec ce qui est attendu de lui, en se cachant derrière la notion de surcharge de travail, d'autres acteurs interviendront à sa place. Les relais syndicaux l'ont très bien compris.

Si la fonction RH ne comprend pas son nouveau champ d'intervention et ne s'écarte pas des processus administratifs, elle met en péril sa place dans l'entreprise. Aujourd'hui, l'occasion lui est donnée de montrer sa capacité à dépasser son propre « archaïsme managérial » (le pouvoir du « gardien du temple »). Sur ce sujet, le DRH doit veiller à résoudre toute résistance de ses collaborateurs. Encore très centrée sur tout l'aspect transactionnel, il appartient à la fonction de travailler sa valeur ajoutée en réponse aux nouveaux enjeux et attentes considérables, depuis les dirigeants jusqu'aux salariés.

La fonction RH est à un tournant capital. La force centrifuge croissante ne doit pas la faire sortir de sa trajectoire optimale. Il faut au-delà de l'effet de mode, et de la stricte utilisation d'outils, passer à la stratégie et la décliner en pratiques innovantes tournées vers l'action. Ceci suppose de passer de la théorie (ce que l'on peut faire avec les NTIC) à des pratiques concrètes (prise en compte des réalités). Cela suppose également d'accepter de se remette en cause, ce qui n'est pas toujours facile.

L'importance du facteur temps et de l'accompagnement

Le facteur temps est important et doit être utilisé pour « convaincre » les acteurs incontournables de l'e-RH à travers une communication forte et un accompagnement de proximité. Quant au personnel, troisième acteur, nous sommes plus optimistes. La majeure partie comprend assez vite l'intérêt pour chacun de ce type de projet : une plus forte responsabilisation et le signe d'une reconnaissance de l'entreprise... et il n'attend que cela ! Par contre, managers comme RH ne devront pas négliger l'accompagnement nécessaire.

Le rôle du DRH est crucial. Cela nécessite, de sa part, un savoir-faire dans la conduite de projet et une expérience dans la mise en place de l'utilisation des nouvelles technologiques, sans pour autant être un expert des NTIC. Nous l'engageons a faire preuve de curiosité, organiser une veille technologique (nous supposons qu'il n'a ni les compétences, ni le temps pour le faire personnellement), aller voir les expériences pilotes dans d'autres entreprises, organiser des visites. Le benchmarking est essentiel pour comprendre comment les NTIC contribuent à l'efficacité et à l'atteinte des objectifs collectifs. Il sera par ailleurs plus armé sur les freins qui ne manqueront pas de surgir de toute part.

Le *benchmarking*
Une technique qui n'a pas pris une ride...

« Le *benchmarking* est une technique marketing pratiquée depuis les années 50 par les entreprises, d'abord américaines puis mondiales. Le terme recouvre une idée assez simple : trouver dans le monde celui ou ceux qui réalisent de la manière la plus performante un processus ou une tache, aller les étudier (on dit les *benchmarker*) et adapter ensuite ce processus à sa propre entreprise. En d'autres termes, il s'agit d'aller se comparer aux « champions » dans un domaine précis et s'inspirer de leurs idées et de leur expérience pour se rapprocher de l'excellence. Les résultats sont parfois spectaculaires. Une technique qui n'a pas pris une ride. »

Source Internet : Benoît Tournebize

C'est à partir de là, que le DRH pourra organiser des rencontres internes, créer des débats, pour faciliter la mise en œuvre d'un projet e-RH sur le terrain. Souvenons-nous bien que ce qui est important, c'est l'échange, le débat, comme le disait Antoine de Saint-Exupéry : « *Il n'y a pas de solutions toutes faites. Il y a des forces en marche qu'il faut créer. Les solutions suivent* ».

RH et innovation

Le couple « RH et innovation » prend donc forme avec l'e-RH et peut transformer l'image bureaucratique de la fonction RH qui, de tout temps, a été très prégnante dans les esprits. Au-delà, comment peut-elle être tout simplement crédible vis-à-vis des autres fonctions de l'entreprise, si, dans sa propre structure, elle n'engage pas une réflexion de fond sur l'augmentation de sa propre efficacité (donc sur la création de valeur pour l'entreprise), en réalisant des gains de productivité. Elle doit être en mesure de proposer une palette de souplesses en matière d'organisation RH en utilisant toutes les opportunités offertes par les NTIC. Bref, prouver que l'innovation est possible en matière RH ! C'est à ce titre qu'elle pourra s'imposer sur-le-champ organisationnel, comme un acteur incontournable alors qu'elle ne l'est pas toujours aujourd'hui. Autrement, la fonction RH, est comme le médecin qui conseille et prescrit des ordonnances à ses patients, sans s'appliquer à lui-même ses beaux principes... Comment ce médecin pourrait-il être écouté ?

Mais nous restons plein d'optimisme pour la fonction. Elle a su au cours de son histoire faire preuve de ses capacités d'adaptation. Quant à ceux qui seraient encore sceptiques, nous espérons que ce livre les aura fait changer d'avis...

L'e-RH : les conditions du succès

1 Clarifier l'objectif du projet RH : Qui mandate ? Objectifs précis ? Identification du périmètre ? Quelle finalité ?

2 Faire l'inventaire des attentes de tous les acteurs : DG, managers, salariés, partenaires, candidats, filière RH.

3 Intégrer la culture dans le pilotage du projet : histoire, style de management, réseaux informels, valeurs communes et émergentes.

4 Adopter une démarche projet :

- équipe projet dédiée ;

- maîtrise d'ouvrage (fait faire avec une vision claire, une exigence de résultats) ;

- maîtrise d'œuvre (indépendante, réalise, impose ses contraintes et sait dire NON) ;

- un projet de changement RH suppose de maîtriser des centaines de paramètres dont beaucoup sont difficiles à quantifier ; le suivi est essentiel pour éviter les dérives.

- structures d'arbitrage (rôles définis et bons participants).

5 Penser l'après projet dès le départ : exploitations informatique et fonctionnelle, évolution future (services supplémentaires, ouverture sur l'extérieur).

6 Maîtriser les enjeux de pouvoir. Le projet peut mettre à mal l'exercice du pouvoir et leurs symboles. Il faut donc trouver les alliances objectives : DRH locaux, direction informatique / communication / finances. Les gains offerts doivent être visibles a priori.

7 Privilégier les concepts aux outils :

- faire du benchmarking, s'inspirer des autres, mais rester souple sur le cheminement ;

- attaquer dans l'ordre les process, l'organisation, la professionnalisation, enfin les outils ;

- simplifier les process ;

- augmenter l'autonomie des acteurs.

8 Adopter une démarche constructiviste (itérative) :

- essai / erreur plutôt qu'usine à gaz et l'afficher ;

- co-construction progressive, avec les acteurs du terrain, des cahiers des charges (fonctionnalités, process cibles…) ;

- relier les experts entre eux.

9 Faciliter la vie des utilisateurs :

- les écouter, les faire participer, les conseiller ;

- trouver le bon niveau d'ajustement entre capacité du corps social et montée en charge ;

- refuser les consensus mous.

10 Traiter l'essentiel du problème de façon pragmatique. Résoudre 80 % des besoins en faisant gagner 50 % du temps. Considérer les 20 % restants comme matière à perfectionnement, mais plus tard. L'objectif est de rendre plus efficaces, pas de satisfaire les fantasmes.

11 Chaque fois que c'est possible, choisir la simplicité, la standardisation et l'ouverture. Les normes, les solutions informatiques évoluent. Il faut en profiter.

12 Les choix technologiques et architecturaux. Y aller en association avec les équipes de la direction informatique : ce sont eux les experts. Mieux vaut réussir à deux que se « planter » tout seul !

13 Attention à la dérive technologique ! Des fonctionnalités avancées n'ont de sens que si celles de base sont sous contrôle !

14 Il ne faut pas négliger les freins au changement. Les solutions novatrices demandent à être expliquées. Elles ne seront acceptées que si le référentiel des utilisateurs évolue, et cela prend du temps. Expliquer, expliquer ! Intégrer la culture des acteurs. Laisser le temps d'optimiser l'apprentissage.

15 La vision des enjeux financiers doit être globale : investissement initial, intégration, reprise, maintenance, exploitation, charges induites, développements spécifiques, interfaces.

16 Intégrer le facteur temps : donner du temps au temps. Ne pas vouloir tout, tout de suite.

Et... ne jamais oublier que

L'enjeu est d'abord managérial, ensuite RH (rarement technique). Les technologies sont une opportunité mais pas la panacée. Tout est dans la gestion de projet, l'animation et la vision de la cible.

Charte d'utilisation
des ressources informatiques

> « *Comme la multitude des lois fournit souvent des*
> *excuses aux vices en sorte qu'un État est bien réglé,*
> *lorsque n'en ayant que fort peu, elles y sont strictement observées.* »
>
> René Descartes

Les documents qui suivent permettront au lecteur d'apprécier ce que peut recouvrir une charte d'utilisation des ressources informatiques. Ces documents sont issus d'un groupe de travail d'une quinzaine de DRH, de responsables informatiques d'entreprises différentes et quelques spécialistes de la sécurité informatique. Le lecteur trouvera successivement dans cette charte de bonne utilisation du Net d'entreprise :

- en préambule, des paragraphes relatifs à des éléments généraux ;

- des paragraphes concernant la messagerie, les forums, le Net d'entreprise, les causeries et les sites individuels ;

- un paragraphe visant l'utilisation du Net par les organisations syndicales (ce paragraphe renvoie au chapitre 3) ;

- en fin de document, un texte concernant la régulation de l'Intranet, avec la proposition de création d'une commission paritaire d'Autorégulation.

Chaque paragraphe donne une définition, des recommandations de bon usage, souligne les précautions indispensables et liste quelques pratiques répréhensibles. Ces éléments pourront être repris par chaque entreprise, autant que de besoin. En particulier, nous avons noté des positions très différenciées concernant les *chats*, les sites individuels et les organisations syndicales. Les éléments contenus en fin de la charte sont importants au plan de l'inventaire des pratiques répréhensibles et l'indication de l'échelle des sanctions correspondantes. Celles-ci devront être reprises dans le règlement intérieur. Les sanctions ne sont là qu'à titre indicatif.

La charte est suivie d'un encart reproduisant une plaquette envoyée au domicile de l'ensemble du personnel de France Télécom. Ce code de la « Net attitude » est là pour communiquer aux salariés les bons comportements à adopter pour utiliser, protéger et gérer au mieux les ressources informatiques et électroniques mises à leur disposition.

Charte du bon usage des ressources informatiques de la société XYZ

Cette charte définit les règles de bon usage des ressources informatiques de XYZ en assurant un équilibre entre les besoins d'interconnexion du système d'information, les exigences d'intégrité, de disponibilité, de confidentialité associées et le respect des contrats, lois et règlements en vigueur. L'application de ces règles permet de garantir la protection de l'information, ressource de XYZ qui, dans un contexte concurrentiel, a une valeur dont chacun doit être conscient.

Champ d'application

La charte s'applique à toute personne travaillant à XYZ à titre permanent, temporaire ou intérimaire (l'utilisateur), qui utilise ou gère les ressources informatiques mises à sa disposition par

XYZ. Ces ressources informatiques comprennent les serveurs, stations de travail, micro-ordinateurs, modems, données et logiciels, services communs et tous les réseaux de communication (internes et externes), qui permettent d'accéder aux informations propres à XYZ, ainsi qu'aux informations situées hors des sites de XYZ, tant en France qu'à l'étranger. L'ensemble de ces ressources est nommé ci-après système d'information (SI).

Conditions d'accès au système d'information

Il est nécessaire de protéger les informations ayant trait aux activités professionnelles selon leur niveau de sensibilité. La plus grande discrétion doit être assurée par les utilisateurs pour toutes les informations obtenues dans leur cadre professionnel, conformément à leurs obligations professionnelles (relation de sous-traitance, contrat de travail, statut de la fonction publique).

Le droit d'accès au SI est personnel et incessible, il disparaît lorsque son titulaire quitte XYZ ou sur décision du responsable hiérarchique et doit être renouvelé à chaque changement d'affectation au sein de XYZ. L'utilisation de cet accès est strictement limitée aux activités autorisées par XYZ.

L'accès aux informations du SI est limité aux données détenues par l'utilisateur et à celles pour lesquelles il dispose d'un droit d'accès, qu'elles soient internes ou externes. En particulier, il est interdit de prendre connaissance d'informations non publiques détenues par d'autres Utilisateurs, quand bien même ceux-ci ne les auraient pas explicitement protégées.

Dans le cas où un accès au SI de XYZ serait confié, pour un besoin précis, à une personne extérieure à XYZ (stagiaires, intervenants extérieurs), cet accès se fait sous le contrôle et la responsabilité d'un utilisateur de XYZ titulaire du ou des comptes ouverts pour cet accès.

Préservation de l'intégrité du système d'information

L'utilisateur s'engage à ne pas apporter volontairement de perturbations au SI, soit par des manipulations anormales du matériel, soit par l'introduction de logiciels non autorisés et en particulier de logiciels parasites comme des virus, des chevaux de Troie ou des bombes logiques. Il s'engage à ne pas modifier ou détruire d'autres fichiers que ceux relevant de sa responsabilité propre. Il s'engage à n'utiliser la messagerie et les outils de diffusion d'information qu'à des fins professionnelles. Si l'utilisateur constate une perturbation suspecte sur sa machine, il doit en arrêter immédiatement le fonctionnement ou, à défaut, la déconnecter du réseau et alerter un responsable selon la règle d'usage du site.

Respect de la législation concernant les logiciels

L'utilisation de logiciels au sein de XYZ peut être soumise à l'obtention de licences d'utilisation accordées par les fournisseurs. Il est donc interdit à l'utilisateur d'effectuer des copies de logiciels protégés par des licences pour quelque usage que ce soit. Pour les copies de sauvegarde, il convient de se conformer aux dispositions prévues dans la licence concernée.

Accès à des sites externes et aux réseaux

Ces accès doivent être faits dans le respect des règles d'usage propres aux divers sites et réseaux et dans le respect de la législation en vigueur.

Droit d'audit

La société XYZ se réserve la possibilité de procéder à des audits par des intervenants mandatés pour vérifier le respect des principes de la présente charte.

Non-respect de la charte

En cas de non-respect de la présente charte, l'utilisateur pourra se voir interdire l'accès aux ressources informatiques de XYZ, sans préjuger des sanctions disciplinaires éventuelles qui pourraient être entreprises.

1 - Messagerie

Définition

On entend par messagerie les outils de communication électronique permettant d'envoyer et de recevoir des messages aussi bien à l'intérieur qu'à l'extérieur de l'entreprise.

Recommandations d'usage

Zone « Objet »

Libellez soigneusement la zone « Objet ». Un objet de message qui reflète l'idée développée dans le corps du message fait gagner du temps au destinataire : il peut détecter rapidement les messages importants et donc prioritaires. Choisissez des termes précis, discriminants pour votre correspondant. Précisez, à ce niveau, ce que vous attendez de lui : « pi » pour information, « pa » pour action, « pr » pour réponse.

Contenu des messages

Rédigez des messages concis. Les messages trop longs sont difficiles à lire. Une idée par message, un message d'une page maximum, c'est l'idéal ! Si le message dépasse une page, signalez-le au début ; organisez-le comme un vrai document : paragraphes, intertitres, etc. Dans ce cas, commencez le message par une synthèse et indiquez le plan que vous allez suivre. Mais l'idéal est de séparer le mail du texte du message, mis en pièce jointe.

Une tradition de l'Internet consiste à ajouter [long] dans le « champ Objet » du message pour alerter les destinataires.

Les options : utilisez à bon escient les options d'urgence pour faire gagner du temps à votre correspondant et accélérer le traitement des sujets urgents ;

La consultation de votre boîte à lettres (BAL) : consultez-la régulièrement (plusieurs fois par jour). La messagerie est un outil de communication rapide. Vos correspondants attendent que vous preniez connaissance rapidement de leurs messages.

La rapidité de réponse : répondez rapidement quand vous êtes destinataire d'un message. Votre correspondant peut attendre une réponse de votre part (objets « pa » ou « pr »). Si vous n'avez pas la réponse immédiatement, informez votre correspondant, par une brève réponse d'attente, que vous avez bien pris en compte sa demande. Si vous devez vous absenter quelques jours et que votre système de messagerie le permet, programmez-le soit pour renvoyer un avis d'absence, soit pour rerouter vers un tiers, avec avis à l'émetteur. Si vous n'êtes pas familier avec l'application électronique de cette règle de courtoisie, contactez votre administrateur de messagerie.

La gestion de votre BAL et de vos messages : vos messages sont archivés sur un bureau de poste dont les disques sont partagés avec vos collègues. Si vous ne gérez pas vos messages, vous perturbez l'efficacité de la messagerie globale. Pour éviter cela quelques règles de bon sens : classez vos messages ; détruisez régulièrement ceux qui sont devenus inutiles et ceux dont vous avez enregistré les pièces jointes sur votre disque ;

soyez réactif quand votre administrateur de messagerie vous demande de réduire votre fichier de messages.

Précautions indispensables

Multi-diffusion

Utilisez la multi-diffusion à bon escient. Avec la messagerie, c'est si simple de diffuser largement que cela peut conduire à submerger vos correspondants de messages, sûrement importants, mais qui nuiront à leur efficacité. Quand on est saturé de messages, on n'a plus le temps de les lire et de les traiter convenablement.

Mettez en destinataires les personnes dont vous attendez une réponse ou une action. Limitez les copies à ceux qui ont besoin d'être informés et utilisez bien les zones objet (« pi », « pa », « pr »). Pour accroître votre efficacité, créez des listes de diffusion que vous enregistrez dans votre répertoire personnel. Pour faire gagner en efficacité à vos correspondants, demandez à l'administrateur de créer des listes de diffusion partagées. Dans ce dernier cas, l'utilisateur, en recevant le message, n'aura pas à balayer une longue liste de noms pour arriver au message : il ne verra que le nom de la liste (dont il fait partie) dans sa boîte.

Pièces jointes

Quelques précautions sont à prendre :

Assurez-vous que vos correspondants pourront les lire et qu'ils disposent d'une version logicielle supérieure ou égale à la vôtre. Dans l'attente d'une mise à niveau de tous les postes, en cas de doute, convertissez vos documents en Word 2, Excel 4 ou Power Point 4.

Comme indiqué pour les messages longs, indiquez brièvement dans le cadre du mail la synthèse du document attaché.

N'envoyez pas trop de documents attachés à votre mail, ou prévenez-les pour en simplifier l'ouverture chez votre correspondant.

Ne saturez pas les réseaux avec des pièces jointes trop volumineuses. Sinon, vous retardez l'acheminement des messages pour tous les utilisateurs.

La taille des messages est limitée vers l'extérieur du groupe et en interne. Concrètement, dès qu'un document dépasse vingt pages, demandez à votre assistance Bureautique de vous équiper d'un logiciel de compression de messages « auto-décompactable » pour permettre à votre destinataire de le lire sans logiciel approprié.

Quand vous faites suivre un message avec pièce jointe, celle-ci est attachée d'office au nouveau message, éliminez-la si elle n'est pas indispensable.

Messagerie vers l'extérieur

Lorsque vous adressez un message vers l'extérieur, vous êtes identifié comme membre de l'entreprise dans votre adresse électronique : c'est l'image de l'entreprise que vous véhiculez. Ne diffusez pas d'informations confidentielles et attachez la même importance à votre mail que vous le feriez à une lettre sur papier à en-tête de l'entreprise. À moins d'utiliser un outil de chiffrement (matériel ou logiciel), partez du principe que le courrier sur l'Internet n'est pas sécurisé. Ne mettez jamais dans un message électronique quelque chose de confidentiel !

Souvenez-vous que certains relais de courrier suppriment l'information d'en-tête qui reprend votre adresse d'expéditeur. Pour être sûr que les destinataires sachent qui vous êtes, veillez à mettre une ligne ou deux à la fin de votre message avec vos coordonnées.

Virus

Soyez attentifs aux virus qui pourraient transiter par la messagerie.

Vérifiez que vous êtes bien équipé d'un logiciel anti-virus et qu'il est mis à jour.

Ne transférez jamais un document sans l'avoir vérifié au préalable.

Si vous détectez la présence d'un virus dans une pièce jointe à la réception d'un message, signalez le fait à votre gestionnaire local en lui précisant le nom du fichier contaminé ainsi que le type de virus concerné. Informez également votre émetteur.

Attention aux faux virus : il circule régulièrement sur l'Internet des messages vous avertissant de l'apparition de nouveaux virus. Ce sont des pièges qui visent à provoquer la panique et l'engorgement des réseaux. Restez calme et transmettez-le à votre administrateur de messagerie.

Pratiques répréhensibles

Anonymat

Il est formellement interdit de dissimuler son identité sous un pseudonyme ou d'usurper l'identité d'une autre personne.

Encombrement volontaire des réseaux

Les lettres chaînes et les provocations détournent la messagerie de son but. Ces messages polluent les réseaux et, à terme, peuvent entraîner une situation de blocage complet, dès lors que chaque destinataire les rediffuse massivement. Le contenu, incitant parfois à gagner de l'argent, pourrait faire encourir des poursuites aux contributeurs qui participeraient à cette chaîne. Si vous recevez de tels messages, lisez-les, amusez-vous des exemples donnés, mais alertez votre gestionnaire local et supprimez-le de votre boîte. Ne retransmettez jamais de tels messages.

Contenus inacceptables

Il est interdit d'utiliser la messagerie pour transmettre ou recevoir des documents ou des images de nature discriminatoire, insultante, obscène, etc.

2 - Forums internes

Définition

Un forum de discussion est un outil informatique qui permet à ses utilisateurs d'envoyer des messages pouvant être lus par tous les utilisateurs. Il en existe de nombreuses variantes, suivant la technologie utilisée (par exemple, NNTP, HTML, Notes) ou les services offerts (par exemple, public / privé, modéré ou non, avec ou sans contrôle d'identité, avec push ou non).

Recommandations d'usage

Rédaction des messages

Soyez bref. Les échanges sont souvent fournis et les textes trop longs ne sont pas lus. Quand vous répondez à un participant, ne reprenez que ce qui est en rapport direct avec votre intervention. Vous pouvez aussi répondre progressivement en citant à chaque fois l'élément original concerné.

Zone « Objet »

Commencez toute communication par un libellé d'objet clair. Un objet de message qui reflète l'idée développée dans le corps du message fait gagner du temps aux lecteurs : ils peuvent détecter rapidement les messages prioritaires. Choisissez des termes précis, discriminants pour eux, pas pour vous.

Pièces jointes

Ne mettez pas de fichiers Bureautiques ou volumineux en pièce jointe. À chaque passage sur l'article, le fichier entier est rechargé depuis le serveur, encombrant inutilement le réseau. Demandez plutôt à un webmestre de le mettre en ligne ou utilisez la messagerie avec les personnes intéressées.

Ton de l'intervention

Si vous n'êtes pas certain du ton à adopter, n'hésitez pas à observer préalablement les discussions du groupe avant d'intervenir. Avant de répondre à un article, vérifiez si quelqu'un n'a pas déjà fait une réponse similaire.

© Éditions d'Organisation

Quelques pratiques à éviter :

Ne postez pas d'articles sans rapport avec le thème du forum.

Ne postez pas d'articles au format HTML. De nombreux logiciels ne peuvent pas les lire correctement, et ils sont beaucoup plus volumineux que les articles en texte simple.

N'écrivez pas tout en majuscules, ce qui donne l'impression que vous criez.

Ne postez pas d'article ponctuel du type « Je suis d'accord ». Argumentez ou abstenez-vous.

Évitez de « bombarder » un forum avec un grand nombre de copies du même message, ou de trans-poster le même message dans plusieurs forums (limitez-vous à ceux dont l'objet a un rapport direct avec le message).

Évitez d'utiliser les forums comme lieu d'échange de messages entre deux personnes.

Évitez, enfin, de poster des plaisanteries de mauvais goût, obscènes ou vulgaires (la limite entre le bon et le mauvais goût étant subjective, elle est laissée à l'appréciation de l'animateur).

Précautions indispensables

Obligation d'animation des forums

Chaque forum doit être doté d'un animateur réellement disponible. L'expérience montre en effet que les forums sans animateur divergent fréquemment (indiscipline, messages hors sujet) ou s'éteignent faute de contributions. Seuls les forums à très forte composante technique et fonctionnant en entraide mutuelle peuvent avoir une vie autonome sans animateur. Là encore, la présence épisodique du newsmestre est nécessaire.

Missions de l'animateur

L'animateur doit définir les règles de fonctionnement du forum en établissant la raison d'être du forum, les sujets qui y seront évoqués et la manière de les aborder (y compris la

durée du forum) soit sous la forme d'une charte de fonctionnement mise à la disposition des utilisateurs, soit sous forme
d'une page Web permanente, soit en la re-postant à intervalles
réguliers dans le forum.

Conformément aux pratiques de l'entreprise, le thème d'un
forum relève a priori du domaine professionnel. Des forums
généralistes ou de petites annonces sont acceptables à condition qu'y soient interdits les sujets suivants : politique, philosophie, religion, morale ou sexualité.

Faire vivre le forum

La mission de l'animateur est de donner une âme au forum :
inciter, soutenir et relancer les contributeurs, impulser un état
d'esprit constructif.

Assurer la discipline

L'animateur est responsable du respect de la discipline sur son
forum et, à ce titre, il peut prendre les sanctions appropriées
contre les perturbateurs par ordre de gravité croissante : messages d'avertissement, interdiction technique d'accès,
demande de procédure disciplinaire.

Capitaliser la production du groupe

L'animateur doit exploiter le savoir et le savoir-faire produit
par les membres du forum, en réalisant des synthèses, des
compilations, des « FAQ » ou tout autre forme appropriée.

Pratiques répréhensibles

Anonymat

Il est formellement interdit de dissimuler son identité sous un
pseudonyme ou d'usurper l'identité d'une autre personne,
dans un forum interne à l'entreprise.

Contenus inacceptables

Il est formellement interdit de lancer ou de participer à des discussions sur des sujets politiques, religieux, philosophiques, moraux ou sexuels.

Il est interdit d'utiliser les forums pour diffuser, ou fournir les adresses, de documents ou d'images de nature discriminatoire, insultante, obscène, etc.

Attaques personnelles

Il est interdit de vilipender ou de critiquer une personne, nominativement ou collectivement, en raison de ses origines, de ses options philosophiques, politiques, syndicales, religieuses, morales ou autres.

Rappel

Un auteur peut toujours supprimer après coup un article qu'il a posté dans un forum NNTP, mais pas les réponses postées par d'autres, donc le « droit de repentir » doit s'exercer très vite !

3 - Informations du Net entreprise

Définition

Par Net d'entreprise, il faut entendre l'ensemble des sites Intranet ou Extranet accessibles en consultation par les employés.

Champ d'application

Cette section s'applique à la manipulation des informations téléchargées librement depuis l'un des sites du Net d'entreprise. Les sites à accès protégé doivent définir leur propre politique de protection et la faire connaître aux utilisateurs à qui ils attribuent des droits d'accès.

Précautions indispensables

Publication d'informations sur un site

Les webmasters, éditeurs et contributeurs de sites doivent être conscients qu'une information publiée sur un site à accès non protégé est potentiellement visible de toute personne ayant accès à un poste de travail informatique, ce qui inclut non seulement le personnel de l'entreprise mais aussi de nombreux stagiaires, consultants et informaticiens externes.

Pratiques répréhensibles

Divulgation d'informations vers des tiers

Dans le respect de leur éthique professionnelle, les utilisateurs doivent s'abstenir a priori de divulguer les informations affichées sur les sites d'entreprise, sauf si un site est explicitement destiné à l'extérieur (communiqués de presse, etc.). Les personnes extérieures à l'entreprise et ayant accès au Net d'entreprise (stagiaires, consultants, informaticiens) doivent signer un engagement de confidentialité lors de leur arrivée dans l'entreprise.

4 - Causeries (ou « chat »)

Définition

L'IRC *(Internet Relay Chat)*, abrégé en *chat* ou « causerie », est un outil informatique qui permet des conversations (écrites) en temps réel sur le réseau IP. Ces conversations sont organisées en canaux qui peuvent être permanents ou créés à la demande par les utilisateurs (auquel cas, ils sont effacés à la fin de la conversation). Il existe aussi le système ICQ qui offre une fonction de *pager* (bip d'alerte sur le poste de travail) en plus des conversations en temps réel.

Champ d'application

Cette section s'applique à l'IRC (qu'il soit utilisé à partir d'un client dédié ou à partir d'une page Intranet *via* un script CGI ou une applet Java) et à l'ICQ.

Pratiques répréhensibles

Anonymat

Il est interdit d'utiliser des pseudonymes lors de l'utilisation du *chat* à partir d'un poste de travail.

Serveurs non autorisés

Il est interdit de mettre en place des serveurs IRC ou ICQ non autorisés par la hiérarchie.

Canaux à thèmes non professionnels

À l'exception du canal « Accueil » qui permet d'orienter les nouveaux arrivants, aucun canal, permanent ou transitoire ne peut être ouvert sur un thème non professionnel, tels que jeux ou détente.

5 - Sites individuels sur le Net d'entreprise

Définition et exemples

On entend par « site individuel » un espace de mémoire, quelle que soit sa localisation physique, dont le contenu est entièrement défini, créé et modifié par un salarié qui en assume à titre personnel l'entière responsabilité. Par exemple, un poste de travail informatique peut être converti en site individuel à l'aide d'un simple logiciel de serveur HTTP. Mais un site individuel peut aussi être établi sur un serveur Intranet officiel.

On distingue deux catégories de sites individuels, selon le mode d'accès de l'agent qui en est titulaire :

- soit le salarié peut modifier lui-même, en temps réel, le contenu (droit d'accès exclusif ou partagé avec l'administrateur du site) ;

- soit le salarié doit fournir son contenu à l'administrateur du site qui met en ligne le site individuel.

Droit à l'existence des sites individuels

Chaque entité est autonome pour accepter ou refuser les sites individuels sur le ou les serveurs (inclus les postes de travail) dont elle a la tutelle, mais elle doit prendre position sur ce sujet. Les entités qui les acceptent doivent publier une charte inspirée des règles ci-dessous et complétée par les prescriptions techniques locales (contraintes sur les volumes et les fichiers, procédure de publication). Elles s'engagent à n'héberger que les sites de leurs propres salariés. Cette règle s'applique à toutes les sous-entités, y compris aux salariés pouvant potentiellement héberger d'autres sites individuels.

Recommandations d'usage

Auteurs

L'objectif d'un site individuel est de se faire connaître et de faire profiter l'entreprise de ce qu'on a produit et non pas (forcément) d'accomplir des prouesses informatiques. Tous les salariés peuvent avoir un site individuel.

Par ailleurs, l'entité peut mettre à la disposition de son personnel des modèles de CV ainsi que des outils de publication directe.

Contenus possibles

Dans le cadre de l'entreprise, un site individuel permet à un salarié de se faire connaître, autant pour ses réalisations professionnelles que pour ses centres d'intérêt extra professionnels. Mais le contenu d'un site individuel, à la différence d'une page personnelle sur Internet qui bénéficie d'une totale liberté d'expression, est a priori limité par le Code du travail aux domaines professionnels. Même si une tolérance est acceptable, un site individuel ne peut pas être une « tribune libre » ou un instrument de propagande politique, syndicale, philosophique, religieuse, morale ou sexuelle. L'auteur peut donc y présenter :

- toutes sortes d'informations à usage strictement professionnel ;
- son parcours professionnel, ses réalisations et ses compétences ;
- ses activités sociales ;
- ses passions, ses hobbies, en particulier pour détecter d'autres passionnés.

Une équipe peut aussi composer une page présentant ses innovations (entre autres, étude d'un groupe de travail, bilan d'un projet).

Précautions indispensables

Compatibilité avec l'activité professionnelle

La création et l'entretien d'un site individuel ne doit avoir aucun impact négatif sur la disponibilité de son auteur.

Utilité et cohérence

Les auteurs doivent s'assurer que les informations professionnelles contenues dans leurs sites sont utiles à l'entreprise et qu'elles ne doublonnent pas avec des informations déjà présentes sur d'autres sites officiels.

Pratiques répréhensibles

Légalité du contenu

Le contenu doit respecter strictement les lois et les règlements en vigueur, en particulier les droits de propriété intellectuelle (logiciels, images, photos) et la réglementation sur les données nominatives.

Visibilité

Qu'il soit hébergé sur un PC individuel ou dans un sous-répertoire dédié d'un serveur officiel, un site individuel ne doit jamais rester caché. Il doit être accessible par un lien à partir d'un site officiel. Cela signifie aussi qu'un site individuel doit toujours être connu de la hiérarchie de l'auteur et approuvé par elle.

6 - Utilisation du Net d'Entreprise par les partenaires sociaux

Préalable

Les membres des organisations syndicales jouissent des mêmes droits d'accès et sont tenus aux mêmes obligations que l'ensemble du personnel de l'entreprise. Cependant, pour l'information de leurs adhérents, ils disposent d'un droit d'expression particulier pour :

- l'entreprise (garantie du secret si messages individuels vers un partenaire) ;
- les organisations syndicales (respect de la présente charte).

Messagerie

En tant qu'employés de l'entreprise, les membres des organisations syndicales disposent du même droit à l'attribution d'une boîte aux lettres que les autres salariés de leur entité de rattachement. Ils ne sont pas autorisés à l'utiliser pour diffuser des tracts syndicaux (cette diffusion ne peut se faire que sur le site de l'organisation). De plus, chaque organisation syndicale représentative peut demander l'ouverture d'une Boîte aux Lettres non nominative, par exemple pour inviter les visiteurs de son site à poser des questions.

Forums d'expression syndicale

Chaque organisation syndicale est autorisée à demander l'ouverture d'un (et un seul) forum NNTP sur le serveur de

© Éditions d'Organisation

l'entreprise. Elle doit donc se conformer aux dispositions concernant les forums internes, en particulier désigner un animateur. (Sans doute faut-il ajouter que les organisations syndicales ne sont pas autorisées à créer des forums relatifs à l'entreprise sur des serveurs visibles de l'extérieur de l'entreprise.)

Sites d'expression syndicale sur le Net d'Entreprise

Définition

On entend par « site d'expression syndicale », un espace de mémoire, quelle que soit sa localisation physique, dont le contenu est entièrement défini, créé et modifié par une organisation syndicale représentative qui en assume l'entière responsabilité.

Droit à l'existence des sites syndicaux et droit à l'hébergement

Chaque organisation syndicale représentative a le droit d'ouvrir un (et un seul) site. Elle peut le faire héberger dans le réseau de l'entreprise et aux frais de celle-ci sur un serveur existant.

Contenus possibles

Sur un site syndical, la liberté d'expression est garantie sous réserve des limites prévues dans les dispositions de la loi du 29 juillet 1881 sur la liberté de la presse ou dans la théorie de l'abus de droit.

7 - Régulation du Net d'entreprise

Les trois niveaux de mise en œuvre

En raison de l'ubiquité inhérente à la technologie du Net d'entreprise (« tout le monde peut tout voir »), sa régulation doit être assurée à trois niveaux : le management local, les responsables techniques des outils, la commission d'Autorégulation.

Management local

Dans son rôle permanent d'encadrement et de suivi de l'activité du personnel, le management local doit s'efforcer d'avoir une vision réaliste de la façon dont le personnel utilise le Net d'entreprise. À cette fin, il procède à des contrôles réguliers, mais peut aussi autoriser des publications usuelles et personnelles, notamment les petites annonces personnelles.

Responsables techniques des outils

On entend par là : les animateurs de forums, les newsmestres, les administrateurs de chat et de messagerie, c'est-à-dire toutes les personnes qui disposent de moyens de contrôle et les utilisateurs.

En principe, ces responsables, à l'aide des moyens appropriés, doivent veiller à la qualité, à la disponibilité et à l'intégrité du réseau qu'ils administrent. Après un rappel à l'ordre des auteurs d'actes répréhensibles, en cas de récidive, leur devoir est d'alerter le management local, ou de demander l'assistance de la commission d'Autorégulation. Leur responsabilité personnelle ne peut pas être mise en cause, s'ils peuvent démontrer qu'ils ont mis en œuvre les possibilités techniques dont ils disposaient pour arrêter les troubles constatés.

Par ailleurs, pour les connexions aux sites des organisations syndicales déclarées et répertoriées, seules des données statistiques sont collectées.

Commission d'Autorégulation

Elle a trois rôles principaux.

1. Faire respecter la déontologie définie dans le présent document, en émettant des avis et des recommandations sur le traitement d'affaires (non nominatives) portées à sa connaissance et proposer des mesures visant à améliorer la qualité du réseau.

2. Faire évoluer cette déontologie, au vu des problèmes pratiques posés par son application, en prenant position sur les questions de fond ainsi soulevées.

3. Examiner les conditions d'extension des accès et des usages de l'Intranet et de la messagerie aux organisations syndicales, compte tenu des avancées technologiques et applicatives.

Présidée par le DRH ou son représentant, elle comprend plusieurs représentants de la direction informatique, un représentant de la direction juridique, des représentants syndicaux désignés par leur organisation syndicale et présents sur le réseau. Ces derniers peuvent se faire assister d'experts rétribués par leur organisation.

8 - Liste de pratiques répréhensibles (en résumé)

Principes d'application des sanctions

Le non-respect des règles figurant dans le présent document pourra faire l'objet de sanctions professionnelles non disciplinaires (par exemple, l'interdiction d'accès au système d'information) ou disciplinaires, sans préjuger des actions complémentaires qui pourraient être engagées sur le plan civil ou même pénal.

Bien sûr, l'utilisateur sera entendu et pourra exercer son droit de défense au cours d'un entretien avec son supérieur, puis selon la procédure des sanctions disciplinaires en cours dans l'entreprise.

Par ailleurs, les sanctions évoquées ci-dessous ne s'appliquent qu'à des comportements qui n'ont pu être traités au niveau local, donc nettement intentionnels et récidivants. Cette échelle de sanctions est donnée à titre indicatif et pourra évoluer en fonction des avis de la commission d'Autorégulation, en particulier pour les sanctions en dehors de l'avertissement et du blâme.

Propositions de sanctions

Système d'information

Pratique répréhensible	Sanction minimum envisageable
Non-respect des règles de sécurité (communication à un tiers d'un outil d'authentification, non-fermeture d'applications sensibles).	Avertissement jusqu'au licenciement (faute grave).
Atteinte volontaire à l'intégrité du SI.	Licenciement faute grave.
Non-respect de la législation sur les logiciels (piratage).	Avertissement jusqu'au licenciement (faute grave).
Connexion sauvage sur le réseau de l'entreprise.	Avertissement jusqu'au licenciement (faute grave).
Connexion pirate d'un matériel déjà relié au réseau de l'entreprise sur Internet via le réseau téléphonique.	Avertissement jusqu'au licenciement (faute grave).

Messagerie

Pratique répréhensible	Sanction envisageable
Saturation volontaire du réseau et / ou du « bureau de poste » par des messages de gros volume.	Mise à pied.
Dissimulation sous un « pseudonyme ou usurpation d'identité.	Avertissement.
Spamming ou rediffusion massive intentionnelle de lettres chaînes.	Avertissement.
Participation dans un but lucratif à une lettre chaîne.	Avertissement.
Propagation intentionnelle de virus.	Mise à pied.
Transmission de documents, d'images ou d'adresses de documents, de nature discriminatoire, insultante, obscène, etc.	Mise à pied.

Forums d'entreprise

Pratique répréhensible	Sanction envisageable
Dissimulation sous un pseudonyme ou usurpation d'identité.	Avertissement.
Participation à des discussions sur des sujets politiques, religieux, philosophiques, moraux ou sexuels.	Avertissement.
Pollution de forums (diffusion de très nombreux messages sans contenu réel).	Avertissement.
Harcèlement de personnes, nominativement ou collectivement, en raison de leur ethnie ou de leurs origines, de leurs opinions philosophiques, politiques, syndicales, religieuses, morales ou sexuelles.	Mise à pied jusqu'au licenciement.
Diffusion de documents, d'images ou d'adresses de documents, de nature discriminatoire, insultante, obscène, etc.	Mise à pied.

Informations du Net d'entreprise

Pratique répréhensible	Sanction envisageable
Divulgation intentionnelle d'informations à usage interne à des tiers.	Mise à pied (voir la nature des informations pour licenciement).

Causeries *(chats)*

Pratique répréhensible	Sanction envisageable
Dissimulation sous un pseudonyme ou usurpation d'identité.	Avertissement.
Mise en place d'un serveur IRC ou ICQ sans autorisation.	Avertissement.
Participation à des canaux à thèmes non professionnels.	Avertissement.

Sites individuels sur le Net d'entreprise

Pratique répréhensible	Sanction envisageable
Mise en place d'un site individuel non déclaré à la hiérarchie locale.	Avertissement.
Diffusion de logiciels piratés, de documents ou d'images sans respect des droits de propriété intellectuelle.	Avertissement.
Diffusion d'images, de documents ou de liens vers des images ou des documents de nature politique, philosophique, religieuse, morale ou sexuelle.	Mise à pied ou licenciement.
Mise en place de données nominatives non déclarées.	Avertissement.

403

Le code de la Net attitude

Extrait de la plaquette envoyée au domicile de l'ensemble du personnel France Télécom. Ce code de la Net attitude est là pour communiquer aux salariés les bons comportements à adopter pour utiliser, protéger et gérer au mieux les ressources informatiques et électroniques mises à leur disposition.

Je, tu, il, nous... La Net compagnie

Pourquoi un code ?

Le groupe France Télécom est passé en quelques années de la « Phone compagnie » de toujours à la « Net compagnie » d'aujourd'hui. Nous avons vécu pas à pas la métamorphose...

Juste le temps de découvrir le Net en 1999, de se l'approprier en toute liberté en 2000, et d'aborder en 2001 la phase de maturité avec 93 % des salariés connectés au Net chez France Télécom. Le Net est désormais au cœur de notre activité, de notre organisation, de nos relations. Il est temps d'en fixer les règles.

Adopter une attitude exemplaire dans nos usages du Net est la condition pour mériter notre statut de Net compagnie. Leader européen, acteur mondial des services de télécommunication et entreprise de services de référence oblige.

Toute une attitude

- Le code concerne toutes les ressources informatiques, électroniques et téléphoniques mises à la disposition des collaborateurs du groupe France Télécom.

- La Net attitude définit les bons comportements à adopter pour utiliser, protéger et gérer au mieux ces ressources.

- Le code vise tous les usages : en interne (Intranets), avec l'extérieur, nos clients, nos partenaires, nos concurrents... (Internet et Extranet notamment).

- Le code voit plus loin que le Net. Faire preuve de courtoisie, de discrétion, de discernement dans nos propos et dans nos actes : les bonnes attitudes sont valables quels que soient les lieux où l'on se situe et le support que l'on utilise. L'exemplarité ne supporte pas l'à peu près.

Pour qui ?

Pour tout collaborateur du groupe France Télécom. L'entreprise bien sûr, ses salariés, mais aussi les prestataires de services qui ont accès au Net du

© Éditions d'Organisation

groupe France Télécom. Tous partagent la responsabilité de ses usages et sont invités à adopter le code.

Et la loi ?

Elle avance… Pour chaque rubrique du code, un encadré fait le point sur la législation en vigueur. À chaque évolution de la loi, le code sera mis à jour sur netff.

Une responsabilité partagée

L'entreprise garantit

Le système d'information est partagé par les utilisateurs du groupe France Télécom, mais il demeure la propriété de l'entreprise. Et cela dans toutes ses composantes : le matériel bien sûr, les logiciels aussi et toutes les données produites. Cependant, l'entreprise respecte la confidentialité des contenus (articles 9 du Code civil et 8 de la Convention européenne des droits de l'Homme).

L'utilisateur maîtrise

Il bénéficie de l'accès au Net et de la formation aux nouvelles technologies pour communiquer plus vite et améliorer ses relations avec des tiers. En contrepartie, il maîtrise l'usage qu'il fait des ressources du Net. Il réserve l'utilisation des ressources aux usages professionnels et enrichit le patrimoine d'informations du groupe France Télécom. Il communique vis-à-vis de ses tiers avec discernement et sert toujours l'image de l'entreprise. Il préserve la performance des outils et l'intégrité des données. Il respecte la loi (pas d'agissements pénalement répréhensibles), les règles de l'entreprise (loyauté et discrétion), les circuits d'information de l'entreprise (en particulier ses porte-parole) et la « nétiquette » (courtoisie, tolérance, respect).

Le manager encadre

Il met à la disposition de chaque collaborateur de son équipe les ressources nécessaires à son activité. Définir pour chacun le juste droit d'accès et veiller à son bon usage relèvent de sa responsabilité.

Les pilotes du Net s'engagent

Les collaborateurs habilités à modifier le système d'information (experts SI, maîtrise d'ouvrage métiers, webmestres…) sont sensibilisés par l'entreprise à leurs droits et leurs obligations. La transparence fait partie de leur responsabilité et la confidentialité est leur règle d'or.

Pour que ça marche

- En cas de doute sur l'application d'une règle, adoptez le principe de la « décision à deux niveaux » : avant d'agir, parlez-en à votre manager.

- En cas de non-respect de ce code, la personne pourra être passible de sanctions prévues au règlement intérieur.

- Le groupe France Télécom se réserve la possibilité de procéder à des audits et des contrôles par des intervenants mandatés, dans le respect des procédures définies.

Mon accès aux ressources est réglementé

Toute personne travaillant, à titre permanent ou temporaire, dans le groupe France Télécom dispose d'un droit d'accès aux ressources informatiques mises à sa disposition.

Un droit personnel

Chaque salarié dispose d'un droit d'accès strictement personnel au système d'information. Le stagiaire, l'intérimaire et l'intervenant extérieur accèdent aux ressources sous le contrôle du manager concerné de France Télécom.

Un droit incessible

Le droit d'accès est unique et intransmissible. Il disparaît quand la personne quitte le groupe France Télécom. Il est mis à jour si la personne change d'affectation au sein du groupe.

Un droit limité

Le droit d'accès s'arrête là où commence celui des autres. À chacun de respecter les informations des autres, auxquelles il n'a pas directement accès et dont il n'est pas directement responsable.

Que dit la loi ?

La première version de la loi sur la fraude informatique est la loi 88-19 du 5 janvier 1988, dite « loi Godfrain », qui correspond aujourd'hui aux articles 323-1 à 323-7 du nouveau Code pénal. Elle définit les atteintes aux systèmes de traitement automatisé des données : accès ou maintien frauduleux dans un système, actes visant à fausser ou entraver son fonctionnement, méfaits dans les interventions, sur les données. Les peines vont d'un à trois ans d'emprisonnement et de 15 000 à 45 000 euros d'amende.

Mon usage laisse une trace

La traçabilité est une réalité « inhérente à l'informatique », selon la Commission Nationale de l'Informatique et des Libertés (rapport d'étude et de consultation publique, CNIL, mars 2001). Ce processus, sous la responsabilité unique des services habilités, enregistre, sous forme de traces, l'ensemble des opérations informatiques effectuées.

À qui profite la traçabilité ?

C'est une boîte à outils. Les traces permettent de veiller au bon fonctionnement du système d'information à titre préventif et curatif (diagnostic de pannes éventuelles, optimisation des performances) et de savoir à qui imputer la responsabilité des actions effectuées (aspects légaux).

Mémoire des tâches accomplies, la traçabilité permet de s'assurer que l'action demandée a été faite et bien faite. Quels documents ont été saisis, imprimés, envoyés et reçus ? C'est une garantie tant pour le collaborateur que pour l'entreprise.

Bouclier personnel, la traçabilité constitue une protection en cas de comportements inopportuns notamment.

Le droit de savoir

La page d'accueil d'Intranoo éclaire l'utilisateur. « *Les historiques des connexions sont conservés à des fins statistiques ou d'études ponctuelles.* » « *L'Intranet de France Télécom, comme l'ensemble du système d'information, a été déclaré auprès de la Commission Nationale de l'Informatique et des Libertés.* » Le délai d'archivage est également prévu dans le déclaration à la CNIL.

Que dit la loi ?

Le Code du travail crée la transparence dans l'entreprise. L'article L121-8 stipule qu'aucune information concernant personnellement un salarié ne peut être collectée par un dispositif qui n'a pas été porté préalablement à sa connaissance. La loi Informatique et Libertés du 6 janvier 1978 précise à l'article 3 que « *toute personne a le droit de connaître et de contester les informations et les raisonnements utilisés dans les traitements automatisés dont les résultats lui sont opposés* ».

Net attitude, usage n° 1

J'utilise le Net à des fins professionnelles

Passée la phase de découverte du Net par tous et en toute liberté, la Net compagnie a atteint la phase de maturité : l'utilisation professionnelle doit redevenir la priorité.

Attitude responsable...

Les ressources informatiques mises à disposition par l'entreprise constituent un outil de travail privilégié pour les collaborateurs et un outil créateur de valeur pour le groupe France Télécom. C'est pourquoi, et conformément au règlement intérieur, chaque salarié les réserve à un usage professionnel.

... et bon sens

Consulter son compte bancaire, réserver son train du week-end, envoyer des mails à ses amis ou tenter sa chance aux loteries d'Internet... relèvent de pratiques privées que l'entreprise n'est pas tenue d'accepter. Cependant, comme pour le téléphone, l'usage occasionnel du Net à titre privé reste admis.

Que dit la loi ?

La loi du 10 juillet 1991 protège le secret des correspondances émises par la voie des télécommunications y compris le réseau Internet, sauf interceptions ordonnées par l'autorité judiciaire. La Convention européenne de sauvegarde des droits de l'Homme et des Libertés fondamentales du 4 novembre 1950 (article 8) proclame, à propos de la vie professionnelle, que *« toute personne a droit au respect de sa vie privée et familiale, de son domicile et de sa correspondance »*.

Net attitude, usage n° 2

Je protège l'information

L'information est une valeur clé du groupe France Télécom. Depuis que l'entreprise est cotée en bourse, toute diffusion d'information est soumise à des règles précises. Sa protection relève de la responsabilité de chacun. Quelques réflexes permettent de l'assumer.

Intégrité : les règles d'or

Je ne prends sous aucun prétexte le risque de perturber le système d'information.

- Je protège les ressources informatiques (matériel, logiciels, données) : c'est le patrimoine du groupe France Télécom.

- Je ne modifie ni ne détruis un fichier qui ne m'appartient pas ou dont je ne suis pas responsable.

- Je n'introduis pas de ressources extérieures à l'entreprise qui pourraient porter atteinte à la sécurité du système d'information du groupe France Télécom sans passer par mon responsable bureautique : elles peuvent être porteuses de virus.

Confidentialité : les secrets

- Je fais preuve de prudence et de discernement quand j'échange des informations sensibles avec des tiers.

- Je protège mon environnement de travail : en fermant bureaux et armoires et en verrouillant l'accès à mes outils (ordinateur, messagerie électronique, téléphone mobile) par des codes secrets.

- Je filtre mes propos en particulier dans certains lieux publics : taxi, transports collectifs, ascenseurs, restaurants, salons professionnels…

- J'évite toute négligence : documents laissés à la photocopieuse ou dans la corbeille, notes affichées sur les tableaux de réunions, oubli d'ordinateur portable ou de porte-documents, erreur de numéro de fax ou d'adresse électronique…

Que dit la loi ?

Tous les salariés du groupe France Télécom sont tenus à une obligation de discrétion professionnelle, en vertu de la loi du 13 juillet 1983 (article 26) pour les fonctionnaires, et en vertu de leur contrat de travail pour les contractuels. La COB (Commission des Opérations de Bourse) énonce les obligations de toute personne concernant les informations auxquelles sa fonction lui donne accès : obligation d'abstention en cas de détention d'une information privilégiée, obligation de diffusion d'une information exacte, précise et sincère. La COB précise aussi que chacun dans sa fonction doit s'informer des lois et règles liées à ses activités au sein de l'entreprise. La loi sur la fraude informatique du 5 janvier 1988 définit les atteintes aux systèmes de traitement automatisés des données.

Net attitude, usage n° 3

Je respecte les droits d'auteur

Les logiciels, les sites et certaines créations diffusées sur Internet sont considérés comme des « *œuvres de l'esprit* » et protégés par la loi sur les droits d'auteur ou droits voisins. Celui qui les copie commet un délit de contrefaçon.

La contrefaçon de logiciels

Certains logiciels utilisés dans le groupe France Télécom sont protégés par des licences accordées par les fournisseurs. Toute copie de ces logiciels est strictement interdite, même pour une diffusion à l'intérieur de l'entreprise. Pour les copies de sauvegarde, il convient de se conformer aux dispositions prévues dans la licence concernée.

La contrefaçon en ligne

La diffusion d'éléments copiés sur Internet ou sur l'Intranet est interdite sans autorisation préalable.

- Pour reproduire, modifier ou rediffuser des logiciels, des informations protégées, un logo ou une marque, une image (illustration, dessin ou photo), un texte (titre ou article), je m'engage à en demander l'autorisation préalable à l'auteur ou à l'éditeur à l'origine de sa reproduction.

- La création de pages Web, pour présenter un service ou une activité professionnelle de France Télécom, est soumise au même régime des droits de la Propriété Intellectuelle.

- La création d'un site Intranet doit respecter à la lettre les règles éditoriales explicitées dans la « Charte à l'usage des concepteurs de site » (consultable sur http : //creanoo.francetelecom.fr/index.htm).

Que dit la loi ?

Le Code de la Propriété intellectuelle dispose dans ses articles L 331-1 et suivants que toute reproduction ou diffusion d'une *« œuvre de l'esprit »* sans l'autorisation préalable de son auteur constitue une contrefaçon, passible de poursuites civiles ou de poursuites pénales (avec des peines allant jusqu'à deux ans d'emprisonnement et 150 000 euros d'amende).

Net attitude, usage n° 4

J'adopte l'éthique du Net

On l'appelle aussi « nétiquette » et de plus en plus d'internautes la pratiquent. Elle recouvre les comportements idéaux à respecter et les actions à bannir absolument quand on est en ligne.

Le savoir-vivre

- Le Net permet l'échange, la discussion, voire la confrontation. Même si le dialogue se fait par écrans interposés, il implique – comme tout mode de communication – courtoisie, tolérance et respect réciproque.

- Le Net est une plate-forme commune et un espace de travail individuel. Chacun doit respecter les outils et les documents de travail des autres et s'abstenir de les consulter sans autorisation expresse de leur propriétaire.

- Messagerie ou forum, chaque outil a ses règles d'usage propres.

Ceci n'est pas licite

Le Net n'est pas un espace d'expressions débridées et d'actions hors la loi. La diffusion ou la consultation de contenus contraires à l'ordre public est prohibée : incitation à la haine raciale, à la pédophilie, à la négation des crimes contre l'humanité, appel au meurtre, trafic de stupéfiants, atteinte à la sécurité nationale…

Que dit la loi ?

Sur l'incitation à la haine raciale et à l'apologie des crimes, les articles 23 et 24 de la loi du 29 juillet 1881 punissent comme complice celui qui provoque l'auteur du crime ou du délit et sanctionnent la même incitation non suivie d'acte, de cinq ans d'emprisonnement et de 45 000 euros d'amende. La diffusion de messages contraires à la décence est passible d'une amende maximum de 750 euros, selon l'article R 624-2 du Code pénal. Créer, transporter ou diffuser un message à caractère violent, pornographique ou portant gravement atteinte à la dignité humaine est sanctionné de trois ans d'emprisonnement et de 75 000 euros d'amende, si ce message est susceptible d'être vu ou perçu par un mineur, selon l'article 227-24 du Code pénal.

L'e-glossaire

« Felix qui potuit rerum cognoscere causas »
« Heureux qui a pu pénétrer les causes secrètes des choses »
Les Géorgiques, Virgile

Accès à l'information

L'information mise en ligne sur Intranet ou sur Internet doit être facile d'accès et simple à trouver. Deux principaux mode d'accès sont disponibles : l'accès par arborescence suppose une information organisée de manière hiérarchique ; l'accès *via* un moteur de recherche par mots clés (voir moteur de recherche). Le premier mode est celui qui vient le plus souvent à l'esprit quand on implante un serveur, mais il reste statique et ne répond pas toujours aux attentes du terrain. À réserver pour les domaines simples.

ASP

(Application Service Provider). Système qui permet un accès en location à des applications informatiques avec une facturation à l'usage. D'une grande souplesse, il dispense l'utilisateur de l'achat d'une licence d'exploitation.

Back-office

Ensemble des opérations administratives et logistiques nécessaires aux activités de vente ou de livraison de service en contact direct avec les clients. Le *back-office* est au service du *front-office*, de façon transparente.

Benchmarking RH

Processus continu de collecte d'informations à partir d'autres organisations modèles *(best practices)* et d'utilisation de ces informations pour améliorer les structures et les processus RH. Ce processus d'apprentissage, et non de duplication, est une démarche pragmatique d'amélioration continue. Ce terme vient de l'art militaire : il consistait à connaître dans le détail la composition des troupes d'un adversaire, ainsi que son armement, pour mieux le vaincre. Une technique encore d'actualité…

Browser

Navigateur Internet qui permet de rechercher des sites sur le Net ou des informations dans un site. Intranet et Extranet utilisent en général des navigateurs standards (Netscape, Explorer, …).

Call center

(Voir Centre d'appels RH). Service spécialisé et doté d'outils spécifiques qui permettent de recevoir ou d'émettre des appels et de les traiter.

CARH

(Voir Centre d'appels RH).

Causeries (« chat »)

L'IRC *(Internet Relay Chat)*, abrégé en chat, ou « causerie », permet des conversations (écrites) en temps réel sur le réseau Internet. Ces conversations sont organisées en canaux qui peuvent être permanents ou créés à la demande par les utilisateurs.

Centre d'appels

Structure fondée sur le téléphone et l'informatique qui permet une communication directe à distance entre un interlocuteur (client, prospect, adhérent…) et une personne, appelée « téléopérateur », qui représente l'entité à l'origine du centre d'appels (entreprise, association, collectivité locale...). Cette structure a pour but de répondre au mieux aux besoins des clients et / ou de développer la relation clientèle sous toute ses formes (définition de l'Institut des métiers de France Télécom).

Centre d'appels RH (ou CARH)

Définition précédente mais appliquée à la gestion de processus RH. C'est une équipe de quelques personnes, animées par un superviseur qui répond à distance aux demandes d'information, d'assistance des équipes RH, des managers et du personnel concernant les règles de gestion l'utilisation des formulaires et des outils RH. Un centre d'appels RH peut être équipé d'un automate de réponse vocale, d'un argumentaire assisté par ordinateur ainsi que d'un accès à des bases documentaires. La tendance est de faire évoluer les centres d'appels vers un service plus large de façon transverse (finance, voyages, achats) ou verticale (CSRH, voir définition).

Crash programme

Organisation d'urgence ou de crise pour remédier à un dysfonctionnement ou se recaler sur un planning dépassé. L'anticipation doit éviter d'avoir recours trop souvent à des crashs programme.

CSRH (ou Centre de services RH)

Centre mutualisant des expertises RH qui assure pour plusieurs services ou directions (ou sociétés) distants, le traitement des informations administratives du personnel. Un CSRH est équipé d'outils performants : automate de réponse vocale, argumentaire assisté par ordinateur, logiciel d'ERM, couplages téléphone et bases de données (bases documentaires et base du personnel). Il agit comme un prestataire de service et répond aux demandes d'information et d'assistance, il participe aussi au traitement de cas complexes. Un CSRH peut se voir confier des missions de soutien au management et à la fonction RH (règles de gestion, utilisation des outils, besoins de professionnalisation). Il a un rôle d'alerte et de conseil vis-à-vis de certaines décisions. La qualité de ses prestations fait l'objet de contrôles internes et d'une contractualisation avec ses clients.

Charte éthique

Déclaration de l'entreprise à destination de clients, partenaires, managers, salariés, organisations syndicales, environnement..., affirmant la manière dont l'entreprise souhaite concilier ses exigences de compétitivité avec le respect de l'intérêt général, dans un projet alliant l'économique et le social.

Client / serveur

Technique informatique permettant la « réconciliation » des PC avec les ordinateurs centraux de l'entreprise. L'architecture client / serveur permet de répartir les données et les programmes sur les différents composants du système informatique, au plus près des utilisateurs, afin de limiter les échanges réseau. Ainsi les utilisateurs sont-ils servis en temps réel sans que la cohérence du système en soit altérée.

CNIL

(Commission Nationale Informatique et Libertés). Organisme français auprès duquel tous les traitements informatiques individuels touchant à des personnels doivent être déclarés.

CRM

(Customer Relationship Management). Système informatique qui permet de gérer les relations avec les clients. Ce système plus ou moins sophistiqué comprend un module d'identification de l'appelant, une arborescence des thèmes et des sujets, avec les réponses associées (base de connaissances). Les questions nouvelles (sans réponse dans la base de données) sont transférées électroniquement vers des experts identifiés,

et les réponses correspondantes viennent enrichir la base de connaissances. Chaque relation avec chaque client est mémorisée pour permettre de faire des statistiques à partir des questions posées par thème et par sujet, par typologie de population, ainsi que du niveau auquel la réponse a été apportée et des délais correspondants.

CTI

Couplage téléphonie informatique. Ce dispositif relie un automate de réponse vocal au système informatique de l'entreprise, permettant d'apporter des réponses personnalisées à la personne qui appelle (droit à congés par exemple).

Data mining

Logiciel multicritères qui permet d'extraire des données du *data warehouse* de l'entreprise.

Data mart

Petit entrepôt de données qui est souvent spécialisé dans un domaine de l'entreprise (RH, finances...), issu d'un data warehouse, pour en accélérer le traitement.

Data warehouse

Littéralement, « entrepôt de données ». Il regroupe les données issues des diverses applications (systèmes d'information production, commercial, finances / comptabilité, RH...) sous une forme structurée, s'appuyant sur des référentiels communs. C'est donc une forme d'application transversale. Les données d'un data warehouse étant historisées, il est possible de faire des requêtes, du *data mining* (statistiques, corrélations), permettant d'obtenir des informations utiles à la prise de décision. Cet outil participe à la logique de l'entreprise qui cherche à mieux maîtriser un environnement incertain. Ainsi, les *data warehouses* permettent aux entreprises de croiser toutes les données de leur système d'information (mêmes référentiels et lieu de stockage).

EDI

(Electronic Data Interchange). Normes permettant d'effectuer des transferts de données entre des entreprises ou administrations différentes. Ces normes sont en cours de développement dans de nombreux domaines (commerciaux, administration, importation…) Ces transferts normés permettent de faire des gains de productivité, tant du côté émetteur que du côté récepteur, réduisent les erreurs, génèrent un aller-retour et permettent d'optimiser la trésorerie (dates certaines) et les stocks.

e-RH

Soutenu par une stratégie d'entreprise et un recours aux NTIC, l'e-RH est un mode de fonctionnement global d'une entreprise autour de la gestion d'un nombre significatif de processus RH, qui s'appuie sur le partage de l'information RH et son traitement par un accès direct des salariés, du management et de la fonction RH, et sur la mise en place d'organisations RH nouvelles pour optimiser la relation de service.

ERM

(Employee Relation Management). Système informatique qui permet de gérer les relations avec les salariés de l'entreprise. Il fonctionne comme le CRM, mais à destination d'une population particulière.

ERP

(Entreprise Ressource Planning). C'est le type de logiciel intégré le plus avancé. Il est composé de différents modules applicatifs reliés à une base de données unique qui permettent de traiter l'ensemble des fonctions (production, finances, commerciale, RH, paie, achats / stocks…). Son architecture permet de traiter les données d'origines diverses pour mieux planifier, analyser et prévoir, afin d'appuyer les managers dans leur prise de décision. Le choix d'un logiciel intégré est un choix stratégique majeur car il concerne l'ensemble des fonctions de l'entreprise (réduction des délais de fabrication et de

livraison, diminution des stocks, personnalisation, amélioration de la qualité…).

e-messaging

L'e-messaging consiste à envoyer des messages ciblés et personnalisés à une liste de clients ou de prospects, dont on a entré les adresses e-mail sur un serveur. En théorie, le receveur est supposé avoir donné son accord pour faire partie de la liste de diffusion. Beaucoup d'annonceurs se contentent d'indiquer une adresse de réponse pour arrêter ce que certains considèrent comme du « harcèlement textuel » sur Internet. Les taux de réponse sont entre cinq et dix fois plus élevés qu'avec une campagne marketing traditionnelle avec des coûts dix fois moins élevés. (Voir *Permission marketing*.)

e-procurement

Process des achats sur Intranet (avec passerelles vers l'Internet) dont le but est de limiter les stocks et de réduire le coût des achats. Le système est basé sur une analyse des flux, un suivi des transactions, une vision anticipatrice des consommations et une automatisation des appels d'offre (avec des contrats cadre d'achat).

e-provisionning

Terme savant qui positionnera son auteur … Système sur Intranet qui procure aux salariés, clients, fournisseurs et différents partenaires, un accès contrôlé aux différentes applications informatiques et documentaires de l'entreprise, en fonction de leur identité, d'une part, et des rôles associés, d'autre part. C'est à la fois un annuaire d'entreprise, un annuaire de sécurité, un gestionnaire des allocations et le support des libres-services et du *workflow*. C'est un outil d'efficacité, généralement piloté par la DRH.

e-solution

Tout projet ou développement applicatif à base d'Intranet et / ou de technologies Internet.

e-solution B to A

Tout projet ou développement qui met en relation les entreprises (B) avec le gouvernement, des administrations (A) ou des collectivités locales via Internet ou Extranet.

e-solution B to B

(Business to Business). Tout projet ou développement qui met en relation les entreprises entre elles, *via* Internet ou Extranet, par exemple, entre une entreprise et ses fournisseurs.

e-solution B to C

(Business to Customer). Tout projet ou développement qui met en relation les entreprises avec leurs clients *via* Internet.

e-solution B to E

Tout projet ou développement qui met en relation les entreprises (B) avec leurs salariés *(employees)*, *via* Intranet ou Internet.

e-transformation

Ensemble des processus modifiés dans les entreprises à l'occasion de l'électronisation des échanges, *via* Intranet, Extranet et Internet.

Extranet

À l'instar d'Intranet, il utilise les mêmes protocoles qu'Internet en vue de constituer un réseau privé et sécurisé afin que l'entreprise puisse échanger et partager des données avec des partenaires externes à l'entreprise de son choix (clients, fournisseurs, distributeurs, employés mobiles…). L'Extranet va de pair avec un renforcement des authentifications et le recours à des *fire walls* (voir définition).

Fax messaging

Semblable au e-messaging mais par fax. Ce procédé est très perturbant et peut saturer un fax et le rendre inopérant. Peu de moyens de protection !

Fire wall

Littéralement, « pare-feu ». Dispositif électronique qui permet à l'Intranet d'entreprise de communiquer avec le monde Internet externe. Ce dispositif comporte un logiciel d'analyse des flux en entrée et en sortie, capable de détecter d'éventuelles intrusions externes ou des transmissions, vers l'extérieur, d'informations confidentielles. Dans ce cas d'anomalies, le fire wall coupe les liaisons.

Forums

Espace informatique de discussion, permettant à ses utilisateurs d'envoyer des messages lisibles par tous les utilisateurs. Il en existe de nombreuses variantes, suivant la technologie utilisée.

Front-Office

Ensemble des opérations de vente ou de livraison de services en contact direct avec les clients. Le back-office (administration et logistique) nécessaire aux activités doit être au service du front-office, de façon transparente.

GED

(Gestion Électronique des Documents). Technologie qui permet de scanner des documents sous forme d'images, de les stocker et de les transmettre à distance. La forme image ne permet pas de reprendre le texte, ni de faire des recherches sur celui-ci. La GED est souvent couplée à un référentiel des connaissances, qui permet des recherches par mot clés. Selon le Cigref, la GED assure l'intégration de documents issus de sources diverses, leur identification, leur archivage, leur restitution, leur administration et leur sécurité.

Géolocalisation

Procédé électronique qui permet de situer géographiquement une personne qui se connecte à partir d'un mobile (GSM, GPRS ou UMTS) à un réseau fixe. La géolocalisation permet d'offrir des services personnalisés (dépannage, orientation...).

GEP

(Gestion Électronique de Processus). Technologie qui permet d'analyser (en général, graphiquement) un processus pour en cerner les acteurs, leur valeur ajoutée et les délais. La GEP permet de simplifier et d'optimiser les processus avant automatisation sous forme de *workflow*.

Groupware

Contraction de *group* (groupe) et *software* (logiciel). Il permet à un ou plusieurs groupes de travailler en commun, même s'ils sont éloignés physiquement, en leur apportant la logistique pour communiquer (messagerie, forum), coopérer (élaboration collective de documents, espaces virtuels), se coordonner (agendas électroniques, planning), enfin collaborer (base d'informations commune).

Internet

Réseau de communication nodal fixe à l'échelon mondial fonctionnant selon un jeu de protocoles communs. Le réseau est accessible en mode commuté, c'est-à-dire depuis une simple prise téléphonique. Internet permet de transmettre contenus textes, images fixes ou animées et son.

Intranet

Réseau de communication fixe interne à l'entreprise qui permet de transmettre sous les mêmes protocoles qu'Internet des contenus textes, images fixes ou animées et son. Les liaisons entre l'Intranet et le monde extérieur (Internet) sont sécurisées par des fire walls. Souvent, le terme est utilisé pour désigner les portails d'information accessible aux salariés.

Intranet interactif de communication

Portail d'information accessible sur l'Intranet de l'entreprise qui permet, sur un sujet donné, de poser des questions à un expert du domaine. La réponse arrive par mail.

IP

(Internet Protocol). Protocole de télécommunications utilisé à l'origine pour le transport de données sur un réseau nodal, ayant constitué, en raison de son succès, une norme de transmission, étendue au transport de la voix et de l'image.

Libre-service

Solution informatique qui permet à un salarié (après authentification) de consulter certaines informations de la base de données le concernant ou du data warehouse. Certaines applications permettent également (moyennant des contrôles informatiques de cohérence) de modifier ces informations ou de les compléter, sans visa hiérarchique ou sans autorisation d'un expert habilité. Par extension, portail Intranet accessible (après authentification) à certaines personnes habilitées. Le libre-service s'appuie sur un processus automatisé qui peut être utilisé par un non spécialiste.

Mail merge

Opération informatique qui permet d'imprimer ou de générer des documents personnalisés, par rapprochement automatiques d'un ou plusieurs textes et de fichiers individuels. La personnalisation peut être simple (nom, adresse, service) ou complexe (choix des paragraphes ou documents de base en fonction des statuts, emplois, métiers, etc.).

Market place

Littéralement, « place de marché ». Espace Internet sur lequel des sociétés émettent des besoins de prestations et d'autres vont y répondre. Cette place de marché électronique interactive permet de se coordonner entre partenaires au sein d'une *supply chain* (voir définition) ou de procéder, en temps réel, à des appels d'offre pour trouver le meilleur fournisseur. Une place de marché est soit publique, soit limitée à une liste d'acteurs déterminés. Certaines entreprises l'utilisent pour susciter la compétition et l'innovation de leurs fournisseurs qui pourront leur faire des offres personnalisées.

Messagerie

Outil de communication électronique qui permet d'envoyer et de recevoir des messages aussi bien à l'intérieur qu'à l'extérieur de l'entreprise.

Moteur de recherche

Logiciel informatique accessible sur Internet ou Intranet qui permet de trouver facilement et rapidement les informations désirées accessibles sur le Net. Généralement, la recherche se fait sur un ou plusieurs mots clés associés aux textes en ligne. Ainsi, il sera possible d'accéder aux règles internes concernant les congés payés en tapant « absence », ou « vacances », ou « congés annuels ». Selon les moteurs de recherche, soit la réponse se borne à donner le nombre de réponses trouvées (possibilité d'affiner la recherche), soit la réponse propose une arborescence de mots complémentaires. Le second type de moteur est plus simple à utiliser quand on ne connaît pas le bon mot clé, mais sa réalisation se révèle sophistiquée, ce qui explique le faible nombre de moteurs de recherche. En conséquence, l'accès aux congés via les absences, par exemple, risque de ne pas être évidente ni pour les salariés, ni pour les managers.

Multimédia

Développement informatique qui permet de gérer et d'afficher des contenus d'images statiques, d'images animées et de sons.

Net

Terme raccourci qui désigne l'ensemble des sites accessibles sur Internet. (Voir WWW.)

Net d'entreprise

Terme raccourci et diminutif qui désigne l'ensemble des sites Intranet ou Extranet accessibles par les salariés de l'entreprise concernée.

Nomadisme

Possibilité offerte par les NTIC de s'affranchir des infrastructures fixes et de recevoir ou d'émettre des contenus numériques en n'importe quel lieu, voire en déplacement. Cette dimension est l'une des raisons du succès des NTIC.

NTIC

(Nouvelles Technologies de l'Informatique et de la Communication). Ensembles des technologies informatiques qui permettent de communiquer à distance, en mode asynchrone, et de transmettre des textes, des images fixes ou animées et du son. Les NTIC sont accessibles via des infrastructures fixes ou hertziennes, et permettent ainsi des modes de connexion nomades.

Permission marketing

Consiste à faire du e-messaging commercial (voir ce terme) vers des internautes consentants, en leur assurant que les informations qui leur seront envoyées répondront à leur besoins. Cela suppose d'avoir une connaissance fine des besoins des récepteurs. Bref instaurer une relation gagnant gagnant entre des commerciaux et des clients potentiels. Ce mode connaît un certain succès vis-à-vis des collectionneurs, amateurs de lecture ou spécialistes pointus d'un domaine.

Place de marché

(Voir Market place).

Portail

Porte d'entrée sur le Web ou sur l'Intranet qui permet à un internaute d'accéder, après authentification, à des informations ou à des applications, généralement grâce à des liens apparents. Un portail est en général dédié à un thème.

Processus

Suite d'activités organisées qui permettent d'aboutir, à partir d'un élément déclencheur, à un résultat (fourniture de service ou de biens). Un processus fait intervenir de façon coordonnée différents acteurs. Il se caractérise par sa réactivité et sa valeur ajoutée.

Progiciel orienté événements

Progiciel qui propose aux utilisateurs des écrans regroupés par type d'opération (embauche, révision de salaire), qu'un non spécialiste du domaine pourra initier tout en respectant des procédures, des règles et une législation dont le détail peut lui échapper.

Pull

(Mode pull). Démarche active de recherche d'information. On va chercher l'information pour la « tirer » vers soi, la rapatrier (définition du Cigref).

Push

(Mode push). Démarche passive de recherche d'information. En fonction de son profil, la personne reçoit régulièrement les informations qui peuvent lui être utiles (définition du Cigref).

ROI

Return on Investment, ou retour sur investissement. Indicateur exprimé en mois qui compare des dépenses certaines faites une fois pour toutes avec des économies récurrentes. Par exemple, un investissement d'1 million d'euros permettant d'économiser 0,5 million d'euros par an aura un ROI de 24 mois.

Self-service

(Voir libre-services).

Service Web

Application située sur un serveur Web Internet (extérieure à l'entreprise) et qui peut être appelée dans une application résidente dans l'entreprise, de façon transparente pour l'utilisateur. Elle permet d'aller chercher, à partir de l'Intranet, des services externes, comme des informations actualisées (taux, valeurs, cours) ou des calculs complexes (retraite, impôts). Internet devient alors une ressource qui dispense d'avoir à gérer des tables ou à maintenir des programmes. Ces services sont en général payants à l'usage.

Shared Services Center

Littéralement, « centre de services partagés ». Centre de services RH multi-sociétés qui agit comme un prestataire de service et facture ses prestations à ses clients.

SIAD

(Système Interactif d'Aide à la Décision). Logiciel multicritères très puissant qui permet de décrire des scenarii d'évolution au-delà des données extraites du data warehouse et d'en simuler l'impact sur certains facteurs (croissance, rentabilité, etc.). Ces logiciels nécessitent, dans leur maniement, une forte capacité de conceptualisation.

Sigle sign on

Système de gestion des authentifications et de la sécurité sur l'Intranet qui permet à un salarié d'accéder à toutes les ressources informatiques (applications et bases documentaires) dont il peut avoir besoin en s'identifiant une seule fois, par un mot de passe unique. Cela évite d'avoir autant de mots de passe que d'applications. Le single sign on repose sur un annuaire de sécurité centralisé.

Site individuel sur le Net d'entreprise

Espace de mémoire (quelle que soit sa localisation physique) dont le contenu est entièrement défini, créé et modifié par un salarié qui en assume, à titre personnel, l'entière responsabilité. Ce site pourra servir à se présenter professionnellement ou personnellement (violons d'Ingres, loisirs, etc.)

Spamming

Littéralement, « inondation ». Consiste à envoyer un mail à une longue liste de destinataires, par exemple, à tous les salariés d'une entreprise. Le spamming d'un document important peut mettre à mal le système informatique de l'entreprise en saturant les serveurs. La plupart des entreprises se protègent en l'interdisant par logiciel. (Voir e-messaging. Voir également le chapitre 8.)

Supply chain

Littéralement, « chaîne logistique ». Ensemble d'activités reliées entre elles par des relations de coordination qui permettent de mobiliser différentes ressources en vue de la satisfaction d'un besoin d'un client. La supply chain intègre dans un même process le fournisseur et ses sous-traitants, de façon transparente pour le client.

SVI

Serveur vocal interactif. Serveur vocal accessible à partir d'un poste téléphonique traditionnel qui permet d'accéder à des bases d'information et / ou de commander des opérations (comme envoyer une documentation).

Télé-service

Prestation produite à distance par un prestataire de service externe.

Télétravail

Modalité d'organisation qui permet à un collaborateur, sous contrat de travail, de travailler de façon habituelle à distance, en dehors de tout contrôle hiérarchique direct ou indirect, à l'aide d'outils informatique lui permettant de se connecter à son univers de travail, comme s'il était au bureau. Le télétravail peut être sédentaire (depuis des endroits déterminés) ou nomade.

Toile

Traduction de Web (voir WWW.)

TTI

(Talk To Internet). Entrée vocale sur Internet à partir d'un poste téléphonique avec utilisation des touches du téléphone et reconnaissance vocale. Cette technologie émergente semble promise à un grand avenir pour toutes les personnes itinérantes.

Web

(Voir WWW.)

Web Call Center

Système informatique qui permet à un internaute d'entrer en contact téléphonique avec un opérateur situé dans un call center spécialisé.

Web Cam

Web caméra. Petite caméra posée sur le terminal d'un internaute lui permettant d'envoyer son image à son correspondant.

Workflow

Système d'automatisation des processus et procédures, de la circulation des informations et des différentes étapes de validation qui leur sont appliquées. Concerne un nombre déterminé de personnes qui doivent atteindre un objectif commun par une succession de tâches prédéfinies en un temps limité.

WWW

World Wide Web, ou Toile mondiale. Sous ces trois lettres, on fait référence au réseau mondial Internet qui comptait 8,7 millions de sites Web dans le monde, en 2001, selon l'OCLC (Online Computer Library Center) ; 3,1 millions des sites sont publics, dont 47 % américains, 5 % allemands et 3 % anglais. La part des sites français représente moins de 2 % du total. La langue anglaise reste majoritairement utilisée (73 % d'entre eux y ont recours). Au global, 15,5 % sont des sites d'information, 14,2 % sont des sites professionnels, scientifiques ou centrés sur des services techniques. En quatre ans, le nombre de sites a progressé de 457 %.

Annexe 3

La e-bibliographie

« On a déjà pensé à tout.
Le problème est qu'il faut
continuellement y penser de nouveau »
Goethe

Les articles

« e-GRH Internet entre dans la danse », *in Entreprise & Carriè-res*, supplément des n° 547-548, 2000.

« Externalisation/sous-traitance : la GRH allégée », *in Entreprise & Carrières,* supplément du n° 552, 2000.

« Informatique RH et Internet : la greffe prend », *in Entreprise & Carrières*, supplément du n° 569, 2001.

« Les chantiers de la fonction RH », *in Entreprise & Carrières,* supplément du n° 581, 2001.

« e-GRH internet séduit les DRH », *in Entreprise & Carrières,* supplément du n° 590, 2001.

« Nouvelles technologies : le « oui, mais » des DRH », *in Les Échos*, 20 janvier 1998,

Beal Éric, Lespez Valérie, Pouverreau Sandrine, « La révolution Internet secoue le management », *in Liaisons sociales Magazine* n° 8, janvier 2000.

Nidercorn Frank, « DRH, optimisez votre informatisation », *in Liaisons sociales*, octobre 1996.

Meignant Alain, « Le savetier et le financier, ou comment articuler la logique de création de valeur et la logique de ressources humaines », *in Management & Conjoncture Sociale*, n° 576, p.-p. 42-50, mars 2000.

Perrois Patrick, « Les nouvelles technologies au service de la fonction RH », *in Personnel*, n° 402, p. 63-69, août-septembre 1999.

« L'éthique », *in Personnel*, n° 404, novembre 1999.

Picq Thierry, « Les systèmes Intranet de gestion des Ressources Humaines et leurs impacts sur les hommes et les organisations », *in Personnel*, p.-p. 61-66, n° 408, mars-avril 2000.

Personnel, n° 409, numéro spécial du 8ᵉ congrès, mai 2000.

« Être DRH demain », *in Personnel*, n° 416 p.-p. 23-24, janvier 2001.

« GRH & NTIC », *in Personnel*, n° 419, mai 2001.

Laval Florence, « Gestion des ressources humaines et NTIC : enjeux et perspectives », *in Revue Française de Gestion*, n° 129, p.-p. 80-90, juillet 2000.

Peretti Jean-Marie, « e-RH et renouvellement des pratiques managériales », *in RH & M*, mai 2001.

« Vision de femmes sur le DRH de demain pour l'entreprise de demain », *in RH & M*, n° 4, p.-p. 10-25, janvier 2002.

Besseyre des Horts Charles-Henri, « Le nouveau rôle du DRH dans le cadre des NTIC : comment transformer son pouvoir dans l'entreprise », *in revue Personnel*.

Les publications universitaires / recherche

Barthe Stéphane, « Impact des technologies du Web sur la Gestion des Ressources Humaines: émergence de l'e-RH », *in Les notes du LIRHE*, note n° 343, 2001.

Sire, Guérin, « Où va la fonction RH ? », in Les notes du LIRHE, 1999.

Les ouvrages

Albert Éric, Emery Jean-Luc, *Au lieu de motiver, mettez-vous donc à coacher*, Éditions d'Organisation, 1999.

Beer M., *The transformation of de Human Resource function: resolving the tension between a traditional administrative and new strategic role*, Human Resource Management, année.

Bereziat Alain, Lagorce Jacques, Turbe-Suetens Nicole, *Travail et activités à distance*, Éditions d'Organisation, 1999.

Bessis Ellen, Stacke Edouard, *L'effet booster*, éd. Dunod, 1992.

Binmore, *Jeux et théorie des jeux*, de Boeck University, 1999.

Blanchard Kennet, *The one minute manager*, Berkeley, 1983.

Blanchard Kennet, *Les singes et le manager*, InterÉdition, 1990.

Bogliolo Félix, *La création de valeur*, Éditions d'Organisation, 2000.

Bournois Frank, Roussillon Sylvie, *Préparer les dirigeants de demain,* Éditions d'Organisation, 1998.

Burke Mike, *Les styles de pouvoir*, éd. Dunod, 1992.

Champeaux Jacques, Bret Christian, *La Cyberentreprise*, éd. Dunod, 2000.

Christensen R, *Where is HR?*, Human Resource Management, 1997.

De Kare-Silver M., *e-Shock 2000*, MacMillan, 2000.

Detoeuf, Propos de O. L. *Barenton confiseur*, Éditions d'Organisation, 1986.

Devillard Olivier, *La Dynamique des Équipes*, Éditions d'Organisation, 2000.

Diumont Alain, *Innover dans les services*, éd. Village Mondial, 2001.

Dixon Patrick, *Futur Wise*, Harper Collins, 1998.

Ehrlich C. J, *Human Resource Management : a changing script for a changing world*, Human Resource Management, 1997.

Ettighoffer Denis (ouvrage collectif), *Le travail au XXIe siècle*, éd. Dunod, 1995.

Ettighoffer Denis, *L'entreprise virtuelle, nouveaux modes de travail, nouveaux modes de vie*, réédité aux Éditions d'Organisation, 2001.

Ettighoffer Denis, Pierre Van Beneden, *Mét@-Organisations, les modèles d'entreprise créateurs de valeur*, éd. Village Mondial, 2000. Prix Turgot.

Ettighoffer Denis, *e-Business Generation, les micro-entreprises gagnent de l'argent sur Internet*, éd. Village Mondial, 1999.

Fessard Jean-Luc, *Le temps du service*, éd. Dunod, 1993.

Flichy Patrice, *L'imaginaire d'Internet*, éd. La Découverte, 2001.

Foreseen, *De l'homo sapiens à l'homme interactif*, éd. Denoël, 1998.

Gates Bill, *La route du futur*, éd. Robert Laffont, 1995.

Gavriloff Ivan et Jarrosson, Bruno, *Une fourmi de 18 mètres... ça n'existe pas,* éd. Dunod, 2000. Prix Manpower de l'ouvrage 2001.

Gilbert Patrick, *Informatiser la gestion,* ESF, 1991.

Gratton Lynda, *Living Strategy,* Prentice Hall, 2000.

Guillocheau et Pastural, *E-solutions pour l'entreprise,* éd. Dunod, 2001.

Hammer Michael, Champy James, *Le re-engineering,* éd. Dunod, 1993.

Henriet, *DRH, c'est déjà demain !* Éditions d'Organisation, 1997.

Kerdellant Christine, *Le prix de l'incompétence,* éd. Denoël, 2000.

Kerven Georges-Yves, *Éléments fondamentaux des cindyniques,* éd. Economica, 1995.

Koenig Gérard, *Management stratégique,* éd. Nathan, 1990.

Lagrée Olivier, Magne Laurent, *E-management,* éd. Dunod, 2001.

Lagadec Patrick, *Ruptures créatrices,* Éditions d'Organisation, 2000.

Le Saget Meryem, *Le manager intuitif,* éd. Dunod, 1993.

Levionnois Michel, Rulliere Catherine, *L'entreprise humaine,* éd. Dunod, 1992.

Mckee K.D, *The Human Resource Profession : Insurrection or Resurrection ?* Human Resource Management, 1999.

Meignant Alain, *Les compétences de la fonction ressources humaines,* éd. Liaisons, 1995.

Mintzberg Henry, *Grandeur et décadence de la planification stratégique,* éd. Dunod, 1999.

Monconduit François, Doly Jean-Pierre, *L'entreprise entre contrainte et liberté,* éd. L'Harmattan, 1995.

Mongrand Jean-Pierre, *Le manager dans la nouvelle économie*, Éditions d'Organisation, 2001.

Morgat Pierre, *Fidélisez vos clients,* Éditions d'Organisation, 2001.

Morin Pierre, Delavallee Éric, *Le manager à l'écoute du sociologue*, Éditions d'Organisation, 2000.

Mudley Lynch D., Kordis P.L., *La Stratégie du Dauphin,* Éditions de l'Homme, 1994.

Negroponte, Nicolas, *L'homme numérique*, éd. Robert Laffont, 1995.

Peretti Jean-Marie, *Ressources Humaines*, Librairie Vuibert, 2001.

Tous DRH, (ouvrage collectif), Éditions d'Organisation, 2001.

Peretti Jean-Marie, Boureau Cyrille, Metra Audrey, *H de DRH*, Librairie Vuibert, 1997.

Perin Frédéric, Labbe Daniel, Froissart Emmanuel, *La ruche et le sablier*, éd. Liaisons, 1993.

Pernin Daniel, *La gestion des cadres acteurs de leur carrière*, Hommes et techniques, 1985.

Peters Tom, *L'entreprise libérée*, éd. Dunod, 1993.

Petitbon Frédéric, *Le guide d'action du manager public*, Éditions d'Organisation, 2000.

Placet Jean-Luc, *French Touch*, éd. Village Mondial, 2001.

Rucci A.J, *Should HR Survive? A Profession at the Crossroads*, Human Resource Management, 1997.

Roche Louis, *Cyber Gagnant*, Laurent du Mesnil éditeur, 2000.

Roche Louis, *Innovation et technologie*, Laurent du Mesnil éditeur, 1999.

Rosnay Joël de, *L'homme symbiotique, Regard sur le troisième millénaire*, éd. du Seuil, 1995.

Savall Henri, Zardet Véronique, *Ingénierie stratégique du roseau*, éd. Economica, 1995.

Segretain Étienne, *Le marketing des Ressources Humaines*, Laurent du Mesnil éditeur, 1998.

Silva, François, *e-DRH*, éd. Liaisons, 2001.

Sun Tsu, *L'art de la guerre*, éd. Champs Flammarion, 1972.

Les sites Internet

Sélection de sites proposant des ressources documentaires sur les RH & et les NTIC.

e-RH

http://www.e-rh.org/

Ce site français gratuit propose des ressources RH mises à disposition par le Lirhe (Laboratoire Interdisciplinaire sur les Ressources Humaines et l'Emploi, Université de Toulouse), des universités (DESS MRH) et des organismes partenaires.

Une lettre hebdomadaire e-Rh propose (sur son e-mail) un document de fond sur les RH, les conférences, les manifestations, etc.

http://www.drhactu.com/

DRH Actu, site français payant, propose des éléments sur l'actualité et sur l'impact des NTIC appliquées au secteur des RH. Le site est décliné sur trois supports Internet : un site Web, actualisé tous les jours ; un magazine DRH Actu Hebdo, envoyé par mail tous les vendredis ; un flash d'actualité Le Quotidien des RH, envoyé par mail du lundi au vendredi.

http://www.hrimmall.com/

Site gratuit en langue anglaise. The HRIM Mall consolidates a wide variety of information from around the world on the subjects of Human Resource Information Management and Technology. The objective is to provide « one-stop service » for practitioners, programmers, business analysts, and others interested in this exciting field.

http://www.rhinfo.com/

RH-info, site gratuit, offre à ceux qui s'y inscrivent un panorama de l'actualité des acteurs de leur marché (cabinets de conseil, etc.) et de nombreuses ressources documentaires et analyses de fond.

Strategic-Road.com

http://www.strategic-road.com

Strategic-Road, site français gratuit, est un annuaire (portail) qui propose une liste de liens vers des sites ou des documents sur les thèmes suivants : portails RH, institutions et organismes publics, organismes sociaux, associations, syndicats, formation, documentation juridique, expatriés et autres sites d'intérêt.

Les sites proposant des bibliographies dans le domaine RH

Carrières (gestion des carrières)
http://www.ressources-web.com/livres/carriere.htm

Communication (communication interne dans les entreprises grâce à l'Intranet)
http://www.angie.fr/html/contact/cont0011.htm

Compétences (gestion des compétences)
http://www.ressources-web.com/livres/competences.htm

Emploi (nouvelles formes d'emploi)
http://www.admira.asso.fr/crtta/biblio11.htm
http://www.ressources-web.com/livres/teletravail.htm
http://rad2000.free.fr/telebib.htm

Formation
http://www.ressources-web.com/livres/formation.htm

GA (fonction RH dans l'administration)
http://www.sdu.fr/ena/F/sg/semin/ac99/ac99_01_3.htm

Recrutement, mobilité, GPEC
http://www.ressources-web.com/livres/recrutement.htm

Relations sociales et conditions de travail
http://www.ressources-web.com/livres/relations.htm

Le benchmark RH

CEDAR
Cedar Paris
42-44, rue Washington
75008 Paris

Tél. : 33 (0)1 56 59 83 00
Fax : 33 (0)1 56 59 83 50

Bureaux : Allemagne, Angleterre, Canada, États-Unis, Irlande, Singapour.

http://www.cedar.com/

EP-SARATOGA Europe
65 Church Street,
Lancaster LA1 1ET

Tél. : 44(0)1524 843 566
Fax : +44(0)1524 846 114

http://www.epcg.com/

MARKESS International
6 bis, rue Auguste-Vitu
75015 Paris

Tél. : 33 (0)1 56 77 17 74 (DL)
Tél. : 33 (0)1 56 77 17 70 (F)

Bureaux : Paris, Washington, DC.

http://www.markess.com/

www.ingramcontent.com/pod-product-compliance
Lightning Source LLC
Chambersburg PA
CBHW060526220326
41599CB00022B/3443